普通高等教育“十三五”规划教材

大学生社会实践教程

（第二版）

主编　倪福全　邓玉　周曼

中国水利水电出版社
www.waterpub.com.cn

内 容 提 要

本书是普通高等教育“十三五”规划教材，共分十一章，各章主要按照大学生社会实践的理论、方法及其应用等进行编排。第一章为大学生社会实践概述，第二章为社会实践的发展历程，第三章为社会实践基础理论，第四章为高校实践教学与工作，第五章为社会实践教学体系，第六章为社会实践的设计与组织，第七章为社会实践的安全与礼仪，第八章和第九章分别为社会调查的定性方法和定量方法，第十章为社会实践常用文体写作，第十一章为领队艺术。

本教材可作为全国高等院校在校本专科学生的课程教材，也可作为相关指导教师或管理干部的参考用书。

图书在版编目（CIP）数据

大学生社会实践教程 / 倪福全，邓玉，周曼主编. -- 2版. -- 北京 : 中国水利水电出版社，2016.6(2024.1重印)
普通高等教育“十三五”规划教材
ISBN 978-7-5170-4484-0

Ⅰ. ①大… Ⅱ. ①倪… ②邓… ③周… Ⅲ. ①大学生－社会实践－高等学校－教材 Ⅳ. ①G642.45

中国版本图书馆CIP数据核字(2016)第189732号

书　　名	普通高等教育“十三五”规划教材 **大学生社会实践教程（第二版）**
作　　者	主编　倪福全　邓玉　周曼
出版发行	中国水利水电出版社 （北京市海淀区玉渊潭南路1号D座　100038） 网址：www.waterpub.com.cn E-mail：sales@mwr.gov.cn 电话：(010) 68545888（营销中心）
经　　售	北京科水图书销售有限公司 电话：(010) 68545874、63202643 全国各地新华书店和相关出版物销售网点
排　　版	中国水利水电出版社微机排版中心
印　　刷	清淞永业（天津）印刷有限公司
规　　格	184mm×260mm　16开本　18.75印张　445千字
版　　次	2011年1月第1版　2011年1月第1次印刷 2016年6月第2版　2024年1月第2次印刷
印　　数	3001—5000册
定　　价	**45.00**元

《大学生社会实践教程》 第二版
编写人员名单

主　编　倪福全　邓　玉　周　曼（四川农业大学）

副主编　邹志勇　唐科明　谭燕平（四川农业大学）

陈　建（华北水利水电大学）

参　编　马　箐　李　清　王丽峰（四川农业大学）

杨　建（三峡大学）

第二版前言

社会调查不同于自然科学的研究。社会实践与课堂教学、校园文化形成了多位一体的育人平台。大学生社会实践对提高大学生素质、能力，增进创新、创业观念以及了解社会需求等具有重要意义。大学生社会实践在具体操作中存在很多问题，迫切需要培训和指导。

本教材是普通高等教育"十三五"规划教材，是根据教材编写要求对《大学生社会实践》2011年第一版的修订。本教材自2011年出版至今已整整5年。其间，大学生社会实践已取得了许多重要的成果。为总结和反映近5年研究成果并及时呈现给广大读者，以提高本书的实用性和可操作性，对第一版进行了认真修订。修订中，以2015年前后数据为基线，力求根据大学生各年级特点因地制宜地设置相应社会实践内容，注意国内外结合、注意体现农林院校教材特色，更新了案例；力求内容翔实、论证充分；增加了课外知识，并设计了每章的思考题。

本教材共十一章，由倪福全、邓玉、周曼主编，邹志勇、唐科明、谭燕平、陈建副主编，参编人员有马箐、李清、王丽峰、杨建等。全书由倪福全、邓玉统稿。

编写中参阅并引用了大量的论文、教材和专著，在此对相关的撰写者表示衷心的感谢。

感谢向编者提供资料、编写建议和意见及关心本教材出版的所有同志。

由于编写者水平有限，书中难免出现不妥之处，恳请读者批评指正并提出修改意见。

编 者

2016年5月

第一版前言

每年都有很多大学生利用假期开展形式多样的社会实践，如社会调查、参观、考察、科技文化咨询、服务、社团活动、志愿者活动、挂职锻炼、大学生夏令营等活动。

大学生应当如何认识和处理社会实践与学习的关系呢？《弟子规》中有这样一段话，“不力行，但学文，长浮华，成何人；但力行，不学文，任己见，昧理真”，可以说对学习与实践的关系进行了精辟的表述。这说明大学生不仅要认真学习书本知识，而且还应该及时进行社会实践。

应当怎样了解中国的社情、民情？凡有实绩者，无不重视调查研究，毛泽东、费孝通等就是这方面的成功者。毛泽东是中国革命的领袖，他一生孜孜不倦地进行着社会调查，其中尤以中国农村社会的调查居多。他做出的关于农村的许多决策无不是调查研究的结果，其中的许多论断成为了社会调查的经典。费孝通是中国著名的社会学家、人类学家，中国社会学和人类学的奠基人。他曾师从中国人类学家吴文藻、俄国人类学家史禄国和英国人类学家马林诺夫斯基，是集中外社会学功底深厚的大家。他十分注重调查研究，写出了中国社会学的名著《江村经济》。

20 世纪 80 年代大学生社会实践活动在全国各高校普遍实行，经过近 30 年的探索、普及、发展、改革，已经越来越受到国家及社会各个阶层的重视。2008 年 5 月 3 日，胡锦涛总书记在北京大学鼓励大学生“积极参与社会实践，向人民群众学习，磨炼意志，增长才干，切实提高创造能力和创业能力，为今后走上社会、成就事业打下坚实基础。”

社会实践是大学生实现自身全面发展的有效途径，是大学生思想品德形成和发展的决定性因素。大学生所拥有的知识的多少，只有在社会实践的过程中才能得到验证和体现。大学生通过实践活动改造客观世界，同时也改造了主观世界。大学生在参加社会实践的过程中，对所学理论知识进行检验、运用甚至发展，从而提高了认识和改造世界的能力。大学生在社会实践中还寻找到自身与社会需要之间的差距，获得对客观事物、对社会以及对自身的直接认识，从而深化了对中国特色社会主义理论的认识，加深了与人民群众的血肉联系，提升发现问题、研究问题和解决问题的能力，对于促进大学生了解社会、了解国情，增强社会责任感具有不可替代的作用，对培养既仰望星空又脚踏实地的优秀大学生十分重要。通过社会实践，大学生在实践中奉献爱心、奉献智慧，从而充分感受到只有坚持中国共产党的领导，坚持走中国特色社会主义道路，中华民族的伟大复兴才能真正实现。然而，由于各方面因素的影响和制约，大学生社会实践活动还处于肤浅的层面，不能真正发挥实践育人的功效。由于缺乏强有力的组织和一套科学的管理制度，引起的一系列问题在较大程度上制约了社会实践活动的持续开展，影响了社会实践活动的效果。致使有人发出“被功利绑架的社会实践是个坏东西”的呐喊。因此寻求更合理的解决对策尤其迫切，希望对推进实践活动更深更广的发展有推波助澜的作用。

基于此，本书根据创新型人才培养的新要求，在收集国内外大量有关社会实践研究资料的基础上，构建了大学生社会实践教学体系的主要内容，探讨了社会实践对大学生创新人才培养的重要作用，搭建了社会实践教育平台，提出了建立和完善社会实践长效机制的方法，分析了目前大学生社会实践存在的主要问题，并究其根源指出了对应的解决措施。

本书内容分为11章，各章主要按照大学生社会实践的理论、方法及其应用等方面编排的。第1～3章是对社会实践基础理论知识的初步介绍。第1章为大学生社会实践概述，包括大学生社会实践的内涵、意义与价值、原则、特点与特征等方面，帮助读者更准确的认识和理解大学生社会实践。第2章为大学生社会实践的发展历程，包括我国大学生社会实践的发展概况、国内外大学生社会实践的比较、大学生参加社会实践的发展趋势、国外大学生社会实践简介、大学生社会实践的现状与问题等内容。第3章在前两章的基础上更为详细地为读者介绍了社会实践的理论基础、内容和形式、模式、参与层面、组织形式、种类等内容，是全书的铺垫。第4章和第5章，主要是对实践方法的研究。第4章为高校实践教学及社会实践工作，从高校思想政治课实践教学的现状与问题开始分析，探索实践教学的内涵及其意义；然后讲述大学生社会实践课程设置及相关教学组织和评价方法；探讨了社会实践的思想性与专业性的统一关系；分析了社会实践对提升大学生团结协作精神和培养其科研创新能力的作用；最后介绍了大学生社会实践改革的各方面知识和北京科技大学的社会实践经验。第5章为社会实践教学体系，主要探讨了社会实践的教学体系的构成，采用层次分析法将整个体系划分为指导体系、保障体系、运行机制、监控体系以及课程体系等。每个大体系下又设立许多小的分体系，实现了社会实践教学体系的网络系统化。通过本章的学习，读者将对社会实践教学体系有比较完整的认识，对学校实施社会实践活动的意义、步骤及方法等有更加深入的了解。第6～10章主要介绍了设计操作的内容。第6章为社会实践的设计与组织，主要包括实践流程、项目选题和内容、项目实施程序、实践方案的编写、联系单位、项目准备阶段和实践队伍的组织等内容。本章就大学生社会实践流程的各个环节做了大量理论分析和案例研究，有利于老师对学生社会实践存在的问题进行针对性的指导，也有利于大学生实践能力的提升。同时，本章简单易学，富含了科学性、可行性、现实性，具有较高的实用价值。第 7 章为社会实践的安全与礼仪，讲述了大学生社会实践的安全防范措施、安全类别和安全事故，并进行了相应案例分析，此外，详细讲述了社会实践安全预案的编制方法，最后介绍了实践礼仪的各个环节。第 8 章和第 9 章分别为社会调查的定性方法和定量方法，涵盖了文献研究法、观察法、访谈法、定性预测——德尔菲法、抽样方法和调查、统计分析、电话调查与网上调查、问卷设计与调查等各种方法的特点和适用范围。第 10 章为社会实践常用文体写作，主要对社会实践登记表、社会实践团队记录手册的设计进行了讲述，并对社会实践新闻稿、实践报告、实践论文、介绍信的撰写格式和实际应用进行了梳理、分析。这些文体的写作对于社会实践的成功同样具有关键性的作用。第 11 章是对社会实践团队队长的工作及其领队艺术的研究。本章对领队艺术的研究具有创造性，对大学生领队的要求提高到了一个新的起点，由于时间仓促，没有进一步深入探讨，建议读者查阅管理学类书籍以补充学习。

本书是在总结四川农业大学信息与工程技术学院大学生社会实践经验的基础上编写而成的。参加本书编写的成员主要有：倪福全、李昌文、向兵、张宏霞、马海、竹艳、李昌武（西南大学）。姚蕾、黄忠、田帅、黎云云、黄华东、张义、谭尧升、张小燕、李林芮、黄鑫、巴燕等参加了资料整理及实践。本书编写中参阅了大量的参考文献，对已在书后列出和未列出参考文献的作者表示特别感谢。

本书既注重学术理论性又兼顾实用操作性，既有逻辑推演又有感性表述，既有国内外典型实例又有实用图表，是指导开展大学生社会实践的富有启示性的读本。由于时间仓促以及编者的水平有限，再加上大学生社会实践研究的复杂性和特殊性，书中的错误和缺点在所难免，欢迎广大读者不吝赐教。

编 者

2010 年 9 月

目录

第一章 大学生社会实践概述

本章主要讲述大学生社会实践的内涵、特点、方针和原则、意义与价值。通过本章的学习，读者将对社会实践有较为理性的认识，为今后开展具体的社会调研奠定理论基础。

第一节 大学生社会实践的内涵

一、社会实践的内涵

社会实践是马克思主义教育思想的重要组成部分，是全面贯彻党和国家的教育方针、培养社会主义事业合格人才的必要路径之一。社会实践是人类能动地改造自然和社会的全部活动，高校社会实践活动是大学生进行认识世界和改造世界的实践活动。大学生社会实践是理论联系实际的过程，是学期与假期、校内与校外、课内与课外、专业内与专业外相结合的过程，是大学生运用自己所学知识和特长了解社会、服务社会、奉献社会，同时增长知识、提高能力、全面发展的活动过程；同时也是大学生走向社会，深入基层，为社会服务，直接感受社会生活，进行以社会理想和职业理想教育、劳动技能训练、科学素质培养为主要内容的课外教育活动。

从本质上讲，我国大学生社会实践活动是大学生按照学校培养目标的要求，有目的、有计划、有组织地参与社会政治、经济和文化等一系列教育活动的总称。普通高校各类学生社会实践活动的范围既包括列入教学计划的军事训练、生产劳动、专业实习，也包括大学生利用假期参加的社会调查、参观、考察、科技文化咨询、服务、社团活动、志愿者活动、挂职锻炼、大学生夏令营活动等。一般意义上的社会实践主要指后者，这也是本文所指的内涵。实践的过程，既是对参与主体思维方式和观察视角、智能水平和基本能力、价值目标和行为取向等方面的检测、调整和重铸，也是参与主体释放生命能量、绽放智慧火花、昂扬创造、变革现实、认识自我、改造自我、积极奉献自我、争取社会认同和理解的过程。

二、社会实践内涵的新界定

按照电子科技大学胡树祥、吴满意的观点，可以从以下几方面来把握社会实践的内涵。

（一）从普遍性和特殊性结合的视野把握大学生社会实践的内涵

众所周知，在马克思主义的理论视野中，实践是指人能动地改造客观世界的对象性活动，是以人为主体、以客观事物为对象的现实活动。大学生社会实践是人类实践的重要组成部分，自然具有人类实践所呈现的一切普遍性特征。但是，大学生社会实践毕竟是大学生在校期间所展开的活动，因而又具有自己活动的特殊性。只有从普遍性和特殊性相结合的视野，才能准确地把握大学生社会实践的本质和内涵。然而，在现实生活中对大学生社会实践的认识却存在诸多误解：或认为大学生社会实践纯属校园文化的点缀性活动，可有可无；或认为大学生社会实践仅仅是课外活动、校外活动和假期活动；或认为大学生社会实践仅仅是少数学生辅导员的事情，等等，不一而足。实际上，这些窄化大学生社会实践的言行都是对大学生社会实践本质缺乏足够认识的片面性表现。因而，从普遍性与特殊性相结合的视野探求大学生社会实践的内涵，无疑是克服和消除窄化与泛化大学生社会实践本质的崭新思维路径。

1. 从普遍视角把握大学生社会实践的生活性、传承性和时代性特征

人类实践活动的普遍本性是人类全部社会生活本质的真实再现，每一时代大学生在校期间的全部生活也赋予了大学生社会实践自身的普遍性品格，并生动地呈现出生活性、传承性和时代性特征。首先，大学生社会实践呈现出生活性特征。马克思指出：全部社会生活在本质上是实践。人类实践的客观物质性表现在大学生社会实践上，体现出显著的生活性特征。大学生的社会生活火热沸腾，涉及课堂上下、校内校外、线上线下等各个环节，鲜明地呈现出空间上的广泛性、时间上的持续性。于是，适应、学会、充实和提升大学生活成为他们在校期间的全部实践活动。其次，大学生社会实践呈现出传承性特征。大学生是一个充满活力、承上启下的年轻群体。社会的发展总是年轻一代在继承和享有前辈所创造的优秀成果、面向未来开拓创新的基础上完成的，它不仅是主体性的高扬与价值展示，而且是世代交替的必经环节。作为继往开来的一代，大学生在校期间的活动，是学习知识、继承前人优秀成果的活动，是应用知识、创新知识、开创未来的活动。再次，大学生社会实践呈现出时代性特征。人类实践的社会历史性特征体现在大学生社会实践上，则呈现为突出的时代性特征。

2. 从特殊视角把握大学生社会实践的阶段性、全面性和预演性特征

（1）阶段性特征。社会实践是大学生社会化过程中的重要阶段，有自己的特定任务。大学生正处在人生中的成长成熟阶段，其社会化的任务是为进入社会、承担社会职责做好全面的准备，因而具有学习性、成长性和社会化特点。

（2）全面性特征。大学生社会化的任务是为进入社会、承担社会职责做好全面的准备，必然要求大学生在学习、成长成才和社会化过程中，全面系统地掌握知识、提升能力、锤炼品格、了解社会，成长为社会所需的高素质复合型人才。因此，大学生社会实践必须具备社会实践内容的全面性、实践形式的多样性和实践理念的包容性，这就赋予了大学生社会实践所具有的全面性特征。

（3）预演性特征。对于大学生而言，社会实践活动是大学生对未来社会生活、工作方式与学习方式的一种预演。

1）思维的预演性。通过明确实践目标、内容、形式，设计多种应对预案，达到在思维活动中要以假设的方式预演整个社会实践活动，以胸有成竹的方式推进、调控社会实践。

2）行为的演练性。强调大学生在社会实践中的所有行为，都可以算作未来工作方式、学习方式和生活方式在当下的提前演练，通过演练，熟中生巧，发现其中存在的问题并寻找解决问题的答案。

3）环境的仿真性。指在课堂环境、校园环境、校外环境和网上环境中的仿真。在这

些仿真环境中，大学生未来踏入社会所需要的知识、能力以及道德品质等都可以获得。营造这样一种仿真环境，可以解决现实社会中大学生社会实践面临的诸如交通、食宿、安全、基地以及确保活动的常态化、长效化等许多实际问题。

综上所述，只有从普遍性和特殊性相结合的广阔视野，我们才能有效克服现实生活中对大学生社会实践窄化与泛化的认识缺陷，深刻把握大学生社会实践活动的本质属性。

（二）大学生社会实践是一种学习性、成长性和社会化的实践

大学生社会实践的生活性、传承性和时代性等人类实践活动共性和阶段性、全面性、预演性等特殊性，共同构成了大学生社会实践的本质规定性，即学习性、成长性和社会化。

1. 大学生社会实践是一种学习性实践

这种实践活动的主体是在校大学生，其最主要任务就是学习，而学习活动又制约和影响着他们大学生活的方方面面。这是由他们的学习角色和大学教育的根本任务所决定的。作为学习性实践主要是指以学习、应用和创新知识为基本特征的社会实践活动。它不仅表现为大学生承担的不同类型的专门学习活动，也存在于大学生参与的所有社会实践活动之中。

（1）学习性实践是一种以学习知识为主的活动。就知识本身而言，大体包括陈述性知识和程序性知识两种。前者是说明“是什么”的知识，后者是关于“怎样做”的知识。如果说大学生通过课堂、书本等专门学习活动习得更多的陈述性知识，那么，包含专门学习活动在内的多种社会实践则引导学生从现实中学、从实验中学、从研究中学，并帮助学生了解知识的源泉与运用。显然，社会实践为大学生提供着更多的程序性知识和对陈述性知识的进一步理解。

（2）学习性实践是一种以应用知识为主的活动。对于当代大学生而言，更重要的是学会灵活应用，要把知识的学习和掌握与解决复杂多变的问题联系起来，完成相应的实际任务。它强调理论与实际相结合，强调大学生掌握的理论知识在实际生活中的具体应用，注重大学生在社会实践中学会发现、学会践行，达成知识应用的目标。

（3）学习性实践是一种以创新知识为主的活动。创新是一种精神，也是一种能力。它包含着敏锐的思想、创造的激情、追求卓越的个性、举一反三的能力等。它是建立在知识的积累、传播、转化和应用的基础之上的。社会实践的开展既是大学生知识应用的过程，也是知识创新的过程。通过社会实践，大学生完成知识的聚合与整合，涌现新知识、新思想、新观点、新思路，从而实现从无到有的知识创新。总之，学习性实践是大学生以学习为导引的社会实践活动，是大学生在校期间完成良好知识储备，为全面成长成才、真正踏入现实社会而奠基的活动。

2. 大学生社会实践是一种成长性实践

青年时期是大学生身心发展成熟的成长期，是世界观、价值观和人生观的形成期，是了解适应社会、扮演社会角色、承担社会责任的过渡期。因此，大学生的成长、成熟、成才是这一阶段社会实践的基本特征。成长性实践所面临的主要任务包含学业的深化、精神的完善、身体的健康和成为优秀人才的人生追求等，继而成为了大学生全面成才的基础和保证。

(1) 成长性实践是大学生的学业深化活动。学业的深化是指大学生学习的专业化、精深化，是大学生成长性实践的基本功能，它能推动大学生完成知识与能力在更高层面的统一。当代大学生生活在社会主义现代化建设时期，国家和社会希望他们成为高层次的专业人才，与革命时期不同的是他们必须掌握精湛的专业知识和高超的专业技能，才能挑起某一领域和行业的建设重担。通过这种学业深化的成长性实践，夯实学业基础，充实专业知识，提升专业能力，继而掌握建设祖国的本领，接受国家的挑选与考验，顺利走向成才和成功之路。

(2) 成长性实践是大学生一种精神完善的活动。人的成长过程是精神完善和品质形成与历练的过程。成长性社会实践，就是一种形成、提高和完善大学生思想素质、政治素质、道德素质与心理素质的活动。通过这种活动，大学生形成和坚定爱党爱国爱社会主义的信仰、信心与信念，树立科学世界观、人生观和价值观，具备志存高远的理想与目标追求，铸造不畏艰难的坚强品质与坚韧不拔的毅力，培养健康的人格与包容之心，学会处理各种复杂的社会关系，善于协调个人利益与集体利益的矛盾，继而实现全面发展和成长成才。

(3) 成长性实践是大学生成为优秀人才的活动。大学生的成长性实践是指在学会学习的基础上注重改造自己主观世界，提升综合素质。拓展各种能力、尽快成长为社会所需的优秀人才的活动。社会主义现代化强国的建设，离不开优秀人才的支撑。而培养优秀人才和社会精英，是高等教育的重要目标。

3. 大学生社会实践是一种社会化实践

社会化问题是人终生面临的话题。大学生社会实践作为社会化实践，是因为实践的主体是即将走出校门踏入社会的准劳动者。通过实践，大学生即将投入真实的社会环境，接触更广泛的社会群体，深入了解国情、社情，做好在社会生活中创造财富、赡老抚幼、履行社会职责的准备，缩小与校外现实社会的不适差距，以便应用所学所能更好地服务社会。因此，进行职业定位和选择、学习扮演劳动者角色、学习社会化生存方式是社会化实践的主要任务。

(1) 社会化实践是大学生职业定位与职业选择的准备活动。众所周知，大学生走向社会的首要问题，是选择一个合适的、能够发挥所长的职业作为安身立命、履行社会职责的出发点。所以，做好职业定位和职业选择的各项准备，是大学生参与社会化实践的首要任务。在社会化实践中，大学生可以通过接触真实社会环境，接触生产劳动，接触人民群众，具体了解与获取社会职业需求信息，主动结合自身所学专业与专长，制定自己的职业生涯规划，修正自己的职业定位，校准职业、择业、就业和创业的运行轨迹，协调当前职业与未来事业发展的相互关系。因此，社会化实践是大学生完成职业认知、明确职业定位、准备职业选择的活动，是为即将扮演以劳动者为主角的多种社会角色、履行相应的社会职责、学会社会化生存奠定良好基础的活动。

(2) 社会化实践是大学生学习扮演劳动者角色的准备活动。找准社会位置，扮演好社会角色，无疑是成功履行社会职责的关键所在。社会化实践就是一种大学生在即将踏入社会过程中学习扮演劳动者角色的活动，是大学生尝试从学生角色向劳动者角色转换的过程，是从学习成长性实践向劳动创造性实践过渡与转换的过程。通过这一实践活动，大学生逐渐了解、熟悉和掌握社会生产活动的各个环节与流程，充实相关知识，提高生产技能，为即将成为劳动者做好充分的准备。其实，大学生在社会中扮演的角色不仅仅是劳动者，他们还将在家庭中为人子女、为人夫妇、为人父母，也将在社区中为人邻居，等等。所以，也要学会与各种社会群体和谐相处，扮演好各种社会角色。通过增加社会阅历和经验，丰富社会知识，缩小自身与现实社会的各种差距，提升自身的社会认同力。

(3) 社会化实践是大学生学习社会化生存的准备活动。社会化生存是指大学生通过社会化实践，增强与社会的互动，掌握现实社会生活与生产的基本知识和技能，习得并遵守社会通行的价值体系与规范，明确未来生活目标，确定人生理想，培养符合劳动者角色要求和其他社会角色标准。适应社会需要的存在方式。接受社会教化、满足社会需求、掌握相应的知识和技能是大学生社会化生存实践的主要任务。通过这一活动，确保大学生真正认识社会、了解社会、适应社会。并围绕社会的发展需要增长才干，为创造丰厚的社会财富，推动社会文明的整体跃迁，甘心奉献。总之，社会化实践是连接校园活动与校外活动的桥梁与纽带。

综上所述，大学生的学习性、成长性和社会化实践是对大学生社会实践本质规定的抽象和概括，虽然并不一一对应某项现实的社会实践类型，但能帮助我们准确理解和把握大学生社会实践的特殊本质。此外，3 种实践所表现的基本功能之间还存在着纵横互动的关系。一是从学习性实践到成长性实践再到社会化实践，存在着纵向递进的关系。学习性实践为学生的成长成才奠定了坚实的知识基础；成长性实践为学生走上社会做好了知识、素质和能力全面发展的充分准备；而社会化实践则是对他们学习、成长结果的总结和验收，并能够反馈促进学习性、成长性实践的深入发展。二是 3 种实践功能各有侧重，但都同时渗透到每项具体的大学生社会实践活动中，横向补充，相得益彰。比如，参加奥运会青年志愿者活动的大学生就能够同时收获学习新知、增长能力、融入社会和服务社会的丰硕成果。

第二节　大学生社会实践的特点与特征

社会实践赋予了当代中国大学生崭新的意义，焕发出旺盛的活力。它使青年学生从校园走向社会，从卖茶蛋、做家教、帮人擦车、举着雨伞站在桥头做形象宣传等所谓的“勤工俭学”，发展到组合优势互补的小组，开展具有社会意义的创业项目实践活动；它使青年学生从单纯受教育的身份和知识传承的功能，逐渐嬗变成长为社会财富的创造者——不是走上社会之后，而是在校园里就开始进行，或者进行相应准备；它使高等教育在反观自身的时候，不得不提升对自己功能以及目标要求的高度，缩短人才培养的时间，提高人才培养的质量；它还使课外与“课内”的界限模糊，并最终促成终生教育观念的树立以及配套措施的出台。

一、大学生社会实践活动的特点

新时期高校大学生社会实践呈现的特点可以用“8 化 2 性 2 存在”表述，“8 化”指社会化、规模化、信息化、制度化、专业化、品牌化、项目化、阵地化，“2 性”指计划性、预见性，“2 存在”指自发性仍然存在、趋利现象仍然存在。

(1) 社会化。校园从一定意义上说是小社会，但大学校园与社会仍有着很大的差别，从校园走向社会是一个过程，在这个过程中需要必要的社会化准备作为过渡的前提条件。可以看到，社会实践正不断强化这个过程。社会实践进一步延伸学生对社会问题的思考和解决，培养学生投身实践、服务社会的思想观念。

(2) 规模化。全国高校每年都有百万大学生参与到实践活动中，并在此基础上实现了人数的稳定增长。至今，全国各高校已经在组建团队、参与人数、实践成果等方面形成了规模。

(3) 信息化。调查数据显示：河南科技大学有80%左右的大学生参加了1～2个社团，约19%的学生参加了2个以上社团。另外，参加跨校社团和网络社团的大学生也分别达到6.5%和14.0%，平均每人参与的跨校社团为1.76个、网络社团为1.99个。由此可见，网络结社、网络社团与网络组织已经对相当多的大学生产生了很大的影响。互联网在一个较短的时间内侵入了绝大部分大学生的学习与生活之中，调查显示，对于“上网内容”（多选）问卷中，回答“聊天交友”96%、“搜索资料”88%、“看新闻和评论”66%、“看电影”72%、“玩游戏”36%、“看招聘信息”12%，说明闲暇生活、娱乐消费、成才就业等方面对大学生的影响越来越大，成为了大学生的一种学习、休闲、娱乐和交往的方式，是大学生生活中不可缺少的重要组成部分。

(4) 制度化。各高校已经纷纷将社会实践工作纳入教学计划，给予必修学分，在制度上为社会实践工作的圆满完成给予了必要的保证。

(5) 专业化。按照“按需设项、据项组团、双向受益”的原则，各高校组织了各种专业化的实践团。如中央民族大学组织了“边远地区民族社会历史调查及文化宣传团”实践团。

(6) 品牌化。党员大学生“三个代表”实践团、博士团西部行等项目已成为在全国范围内具有示范性的社会实践品牌项目。

(7) 项目化。如今，高校社会实践工作已开始实行按项目招标、负责的项目化运作方式。

(8) 阵地化。中国共产主义青年团中央委员会（以下简称“共青团中央”）、中华全国学生联合会（以下简称“全国学联”）同有关部门指导和鼓励各高校及院系立足本省、面向全国，积极与有关合作单位联系，建立一批成规模、有影响、见实效的大学生社会实践基地，构建省级、校级、院系级的大学生社会实践基地体系。

(9) 计划性、预见性。社会实践的可喜发展之一便是越来越重视确立科学的社会实践设计原则，依据适合青年成长规律，按照受教育与长才干相统一，思想性、知识性、趣味性相统一以及人才、经济、社会效益相统一原则，精心设计社会实践活动，从社会实践的内容、形式等方面做好规划，使实践活动具有计划性、预见性。

(10) 自发性仍然存在。这种现象在新生中较为明显，学生长期学习的相对封闭性，生活的相对单纯性是最重要的原因。学校环境和生活的封闭使之对自身与社会了解不够，于是便出现了有些学生对社会实践遍地撒网和拒之门外的极端现象，影响了正常的学习与能力培养。

(11) 趋利现象仍然存在。世纪之交和21世纪头20年将是我国社会变迁速度最快、社会结构调整幅度最大的时期。不容否认的是，市场经济自身的弱点和消极方面给大学生思想政治教育带来了一些负面影响。就其最主要方面来说，集中反映在人们对利益关系看法的改变，以不同的形式诱发个人主义、拜金主义和功利化思想。由此导致大学生价值观“泛功利化”倾向较为普遍；他们在观察和处理问题时，更多地采用实际利益标准而不是是非原则标准。

二、大学生社会实践活动的特征

（1）组织形式的灵活性。大学生社会实践活动并不拘泥于一种固定的形式。从参加人员上看，有一乡（一厂）一名大学生开展社会调查的分散式，也有就地就近组成小组开展社会服务或勤工助学的集合体式，还有校方组织的有目的、有选择地开展科技咨询、新技术推广的小分队式。从活动时间上看，有利用假期集中开展活动的，也有利用在校课余时间开展活动的。从活动地点上看，有深入农村开展科技兴农的，也有进入城市、社区开展志愿服务的；有深入发达地区接受现代教育的，也有走向革命老区接受传统教育的。总之，活动形式灵活多样，使得社会实践活动被不断地赋予新的时代特色和内容。

（2）活动内容的具体性。大学生在社会实践过程，接触到的是具体的实物，而不是抽象的概念。不论是社会调查、还是公益活动，也不管是勤工助学、还是科技推广大学生都能得到亲身的感受。这种感受是生动具体的，是他们在课堂上、书本上所无法得到的。

（3）参与对象的广泛性。社会实践活动形式灵活多样、内容贴近实际的特点，使得参与活动的大学生数量在不断增多、范围也在不断地扩大。高年级的学生可以参加，低年级的学生也可以参加；本科生愿意参加，研究生更愿意参加；理工科院校的学生能够参加，文科院校的学生也能够参加。据统计，四川农业大学在校的39000余名学生（文理科兼有），参加2015年暑假社会实践活动的人数已近90%。参与对象的广泛性，决定了大学生受教育的普遍性。

（4）教育性。指大学生社会实践在培养大学生学习能力、提高品德修养和促进全面发展等方面的功能。大学生社会实践是连接学校教育和社会教育的纽带，对学校教育与社会教育是一个统一结合的过程，可以让大学生在社会实践的过程中进一步的深化课堂上所学的知识，同时也可以用理论知识来指导社会实践中遇到的实际问题，是一个双向受益的过程。

（5）生动性。大学生处于世界观、人生观、价值观正在形成时期，易于接受新生事物。开展社会实践活动使大学生有机会进入社会各阶层，了解时代新信息。在此过程中，不同的自然环境、人文环境会对大学生产生不同的影响。应该说社会实践给予大学生的既有正面的教育引导，也有负面的砥砺冲刷。这种正反两方面的思想教育都是直接的、生动的、不可回避的，是对学校课堂教育的必要补充。大学生从“要我实践”到“我要实践”的转变，验证了社会实践活动对大学生教育实效的客观存在。

（6）综合性。大学生社会实践活动通过理论与实践相结合，激发大学生的学习兴趣，拓宽大学生知识面，提高大学生的实际动手能力，达到对大学生进行德育、智育、美育、体育、劳动技术、心理等多方面的教育目的。同时，又有利于增强大学生社会责任感，培养大学生吃苦耐劳精神，从而使大学生更好地服务社会和奉献社会，进而达到综合实践目标和任务。

（7）协同性。大学生社会实践作为一项系统工程，既是高等教育的重要组成部分，又是社会教育的重要内容，需要高等教育部门和社会各界的高度重视和广泛关心，需要全社会的共同参与。只有发挥学校、地方、接收单位以及大学生自身的积极性主动性，加强合作与交流，动员各级党政领导、教育部门和高校自身齐抓共管、相互配合、形成合力，形成系统严密的组织管理体系，才能保障大学生社会实践的顺利开展和不断创新。

（8）开放性。大学生社会实践的开放性特征要求教育者彻底改变一切从书本出发、以教师为中心的传统教学观念，引导学生关心书本之外的事情，使之热爱生活、关心集体、奉献社会，在理论与现实中架起沟通的桥梁。此外，大学生社会实践的开放性还表现在实践内容的开放性、开展模式的开放性、实践开展过程以及实践效果评价的开放性等方面，大学生社会实践的开放性特征是实现大学生社会实践自身创新发展的内在要求。

第三节 大学生社会实践的原则

一、坚持以正确的思想为指导的原则

大学生社会实践活动应坚持正确的指导思想，才能达到预期的目的，收到应有的效果。马克思列宁主义、毛泽东思想、邓小平理论和科学发展观是最根本的思想方法。一切工作都离不开这一正确思想方法作指导，离开了它，就要犯错误，就将一事无成。大学生在实践过程中必须自觉运用马克思列宁主义、毛泽东思想、邓小平理论和科学发展观去观察问题、分析问题和解决问题，只有这样，才能形成正确的世界观、人生观和价值观，才能在政治上、思想上进步成熟，才能真正在实践中增长才干，才能为社会做出应有的贡献。高等学校加强大学生思想政治教育工作是培养社会主义建设者和接班人的必然要求，大学生社会实践的首要意义是将思想政治教育的目标、任务和内容紧密结合起来，使大学生通过社会实践逐步树立正确的世界观、人生观和价值观，能够运用辩证唯物主义的基本观点，全面、客观地观察问题、分析问题和解决问题；能够用历史唯物主义的观点和方法看待社会和人生，正确分析和评价现实生活中的政治、经济、文化道德现象和各种社会思潮。社会实践活动必须坚持以马克思列宁主义、毛泽东思想、邓小平理论和科学发展观为指导，如果离开了它们，大学生的社会实践活动就会迷失方向，大学生们就不可能在政治上、思想上进一步成熟，就不可能真正地在实践中增长知识和才干，锻炼意志品质，也不可能为祖国、为人民做出更大的贡献。

二、坚持育人为本、实践育人的原则

大学生参加社会实践的根本目的在于接受教育，这是区别于一般人类实践的地方，也是社会实践活动的根本价值所在。实践不能偏离育人的主题，否则就会本末倒置。坚持育人为本就是在组织大学生参加社会实践活动的时候，要把优化学生的知识结构、促进知识的转化和拓展、增进学生技能、完善个性品质、树立社会意识等作为主要目的，其他一切活动都以此为中心。同时，在社会实践活动中应注意培养大学生为社会服务的意识和能力。为社会做贡献是衡量社会实践活动价值的一个重要方面，也是社会实践活动寻求社会支持、保证健康发展的必要条件。所谓实践育人，是指以学生在课堂上获得的理论知识和间接经验为基础，开展与学生的健康成长和成才密切相关的各种应用性、综合性、导向性

的实践活动，促进他们形成高尚品格、创新精神、实践能力的新型育人方式。实践育人的观念一方面要求高校教育工作者要引导学生在社会实践中提高思想政治品德修养、社会责任感和历史使命感，激发他们的爱国主义精神，从而调动他们学习的主动性和积极性，充分发挥社会实践锻炼人、教育人、培养人的功效；另一方面也体现了以学生素质发展为本的理念。大学生社会实践的目标之一就是促进自身素质的全面发展。实践活动为学生从社会中学习知识提供了窗口，而实践过程本身也为学生增强实践能力、树立创新意识、培养团队精神提供了机会和条件。基于此原则，在社会实践活动的内容和形式安排上，一要坚持人才培养目标，使大学生通过社会实践活动的锻炼，培养高尚的德育素质；二要针对大学生所学专业和兴趣爱好，着力提高专业素质和文化素质。如果大学生无法在社会实践中学有所用，无法全身心投入，那么就不能实现其自我价值，社会实践将流于形式。既然我们把社会实践活动的立足点放在育人上，那么就应该把社会实践活动与大学生成才的愿望结合起来。如果活动的内容和形式不能被大学生所接受，即使是根据文件规定硬性地把他们组织起来去参加活动，也很难收到好的教育效果。

三、坚持理论联系实际的原则

马克思主义认为，理论的基础是实践，同时理论又为实践而服务。高等学校在人才培养过程中必须遵循这一基本规律把理论教育与实践活动紧密结合起来。毛泽东同志曾将知识分为两种，即书本知识和实践知识。大学生从小学到大学，接触的大部分是书本知识，十分缺乏实践经验。从一定角度看，他们的知识是不完全的，肤浅的。此外，从可持续发展战略来看，一个民族持续发展力和竞争力更多地取决于智力开发的状况。由此，高等教育面临着一个紧迫任务，就是在教育中如何开发学生的智力。“实践是检验真理的唯一标准”，把理论知识运用到实践中去，在实践中检验和巩固原有的理论知识，并在实践中拓展或创新，使之指导新的实践。这样，将理论与实践两者统一起来，互相促进，相得益彰，才能完善学生的知识，才能开发学生的智力。因此，大学生在社会实践活动过程中必须自觉坚持理论与实践相结合的原则，在理论与实践相结合的过程中，获得较为完善的知识，总结新经验，创造新理论。

四、坚持课内外相结合、集中与分散相结合、点面相结合的原则

大学生社会实践活动的形式多种多样，其中有些在校内就可以开展，如青年志愿者活动、勤工助学活动、科技学术活动等，这些活动往往是经常的、大量的，学生参与的面广、人多，效果也较好。对校外的实践活动学校也要给予充分重视，支持和引导学生利用假期走向社会。校外实践活动与校内实践活动在内容、形式上都有较大差异，校外实践活动多以社会调查、科技文化服务、志愿者活动等形式为主，人员较为分散，社会教育的效果不易把握。因此，为使社会实践活动取得预期效果，学校应有计划地建立大学生社会实践活动基地。组织大学生参加社会实践活动旨在使大学生的思想水平和知识能力得以不断提高，因此应立足于“面”；但社会实践又是一个深入探索、不断创新的过程，离不开开路先锋作用的“火车头”，所以也要重视“点”的作用。任何活动若没有广泛的群众基础将无法深入持久，而没有榜样和先导的作用也是难以启动的，所以应该点面结合、以点带面。“点”上活动是学校组织的“示范活动”，要讲求“精”，即组织精细，安排周密；“面”上活动是对全体学生的明确要求，要讲求“广”，即每个学生必须结合自己的特点和实际开展形式多样的社会实践活动。具体而言，就是学校一方面要面向全体同学，采取多种形式开展社会实践活动，使之在活动规模、组织形式、活动内容、主体结构上体现出不同的特征，保证面的扩展；另一方面还要根据不同活动类型、主体、方式，有主次、有区别地对待，保证重点，从而带动和引导整个社会实践活动的全面展开和质量的普遍提高。

五、坚持受教育、长才干、做贡献的原则

大学生社会实践活动是高校思想政治教育的有效措施，是促进大学生早日成才的正确途径，是推动社会主义和谐社会建设的巨大力量。在实践过程中，必须把受教育、长才干与为社会做贡献有机结合起来。我们讲"受教育"，就是要按照党的教育方针，按照建设有中国特色社会主义事业对青年一代的整体要求，通过社会实践活动使广大青年大学生受到理想信念教育、改革开放教育、国情社情教育，激励青年大学生肩负起历史赋予的重任，引导他们走与实践相结合、与人民群众相结合的正确成长道路。这是我们组织开展社会实践活动的一项政治责任。我们讲"长才干"，就是要根据改革开放和发展社会主义市场经济对人才成长的新要求，通过社会实践活动培养大学生的实践动手能力和社会适应能力，丰富阅历，增长见识，磨炼意志，不断提高其综合素质。我们讲"做贡献"，就是要充分发挥大学生的知识技能优势，为社会经济发展做出力所能及的贡献。"受教育、长才干、做贡献"三者密切联系，相辅相成，集中体现了党的要求、学生的愿望、社会的需要之间的统一，体现了目标与途径的统一。"受教育、长才干"是大学生社会实践的目的，只有通过实践，才能使大学生受到教育和锻炼，巩固和深化理论知识，增长解决实际问题的才干，提高自身综合素质。"做贡献"是"受教育、长才干"的途径，社会实践通过大学生能动地参与而发挥教育作用，"做贡献"的过程也就是大学生能动地参与实践的过程。学校要精心组织和安排大学生社会实践的内容，使其在"做贡献"的过程中受到教育、增长才干。忽视了"受教育、长才干"，社会实践活动就没有了灵魂，失去了方向；忽视了"做贡献"，社会实践活动就丧失了现实的基础，也就无法实现育人的目标。只有在工作中全面把握和坚持三者相结合的原则，才能够激发和调动各方面的积极性。

六、坚持整合社会资源、互利双赢的原则

大学生参加社会实践，是认识社会、锻炼能力、接受教育的过程，是利用社会资源对大学生进行教育服务的过程，这种教育服务是有成本支出的。在市场经济条件下，单向的付出不符合经济规律，是不能长久的。只有双向服务，合作共赢，才能适应市场经济的要求。所以，通过社会实践架设起高校与企业、地方合作的桥梁，构建高校与社会间的双向服务体系和长效机制，才能实现学校资源和社会资源的双向服务和合作共赢，才能进一步促进社会资源对大学生社会实践的支持，真正实现社会实践的长效性。在此过程中，对高校而言，加强大学生社会实践基地的建设是关键所在。

在当前学生社会实践基地建设中，要充分发挥学校的学科优势和智力资源优势，建立足够数量而又相对稳定的社会实践基地，使之既有利于大学生在社会实践中奉献智慧，锻炼成才，又有利于学校教学科研的发展和地方经济建设。可以根据高年级大学生的学习生活特点，将毕业实习、订单式培养、就业培训、就业选择有机结合起来，让高年级的大学生到毕业后可能去工作的单位参加社会实践活动，从而达到提高能力、培养素质、双向沟通、增进了解、促进就业的目的，使之成为一种新的社会实践基地模式，同时也为大学生更多地了解企业、服务企业、在企业建功立业、发挥聪明才智拓展崭新的领域。

所谓“互利双赢”，是指社会实践不仅要使学校和学生受益也要尽可能地使活动接收单位受益。因此，在安排社会实践时除了要着重考虑对学生进行思想教育和专业教育的要求外，还应考虑地方和活动接收单位物质文明和精神文明建设的需要。要把社会实践同地方和活动接收单位的需要结合起来，让大学生在服务中实现参与，在贡献中受到教育，真正实现学校为地方经济建设提供服务，地方为学校的人才培养提供基地，双方协调发展，共同进步。

只有坚持以上原则，才能在大学生社会实践工作中把提高思想政治素质教育作为首要任务，确保每一个大学生都能参加社会实践，确保思想政治教育贯穿于社会实践的全过程，不断提高社会实践的针对性、实效性以及吸引力和感染力，保证大学生社会实践活动长期健康发展，并调动校内外各方面的积极性，努力形成全社会支持大学生社会实践的良好局面。

第四节　大学生社会实践的意义与价值

中共中央、国务院《加强和改进大学生思想政治教育的意见》中指出：“社会实践在大学生了解社会、了解国情、增长才干、奉献社会、锻炼毅力、培养品格、增强社会责任感等方面具有其他教育所不可替代的作用。”社会实践架起了学校教育与社会教育的桥梁，学生在学习—实践—再学习—再实践的过程中，获得积极的情感体验，在处理社会实际问题的过程中，认知和行为趋向统一，能力得到发展。同时，它是实施素质教育的重要手段，是服务学生就业的重要举措，是学生服务社会的重要途径，是学校办学传统的重要内容。实践表明，社会实践活动的意义与价值远远超出活动本身，它融书本理论知识于实践中，超前培养了大学生对现实的调查研究能力、对未来趋势发展的判断能力、独立人格的培养能力。

一、大学生参与社会实践的必要性

当代大学生绝大多是在20世纪90年代以后出生的，在家中又大多是独生子女，有着非常独特的人格心理，独立性非常强，而且知识结构新、知识丰富，理解和接受能力都非常强，但他们也有几个通病，就是不善于与人交往，不善于与人合作共事，动手能力普遍比较差。同时大学阶段是青年学生生理、心理发育的重要时期，大学生富有朝气，又很有可塑性，他们对社会、对人生的认识尚未确定，思想也没有完全成熟，正处于人生观、世界观形成的关键时期，所以要求大学生参加更多地社会实践具有很大的必要性和必然性。

二、开展社会实践活动的理论意义

实践是人类存在和发展的根本方式，是人类实现自我教育的基本途径之一。实践包括生产劳动、科学实验以及处理和变革社会关系的实践等3种基本形式。《共产党宣言》鲜明地提出：“把教育同物质生产结合起来。”马克思指出：“虽然工厂儿童上课的时间要比正规的日校学生少一半，但学到的东西一样多，而且往往更多。”之所以会出现这种情况，就是因为实践不仅为人类的发展创造物质前提，而且具有改造人类思维、优化主体的客观教育功能。马克思说：“未来教育对所有已满一定年龄的儿童来说，就是生产劳动同智育和体育相结合。”马克思还指出：“在按照各种年龄严格调节劳动时间并采取其他保护儿童的预防措施的条件下，生产劳动和教育的早期结合是改造现代社会的最强有力的手段之一。”列宁也曾指出：“没有年轻一代的教育与生产劳动的结合，未来社会的理想是不能想象的；无论是脱离生产劳动的教育和教学，或者没有同时进行教学和教育的生产劳动都不能达到现代技术水平和科学知识的现状所要求的高度。”社会实践是实现人的全面发展的重要途径。毛泽东认为，青年学生除了学习专业外，要同工人农民打成一片，要坚持理论与实际的统一，强调生产劳动与培养全面发展劳动者的关系，主张“学校办工厂”“工厂办学校”，提倡学生参加勤工俭学活动。1958 年，毛泽东在视察天津大学时提出：“要讲实际，科学是反映实际、讲实际的道理，不知道实际，老讲书本上的道理怎么成?”邓小平一贯主张学生应该参加生产劳动，教育必须与生产劳动相结合。1987 年 4 月，邓小平在全国教育工作会议的讲话中指出：“为了培养社会主义建设需要的合格人才，我们必须认真研究在新的条件下，如何更好地贯彻教育与生产劳动相结合的方针。”江泽民在 1998 年 5 月 4 日庆祝北京大学建校 100 周年大会的讲话中指出，大学生要“坚持学习书本知识与投身社会实践的统一。要健康成长，不仅要学习书本知识，而且要向社会实践学习，自觉地投身于火热的改革开放和现代化建设实践。人民群众的社会实践，是知识常新和发展的源泉，是检验真理的试金石，也是青年锻炼成长的有效途径”。1999 年 6 月，江泽民在全国教育工作会议的讲话中指出：“我们必须全面贯彻党的教育方针，坚持教育为社会主义现代化建设服务，为人民服务，坚持教育与社会实践相结合。”2011 年 4 月 24 日，胡锦涛总书记在清华大学的百年校庆讲话中对青年学生提出了 3 点希望：“希望同学们把文化知识学习和思想品德修养紧密结合起来；把创新思维和社会实践紧密结合起来；把全面发展和个性发展紧密结合起来。”2013 年“五四”青年节期间，习近平总书记向青年学生发出“要勇敢肩负起时代赋予的重任，把理想信念建立在对科学理论的理性认同上，建立在对历史规律的正确认识上，建立在对基本国情的准确把握上”的号召。实践是认识的基础，是锻炼和提高大学生社会实践能力的舞台，积极参加社会实践是青年学生成长成才的必由之路。综上所述，马克思主义者的重要论述和基本理论是我们今天推进大学生社会实践活动的理论基础和依据。

三、开展社会实践活动的现实意义

我国高校大学生普遍开展社会实践活动是在 20 世纪 80 年代后开始流行起来的。早期的大学生入学前大都经历过上山下乡、招工进厂等形式的社会锻炼，亲身体验过乡村、厂矿、车间、农场的生产生活。此后，尤其是改革开放后直接从高中考入大学的“天之骄子”们，则明显存在着缺乏社会生活体验和对国情、民情知之甚少等不足，而且有着较强的优越感，表现为轻视劳动、疏离群众、趾高气扬、社会责任感淡漠、理想信念模糊、对前途迷茫而盲动。特别是面对经济全球化、价值多元化的冲击，各种社会思潮直接影响了一些大学生的价值取向、思想倾向和政治判断。针对这种情况，积极倡导大学生开展社会实践活动十分必要。共青团中央、全国学联决定开展以引导大学生利用假期搞社会调查、勤工助学、挂职锻炼，用知识和智力为社会服务的大学生社会实践活动周，得到了全国各高校的积极响应。1984 年 5 月，时任共青团中央书记处第一书记的胡锦涛同志指出：“要通过社会实践，让大学生们受教育、做贡献、长才干。”同年，共青团中央在辽宁召开大学生社会实践活动现场观摩经验交流会，并正式确定社会实践活动的指导方针为“受教育、长才干、做贡献”。团中央向全国高校提出广泛开展社会实践活动的要求，后来得到了中宣部和国家教育委员会的充分肯定与指导。1997年，共青团中央又明确把文化、科技、卫生“三下乡”作为大学生社会实践活动的主要内容，21世纪初进一步将活动内容扩展为文化、科技、卫生“三下乡”和科教、文体、法律、卫生“四进社区”活动。2005年，中共中央、国务院《关于进一步加强和改进大学生思想政治教育的意见》明确把“深入开展社会实践活动”作为拓展新形势下大学生思想政治教育的有效途径，目的在于提高大学生的思想政治素质，促进大学生的全面发展。自2014年起，四川大学生每年暑假开展“逐梦计划”暑期社会实践活动，“逐梦计划”是一项以在校全日制大学生进机关、进企业、进科研院所、进社会服务机构、进基层开展实习活动为主要内容的社会实践活动。“逐梦计划”在全省21个市（州）和省本级募集共2万个以上规模的实习岗位，并建成网上“岗位超市”，大学生在线自愿报名，按照先选先得的方式获得实习岗位，实习活动集中在2014年7—8月开展。

四、社会实践与大学生能力的培养

社会主义现代化建设需要全面发展的人才，这种人才不仅要有一定的理论水平，而且要有参与社会实践、运用理论知识改造世界的能力。理论的学习固然可以大部分在学校教育中完成，但运用理论的过程，必定是社会实践的过程。社会实践可以促进个体知识素质、能力素质、思想素质的全面提高，从而使其充分发展成为一个全面发展的适应社会需要的个体。在校大学生绝大多数是从高中直接考入大学的，由于缺乏必要的社会实践，在思维能力、独立生活和工作及人生信念、价值观等方面都表现出一种不成熟，而通过参与社会实践则可改变这种状况。大学生在社会实践中会遇到一系列的具体问题，这就促使他们对学过的知识进行复习、运用和深入思考。其中正确的得到证明，错误的得到修改，不足的得到补充和完善，使知识结构更趋合理。通过实践，对当今社会领域中知识更替的日新月异有了深刻体会，对没有过硬的科学文化知识和专业技能就要遭社会淘汰这一事实有了感悟认识，对业务学习有了危机感和紧迫感。社会实践是大学生走上理论和实践相结合的成才之路，在实践中不断改善自己的知识结构，提高自己的知识和能力素质，从而成为全面发展的人才。能力是人们在实践中顺利完成一定活动的本领，或者说掌握和运用知识的本领。能力不是与生俱有的，它的形成和发展源于人们认识和改造世界的活动，是主要依赖于后天的教育、社会实践和个人的勤奋努力，并在实践中不断汲取集体的智慧和力量而逐步发展起来的。大学教育是一个综合教育的过程，融科学文化教育、思想道德教育、社会实践教育于一体，而社会实践教育是实施素质教育的重要环节，是促使大学生素质全面发展的重要环节。因此，大学生各种实际能力的形成和发展，是需要在实践中不断培养和锤炼的。

1. 有助于大学生将专业知识实践化

（1）加强专业知识的理解。大学生在课堂上学习的专业知识是抽象的，抽象的知识学的再好，在实际工作中也是“纸上谈兵”。只有经过实践活动消化、理解和吸收，专业词汇才能和头脑中的影像建立联系，专业原理才能在动手操作中融会贯通。正如苏联哲学家M. A. 帕尔纽克讲到“教学中的实践环节的意义是巨大的，不论教学是在多么高深的理论水平下实现的，只要学生还没有把他们的知识有机地运用到教学实践活动中，那么他们的知识就必将带有抽象性质。只有这种运用才能克服对象知识的抽象性与对象的具体性之间的矛盾”。

（2）查找专业知识的不足。社会实践活动能够检验专业知识学习的情况，同时，带着问题去学习，获得的专业知识将会更加深刻。

（3）促进专业知识的创新。当代大学生是富有创新的一代，在动手、动眼、动脑中，迸发灵感，从而产生新的思想，提出新的改进方案，研发出新的产品。

2. 有助于大学生将书本知识社会化

马克思认为“人的本质并不是单个人所固有的抽象物。在其现实性上，它是一切社会关系的总和”。大学是人生观、世界观、价值观形成的关键时期，是生活在“象牙塔”中的人，实践活动能使他们受到活生生的教育，成了他们了解社会、融入社会的有效平台。一方面，有助于了解国情民情，关注社会热点问题，充分体会改革开放所取得的巨大成就，认识到贫富差距，增强社会责任感和使命感。另一方面，明辨是非，通过自己所见所感，解决对当前社会问题的思想困惑，提高自己的为人处事能力。第三方面，有助于良好思想品德的形成。

3. 社会实践的社会化功能

（1）促进大学生政治社会化。大学生走出学校这个相对狭窄的范围，深入实际，接触群众，熟悉社会，投身沸腾的现实生活，能够全面了解和认识社会，具体而真切的了解我国社会的政治、经济和文化变迁，把握基本国情，帮助他们剔除思想中不符合实际的因素，使他们正确对待个人与社会的关系，培养为祖国为人民的奉献精神，在现实生活中领会并坚持以马克思主义指导思想、中国特色社会主义共同理想、以爱国主义为核心的民族精神和以改革创新为核心的时代精神、社会主义荣辱观为主要内容的社会主义核心价值体系。

（2）促进大学生职业道德社会化。学校注重对大学生专业知识、专业技能的培养，忽视职业道德教育，大学生职业道德教育边缘化倾向明显。社会实践场所处处体现职业特色，大学生接受职业环境文化的熏陶，按照职业道德基本原则和规范，在实践活动中进行自我教育、自我改造、自我完善，学会求知、学会做人、学会做事、学会共处，使自己形成良好的职业道德品质和达到一定的职业道德境界。

（3）促进大学生生存和发展能力社会化。一名在校表现优秀的大学生，到工作单位后不一定成为一名优秀的职员，两者是否相同取决于学生个人的生存和发展能力。在社会实践中，大学生可以发现知识结构和实际工作能力方面的欠缺，逐渐适应激烈的竞争环境和快节奏高效率工作的需要，从而激发学习热情，自觉调整和完善知识结构，提高专业技能，锻炼意志和毅力，健全心理素质，培养创造能力、实际操作能力、组织管理能力和随机应变能力。此外，通过与各种不同角色的人交往，提高社会交往能力，积累社会经验，适应社会需要。

（4）促进大学生角色社会化。大学生就业难，一个重要的内因是毕业生角色社会化不足。由于各种主客观因素影响，不能正确认识和估价自己，摆正自己在社会中的位置，弄不清自己的社会角色，突出表现为角色期望值过高。大学生参加社会实践活动，能发现

“现实中的自我”与“理想中的自我”的差距，并自觉进行调整，通过主观努力进行角色调适，从而认识自己的社会角色和价值，扮演好角色，更好地融入社会生活中。社会实践有利于大学生给自己准确定位，增强自己的社会角色活动能力，从而更好地适应社会生活，加速社会化进程。

4. 有助于大学生将个人能力素质化

素质教育是指一种以提高受教育者诸方面素质为目标的教育模式，它重视人的思想道德素质、能力培养、个性发展、身体健康和心理健康教育。当代大学生大都是独生子女，他们没经过生活的磨难，像“温室的花朵”，对困苦知之甚少，合作意识差，艰苦奋斗意识淡泊，实现“素质化”而非“应试化”，倡导素质教育而非“应试教育”，实践活动是大学生进行素质教育最有效的培养基，可以磨砺大学生意志品质，不断提高他们行为的自觉性，克服盲目和轻信，不断提高决断能力。

（1）有利于大学生正确认识自我，对自身成长和发展产生紧迫感。对个体生存价值的充分认可和积极张扬是当代大学生心理变化的重要表现之一。毫无疑问，这是伴随着全面的现代化进程的震荡而蓬勃生长的自尊、自信、自立、自强精神。遗憾的是对个性匮乏与泯灭的理性反叛却滑向另一个极端，导致了个人主义的滥觞，出现了狭隘的“自我设计”“自我奋斗”“自我实现”等“唯我”的倾向，困入了“自我”的篱笆。有些大学生甚至认为“我”就是自己的主宰，可以任意地设计自己和熔铸自己。此外，学生时代其思想中也存在相当大的片面性，总会认为好即好、非即非，从而走向极端。

但是，每个人只有沿着历史走过来，才能成为一个真正的现代人；他必须扎根于社会之中，才能成为一个真正的个人。个人的生命若不是深深根植于社会历史的土壤之中，便只能成为局限于自我池塘中的一叶浮萍。因此，个体的自我价值绝不能脱离一定的社会条件独自创造，而必须在变革现实的实践过程中解剖自我，认识自己。黑格尔说得好：“人还通过实践活动来达到为自己（认识自己），因为人有一种冲动，要在直接呈现于他面前的外在事物之中实现自己，而且就在这实践过程中认识他自己。人通过改变外在事物来达到这个目的，在这些外在事物上面刻下他内心深处的烙印，而且发现他自己的性格在这些外在事物中复现了。”这就是说，人是通过认识自己所引起的客观世界的变化来认识自己的。因为通过实践所引起的客观世界的变化就是人自己的心理、智慧、才能的物化。这样，客观世界就如同一面镜子，可以由它映照出人自己的主观世界，从而认识自己的主观世界，认识主观世界同客观世界的关系。

因此，当代大学生必须冲出自我的封闭，投身到广阔的社会生活之中，在广泛的社会实践活动中认识自己和自己生存的社会环境以及这二者之间的关系，看到自己与社会需要之间的差距，看到自身知识和能力上存在的不足，从而比较客观地去重新认识、评价自我，逐渐摆正个人与社会、个人与人民群众的位置，同时产生一种紧迫感和危机感，使他们能够潜心思考自身的发展问题，不断提高自身的素质和能力，以适应社会发展的需要。通过社会实践，大学生在对主观能动性和现实可能性的综合考察中选择切实可行的“理想自我”的目标，既依据现实自我的思想深度、兴趣浓度和意志强度，又参考社会的知识厚度、人才密度、需要程度、竞争难度，在冷静的思考与坚韧的求索中，在自我反省的“内逼”和社会反映的“外压”交互作用下建构自己的成才道路。通过劳动、创造、奉献，赢得社会的承认，也展现出个体生命的意义，在实践过程中实现对自我的质的飞跃，完成对自我的超越、更新和升华。

(2) 有利于发展大学生的组织协调能力和创新意识。俗话说："一个篱笆三个桩，一个好汉三个帮。"在市场经济竞争十分激烈的时代，特别强调团队协作精神，也就是要求个体具备与人合作的意识，能够和别人精诚合作，协同工作，这样才有可能取得成功。另外，如何将分散的人群召唤在一面旗帜之下，分配任务以便快速完成工作，这需要组织协调能力比较强的人来指挥。社会实践活动，一方面为大学生锻炼组织协调能力搭建了有力的平台。另一方面社会实践活动没有固定的场合；也没有固定的模式和对象，一般是在一个比较开放的环境下，面对着不断变化的对象，学生也成为一个主动的参与者，大多数情况下，他们要自行组织活动，要独立面对和解决各种问题。在这种情况下，没有了课堂教学的太多束缚和校园生活的限制，学生们的积极性被充分调动起来，兴趣高涨，思维也空前的活跃起来，往往会产生一些创造性火花，在实践中敢于开拓、敢于创新。而且通过与人沟通，与人合作，可以增长见识，并有利于锻炼大学生的人际交往能力。

(3) 有利于提高大学生适应社会、服务社会的能力。随着社会的不断发展，对各种人才的要求也随之不断变化，竞争已成为社会的基本特征。因此，专业面狭窄，社会适应性较差，综合能力不强的人在激烈的市场竞争中必然会处于劣势，而社会实践使大学生能够广泛的接触和了解社会，不断地参与社会活动，在实践中不断动手、动脑、动嘴，直接和社会各阶层、各行业人员打交道，有利于培养和锻炼大学生实际的工作能力，并且在工作中发现不足，及时改进和提高，使之更新知识结构，获取新的知识信息，以便于毕业后更好地适应和服务社会。

面对复杂多变的世界，大学生需要智慧、能力，而智慧、能力的形成离不开社会实践。在社会实践中提高大学生能力，增长才干，突出表现在 3 个方面。

1) 提高认识能力、选择能力。智力的核心是认识能力。人的认识要经过感性认识上升到理性认识，必须在实践的基础上占有丰富而真实的感性材料。大学生通过社会实践，主观认识见之于客观，在发现、分析和解决问题中，将主观认识系统与行为系统有效地连接起来，达到知与行的统一，从而推动认识能力的提高。人的一生是选择的一生，提高大学生的选择能力十分重要，而选择能力也只有在实践中、比较中，才能逐步提高。

2) 培养社会活动能力、独立工作能力、社会适应能力。社会实践具有开放性、社会性。大学生在社会实践中，通过独立设计实践方案，与各方面人士广泛交往，多次反复试验，解决实际问题，总结实践成果等，其社会活动能力、独立工作能力、社会适应能力等得以提高。

3) 培养创造、创业能力。大学生创新、创业是时代发展的要求。社会实践中遇到的一系列问题，迫使学生深入思考，综合分析，激发创造灵感。创造新的成果，改变了他们被动接受知识、实践机会少，因而动手能力差、创造能力低的状况。创新、创造是创业的前提，通过到企业公司兼职、助工助学、创办企业和注册公司等方式，可将自己所学知识、创造成果应用于社会，从而培养创业能力。社会实践应双向受益，一方面，大学生从社会实践中得到锻炼；另一方面，通过社会实践，回报社会，奉献社会。

(4) 锤炼意志毅力，培养优良品格。大学生正值心理品质的培养和发展时期，现代社会激烈的竞争，需要大学生有足够的承受压力和挫折能力。组织学生参加“三下乡”社会实践活动，对于锤炼大学生的意志毅力，培养优良品格有着重大意义。“三下乡”活动使大学生亲自去尝试、接触各种复杂情况，在遇到困难和解决困难的过程中，包括成功与失败的切实体验中提高心理承受能力，锻炼出坚强不屈的意志。能够培养学生的自我认识能力、情绪控制能力、抗挫折能力，总结经验战胜失败的能力。在目前的高校教育体制下，许多同学往往厚此薄彼，注重书本知识的学习，崇尚个人奋斗，突出个人之间的竞争，这在一定程度上削弱了教育的另一个重要方面，即集体主义、互助协作精神的培养。事实证明，缺乏这种精神的人才，已经越来越无法适应当今要求全面提高质量和高效运作的社会需要了，只有集体的智慧和力量才会产生更大的效能，创造更大的价值。“三下乡”活动是大学生作为一个集体走近农村、服务农村的社会实践活动，从策划、前期准备到正式实施的每一个环节，都需要所有参加者发扬集体主义精神，求同存异、克服摩擦、互相配合、互相协作，否则，团结无法保证，大家的劲就使不到一块，服务队就丧失了它应有的战斗力。“三下乡”服务队是一个团结的集体、战斗的集体，在这里团结协作的精神能够得到最充分的体现，大学生们可以从中体验团结协作带来的工作效率，以便于他们自己有意识的培养自己集体精神。

人的思想品德形成离不开实践。任何思想品德都是由知、情、意、行 4 个因素构成，只有这 4 个因素都充分发展了，良好的思想品德才能形成。人的道德品质只有在行动中才能养成，才能体现。大学生通过社会实践，置身于具体活动环境中，耳濡目染，将社会公认的法律制度、道德规范、价值观念等因素吸收到个人思想中，内化为个人人格的重要组成部分；同时，个体内的知识通过适当的方式“转化”，在与他人的互动过程中体现出来实现对社会的认同感，形成自己的个性。社会实践活动有助于大学生培养健全的人格，促进德、智、体的全面发展。当代很多大学生是家中的独子，往往从小就是家中众星捧月的“小皇帝”“小太阳”，父母精心呵护，生活条件优越。由于经历的生活磨砺欠缺，很多大学生身上存在“骄娇”二气，主要体现为：抗挫折能力差，奉献、吃苦精神不足，集体观念不强，拜金主义、享乐主义倾向明显。古人云，“天将降大任于斯人也，必先苦其心志，劳其筋骨，饿其体肤”，在课外社会实践中经受磨炼有助于大学生人格的全面发展。只有德、智、体、美、劳全面发展，大学生才能成为未来社会的栋梁，肩负起时代赋予的重任。

由此可见，通过实践活动，能使大学生的思维角度由单一向多样，由固定向发散，由个体性思维向集体性思维的转变，树立目标，健全道德准则，最终归属自己的思想、语言和行为，对自己的思想、语言和行为产生责任感。

5. 激发学习兴趣，提高参与意识

俄国教育家乌申斯基曾经谈到：“没有丝毫兴趣的强制性学习，将会扼杀学生探求真理的欲望。”教育学和心理学研究也表明：当学习内容与学生已有知识和生活经验相联系时，学生对学习会更有兴趣。如果将政治理论与学生现实生活有机结合起来，学生的学习兴趣就一定会提高。在思想政治课教学中开展社会实践活动便是一种有效举措。学生通过考察社会现象，将教材内容与社会生活紧密联系起来，使理论知识成为学生看得见、摸得着、听得到的现实，让学生感受到生活化的思想政治课，运用思想政治课的有关理论知识分析现实生活中的问题，从而唤起学生的学习兴趣，激发学习欲望，引领学生积极主动地参与社会实践，达到学与做、知与行的真正统一。

6. 有助于思维的矫正与成熟

目光敏锐但易于偏激、开拓创新但不乏幼稚、热情奔放但缺少经验，是大学生的显著特点。黑格尔指出："青年人喜欢驰骛于抽象概念之中，反之，有生活阅历的人决不允许陷入抽象的非此即彼，而保持其于具体事物之中。"这就是说，大学生缺乏生活和实践经验，使得他们在认识中，难以把抽象的规定上升为思维的具体，并把事物各个部分有机地统一起来，只是用手中的理想之尺衡量现实的运动，造成了理论与实践脱节，理想主义和形而上学的色彩浓厚。应当说，具有浪漫"书卷气"的大学生尤其如此。这种缺陷使得他们在审视和评价令人眼花缭乱的现实生活时，大都难以横看侧览，知岭见峰，更难以将感性体验升华为深邃理性，缺乏辩证观、全局观和发展观，苛求有余，理解不足，易失之肤浅、粗糙、片面、僵化。致使他们对现实的评判带有浓烈的狂热性和盲目性，对社会的未来发展充满缤纷灿烂但不切实际的幻想和渴望，失去了客观的现实依据和可行性分析论证。由于缺乏实际经验，他们的意见往往脱离现实，多半属于咬文嚼字，专抓弱点之类。这就使他们只看到生活表面的残枝败叶，体察不到社会底层滚涌的热流和现代意识的活化升腾。即使感触到了现实生活中的一些"闪光点"，也以轻描淡写的"没什么了不起"而一言以蔽之，陷入了虚无主义的泥潭。思想的胚胎只有经过实践的催生才能成功分娩；认识事物的方法也只有经过实践的磨砺和雕刻才能向成熟的境界发展。马克思指出："人应当在实践中证明自己思维的真理性，即自己思维的现实性和力量。亦即自己思维的此岸性。"因此，立足现实，投身实践发掘生活中的美，真正认识到改革开放以来的丰功伟绩，体味到现代化建设的浓厚气息和勃勃生机，切身感受到历史转轨期那种悄声屏气、痛苦激烈的蜕变和革故鼎新的步履维艰，这有助于大学生走出理论的象牙之塔，拓宽视野，丰富阅历，在实践、认识、再实践、再认识的过程中，纠正思想方法上的主观性和随意性、理想化和简单化、片面性和绝对性，逐渐学会并自觉运用辩证思维方法客观地评价自己、他人和社会，并进一步深化、提高、完善，从而走向成熟。

五、社会实践与大学生社会责任感的提升

改革开放以来，我国经济和社会发生了巨大的变化，与此同时出现了一些诸如贪污腐败、极端个人主义、权钱交易等不良社会现象，这些必然会对尚未成熟的大学生的思想产生消极影响，加之当代大学生生活经历单纯，缺乏对个人与社会、现实与未来的全面认识和了解，缺乏理性思辨和分析选择的能力，常对现实社会形成一些片面或者错误的认识，导致社会责任意识和社会责任感的缺失。然而，当代大学生作为21世纪社会主义现代化建设的中坚力量，作为具有较高文化水平的公民，往往承担着更多的社会期望和责任，其社会责任感的强弱将直接影响社会的和谐、国家的强盛、民族的兴衰和社会主义事业的成败。所以，加强大学生社会责任感教育是时代发展的需要，也是大学生健康成长成才的需要，大学社会实践是提高大学生社会责任感的重要途径之一。

1. 社会责任感

（1）社会责任感的内涵。社会责任感，也叫社会责任心、社会责任意识，学者们从社会学、伦理学、政治学以及心理学范畴都有界定。如谢伟华认为"社会责任感是个人对自己所应履行的各种义务及应承担的社会责任的自我意识，是对社会责任的一种觉悟。它是一种自律意识，是个人对自身行为的约束，同时也是对自身发展所提出的要求”，赵兴奎和张大均认为社会责任心“是个体积极主动地履行社会道德职责和义务的个性心理品质。它有三层涵义：一是个体自发、自愿地履行义务和职责；二是个体履行职责是遵从社会公正规则和具体文化背景下的正面行为规范为前提；三是在社会责任心的心理品质成分中，只有道德责任和义务的成分而无责任过失的成分”。前者是从思想政治教育的角度，后者是从心理学的角度，而从社会学的角度，人们又把社会责任意识定义为：个体对社会角色职责的自我意识和自觉程度。比较分析上述概念我们可以明晰地看到社会责任感是一个社会关系层面的概念，它反映的无非是人们对人与人、人与社会、人与自然的关系的认识和观念。其特征主要表现为：自律性、地域文化性和社会实践性。自律性表现为个体对自身社会责任的认识自觉和行为的自我约束，自律性是评价个体社会责任感的标准。文化地域性表现为每一个体的社会责任都无一例外地会受一定地域民族文化的影响，这是个体社会责任感的社会文化基础。社会实践性表现为个体的社会责任获得的最有效和最现实的途径是社会实践。

社会责任感是指个体对自己在承担人类社会的责任中做出的行为选择、行为过程以及后果是否符合内心需要而产生的不同态度的情感体验。从心理学的角度分析，一个人的社会责任感是由知（责任认知）、情（责任感情）、意（责任意志）3种心理成分构成的一个多层次、多侧面的系统，其中责任认识和责任情感是主观的，责任意志是主观见之于客观的表现。从三者的关系来看，责任认识源于责任情感的理性觉悟和后天教育，是责任感产生的基础和前 提；责任情感是责任行为的激励因素和内驱力，是责任感产生的必要条件；责任意志是责任认识能动作用的体现，是人利用自己的毅力支配行为的力量。一个人的社会责任感最终体现在他的一系列行为中，体现在当个体行为可能影响他人或者集体的利益时所作的行为选择中，行为表现是一个人社会责任感发展状况的重要标志。

社会责任感是个体从责任赋予者那里，接受责任后，内化于自身内心世界的一种心理状态，是个体履行社会责任行为的精神动力。任何社会群体为了保障自身的有序运行，必然对个体提出相应要求，规定相应社会责任，处于不同社会地位的个体，将会承担不同的社会责任。这就是说，责任是社会对个体的要求，是一种外在的社会压力，作为一种环境因素影响或施压于个体。初期，个体处在社会群体中，不得不依据社会群体的责任和要求去行事，迫使个体的行为选择要符合社会群体的基本要求和责任的需要。后期，随着时间的推移，个体逐渐感受并认识到实施社会责任的必要性与重要性，这时，社会责任就会由外部要求逐渐内化为个体自身的内部需要，由他律转变为自律，由外在责任形成的那种压抑人、束缚人的力量，转变为推动行为主体自觉履行社会责任的巨大动力。社会责任更注重的是事先的责任意识和责任情感。所以，当一个人将建立美好社会而应承担的社会责任及履行的义务形成一种自我意识和情感体验时，社会责任感就会通过他们对社会责任的态度和个体行为表现出来。

（2）社会责任感的形成。马克思主义认识论告诉我们：人的认识必然经历由实践到认识，再实践到再认识的过程；必然经历有感性上升为理性，进而形成人的品质、道德和人格的过程。社会学把人的社会化定义为“个体转化为人的过程”。大学教育是大学生步入社会的一道关口，大学生“社会性发展”的水平决定着其对社会的适应和贡献。教育意味着以一种预定的目的状态或目标对受教育对象的发展做某种有意识的指导或干预。现代社会，提高大学生“社会性发展”的水平是大学教育的要义和目标。“社会性发展是指个体社会生活适应性的心理特征的发展。社会生活适应性心理特征的发展，表现在群体意识，社会交往能力，社会规范性行为等方面。”可见，无论是个体的群体意识习取，还是社会交往能力的获得，以及他的社会规范性行为的养成，个体的社会责任感都是其发展和成熟的重要标志。

（3）大学生的社会责任感。大学生的社会责任感是指大学生对自己在承担人类社会发展责任中的情况是否符合内心需要而产生的情感体验。其核心是大学生认识到自己对社会的安定与变革、人类的生存与发展应负的责任。当前，大学生能在一定程度上认识到自己肩负的社会责任，主动关心他人、关心社会、关心祖国的未来，主流是好的，然而，当代大学生成长的社会环境比较复杂，在市场经济浪潮的冲击下，多元价值体系与道德标准的碰撞与融合，对大学生的思想产生了前所未有的冲击，对大学生承担的社会责任也提出了严峻的挑战。他们脆弱的激情往往多于冷静的思考，消极的指责往往多于客观的分析，大学生中不可避免地存在一些令人担忧的、社会责任感弱化的倾向。再者，大学生正处于青年期，是生理与心理由不成熟走向成熟的转折时期，是掌握知识，形成能力，确立人生观、价值观和世界观的关键时期，同时也是社会责任感逐步确立、发展和巩固的关键时期。所以，对大学生社会责任感缺乏和弱化现象及时进行有效的教育和引导是十分必要的，加强大学生社会责任感教育是时代发展的必然要求。

2. 大学社会实践是提升大学生社会责任感的有效路径

大学社会实践是高等院校按照高等教育培养目标的要求，有目的、有计划地组织大学生参与社会政治、经济和文化等一系列教育活动的总称。它既是学生认识社会、改造社会的行为过程，又是进行思想道德修养和人格塑造的实践活动。多年来的实践证明，社会实践可以促使大学生走出“象牙塔”，接触社会、了解民情、提高认识，激发民族自豪感和社会责任感，培养自强自立、艰苦奋斗的奉献精神。加强社会实践在培养大学生社会责任感中的作用 非常必要。从根本上说，社会责任感的形成发展是人的主观世界与社会实践相结合的过程，是主体与客体不断互动的过程。个体从接受社会责任到形成社会责任感再到履行社会责任行为，呈现出一个完整的心理过程，即责任认知—责任情感—责任意志，大学社会实践有助于提升学生的责任认识、激发学生的责任情感、锻炼学生的责任意志。

（1）大学社会实践有助于提升和深化大学生的责任认识。责任认识是指个体对自己承担的社会义务的认识，包括自己承担着怎样的义务，承担这些义务的最终原因与价值。一般来说，责任认知是社会责任感形成的前提和基础。大学生整天生活在“象牙塔”之中，对社会的认识往往比较肤浅，多数情况下只看到社会问题的严重性，而很少去思考和分析出现问题的社会根源，更不会主动寻找解决问题的办法，似乎他们只有批判的权力而没有改造的责任。社会实践为大学生提供了走出书本课堂，接触社会，增强亲身感受和体验，调整思想偏颇，深化认识的良好机会。在实践活动中，许多学生亲眼目睹了贫困山区人们的疾苦，亲耳聆听了人们对大学生的殷切期望，亲身感受到了一双双渴望求知的眼睛。通过实践活动，大学生认识了当代中国的基本国情民情，了解了农村落后状况，领悟了自己肩上的重任和社会责任。所以，深入社会、了解社会，可以帮助大学生端正思想认识拓展视野，使其思路更加明确，感受更加深刻，树立起强烈的忧患意识，增强为国家和民族发展贡献力量的责任感和使命感。

（2）大学社会实践有助于激发和丰富大学生的责任情感。责任情感是指个体对自己履行责任状况进行评价时而产生的情绪体验与愿望，它根源于个体的良心和对利的需要。人们具有了正确的责任认识并不意味能自然而然付诸行动，只有将认识与积极的社会情感相结合，才会形成正确的行为态度和产生履行责任的动力，使社会责任感体现在行动之中，所以，从责任情感角度加强大学生的社会责任感的培养非常重要。

在大学社会实践中，学生通过开展一些专题调查，走进社区，直接接触下岗人员和老年人；走进山区，直接接触贫苦群众和因贫困而无法读书的孩子；走进社会福利部门，直接接触福利院的孤儿和残疾人与不同层面、不同类型的人群进行面对面的交流感受他们的疾苦和烦恼，从而激发起大学生的爱心、同情心和责任心。如在大学生自愿服务贫困地区的活动中，许多大学生对我国尚处在较低生活水平的人群产生了诸多复杂的情感，面对贫困的人们，他们一方面感到了辛酸，另一方面也意识到了自己的责任，认识到作为一名有良心的大学生应对社会有所回报。这种内心的体验和感受定会对他们的思想与行为产生重大影响。

大学社会实践有利于激发学生的爱心和同情心，这种情感是最朴素的、最基本的社会责任感的表现，是主体给予他人关怀、快乐和利益的一种心理倾向。如果一个人具有爱心与同情心，便能感受他人疾苦，驱使自己帮助他人摆脱痛苦，获得快乐，便能引发主体无私利他的责任行为。爱心和同情心是引发主体责任行为的原动力和内驱力，因此，在社会责任感教育中不能忽视对学生的爱心和同情心的激发与培养。大学社会实践丰富和完善了学生的情 感世界，只有这样，他们才会积极向上，愿意为社会承担更多的责任。

（3）大学社会实践有助于锻炼学生的责任意志。责任意志是指个体从思想到实际实现的心理过程中表现出来的责任行为。社会责任感的形成，不能仅仅停留在责任认知和责任情感上，更重要的是体现在履行社会责任的具体行为上。这就需要在校内外的实践活动中，加强学生的行为训练，促使他们的责任行为得以强化，并逐渐形成习惯。学生在社会实践活动中，常常会遇到许多困难，如进行专题调查时问卷设计的反复修改，走进贫困山区时生活上带来的不便等，我们常鼓励和帮助学生以坚强的毅力，克服各种困难。在多次实践，学生的主人翁意识不断增强，责任认识不断深化，对责任感产生了坚定的信念。有了这种信念，他们就会将外在的责任要求内化为自我需要，不断以强烈的“自我命令”的形式作用其心理和行为，以自觉抵制各种不利于履行责任的思想观念和心理问题的出现，自觉践行社会责任。这种实践活动循环往复，学生由坚定的责任信念最终则会转化为顽强的责任意志，表现出持续的责任行为。大学生社会责任感的形成是一个由感性到理性，由对己负责到对他人、对社会、对国家、对民族负责的递进过程，大学社会实践为学生运用知识施展才华，锻炼意志，实现自我价值，形成强烈的社会责任感提供了重要平台。

六、社会实践是加强高校德育的有效措施

社会是个大课堂，社会实践使大学生受到的教育更为直观、具体而深刻，因此进行世界观、人生观、价值观的教育不能忽视社会实践，更不能离开社会实践。社会实践使大学生走向社会、走向基层，深入农村、工厂，耳闻目睹改革开放带来城乡经济快速发展、人民生活显著改善的事实，思想感情与广大人民群众发生强烈的共鸣，从而更加拥护党的路线、方针、政策，增强投身改革、维护稳定的政治意识和大局观念，进一步树立奋发成才、报效祖国的责任感。实践表明，在开展德育工作过程中，更多地采取社会实践的方式，能够使大学生从理念和实践的结合点上获取亲身的感受，从而提高自我教育的能力，重新审视自己的思想，矫正认识上的偏差，促使思想觉悟的提高，从而树立正确的世界观、人生观和价值观。

(1) 有助于大学生树立科学的世界观和方法论。通过参加社会实践，大学生可以深刻体会到国家取得的伟大成就，对党的路线、方针、政策认识从感性认识上升到理性认识，增进他们对国情、乡情和民情的了解，对我国的政治、经济发展状况的体会。同时，社会实践活动的开展可以让他们深切地感受到现代化建设离不开安定团结的政治局面，坚定自己的信念，明确今后的发展方向，形成科学的世界观和方法论。

(2) 有助培养大学生艰苦奋斗的作风。由于长期生活在“象牙塔”中，大学生普遍缺少艰苦奋斗的精神。在参与社会实践的过程中，通过直接体验劳动的艰辛，大学生会逐渐树立起热爱劳动、珍惜劳动成果的思想情感，逐渐地培养了他们的艰苦奋斗的作风。

(3) 有助于大学生明确今后发展方向。相当多的大学生临近毕业就业时，对自己所学专业能够从事的工作认识模糊，通过社会实践活动，特别是专业性很强的实践内容，大学生可以充分认识的自己专业的优势，对今后发展形成明确的认识与定位。

七、社会实践的社会意义

从社会整体角度来讲，大学生进行社会实践有助于缓解就业难的问题，并有利于社会整体素质的提高及社会主义精神文明建设的发展。

(1) 有利于解决就业难的问题。大学生接受了相关专业的系统学习和锻炼，具有了一定的理论水平，是人才资源中的优秀部分。但面对数以百万计的求职人潮，用人单位则倡导“择优录取，有经验者优先”的原则。在这样的现实背景之下，有社会实践经验的毕业生找到工作的概率相对来说就大得多。因此，社会实践在锻炼和提高大学生各方面能力的同时，也为大学生就业提供了契机，为社会减少了就业压力，有利于人才市场的顺畅流通和运作。

(2) 有利于社会整体素质的提高及社会主义核心价值观的发展。人是社会存在的个体，也是社会的重要组成部分，局部影响整体，大学生通过社会实践活动，提高了自身的各方面素质和能力，能有效的感染其他人群，这有利于全民素质的提升，对于社会主义核心价值观的发展有巨大的推动作用。

八、社会实践对企业及大学生的双向价值

(1) 是低成本选拔人才的重要途径。《中国青年研究》杂志社社长刘俊彦说：“采取实习的方法，更好地了解被聘员工的素质，实际降低了公司的用人风险和成本。”由于中国的教育现状，很多企业切身体会到名校和高分都靠不住，而招聘环节，时间太短，不可能把一个人的本质与潜能全部发挥出来，因此，学生社会实践与实习无疑是一个考察捷径。

(2) 是企业获得发展动力的一个机会。许多具有完善用人制度的外资企业认为，实习生有自己独特的优势，头脑灵活、善于学习、接受新事物的能力强，这能为企业注入新的灵感。比如宝马公司的无级变速箱就是由实习生发明的。

(3) 招聘社会实践人员用人成本较低廉。相对正式员工，实习生属于临时性员工，不享受完整的福利及相关待遇，也不考虑完整的职业规划，而且越来越多的学生为了获得进入企业社会实践的机会，放低了对企业待遇的要求，这可能起到降低企业用人成本的作用。

（4）招聘社会实践学生也是企业承担社会责任的一种方式。既可为家境贫寒的学生提供生活上的帮助，又可缓解就业难背景下的社会问题。

九、农业高校社会实践活动面向“三农”的价值取向

1. 农业高校确立人才培养目标的基本方略

农业高校必须坚持面向农业、农村和农民办学，为农业现代化建设服务，这是中国特色社会主义高等农业教育必须坚持的办学方向和必须完成的战略任务。社会实践活动作为农业高校面向“三农”服务的有效载体和现实途径，对农业高校端正办学方向、明确服务对象、实现战略目标、培养合格人才具有不可替代的重要作用。

（1）有利于农业高校在明确办学方向的基础上确立人才培养目标。在社会主义初级阶段，“三农”问题始终是一个关系到党和国家全局的根本性问题，主要表现为“农业落后、农村闭塞、农民贫困”，这对农业高校人才培养和科技开发提出了严峻的挑战。农业高校社会实践活动面向“三农”，能够有效地坚持立足农业、面向农村、服务农民的办学理念，能够坚持走教学、科研、推广三结合的育人道略。因此，想“三农”所想，急“三农”所需，为“三农”服务，是农业高校确立人才培养目标的必然选择。

（2）有利于农业高校在明确战略任务的基础上实施人才培养战略。科教兴国战略是我国的一项基本国策。毫无疑问，农业高校在“科教兴农”和我国农业可持续发展战略中所扮演的是“工作母机”和“科技龙头”的角色。一方面通过社会实践活动，深入调查和了解目前农业、农村和农民所面临的现实问题，切实把学校的教学、科研和人才培养与发展农业和农村经济紧密联系起来，以寻找和发现人才培养与生产实际相结合的聚焦点。另一方面，社会实践活动面向经济建设主战场，充分发挥农业高校专业技术力量和科技人才优势，积极参与农业资源开发、技术推广、科技扶贫、科技服务和技术培训等实践活动，以选择和确立教学科研和人才培养的着力点。

（3）有利于农业高校在实施人才培养战略的基础上疏通大学生成才就业的渠道。农科大学生就业去向客观上决定着农业高校人才的培养目标，近年来的社会实践和社会调查表明，农业高校应在培养部分科研教学高层次人才的同时主要是面向“三农”培养大量的实用型人才，让广大农科大学生到农业生产第一线和农村社会化服务体系中工作。实践证明，社会实践活动面向“三农”不仅是农业高校确立人才培养目标的基本方略，而且能够疏通农科大学生到农业生产第一线成才就业的渠道。

2. 农科大学生立志成才的有效载体

改革开放以来，我国农业产业结构发生了翻天覆地的变化，但总体上农业科技人员短缺，农村劳动者素质偏低，农业生产水平落后的状况没有从根本上得到解决。社会实践活动作为农业高校人才和技术通向农业生产第一线的桥梁与纽带，必然能够与高校的教学、科研和推广活动相结合，成为农科大学生成长成才的有效载体。

（1）在教学活动中，社会实践活动以培养学生的综合素质和实践能力为目标，通过多形式、多渠道和多层次为农业生产一线培养多方面的实用人才，逐步消除农村无科技带头人、无科技示范户、无科学试验田等现象，以此促进广大农民群众科技文化素质的提高。

（2）在科研活动中，社会实践活动以培养大学生创新意识和创新能力为目标，重点开发面向“三农”的“短、平、快”的实用技术，通过广大师生深入生产第一线调查研究，发现问题、确立课题，在参与科技开发的过程中实施科研课题，完成科研任务，以增强科学研究的适用性和针对性，减少科学技术和科研成果进入生产实践的中间环节，从而提高科技成果的转化率，增加农业生产的科技含量，培养大批开拓型和适用型农业科技专门人才。

（3）在生产活动中，社会实践活动改变了过去农业高校单纯地关起门来办学，人才培养与人才使用相互脱节的现象，针对社会主义市场经济和农业生产第一线对农业科技人才的需求，区分不同情况，采取不同形式，与有关生产部门同力协作，多层次全方位开发和培养面向生产第一线的农科人才，有效地拓展人才培养的途径。

3. 农科大学生成才教育的重要途径

专业思想教育是高校学生成才教育的一项重要内容，直接影响到大学生的学习积极性、价值取向、职业理想以及高等专业教育培养目标能否实现等一系列问题。相对于其他类型的高校，农业高校的专业思想教育问题显得更重要、更突出，也更困难。农业高校培养的学生应该是学农、爱农、立志献身于农业，否则将会造成人力资源的极大浪费，影响我国农业现代化的历史进程，那将是高等农业教育的重大失误。而面向“三农”的社会实践活动能够从多方面加强对农科大学生成才教育的深度、广度和力度。

（1）能够从理论与实践的结合上，深入开展社会主义初级阶段我国基本国情教育，坚定大学生的学农信念。在社会实践活动中，能够紧密联系改革开放以来我国农业和农村所取得的巨大成就和存在的问题，特别是能够亲眼目睹社会主义初级阶段我国基本的国情、农情、民情，深刻认识农业在我国整个国民经济发展中的地位和作用，进一步明确农科大学生所肩负的历史重任，增强他们学习的主动性和积极性。

（2）能够从现实与未来的发展中，深入开展我国农业可持续发展战略的教育，深化大学生的爱农情感。我国是一个农业大国，农民占全国人口的大多数，农村是我国社会的“细胞”，农业是国民经济的基础产业，没有农业的现代化，就不可能实现四个现代化；没有农民的“小康”，就不可能有全国人民的“小康”。我国实施的科教兴国战略和可持续发展战略是一项伟大的战略抉择，要实现由传统农业向现代化农业转变，由工业经济向知识经济转轨，促进农业由传统资源依附型向现代智能依附型的发达产业过渡，必将对农科大学生提出更高更新的要求，从而激发他们立志献身于农业的历史使命感和时代责任感。

（3）能够从自身与他人的切身体验中，深入开展实践成才教育，明确大学生的成才目标和就业去向。大学生走向社会、面向“三农”参与社会实践活动，增进与劳动人民之间的感情，能够使他们的专业思想更加巩固；走出校门，追踪校友的成才足迹，培养职业感情，能够使他们的成才目标更加明确。二者的共轭效应必定能够产生质的飞跃。这就使他们能够从农民群众勤劳朴实、憨厚热情的优良品质中受到深刻的教育；从我国农村还很落后的现实生活中受到强烈的震撼；从农民群众对科学技术的渴望中得到深刻的启示；从自己的亲身经历和校友的成才足迹中体验自身的价值、体现专业的价值、体会人才的价值、实现人生的价值。

总之，农业高校面向“三农”开展社会实践活动，明确了高等农业教育人才培养的目标和要求，体现了我国农业高校人才培养的战略思想和发展趋势，拓宽了农科大学生成长、成功和成才的道路，具有鲜明的中国特色和时代特征。

课外知识

青年毛泽东的社会实践

纪念毛泽东诞辰100周年　作者　刘斌

1910年毛泽东告别了养育他16年的韶山冲，毅然孤身出外求学。在这一时期，毛泽东“身无半文，心忧天下”。以打工助学，广泛接触社会，为后来接受马克思主义和成长为一个职业革命家，奠定了基础。

1913年春季，毛泽东考入湖南公立第四师范（简称“四师”）。是年秋，第四师范并入第一师范，毛泽东被编入第八班。

第一师范是一所免费的公立学校，任务是培养小学教师。只有家境贫困或因各种原因得不到家庭接济的青年才进这个学校。因此，第一师范的学生多来自农村，生活作风俭朴。

毛泽东是全校同学中以俭朴出了名的。他在长沙近8年的读书时期，总共只用了160块钱，平均每月只花了1块多钱，并且其中有1/3是花在订报上，其余的钱还买了许多书籍和杂志。毛泽东初入四师时，学校发了一套青色呢制服。这套衣服毛泽东一直穿了好几年，到褪了色、穿了孔，他也舍不得换掉。除制服外，毛泽东还常穿一件灰布长袍，冬天在里面加件旧夹袄，一条白大布裤几乎四季不变。夏天常常没有袜子穿，布鞋也经常破得露出脚趾头。他的被褥是湖南一般农家用的蓝大布套被，棉絮又旧又硬，几乎变了颜色。

毛泽东的俭朴给同学们留下了极为深刻的印象。有的还以为他是一个特别“不修边幅”的人，一个同学曾这样回忆说：“你可以从他的脖子和身上刮下斤把灰尘。在饭店吃饭时，他用袖子擦去洒在桌上的饭粒和酒。他常常是穿鞋不穿袜子，或是让袜子搭拉在鞋面上（他的这种习惯保持了几十年）”。

毛泽东的俭朴不仅表现在他的生活方面，而且也表现在学习上。他常把报纸版心四周未印字的部分剪下来，订成本子，以节省买作业本的花销。

后来，大致经济实在难以为继了，毛泽东遂作出打工助学的决定。1917年5月，毛泽东正式在街上摆摊贩卖小吃和食品。他没有顾及书生的“体面”，跟职业小摊贩一样高声叫卖，可是应者寥寥，毛泽东所获无几。摆摊未能改善毛泽东的生活境况。1918年生日前夕，毛泽东第一次离湘赴京。在北京，他最初在老师杨昌济家与看门人同住。后来，他又与另外7个湖南青年一起住三眼井的一间小屋。白天，他们8人轮流穿一件大衣御寒；晚上，像沙丁鱼一样挤在一张炕上，“隆然高炕，大被同眠”。毛泽东后来回忆说：“每逢我要翻身，往往得先同两旁的人打招呼。”

生计的窘迫促使毛泽东再次打工。1920年11月26日，他在给学友罗荣熙的信中写道：“我现在很想作工，在上海，李声澥君（毛之校友）劝我入工厂，我颇心动。”接着，他进一步说明了他的打算：“我现在颇感觉专门用口用脑的生活是苦极了的生活，我想我总要有一个时期专用体力去作工就好。”

通过杨昌济先生的帮忙，毛泽东终于获得一份在北京大学图书馆期刊阅览室的工作，月薪8块大洋。

在北京大学图书馆，他每日周而复始地做着相同的事：清理书架，打扫房间，登记阅览者的姓名。这一时期的打工生活，毛泽东后来回忆起来，颇为感慨："由于我的职位低下，人们都不愿同我来往""我曾经试图同他们谈政治和文化问题，可是，他们都是大忙人，没有时间听一个图书管理员讲南方话"。

以后的穷困潦倒更是毛泽东始料未及的。离开了学校，就没有了每月发给的膳宿费，每日生活无着。为生计所迫，毛泽东不得不开口向朋友借钱。不多久，毛泽东便债台高筑，"无法再向有钱的熟人张口借钱"。

身无分文的毛泽东，不得不放弃赴法国勤工俭学的计划，而将这计划移至国内实行。他在少年中国学会的一次讨论会上突然语惊四座："总是坐着空谈没有用，应该付诸行动。把你的衣服给我，我来洗……大小不论，价钱一样。3天以后你就可以交钱取货"。当时，与会者都以为毛泽东是在开玩笑。后来，一位朋友的妻子试着说："作为绅士，毛不会干洗衣服的行当"。另外一位朋友干脆就对毛泽东说："那好吧，明天你来给我洗衣服，我要看看你会不会做。"毛泽东出人意料地做了，当然也就得到了钱。

1920年4月，毛泽东离京去上海，召集新民学会会员举行半淞园会议。在这期间，毛泽东到洗衣店当了帮工，为大班和富有的买办洗烫衣服，并来回取送每月报酬是12～15块钱，其中要用大约8块钱作取送衣服的车费。

按劳取酬，毛泽东乐此不疲。1921年1月1日至3日，新民学会在长沙召开新年大会。在讨论"会友个人的生活方法"时，毛泽东表示："现觉专用脑力的工作很苦，想学一宗用体力的工作，如打袜子、制面包之类，这种工作学好了，在世界任何地方跑，均可得食。"

毛泽东在给会友张国基的信中谈到，欲效法南洋建国运动，"拯救千万无告之人民出水火而登衽席，其为大业"。毛泽东此时已将勤工俭学、创办实业和实践"社会主义"、拯救国家联系起来考虑了。经过紧张筹备，1920年9月9日，由毛泽东主持创办的"文化书社"正式开始营业。书社租赁长沙潮宗街56号三间房子为营业门市部，经费由毛泽东等36人共同集资。许多工商界、教育界和新闻界的知名人士也纷纷参与投资，如长沙县县长姜济寰、长沙商会会长左益斋、周南女校校长朱剑凡、湘雅医学校负责人赵运文、第一师范校长易培基、船山学社董事会总理仇鳌等。书社集资总额共约400余元。

为扩大书社影响，特请时任湖南省长的谭延闿题写了招牌。在湖南《大公报》上刊登的广告文章中，毛泽东确立了书社的经营方针："愿用最迅速最简便的方法介绍中外各种新书报杂志，以充青年及全体湖南人新研究的材料。"经营主旨是"运销中外各种有价值之书报杂志"。

10月22日，文化书社召开了第一次议事会，推定经理一人。为便于开展工作，毛泽东担任了书社的"特别交涉员"。营业员最初只两人，后来增加至七八人。

书社在1920年至1921春，与省内外发生书报营业来往的单位达六七十家。上海陈独秀、北京李大钊都是书社的"信用代表"，并同武汉恽代英主办的利群书社结成了姊妹关系。后来书社业务日趋发达，凡属全国各地出版的新书报刊，更是大量地推销。为拓展业务，书社在省内广设分社。到1921年初，书社在平江、浏西、宝庆、衡阳、宁乡、武冈、溆浦等七地成立了分社。同时在长沙城内的第一师范、一师附小、楚怡小学、修业学校等处建立了贩卖部，还聘请了几个推销员。

文化书社的营业范围，为书、杂志、日报三类。据书社的广告中称，经售书籍164种、杂志45种、日报3种，着重介绍和宣传社会主义新思潮和马克思主义。每逢新书报到店，书社必在报纸重要位置刊登广告，介绍期刊目录和新书内容。

毛泽东和他的战友们此时的“经商”意趣，已旨在改造社会改造中国了。经商只是外壳，是形式；当然也有经济收益，但这反倒成了“副产品”了。尽管如此，毛泽东仍用经商之道来严格管理、严格监督，在书社实行民主管理制度，营业公开，账目公开。书社内直接管理经费的人，有时没按制度定时清理账目，毛泽东必来催促，并亲自协助清算。当时在书社工作过的人，还记得毛泽东来了后，将社内仅有的四张桌子并起来，一起算账。对于银钱出入有马虎之处，毛泽东必马上表示不满，敦其改正。

有效地管理和经营，使书社赢得了顾客的信赖。时人称道文化书社有三个特点：“一是贩运迅速，京沪等地书刊很快邮到；二是购书便利，营业员虽少，但送书上门，几个主要学校都设有代销店；三是服务周到，尤其不厌其烦介绍新书内容和组织读书会。”

书社业务日趋发达，不久即搬到长沙贡院东街（今中山东路），后来迁至水风井（今中国图书发行公司）。

文化书社为在湖南传播新文化、传播马克思主义起到了重要作用。1927年“马日事变”时，文化书社被国民党反动派捣毁。

另外，1921年毛泽东还集股创办了一个织布厂。一年后，因敌不过洋布倾销而停业。

青年毛泽东的几次打工及“经商”，经历了一个从改善自身生活困境到追求与实践“社会主义”理想，为全中国人民谋利益的过程。这一过程，不仅磨炼出毛泽东的坚强意志和吃苦耐劳、百折不挠的精神，而且由于它使毛泽东能更多地接触社会、接触工农、接触马克思主义，从而亦使毛泽东得以从一个空想社会主义者和激进的民主主义者迅速转变成一个科学社会主义者。1921年7月，在这一过程的尾声阶段，毛泽东即和他的战友们共同参与了中国共产党的缔造这一历史性的大事件。

思 考 题

1. 社会实践的内涵是什么？
2. 大学生为什么要参加社会实践？有什么意义？
3. 什么是大学生的社会责任感？
4. 为什么说社会实践是提升大学生的社会责任感的有效路径？

参 考 文 献

[1] 杨连生，胡继东．大学生网络社团问题探析［J］．网络思政，2012（4）：72－74.
[2] 曹国磊．大学生社会实践能力现状及对策研究——以南京市四所高校为例［D］．南京：东南大学，2012.
[3] 刘斌．青年毛泽东的社会实践［J］．文史杂志，1996（3）：9－10.
[4] 王竹苗，彭月英．青年毛泽东的社会实践对当代大学生的启示［J］．中共山西省直机关党报学报，2014（2）：27－29.

第二章　社会实践的发展历程

本章主要讲述我国大学生社会实践的发展概况、现状与问题、发展趋势，以及国外大学生社会实践简介、国内外大学生社会实践比较。通过本章的学习，读者将对国内外社会实践有个大致的认识，为加强社会实践具有指导意义。

第一节　我国大学生社会实践的发展概况

一、古代的学生社会实践

学生参加社会实践的历史源远流长。在我国古代，许多教育家都特别强调学生要认识社会，熟悉世事，了解人生，身体力行。孔子就曾倡导学无常师，主张广泛地向能者学习。当时盛行的“游学”之风，有“行万里路，读万卷书”的格言，有“于无文字处读书”的教诲。《弟子规》中说到“不力行，但学文，长浮华，成何人；但力行，不学文，任己见，昧理真”，精辟表述了学习与实践的关系。

二、改革开放以来大学生社会实践的发展历程

大学生社会实践活动作为一种重要的教育手段和有效的教育形式，它的开展，是20世纪80年代我国高等教育改革的一项突破。回顾30多年来大学生社会实践活动的发展历程，大致可以分为5个阶段。

1. 萌芽阶段（1980—1982年）

进入20世纪80年代，以家庭联产承包责任制为主要形式的我国农村经济体制改革迅速改变着农村的面貌，城市经济体制改革开始试点，改革开放方兴未艾，人们的思想观念发生着深刻的变化。伴随着高等教育的恢复和发展，以科技咨询为主要内容的社会实践开始启动。1977年年底到1978年年初，高考制度恢复后，高等教育在艰难中发展。1979年全国学联在第十九次全国代表大会上明确提出：学生会要通过组织各种社团，开展课余文化、体育活动。1980年，清华大学学生提出“振兴中华，从我做起，从现在做起”的口号，在全国大学生中引起了强烈的反响。许多学校因势利导，从开展“学雷锋，送温暖”活动入手，引导学生把思想付诸实践，并逐步将这一活动由校园扩展到社会。1982年2月，北京大学等高校的155名家在农村的大学生，在寒假期间就农村实行家庭联产承包责任制以来各方面的情况进行“百村调查”。在此前后，上海、山东、辽宁等地也有一些大学生开展了社会调查、咨询服务等活动。这些活动，使大学生亲身感受到了改革开放政策给社会主义建设带来了广泛影响，并对国情有了初步的认识。社会实践活动由此拉开序幕。

2. 推广阶段（1983—1986年）

这一时期党中央关于经济体制、教育体制和科技体制改革的决定相继出台，尤其是党

的十二届三中全会将我国经济体制改革的重点从农村转入城市，大大加快了改革的步伐。改革的美好前景使大学生更广泛地走向社会、参与改革的意识空前强烈，高校开始了以有组织、大规模开展服务社会为主要形式的社会实践活动。大学生社会实践活动的开展，很快引起了共青团中央的重视。1984 年 5 月，共青团中央在辽宁省召开了高等学校社会实践现场观摩会，明确提出了“受教育、长才干、做贡献”宗旨，进一步倡导和推动全国社会实践活动。中国共产党中央委员会宣传部（以下简称“中宣部”）国家教育委员会对大学生社会实践活动给予了充分的肯定和具体的指导，各地的党政部门也给予了积极的支持和有效的帮助。在这个过程中，大学生利用节假日参加一些以有偿劳动为特征的勤工助学活动也开始兴起。勤工助学活动被《中共中央关于教育体制改革的决定》所肯定。在各级党组织的支持下，一些地方开始建立大学生社会实践基地，在寒暑假出现了集中开展社会实践活动的势头，先后以“社会实践周”“社会实践建设营”等形式开展有组织、大规模的社会实践活动，深入基层参与经济建设，进行技术协作、技术培训、社会调查和义务劳动等社会实践，取得了良好的效果。社会实践活动由自发发展到有组织地进行，由在局部的高校开展发展到向更大的范围推广。

3. 全面展开阶段（1987—1991 年）

社会实践活动受到了各级党政领导和社会各方面的重视。1987 年 5 月，《中共中央关于改进和加强高等学校思想政治工作的决定》强调：“青年学生只有在学习科学文化知识的同时，积极参加社会实践，更多地了解国情，了解社会主义建设和改革的实际，了解人民群众的思想感情，才能树立起为社会主义祖国而献身的信念，逐步锻炼成为有用的人才。”1987 年 6 月，国家教育委员会、共青团中央联合下发了《关于广泛组织高等学校学生参加社会实践活动的意见》，对高校学生参加社会实践活动提出明确要求，社会实践活动作为教育重要的实践环节被纳入教育计划，开始成为有中国特色社会主义高等教育的重要组成部分。1987 年 8 月，共青团中央正式将大学生社会实践确定为改进和加强高校团的思想政治工作的重要内容和方法之一，为高校开展大学生社会实践活动提供理论和实践方面的指导。

在这一阶段，大学生在共青团组织的组织下，规模空前地开展社会调查、考察访问、挂职锻炼、科技咨询、人才培训、技术服务等丰富多彩的社会实践活动，不仅规模进一步扩大，而且逐步形成了一些制度和规范。据统计，仅 1990 年暑期参加社会实践活动的学生至少在 100 万以上，有 20 多个省、自治区、直辖市成立了由领导牵头、有关部门参加的社会实践领导小组，着手把大学生社会实践纳入地方党委、政府的工作日程，使之开始成为一项由学校和地方共同组织实施的社会教育工程。

4. 深化发展阶段（1992—2004 年）

1992 年年初邓小平作了南巡讲话，1993 年 10 月党的十四大做出了建立社会主义市场经济体制的决定，全国各地掀起了改革浪潮，拉开了自 1978 年以来的第二次改革高潮的序幕。在这种新体制初建和经济大发展推动下，怎么深化高校社会实践需要积极思考对策，寻找新的突破口。共青团中央提出“社会实践教育与教育的改革和发展相一致”“与地方经济发展相一致”“与学生自身成长的渴求相一致”的思路。高校纷纷转换实践机制，深化实践内容，与时俱进地开展社会实践活动，其中最具代表性的是科技文化服务活动。与此同时，大学生在校内的社会实践也集中转向培养综合素质、打造校园文化、强练内功的自我提高阶段。1994年，共青团中央、全国学联联合发出《关于组织大、中专学生志愿服务队暑期科技文化行动》的通知，根据通知要求，各高校组织志愿服务队，深入工厂、农村、机关、贫困山区、革命老区等地进行社会实践活动，他们以科技为导向，以服务为主体，开展送知识、搞培训、送技术、搞攻关、支教扫盲、筹建希望小学等多种形式的志愿服务，受 到社会各界的广泛好评，并创造了可观的经济效益。根据“大学生社会实践活动要进一步突出科技服务主题”的指导思想，各高校立足于更好地把学生的成才需求与社会需要紧密结合起来，一般都提前与地方政府取得联系，根据学生专业特长，由地方提出需要服务的项目和需要解决的生产实际问题，再由志愿者服务队有准备有目的地帮助他们攻克难关。1996年12月中宣部、国家教育委员会、共青团中央下发《关于深入持久开展大学生社会实践活动的几点意见》强调：进一步推动这项活动深入发展，加强这项活动的制度化、规范化建设，充分发挥其在新的形势下对青年学生成长的重要作用。1997年党的十五大高举邓小平理论的伟大旗帜，1998年江泽民同志提出“四个统一”希望，教育部下发了深入开展素质教育的文件，2000年江泽民同志提出“三个代表”重要思想，2002年十六大确立全面建设小康社会的目标，这些大事进一步推动大学生社会实践深入发展。这个阶段的前期（1992—1996年），志愿服务活动与社会实践活动相结合，强调大学生在社会实践中“受教育、长才干、作贡献”；1997—2004年，三下乡与社会实践相结合，组织博士服务团，强调大学生在社会实践中“受教育、长才干、作贡献”，突出“作贡献”。其中，1999年，在大学生社会实践发展历程中是具有承上启下的一年。这一年发生的许多大事，对提高大学生社会实践的总体水平，促进这项活动与社会和市场紧密结合，具有重要的意义——这一年，中共中央、国务院召开了第三次全国教育工作会议，深化教育体制改革，全面推进素质教育；国家加快创新体系建设；全国技术创新大会召开。在这样的背景下，大学生课外学术科技活动，不仅陆续推出了“挑战杯”系列竞赛活动：传统“挑战杯”课外学术科技竞赛、“挑战杯”创业计划竞赛和“挑战杯”展望新世纪主题设计竞赛活动。另外，还举办了电脑设计竞赛等相应的学术科技活动。大学生社会实践活动从此开创了新局面，各地、各高校社会实践活动也富有创造性地蓬勃开展，不是学生运用已掌握的知识进行的实践和活动，而是以市场经济为背景的创业准备和推动科学技术向现实生产力转化的实践尝试。社会实践的意义，也不再局限于传统的活动范围和单一形式，某种意义上讲，社会实践活动是高等院校与现实社会、大学生与企业之间的互动与沟通。社会实践活动也因此逐步呈现出项目化、长期化趋势，形成了一批学生欢迎、双向受益的优秀社会实践项目，引导大学生立足服务地区需求，切实服务地方经济社会发展。2004年10月中共中央、国务院发出《关于进一步加强和改进大学生思想政治教育的意见》强调：社会实践是大学生思想政治教育的重要环节，要建立大学生社会实践保障体系，探索实践育人的长效机制。

5. 规范发展阶段（2005年至今）

随着社会主义市场经济体制的逐步建立和完善，中共中央提出以人为本、全面协调、可持续的科学发展观和构建社会主义和谐社会的重大战略思想。2005年2月中宣部中央文明办、教育部、共青团中央发出《关于进一步加强和改进大学生社会实践的意见》。

2012年1月，教育部、团中央等7部委联合下发《关于进一步加强高校实践育人工作的若干意见》，指出“系统开展社会实践活动”。2013年中共中央办公厅下发《关于培养和践行社会主义核心价值观的意见》，强调“注重发挥社会实践的养成作用”。2014年11月，教育部、团中央下发《关于在各级各类学校推动和践行社会主义核心价值观长效机制建设的意见》，指出“推动社会主义核心价值观融入社会实践”。这个阶段大学生社会实践活动紧扣时代发展脉搏，先后开展了以“永远跟党走”“服务和谐社会建设，提高思想政治素质”“科学发展促和谐，服务农村作贡献”“勇担强国使命，共建和谐家园”“共建家园迎奥运，改革开放伴成长”等主题鲜明的社会实践活动，引导大学生宣传实践党的十六大、十七大、十八大精神，在服务新农村建设、支援抗震救灾、投身奥运志愿服务实践中，深入贯彻落实科学发展观，参与共建社会主义和谐社会，积极践行社会主义核心价值观，积极探索实践育人的长效机制，把社会实践纳入学校教育教学总体规划和教学大纲，规定学时学分，提供必要经费，确保每一个大学生都能参加社会实践，探索和建立社会实践与专业学习相结合、与服务社会相结合、与勤工助学相结合、与择业就业相结合、与创新创业相结合的管理体制，重视社会实践基地建设，不断丰富社会实践的内容和形式，提高社会实践的质量和效果，极大地推动了大学生社会实践活动的规范化发展。

三、新中国成立以来大学生社会实践的基本主张与发展脉络

(1) 毛泽东同志的基本思想。毛泽东依据马克思主义的基本原理要与中国革命和建设实际结合起来的基本原则，主张知识青年参与革命和建设的实践，走与工农相结合的道路，是知识青年成才和全面发展的根本途径的观点。他指出：“我们强调社会实践在认识过程中的意义，就在于只有社会实践才能使人的认识开始发生改变，开始从客观世界得到感觉经验。”毛泽东认为，青年学生除了学习专业外，要同工人农民打成一片，要坚持理论与实际的统一。他提出“教育必须为无产阶级政治服务，必须同生产劳动相结合”的思想，并将之作为党的教育方针和我国的教育目的。

(2) 邓小平是毛泽东教育思想的继承和弘扬者。他继承了毛泽东教育与社会实践相结合的思想，在1978年的全国教育工作会议上，他指出：“整个教育事业必须同国民经济发展的要求相适应。不然，学生学的和将来要从事的职业不相适应，学非所用，用非所学，岂不是从根本上破坏了教育与生产劳动相结合的方针？”邓小平站在教育事业必须同国民经济相适应的历史高度，来论述教育与生产劳动相结合的问题，具有鲜明的时代特征。

(3) 江泽民、胡锦涛继承和发展了毛泽东、邓小平的教育思想。江泽民同志结合我国改革开放和现代化建设的实际，进一步拓展了教育与生产劳动相结合的思想内涵。江泽民同志在庆祝北京大学建校100周年大会上向全国高等院校学生、各界青年提出了“四个统一”的要求，即“坚持学习科学文化与加强思想修养的统一，坚持学习书本知识与投身社会实践的统一，坚持实现自身价值和服务祖国人民的统一，坚持树立远大理想与进行艰苦奋斗的统一”，明确回答了当代青年成长道路的关键问题，为当代青年学生指明了正确的成长之路，也为高等学校开展大学生社会实践指明了方向。

1984年5月，首次“大学生社会实践现场观摩经验交流会”在辽宁召开，时任共青团中央书记处书记的胡锦涛同志在会上提出大学生社会实践的指导方针是“受教育、长才干、做贡献”，进一步倡导和推动社会实践活动。大学生社会实践活动也得到了各地党政

领导和教育部门和高校的大力支持，此后，每年均有数十万大学生参加社会实践活动。

2008年5月3日，胡锦涛总书记在北京大学鼓励大学生“积极参与社会实践，向人民群众学习，磨炼意志，增长才干，切实提高创造能力和创业能力，为今后走上社会、成就事业打下坚实基础”。

2008年5月14日，胡锦涛在同共青团中央新一届领导班子成员和共青团十六大部分代表座谈时指出，希望全国青年“要努力参加社会实践，把‘读万卷书’与‘行万里路’结合起来，自觉向实践学习，向人民群众学习，在实践中汲取丰富营养、提高综合素质”。

2014年5月4日，习近平在北京大学师生座谈会上讲到：“各级党委和政府要高度重视高校工作，始终关心和爱护学生成长，为他们放飞青春梦想、实现人生出彩搭建舞台。要全面深化改革，营造公平公正的社会环境，促进社会流动，不断激发广大青年的活力和创造力。要强化就业创业服务体系建设，支持帮助学生们迈好走向社会的第一步。”

从2000—2013年，河北保定学院近百名毕业生自愿到西部工作生活。2014年“五四”青年节前夕，习近平给保定学院西部支教毕业生群体代表回信时表示“你们的坚守、你们的事迹，令人感动”。习近平说：“好儿女志在四方，有志者奋斗无悔。”希望越来越多的青年人以你们为榜样，到基层和人民中去建功立业，让青春之花绽放在祖国最需要的地方，在实现中国梦的伟大实践中书写别样精彩的人生。

党的十八大以来，习近平总书记高度重视青年工作，多次提出实践育人是青年成长成才的有效途径，并就加强学校思政实践育人工作作出一系列重要指示批示。共青团中央、全国学联印发《关于增强新时代大学生社会实践活动实效 深化共青团实践育人工作的意见》（附录2），指出实践育人作为落实立德树人根本任务的关键环节，是高校思想政治工作体系的有机组成部分，是培养担当民族复兴大任时代新人的有效途径。

回顾这段历程我们可以看出：

（1）我们党一直主张一个完整、健康的现代教育体系必须坚持理论与实践相结合，社会实践是青年人成长、成才不可或缺的环节，只有坚持这个方针，青年人才能“受教育、长才干、做贡献”。

（2）人才有着明显的时代特征，这就要求我们的教育要与时俱进，体现国家的意志，服务于国家的需要。同时也意味着作为现代教育重要环节的大学生社会实践，其内容、形式等也要随着时代的进步而发展。因而准确把握时代特征，搞好大学生的社会实践是遵循教育规律的体现。

（3）这一教育思想因其符合教育规律和人才成长规律，已经得到广大青年学生的广泛认同。现实情况是大学生参与社会实践的积极性持续高涨，参与社会实践的人数越来越多，参与社会领域的范围越来越广，参与方式已从学校组织走向自发和自觉，逐渐从自我成才需要走向创新创业的高度。

四、大学生开展社会实践所取得的显著成效

经过30多年的探索和发展，大学生社会实践在活动内容、组织形式、制度建设等方面都取得了突出成绩。活动内容从初期的社会调查、勤工助学、挂职锻炼扩展为“三下乡”“四进社区”、教学实践、专业实习、军政训练、社团活动、社会调查、生产劳动、志愿服务、公益活动、就业见习、创新创业实践、科技发明、勤工助学、社会宣传、抢险救灾、拥军优属、走访英模、追访校友和“红色之旅”参观考察等，尤以文化、科技、卫生“三下乡”和科教、文体、法律、卫生“四进社区”活动为品牌项目，已经成为新形势下大学生参加社会实践的有效载体。组织形式从初期的高校单方面组织发展为现在既有高校方面组织学生参加社会实践，又有地方组织回乡大学生参加社会实践，也有高校和其他部门共同建立社会实践基地，还有高校与企业资金扶持以及社会各界联合的大学生志愿者服务队等形式。地方和高校本着合作共建、双向受益的原则，从地方经济社会发展的实际需求和大学生锻炼成长的需要出发，建立多种形式的社会实践基地，许多学校及其每个院系、每个专业都有相对固定的基地，并定期评选表彰大学生社会实践示范基地和优秀基地。从制度建设方面看，大学生社会实践已经纳入高等教育的教学计划之中，也成为共青团实施大学生素质拓展计划的重要组成部分。多数高校都探索建立了社会实践与专业学习、服务社会、勤工助学、择业就业、创新创业相结合的管理体制；将社会实践纳入学校教学计划，规定学时学分，对大学生参加社会实践提出时间和任务要求；将大学生社会实践作为对学校办学质量和水平评估考核的重要指标，纳入学校党的建设和教育教学评估体系。同时，一些高校把大学生社会实践与教师社会实践结合起来，组织高校干部教师参加、指导社会实践，把干部、教师参加和指导大学生社会实践计入工作量，作为考评的重要依据，调动干部、教师参与社会实践的积极性。

第二节　大学生社会实践的现状与问题

一、大学生社会实践现状调查

1. 共青团中央学校部与中国青少年研究中心的调查结果

共青团中央学校部与中国青少年研究中心于 2004 年 10—12 月，在北京、上海、福建、湖南、辽宁和陕西等 6 省（市）20 所高校联合开展了“大学生思想政治教育”调查。调查中，大学生认为在高等院校中开展思想政治教育最有效的途径是社会实践活动的达到 65.1%，在 12 个选项中列第一位。社会实践活动的最大优势在于把社会、课堂和受教育者紧密地连接成一个有机的整体，使他们在社会实践中了解了国情、社情和民情，开阔了眼界，提高了动手能力，增长了才干。共青团在高校开展的活动中，校园文化活动、“青年志愿者行动”、社团活动、“挑战杯”活动以及“三下乡”等社会实践活动，最受大学生的欢迎。调查显示，通过思想政治教育，大学生的主要收获是：心理健康（50.7%）、时事分析能力（35.5%）、健康的生活方式（32.4%）和增强爱国主义情感（31.7%）；而对待网络的态度（10.9%）、社会实践能力（19.4%）和社会交往能力（19.6%）排在最后三位。而他们最想得到的帮助分别是：社会实践能力（50.3%）、社会交往能力（49.6%）和就业择业（46.6%）。由此可见，大学生在思想政治教育中获得社会实践机会较少。在调研过程中，几乎所有高校都认为，在社会实践的基地建设、时间安排、经费保障、制度建立等方面均存在不同程度的问题。

2. 西北工业大学的调查结果

为了更好地了解用人单位对人才需求情况，西北工业大学对用人单位进行了“用人单位对毕业生需求调查问卷”。结果显示，用人单位在“筛选毕业生简历时”比较注重的学生素质前三位分别是专业、学习成绩、社会实践经验；在“决定录用毕业生时”注重的各方面素质中，近20%的企业表示非常看重社会实践能力，50%的企业表示比较看重社会实践能力；在对高校学生培养的建议与意见中，50%的企业明确提出应加强培养学生实践能力，如深圳市艾雷斯科技有限公司指出，“中国的现实是中小型企业较多，这类企业的岗位专业分工不可能太细，因此需要毕业生有较好的综合性专业能力，尤其是动手能力和解决问题的能力，光有理论知识很难快速融入工作”。国营第八七四厂“加大对一些机械加工专业基础课程的学习；加大对金工实习的重视，积累实践工作经验；拓展毕业生的综合能力，多培养一些全方位的毕业生。”沪东中华造船（集团）有限公司“希望进一步加强和用人单位的联系、沟通和合作，使毕业生缩短到工作单位在角色转换、职业素质等就业方面的期限，为共同培养人才做出贡献。”

3. 云南大学的调查结果

2022年，云南大学成立课题组对大学生社会实践进行调查，课题组选取6所本科高校（包含双一流院校、普通本科院校、民办本科院校），随机抽取705名大学生开展社会实践调研。抽样学生中，大三大四学生占比不低于70%，没有担任过学生干部的抽样学生占比不低于50%。同时，课题组访谈了22家企事业单位、医院、街道、社区等实践地负责人。结果显示：

（1）社会实践活动以高校团组织、学工部门和教学部门为主要组织部门。高校团委、学生工作部门、学院是高校开展社会实践活动的主要组织机构。与社会实践地的负责人访谈中发现，因学科专业实习联系建立的社会实践基地居多，这类与学科专业联系紧密的社会实践活动，立足专业优势，为学生搭建行知课堂，为助力当地发展、实现乡村振兴献计献策，更能实现双向受益。

（2）学生参与社会实践意愿较强，但参与面不广、参与时长较短。调研显示，学生参与社会实践的意愿很高，有24.11%的抽样学生表示非常愿意参加，有63.26%的抽样学生选择愿意参加。但学生实际参与情况较不乐观。60.57%的抽样学生表示没有参加过高校团委组织的“三下乡”等社会实践活动，4.96%的抽样学生表示不清楚。47.94%的抽样学生表示自己与周边同学参与社会实践情况一般，只有一部分学生参与其中；11.63%的抽样学生表示参与率普遍较低，大部分学生没有参与。课题组与实践地相关负责人访谈中发现，共青团组织大学生到地方开展社会实践的参与人数不多，约八成的负责人表示每年接收不足100名大学生前来开展相关活动。同时，学生参与实践时间也较短，抽样学生参加社会实践累计时长3天以内的占比45.39%。

（3）社会实践活动类型多样，学生更愿意在校期间参加社会实践。抽样学生参加社会实践活动类型最多的是志愿服务（75.32%），另外社会调查（59.86%）、爱国教育（51.63%）、参观交流（47.23%）也是学生普遍参与的类型。在调研学生愿意在什么时间段参与社会实践活动时，65.82%的抽样学生选择在校期间，30.5%的抽样学生选择寒暑假，3.69%的抽样学生选择除寒暑假以外的其他节假日期间。

（4）社会实践对个人成长有帮助，但离共青团期盼的思政工作成效有差距。在调研对象中，42.8%的抽样学生认为高校团委组织开展的社会实践对个人综合能力提升、增长见识等方面帮助非常大，52.62%的抽样学生认为帮助一般。具体来说，10.07%的抽样学生选择参加社会实践有助于厚植家国情怀，5.67%的抽样学生选择有助于坚定理想信念。同时，31.49%的抽样学生认为本校团委组织的社会实践活动走过场、不务实，20.99%的抽样学生认为社会实践活动内容枯燥乏味。

（5）高校团委在推动社会实践高质量发展中仍面临诸多困难与挑战。调研发现，高校团委在社会实践活动具体实施过程中存在短板。一是社会实践岗位供给不足。40.99%的抽样学生表示所在高校团委提供的社会实践岗位不多，只有少数学生享有。二是事前培训不充分。52.77%的抽样学生表示事前没有得到学校或院系团委、团组织相关培训，缺乏经验。三是支持力度不够。30.92%的抽样学生表示所在高校团组织支持力度不够；23.69%的抽样学生认为得不到社会关注与支持。四是组织管理有待提高。10.92%的抽样学生表示活动存在安全隐患；45.96%的抽样学生表示活动时长太短；38.58%的抽样学生表示活动组织管理水平有待提高；22.98%的抽样学生认为未营造浓厚的社会实践文化氛围。与实践地相关负责人访谈中发现，五成以上的负责人表示没有与高校团委建立良好的对接合作机制，九成以上的负责人认为学生参与社会实践考核评价方案不科学、不健全。

由此可见，用人单位希望聘用专业知识与实践能力并重的大学毕业生，多数企业希望大学生在校学习阶段能更多、更好接触社会和职业，以便将毕业生进入工作单位后的培训时间缩短，使大学毕业生快速适应工作，在我国经济高速发展、企业渴求理论知识与实践能力并重的人才背景下，大学生社会实践的重要性日益增加。

二、大学生社会实践现状分析

1. 学校对学生参与假期实践活动显得有心无力

一方面，学校已意识到中国教育方式与实际有脱节的地方，对比国外来说，难度有余，灵活性不够。但对拥有成千上万大学生的学校来说，学校不可能做到为每一位学生推荐合适的实践单位。另一方面，由于缺乏相关的政策支持，特别是涉及学生假期的人身安全等问题，学校对此十分担忧。除此之外，社会环境对学生参与假期社会实践也有一定的影响。从目前中国的实际情况看，就业体制并不十分完善，学生数量庞大，相关的政策缺失，对短期实习的安全问题及实习生的利益保障也缺少相关的法律保护。

2. 用人单位对大学生假期社会实践有两种态度

一部分企业欢迎学生参与社会实践。这样做的目的大致有以下几个：有些企业出于经营的季节性需要，需要增加临时性人员；有些企业认为雇佣社会实践人员成本较低；有些企业认为大学生富有创新精神，符合用人原则；当然也有相当一部分企业把招收实习生作为挑选员工的重要途径。如 GE 对实习中表现优秀的学生录用为 GE 正式员工，2004 年 IBM 参与暑期社会实践项目的学生中，就有 40%最终被留用。

当然，也有相当一部分企业持反对意见，越来越多的企业不喜欢接受社会实践人员。据调查，超过 70%的企业已经不愿意接受假期社会实践学生，认为实习生不方便企业管理的有 63%，有 81%的企业不会为实习生安排补贴。大部分不愿接受学生假期社会实践的企业认为：一是目前企业员工已经处于饱和状态，不需要另聘人员，二是企业的经营相关资料具有一定的保密性，不希望非本企业的其他人员介入。另外，也有相当数量的企业认为，假期社会实践学生缺乏经验，短期内无法掌握相关技能，甚至可能增加企业的管理成本和责任。因此，这些企业不愿接受社会实践学生。

3. 在校大学生对是否参与假期社会实践有不同观点

2015年高校毕业生达749万人。在就业压力不断增大的形势下，对愿意参加假期社会实践的同学来说是未雨绸缪，提前找实习单位，提高自己的实践能力，为未来的工作做准备。在这些积极参与假期实践的学生中，大部分是出于掌握所学知识，锻炼自己能力的目的而参加实践的，另一部分学生是出于经济原因，勤工俭学。

而对一些不主张参与假期社会实践的学生来说，其主要原因有：首先是实习单位难找，相当一部分学生整个暑假无法找到一家合适的实习单位。一些提供实践机会的单位招聘实习生同样流程严谨，招聘条件苛刻。如TCL公司招聘销售人员，要求应聘者除了具有丰富的计算机专业知识外，还应有较强的组织、计划、协调能力。除了实习单位难找外，也有相当的同学认为假期社会实践时间短，在用人单位不可能学到真正有用的东西，可能只是从事毫无意义的打杂工作。另外有一部分学生由于家庭情况比较优越，也不愿在假期参与社会实践。

三、影响大学生社会实践开展的因素

（一）学校因素

总体来说，学校的社会实践体系、保障机制不够完善。随着社会实践活动的发展，很多高校逐步把社会实践纳入学校的整体教学计划中，不断扩大社会实践的领域和规模，如军事训练、专业实习等列入必修课，但是把暑期社会实践活动作为社会实践的重要内容列入教学计划的并不多。目前，暑期社会实践活动更多的是通过高校共青团组织发动，学生自愿报名参加，重视校重点团队建设，集中组队的规模不大、数量不多，学校拨给暑期社会实践活动的专项经费有限，教师参与指导人数少，难以使暑期社会实践活动成为有组织、有要求、有考核、有奖励的实践教学活动，规范化和制度化不足。一些高校社会实践还缺乏统一有效管理，在组织结构、评价制度、工作落实等方面仍不够完善，学校发挥作用不充分，导致社会实践活动开展不系统、不规范、不持久，盲目性较大，针对性不强，目的不明确。

1. 点、线、面组织工作不平衡

所谓只抓点、线，是指把主要精力投放在院系社会实践小分队或某一类实践活动上，而对面上学生个体的实践活动则缺乏具体有效的措施，表现为点上轰轰烈烈，面上鸦雀无声。目前很多高校社会实践年度总结报告对重点组织的小分队活动总结得有声有色，而面上学生活动的情况却一笔带过。

2. 计划性和制度不够完善

由于对加强和改进大学生社会实践的现实意义认识不足，大学生社会实践缺乏计划和完善的制度。在政策上，各级组织（高校、社会实践接收单位以及社会各界）对社会实践活动不够重视、不主动积极参与和配合社会实践活动开展。除了团委和各院系外，其他部门因缺乏计划和制度依据而不够重视。特别是教学管理部门表现冷淡，没有把社会实践纳入教学计划中进行统一组织安排，也没有摆上工作的重要日程，缺乏齐抓共管、分工协作的机制。

3. 社会实践的经费不足，安全性不可靠，缺乏对学生利益的保护

社会实践需要走出校门，走向社会，需要一定的经费支持。目前，很多学校都意识到

了大学生社会实践的重要性，但对其投入的精力与经费却远远不够。有的只作为教学实践环节，没有专项资金。有的是从学生活动经费中应付一下，或让学生分散去完成。缺少资金保障，再好的项目也难为“无米之炊”。由于资金限制，仅有很少的学生参加社会实践活动，影响了大学生社会实践的实际效果，使社会实践活动缺乏广泛性和普遍性。

4. 社会实践基地建设问题

虽然高校暑期社会实践活动不断壮大，人员整体素质有较大提高。但是随着时代的发展和进步，暑期社会实践活动还有许多方面无法适应新形势的需要，主要体现在以下两个方面。

(1) 稳定的社会实践基地建设不足。社会实践要真正实现使双方受益，必须建立相对稳定的社会实践基地。

1) 由于不注重“互惠互利、双向受益”的原则，只考虑学生是否得到了实际锻炼，计划是否得以顺利完成，没有充分考虑是否满足了社会的需要，是否对社会发展做出了贡献，是否给工人和农民带来了新的技术和信息，最终失去了大学生社会实践活动的外部支持。

2) 由于没有稳定的社会实践基地，大学生需要花大量精力自己寻找社会实践场所。有的只好到父母所在单位开一张证明，以应付学校的检查。这样的情况对大学生社会实践的开展是极为不利的。

(2) 基地建设过于狭窄。社会实践的基地建设长期稳定，健康发展，可以提高基地的育人效果。长期化、规范化、有效化、层次化是高校实践基地建设的有效目标。多年来，高校大学生社会实践的基地建设存在以下不足：

1) 基地建设的层次感不够明显，数量较少，稳定性不足，难以满足众多学生的多样需求。社会实践基地重点多在农村，而且多是贫困农村，按照新时期高校发展的要求和学生成材的需要，这一区域过于狭隘。

2) 相当多的学校只重视教学实践基地的建设，而忽视寒暑假社会实践基地的建设，即便是建立了一批寒暑假社会实践基地，也显得十分的单纯，未能体现与专业学习、勤工助学、择业就业和创新创业相结合。

3) 高校没有充分利用已建基地，并与其建立长期的合作关系，致使学生为联系实践单位而犯难，甚至疲于奔命。

5. 教师指导不到位

目前高校主要的社会实践活动都是团委组织在做，专业教师不参与社会实践，而团委组织人力有限，又无法深入专业项目，使社会实践的深度和广度受限制。由于缺乏有效的指导学生所调查的主题过于泛泛，不够细化。学生在调查期间对问题的把握过多留在表面现象，调查报告空泛。对大学生来讲，社会实践的宗旨只有两类：一类是奉献服务型的，通过发放宣传资料，举办图片展览、报告会、文艺演出等多种形式，宣传党在多年革命和建设进程中创造出的光辉理论，深入到村屯乡镇、田间地头，通过举办农技培训、现场指导、提供网络信息服务等方式，传播推广农业实用技术，针对部分乡村中小学师资力量不足，教育、教学水平偏低的实际问题，有重点地进行师资培训，针对农村留守少年儿童暑期无人照看的问题，对他们进行学业辅导，或者是到农村进行挂职锻炼、调查研究和志愿服务等；另一类是研究攻关型，围绕国企改革与发展、产业结构调整、技术革新与新产品开发、生产管理与市场营销等方面，提供有效的智力支持和技术指导。而这两类都应该有专业老师做指导，从项目的确立、基地的选择、内容的敲定、技术的支持都离不开专业老师做顾问，否则大学生社会实践只能浮在表面而无法深入。

6. 考核制度不完善、不科学

无论是重点组队还是分散活动，大多数高校在考核实践项目成果时，多是凭借成果申报表、撰写的社会实践论文、实践报告和证明材料，没有建立科学规范的评价体系，难免会出现片面和不客观。有的学生材料收集得好，报告写得好，却没有体现社会实践的意义；有的学生真是实实在在锻炼了自己，却无法写出优秀的社会实践报告；还有的学生参加的是重点团队，这支队伍成效很显著，但他的角色却是“滥竽充数”；有的单位只注重前期发动，不注重后期总结，只管种不管收，虎头蛇尾；有的总结简单，只注重总结成绩，忽视对问题的查寻；有的评选粗化，只注重选出少量先进，忽视对大多数参加者的评价；有的只注重对先进个人的表彰奖励，忽视对其经验的推广；更有甚者他是这个团队的“重要贡献者”，但这种贡献却是带着同学到父母单位“搓一顿饭”或到所在城市“采风”。形形色色的情况无法用一种“标尺”去衡量，衡量的结果也不一定准确。此外，学校领导机构在实践操作过程中，对不同专业往往“一刀切”，用统一标准评比不能区别对待。这些做法影响了社会实践作用和效果的展现，也使部分学生参与社会实践的积极性受到影响。

7. 社会实践活动的运作机制不完善

社会实践活动虽然表面开展的轰轰烈烈，但就其运行机制而言还存在诸多问题：

（1）社会实践的运作程序不规范，一般号召多，具体组织落实少。有的学校每当假期来临，学校的有关部门就印个通知、发个号召了事，致使许多学生手持学校出具的介绍信茫然不知所措，不知社会实践的目标在哪里，东奔西走，到处碰壁，耗费了人力、物力、财力，一无所获。

（2）盲目实践多，有指导的少。有的虽然在学校进行了组织，制定了计划，由于没有配备一定的指导教师，或事先没有予以指导，以至于学生到了实践地点，竟不知如何开展实践。

（3）社会实践弄虚作假，抄袭报告，胡乱盖章情况严重。

（4）社会实践的组织形式分散单一，没有充分发挥高校专业系统集中、优势互补、智力资源丰富的优势。

8. 部分领导思想认识不到位

学校自身认识不统一，对高校共青团工作轻视。共青团工作是高校各项工作中的一部分，相对于学校发展、学科建设、安全稳定、招生就业等工作，共青团工作的影响还不够大，占有资源也较少，造成有的领导与部门对于共青团工作的轻视。大学生暑期社会实践活动作为共青团工作的重要组成部分，自然也受到影响。

9. 教师指导无相关工作量认定，专业教师参与程度有待提高

在学生参与社会实践的过程中，需要有思想政治教师在实践立意以及相关操作细节方面提供支持，如在活动过程中开展与专业相关的工作，更需要相关的专业教师提供专业方

面的指导和建议。在现行思想政治教育体系下，对教师指导学生社会实践活动的工作量和教学成果缺少相关的认定，这在一定程度上影响了吸引更多的教师特别是专业教师参与到指导学生社会实践的过程中来。虽然目前仍然有相当一部分教师以极大的奉献精神投入到对学生社会实践活动的指导中来，但是如果将所有学生纳入到社会实践活动的教学管理中来，现有师资力量将远远不能满足需要，也将会成为未来普及社会实践教育的瓶颈。

10. 过于注重强调宣传，偏离实践主旨

一些高校团委负责人非常强调宣传报道的作用，将其作为考核基层团组织工作业绩的重要指标和扩大学校知名度的重要“阵地”。却让实践的育人功能退居其次。宣传报道不是作为“实践育人”的“锦上添花”，而是当成一块“皆大欢喜”的招牌，甚至是“遮羞布”。当前比较典型的就是一些组织单位花不少时间、金钱去和媒体“搞关系”，损害社会的公正原则和共青团的风气。有的组织人员不堪压力，被迫选择“应付公事”或做“表面文章”。长期坚持这一导向，会对共青团工作产生负面影响。

（二）学生因素

1. 社会实践流于形式

（1）多数高校社会实践的形式基本相似，模式单一，内容缺乏新意，活动涉及面不广，活动开展不够深入，不能给学生足够的个性发展空间，学生参与度不高。大多数学生社会实践活动参与面较窄。学生的社会实践大多以利用假期分散返乡调查实践为主，或者在暑期象征性地组织几支社会实践服务团队用短短的几天时间下乡参与社会实践活动，大多是做些简单的参观、走访、调查后便草草收场。因本身缺乏专业性的指导，缺乏严格的各种保障机制使大学生社会实践成为一种虚多实少，流于形式的活动。

（2）社会实践内容也存在局限性，真正实质性的内容不多，甚至名实不符，这就直接导致高校社会实践开展规模小、活动不多、质量不高等问题。

（3）部分社会实践存在脱离实际的现象：有的打着社会实践的招牌投入较多资金，组织学生去风景名胜游玩，使社会实践失去真正的意义；有的确定了富有时代特点的社会实践主题，但内容却与之偏离；有的一味地想把社会实践搞大，对社会实践的规模、主题宣传多，对收获、效果关注的少，有名无实；有的大学生到工厂或农村参加社会实践，根本没有深入进去，得不到切身的体验；还有的没有进行认真的组织动员和检查验收，只要交一份单位证明即可等。这些现象违背了大学生社会实践活动的要求，偏离了大学生社会实践活动的宗旨，使大学生社会实践活动流于形式。

2. 社会实践脱离社会生活实际

（1）目前的高校社会实践多数仍在校内进行，与社会联系不够密切，与社会生活实际存在差距，学生参与的机会不多。

（2）社会实践在社会中的开拓也较困难，来自社会方面的支持与指导均不充足。

（3）高校社会实践的形式太泛、层次不高、效率不高，不能为大学生提供全面有效的帮助，实际意义不明显。

此外，很多学生社会实践内容空泛，没有针对社会实际，没有考虑到群众需求，没有真正达到为社会发展作贡献，为群众办实事的目的。

3. 学生主体意识不强，思想认识不到位

虽然学校一直在号召，但学生主体意识却不是很强，思想认识还不到位，主要存在以下情况：

(1) 找个单位敷衍了事。托父母或亲戚朋友单位盖个章，照几张照片，随便了解一些情况，自己根本就不去。

(2) 一些大学生参加活动的动机功利性强。一方面是为获取创新学分而实践，有的学校要求学生在校期间要完成一定的实践活动，结果学生为了学分而实践，被动参加，马马虎虎；另一方面是为自己谋取学生干部资历或毕业后的就业资本。

(3) 参加社会实践只是走马观花。学生是对社会实践所去的地方感到好奇和新鲜，心中根本没有什么想法，就是到农村见识一下，到工矿企业、海边港口逛一逛，参加的目的就是为了“变相旅游”。

(4) 担心安全问题，逃避社会实践。有些学生想参加社会实践，但心中顾虑又多，怕社会复杂自己应付不了，怕单位不了解自己被骗。想到实践的单位和自己未来的工作不一定有必然的联系，于是就抱定了“不去也罢”的决心。

(5) 有的学生认为暑期社会实践是形式大于内容的活动，只是配合学校完成教学活动中的一个环节，为了拿学分而参与，因而简单应付，混个及格就行，不同程度地忽视了社会实践的实际作用与意义。

4. 重策划、轻实施，内容形式单一

大多数社会实践活动都会进行精心的策划，针对社会实践活动制定一系列的文件、规定。然而，过于重视对活动的策划，忽视了活动的实际运作。这就导致了一方面，没有结合学生所学专业知识和技术技能，提出社会实践的主题，确定社会实践创新的内容，以形成既对改进实践单位的技术管理水平有益、又能提高大学生创新能力的大学生社会实践体系。另一方面，活动形式过于传统单一，缺乏向纵深方向发展的改革与创新，不能满足新时期大学生能力提高的需要，缺乏通过社会实践对创新型人才培养的宽广途径。尽管共青团中央每年都确定富有时代特征的主题，但是由于各高校在结合实际的过程中，有的认为暑期社会实践是个别行为，因而不能从根本上突破原有的模式。除为数不多的校级重点队外，其他实践队形式普遍比较简单，局限于社会调查、政策宣传、参观访问、文艺演出、生产劳动、支教扫盲等形式，体现出严重与时代脱节、与地方需要脱节、与专业特点脱节，青年人才在服务地方“三个文明”建设中的作用未能得到充分的发挥。

5. 社会实践所选课题与学生所学专业对口少

了解国情固然是大学生社会实践活动的重要内容之一，但大学生并不愿仅仅局限于此，他们往往具有很强的现实参与意识，渴望在社会实践中运用自己的所学的专业理论知识发挥自己的特长，为社会发展和进步做出自己的贡献，从而体现出自身价值来。但有的社会实践组织者或管理者，在实践课题的选择上往往过于追求社会轰动效应，忽视课题与专业的对口。从一定程度上说，这是一种人才的浪费。

6. 社会实践活动的组织形式分散单一

社会实践要达到突出服务职能，服务社会、回报社会的效果，单靠某些专业和某所高校的独立参与是无法满足地方经济建设需要的，也无法形成良好的社会影响。高校蕴涵着巨大的资源优势、科技优势、人才优势，通过高校间的协同攻关，有利于实现专业互补。因此，只有大规模的有组织的社会实践活动，才能充分发挥高校专业系统集中、优势互补、智力资源丰富的优势，才能使社会实践活动发挥最大合力，更有效地服务社会、服务人民、服务改革开放，发挥最大功能。

7. 社会实践活动经费短缺

大学生深入基层参加社会实践活动所需的交通、食宿等费用一般超出他们在校学习期间的消费，自费参加近两个月的社会实践活动对大学生来说是个不小的经济负担。在高校招生并轨、特困生比例增大的情况下，动员包括特困生在内的所有学生深入基层参加社会实践活动，对组织者来说有一定的困难。尽管学校每年都要划出一定的专项经费，但对于参加人数多、持续时间长、涉及面广的大学生社会实践活动来说是杯水车薪。资金短缺是制约社会实践活动深入持久地开展的一个重要因素。

8. 学生积极性完全依靠第二课堂引导，参与率参差不齐

社会实践过程有助于学生以辩证的角度去理解第一课堂所学习的理论知识，并加深对社会问题的认识，因此，应作为大学生思想政治教育的一个重要方面来抓。但是目前社会实践教育并没有如“形势与政策”课程教育一样列入第一课堂范围，仍属于第二课堂教育内容，在学分上对学生没有相关的要求，更没有系统的教学大纲与教学要求。在社会实践过程中，更多的是依靠团委进行引导，提高学生参与的积极性，从而扩大学生参加社会实践的参与面和参与率。就学生参与现状而言，由于目前学生参加社会认知途径的增加，很大一部分同学在双休日、寒暑假会选择进修外语、计算机等相关证书或参加职业实习等活动，对于学校统一组织的社会实践的参与程度在各学校的情况差别较大。即使在同一所学校，由于各学院组织情况的不同，参与面与参与率情况也参差不齐。这在很大程度上影响了社会实践教育在学生中的普及率和教育质量。

9. 大学生社会实践活动徘徊于低层次

社会实践活动分为3个层次：第一层次，学雷锋式的做好事服务，学生力所能及，也是奉献社会的最直接体现；第二层次，就是组织慰问演出、义务家教等社会实践活动；第三层次，就是最高的层次，拓宽思路、拓展载体，与专业研究方向、专业技能相结合的社会实践活动。在一般高校中，由于学生专业素质、社会环境等原因，社会实践活动总是局限于慰问孤寡老人、打扫卫生、义务捐款、社会宣传、义务家教的循环中，没有很好地与所学专业相结合，得到更好的突破。

10. 当前大学生的实践和创新能力整体薄弱，使活动效果大打折扣

有相当数量的大学生思维广度和深度不足，创新创造性较差；有不少大学生缺乏特长，还有一些大学生好像什么都会点，但又都是“嘴上”功夫，一旦真正投入实践还是手足无措。以2008年支援四川的抗震救灾活动为例，满怀热情却略显稚嫩的志愿者群体遭遇了始料未及的尴尬。在救灾现场，大量民间志愿者进入灾区服务时，由于缺乏心理、设施准备，无法很好地提供服务，少数志愿者反而成为救援工作的干扰和负担。都江堰灾区曾在短时间内聚集了来自全国的数千名志愿者，相当一部分人表现的无所适从。有些志愿者缺乏专业的心理知识和救援技术，莽撞行事，反而沦为被救助的对象。北京师范大学许燕教授对此提出：“我们最需要做的是及时总结已经积累下的经验教训，让盲目冲动的

'英雄主义'激情让位于理性和专业技术；让无序、低效的施治让位于有序、充分的整体规划、应对预案、资源协调和统筹；让匆匆过场的'短期业余人士'停止前往一线的脚步。"

（三）社会因素

1. 社会力量参与不够

实践基地的建设需要社会力量的支持与配合，项目的确立，地点的选择没有社会力量的配合难以为继。目前大学生社会实践基地的建设都是靠学校或老师等方方面面的关系建立的，处于纯被动接收层面，要发挥他们的主观能动性很难。由于学校与社会力量之间缺少保障机制，实践基地又常常"铁打的衙门流水的官"，所以大学生实践常常"打一枪换一个地方"，从深度广度上展开不够，更谈不上社会实践活动的国际视野。

2. 部分社会组织的思想认识不到位

（1）社会组织对于大学生的社会实践的认同感较低。受社会环境的影响，有的单位与企业过分强调经济效益，缺乏一定的社会责任感，很多人将社会实践与本单位、本部门的资源、岗位编制挂钩，左右权衡，拒绝大学生到本单位本部门进行社会实践活动。甚至有的认为大学生社会实践是学校的事情，与自己无关；有的认为大学生社会实践不仅解决不了本单位、本部门的实际问题，而且很增加了经济负担，即使接受，也是敷衍塞责。导致大学生暑期社会实践可利用社会资源非常有限，阻碍了社会实践的社会化发展。

（2）家长不支持。部分学生家长认为大学生主要任务是学习，文化课成绩的高低、各类证书的获取才是最重要的，社会实践不过是走过场，开展社会实践是浪费时间、精力和财力，甚至有的认为社会实践是不务正业。加之社会实践往往到艰苦和落后的乡村去，家长不愿意让孩子吃苦受累，因而支持力度不够，以致实践活动得不到社会的认可，难以取得各方理解和大力支持，不能持之以恒地开展下去。

（四）综合因素

由于受到传统教育体制与思想观念的影响，社会、学校、家庭以及大学生自身缺乏对社会实践的深刻认识，制约了大学生社会实践的深入发展。

（1）一些地方政府和企业部门虽然鼓励各高校组织大学生参加社会实践，可是具体措施却不多，资金投入也有限，常常是各高校和社会实践用人单位各自承担具体费用，挫伤了各高校和用人单位的积极性。

（2）许多高校的管理者在谈及大学生社会实践时，总是认为实践环节只是课堂教学的延伸或者有益的补充，殊不知社会实践与课堂教学是相辅相成、密不可分的，如果只有课堂教学，培养出来的只能是拿着地图都不能回家的"书呆子"；同时，建立一批社会实践基地，促进大学生积累经验、培养技能是一个漫长而耗费巨大的工程，这对于本来就负债沉重的高校，难以做到对社会实践的大量投入。此外，许多教育者和高校培养学生的方式还是按照传统的教育理念进行，很重视学生的智育成绩，却并未从真正意义上认识到社会实践活动在大学生的成长过程中的重要作用。

（3）家长出于对安全等方面的考虑，不愿让儿女们经常接触社会走进社会。其实他们是没有对孩子们今后的发展做长久的考虑。大学是学生们踏上工作岗位前的最后一个阶段，如果没有一点社会实践的经验，他们就如同温室里的花朵一样脆弱，经不起任何风吹雨打，那些表面看来呵护备至的行为最终只能是害了大学生们。

（4）大学生自身。有的大学生对参加社会实践的意义认识不足，要么单纯为了几张奖状，要么为了蝇头小利，没有任何选择地参加实践活动，完全没想到要为自己进行一次职业锻炼，从现在做起，有目的地寻找一些有益于将来就业的社会实践岗位。而且部分学生平时只顾专业课的学习，成为专业的“书虫”，或为各种“证”而努力奋斗，很少真正走出校园，了解和体验社会，故而涉世不深，常会因缺乏经验而遭受挫折和失败，而意志力薄弱的学生就会对各种实践活动敬而远之，致使高校大学生社会实践活动不能持续而有效的开展。

社会实践是一项复杂的系统工程，和大学生能力培养息息相关，大学生能力培养又和目前高校的热点问题“大学生就业创业”息息相关。社会实践是高校人才培养的重要环节，他对于大学生了解社会、认知社会、服务社会；培养洞察能力、创新能力、团结协作能力；增强吃苦耐劳、艰苦奋斗意识有着至关重要的作用。要使这项工程走向完善，需要校内校外的共同努力，真抓实干、落到实处，需要学校和社会的人力、物力、财力的全方面配合，更需要学生充分发挥主观能动性。

四、造成大学生社会实践问题的原因

（1）社会实践缺乏先进理论的指导，直接造成了一些高校社会实践在操作过程中要么定位方向偏颇，要么“营养不良”“供血不足”。理论是一个成熟的逻辑思维体系，好的实践根源于成熟稳健的思维方式，所以在实践前和实践中，要多学习先进理论，让先进理论来指导实践。否则，要么实践工作无所适从，要么实践容易流于形式，要么茫然无知，要么眉毛胡子一把抓，陷入混乱。但要注意的是，理论分成两大类型：一类是学术理论，一类是实践（行动）理论。学术理论主要是为了说明和解释现象，揭示的是一种理想模型，而实践理论才是一种能为行动提供指导的规范性理论，是按照实践的需要和特定历史条件对可能的价值和规范做出的选择。具体内容可以包括实践的教育信念、实践主体的自我认知、文化知识、策略方法、批判反思意识、人际感知，等等。大学生的社会实践迫切需要这种实践理论对其进行有针对性、实效性的指导。然而，当前高校的诸多社会实践理念、观念、理论还比较落后，直接制约社会实践活动的开展与创新。一方面，学校组织和师生长期脱离社会，缺乏对社会的认知、体验和研究；另一方面，高校教育的一些教育理念、形式、内容和手段大大滞后于经济和社会快速发展的形势和需要。从总体上看，目前大学生实践活动大多缺少科学的规划和指导。学生们远离社会，特别需要学校有关部门和专业导师给予指导，而一些指导者本身也对实践对象不甚明了，学校又没有做相应的细致设计，毫无准备的实践活动自然所获甚少。

（2）社会和高校的协同配套体系脱节，给大学生开展社会实践带来了诸多困难。通过30多年的大学生社会实践活动，社会对社会实践的认知度大大提高，但认识深度还是有限。高校社会实践活动的社会渠道窄、社会实践基地少、社会网络支持少，难以有效展开应该是个不争的事实。由此造成社会实践稳定性、连贯性缺乏，效果打折扣、场面尴尬等现象亦在所难免。一些家长因溺爱孩子，怕孩子吃苦而不让学生参加社会实践的现象更是我们国家和民族的一种悲哀。同时，一些社会实践的组织者未能从地方的实际需要和学生的实际情况出发来策划活动方案。策划工作缺少前期调查、与接收单位缺少事前沟通和交流、形式单一、内容浮泛空洞，给活动接收单位带来的仅仅是麻烦，结果往往与接收单位的期望 值相距甚远。久而久之，负面影响滋生，社会对大学生社会实践活动的关注渐趋淡化。

(3) 一些实践组织者纪律性、意志力、韧性差。一些活动组织者因所到之处主人的“热情好客”或“关系作用”，便放松了自我纪律约束，把一些时间花在吃喝玩乐上，以致乱其心性、伤其思维、懒其体魄、费其时间。不但影响了高校的形象，更伤害了实践事业本身。这一点尤其是在教师带队的情况下比较突出。有的活动组织者缺乏坚强的意志力，在困难和挫折面前大发牢骚，情绪低落，给整个团队带来消极影响，以致最终团队垮散，实践泡汤。理想主义的热情和融入社会的愿望总是值得鼓励的，青年学生也只有在这样的追求中才能真正向往触摸脚下的大地。然而，只有将这种热情付诸脚踏实地的工作才能有所回报。我们不去苛求羽翼未丰的大学生们人人都像社会学者那样深入山寨村居进行专业的田野调查，或像经济学者那样深入厂矿企业进行高难的研究运算，但如果更多的学子都能像那个“肯沉下去了解中国”并写出《乡村八记》的清华大学学生李强那样踏实工作，那么千万大学生的社会实践就将会有沉甸甸的收获。

(4) 当前大学生的理想抱负、精神品质和实践创新能力薄弱是当前高等教育的“致命伤”，更是教育的“第一课题”。近些年来，受社会转型期的一些不良因素和风气影响，或受制于一些客观因素，一些学生人生观中功利性太强，只考虑实际利益、眼前利益，不愿意吃苦不愿意实践，更别提研究思想文化和技术创新了；一些学生受制于就业压力大选择考研，对学习之外的事漠不关心；还有一些学生不思进取、饱食终日，宁愿把时间耗在电脑电视、旅游、娱乐上。当然更多的情况是我们的大学生要么“有心无力”，要么“习惯了无力而不为”，以致长期过着一种平静、僵化、重复的生活。龙永图先生曾经谈到，我们希望培养一批有爱国爱民激情、有理想抱负、创新能力强和高品质的人才。我们现在离这个期望目标还很远。

(5) 实践设计上，政治引领体现不够充分。坚定不移跟党走，为党和人民奋斗，是共青团的初心使命。这要求共青团开展社会实践工作要站在思政工作的制高点，帮助青年坚定理想信念。当前，部分高校团组织还未充分认识到共青团社会实践在培养学生成长成才过程中的独特功能，主动或被动地把社会实践放在学生培养体系的边缘位置。比如，项目设计时未将共青团社会实践的政治引领功能放在首位，工作开展计划性、目标性不够明确，活动内容繁多但形式单一，学生的主动性、积极性不高；活动实施上相关能力欠缺，部分实践活动流于形式、不务实，学生在体察国情、社情、民情等方面比较浮浅，在实践课堂中坚定学生理想信念的成效不够。

(6) 实践主体上，有效参与面仍然不足。“三下乡”是共青团在广大青年学生中开展社会实践的主要途径，许多高校团委在校、院层面争取了一些经费支持，组织了一大批重点团队开展社会实践，在全国层面形成了一定声势，取得了一定的社会影响力。但是，目前重点团队存在“精英化”的趋势，面向优秀团员、学生骨干较多，普通学生参与无门。且由于经费投入、师资力量、培训指导、项目供给等方面存在短板，无法实现青年学生社会实践参与面全覆盖，很多学生找不到实践岗位、无法参与社会实践。同时，六成以上抽样学生更愿意在校期间参与社会实践，作为“三下乡”暑期社会实践有效补充的日常化社会实践谋划不足、供给不够的现实局面亟待解决。

(7) 实践统筹上，系统机制还未完全形成。目前各级政府支持大学生社会实践的工作力度仍然不够，地方团组织联系政府、社会为广大大学生社会实践搭建沟通协调平台的能力不足，高校社会实践的成果转化成效仍然不高，政府、社会与学校集中力量为共青团做好社会实践的机制仍然不畅通、不完善。此外，高校团委统筹社会实践协调工作不系统，培训不充分、不完善，指导社会实践有效开展的专业力量不足，尊重学生主体地位、回应学生成长需求不够，与学生专业结合不紧密，社会实践的考核评价体系不科学、不全面等现实问题长期存在。

第三节　大学生参加社会实践的发展趋势

面对新形势、新任务、新情况、新变化，大学生社会实践必须在巩固已有工作成果的基础上，正确把握高校社会实践活动的发展趋势，采取更加有力措施，深入推进大学生社会实践，使之为大学生的健康成长发挥更加积极有效的作用。

一、大学生社会实践的态势

1. 社会实践的活动社会化

社会实践的活动社会化包含两个方面的意思：一方面指高校社会实践活动已逐渐发展成为由社会、学校、学生共同参与的一项社会系统工程，在这个系统工程中，社会实践活动不仅仅是教育部门或学校的事，而成为能够充分调动一切社会力量重视和支持的社会性工作，社会实践已越来越从学校的单向行为转变为社会多角多边的互动行为；另一方面指社会实践活动迅速扩展到社会政治活动、经济活动、科技活动和文化活动等领域，越来越成为大学生个体社会化发展的重要因素。大学生正处在青年社会化的重要阶段。青年社会化强调的是个体与社会生活不断调适，是个体从“自然人”发展成为“社会人”的过程。社会实践活动发展的社会化，拓展了大学生的生活空间，丰富了大学生社会化的内容与途径，符合大学生成长与发展的需要。另外，由于社会对大学生素质要求越来越高，大学生就业压力增加，使大学生参加社会实践的主动性和自觉性增强。社会实践活动已经越来越从开始时的领导的意愿转变为学生的内在需求，成为促进学生个体多样化发展，加速大学生社会化的重要途径。

2. 社会实践的内容专业化

社会实践的内容专业化是指高校的社会实践活动围绕专业和课题任务来开展，使大学生在完成课题调查和研究的过程中提高思想素质，发展专业技能，增强社会适应性，同时为社会提供一定的物质文化成果和精神文化产品。以专业和课题为中心的社会实践活动，能够促进社会实践活动的目的性、教育性、服务性和效益性的统一。在新形势下，高校社会实践活动能否以专业和课题为中心展开，是衡量其发展水平与深度的一个重要标准。高校是科技人才汇聚和科技成果密集的地方，充分利用这些优势服务社会，使大学生个体和实践基地双向受益，本身就体现了社会实践活动的发展方向。

从 2000 年开始在全国开展的“博士服务团三下乡”活动就充分体现了这一点，一些高学历的人才把自己所学的专业知识运用于实践，既检验了自己的能力，为当地解决实际困难，创造社会效益，更重要的是这批高级人才在实践中接受了教育，陶冶了情操，为今后更好地服务于社会主义现代化建设打下了良好的基础。即使是考察、调查活动也要以课题为中心来展开。比如，针对大学生普遍关心的经济、社会、政治、文化、法制、教育等方面的问题，组织大学生开展以调查研究为主要形式的社会实践活动来进行课题研究，让学生在深入社会的过程中了解这些问题的现状、原因，思考解决这些问题的对策与方法，从而形成对这些社会热点、难点问题的正确认识，培养和提高大学生分析社会问题和解决社会问题的能力。

3. 社会实践的制度规范化

所谓社会实践的制度规范化，是指通过研究大学生社会实践的规律，结合实践活动发展的需要，认真制定出有关的权威性制度并使之不断趋于完善。实践制度的规范化要求各级实践组织制定规范的实践制度，并注意与上、下级制定的实践制度互相协调、补充、衔接。同级实践组织者特别是高校和对口实践场所及企事业单位之间须加强实践制度的交流。实践制度规范化的标志是实践制度体系的建立，即富有权威、系统全面、切实可行并具有自我发展机制的实践制度体系的确立。

(1) 学校应将大学生社会实践活动纳入整体教学计划，制定实践制度规范和配套文件，对社会实践的指导思想、方针原则、目标要求、形式内容、方法途径、时间要求、成绩考评、工作量计算、奖励办法、组织领导及有关政策均作明确的制度规定，并随着高校体制改革不断加以修订，使社会实践贴近高校学生的实际发展需求，真正做到有章可循。

(2) 对于社会实践制度的规范化建设，学校在开展社会实践活动中应从准备、实施直到巩固消化实践成果，形成一套规范化的程序。

(3) 加强社会实践课程建设，建立一套完备的制度体系，是社会实践成果与学校学生的课程学分相挂钩以保证学生的参与率及实践质量。

4. 社会实践的组织科学化

所谓社会实践的组织科学化，主要包括实践目标设定和方案优选的科学化，即实践活动设计过程的科学化、实践方案实施的科学化、实践成果总结的科学化，并且依赖于实践活动有机组织系统的确立和实践活动科学理论的指导。在高校社会实践的组织体现科学化的发展趋势，主要包含3层意思：①按组织、管理实践活动的一般规律进行组织，主要保证学校对实践活动的管理行为应规范化，避免随意性；②按业务工作的规律进行组织，是由高校工作的专业性、学术性和教育性所决定的；③在市场经济条件下，在一定范围内按市场经济活动的规律进行组织，它表现为在交换的基础上，根据某种约定，使用与利益挂钩的手段进行组织管理。从社会实践的组织形式看，主要有两种：①分散活动，其内容丰富多彩，涉及社会方方面面，从区域划分有农村、城市、内地、沿海等，从内容上划分有“三下乡”“四进社区”、教学实践、专业实习、军政训练、社团活动、社会调查、生产劳动、志愿服务、公益活动、就业见习、创业实践、科技发明、勤工助学、社会宣传、抢险救灾、拥军优属、走访英模、追访校友和“红色之旅”参观考察等；②集中活动，就是组织社会实践重点团队，分赴实践基地开展社会实践活动。

5. 社会实践关注的内容民生化、基层化

大学生的社会实践活动始于20世纪80年代初，此后10年，社会实践获得很大的发展，在农村社会实践的主要内容是进行社会考察。着重调研农村土地承包后的巨大变化；在城市则侧重于街头的“学雷锋”服务。90 年代中期以后社会实践的主题主要是“青年科技行动”，除了上街开展咨询活动外，大学生社会实践的重点放在用科学技术为老、少、边、山、穷地区和乡镇企业服务。1996 年开始的科技、卫生、文化“三下乡”活动，为农村经济社会的发展发挥了作用，这项活动被当成社会实践的传统内容一直保留下来。进入新世纪后，大学生社会实践的内容除了“三下乡”外，还有科教、文体、法律、卫生“四进社区”活动、关注社会弱势群体、志愿者服务、环保中国行、岗位体验、勤工俭学、西部行等，内容更加丰富，更加贴近社会生活特别是最近几年来，在乡村和城镇的最基层，越来越多地出现了大学生们活跃而年轻的身影。他们把关注的目光转向基层人民的生活状态，到基层去，关注民生日渐成为新时期大学生社会实践活动的首选和实施思路

二、大学生社会实践活动转型

随着社会的发展和青年学生群体特征的变化，原有的大学生社会实践活动模式面临诸多不适，新时期大学生社会实践活动亟待转型。

1. 从以素质教育为主向政治引领和实践育人高质量发展转变

以落实《关于改革创新高校共青团工作切实增强思想政治引领实效的若干措施》（附录 1）、《关于增强新时代大学生社会实践活动实效深化共青团实践育人工作的意见》（附录 2）相关文件精神为契机，进一步聚焦社会实践的政治引领功能和实践育人质量，整合资源，完善机制，推动高校制定落实社会实践高质量发展的政策文件，引导大学生立志做有理想、敢担当、能吃苦、肯奋斗的新时代好青年。

2. 从资源导向到目标导向的转变

任何一项社会活动都是需要资源的，大学生的社会实践活动也不例外。大学生社会实践活动需要的资源，包括人、财、物等有形资源和人们对此项活动的认识与重视等无形资源。

目前，无论是有形资源还是无形资源，相对于大规模的社会实践活动都是有限甚至是短缺的。无形资源方面，由于受到新的社会因素制约，如在市场经济条件下有些单位的领导和群众从单一地面对经济建设发展的主战场思考问题，缺乏对大学生社会实践活动目的与意义的足够认识，对大学生参与社会经济建设活动能力缺乏信心；有的则从强调地方工作有序化出发，认为接受大学生会影响正常的工作甚至会成为负担；有的企业担心影响经济效益或顾虑商业机密而拒绝；甚至学校里的部分教师也有错误的认识。有形资源方面，尽管各高校都十分重视大学生社会实践活动，从本不宽裕的教育经费中列出专项，但毕竟是有限的；而且，相对于少则几千、多则几万的学生，既要顾及面又要保证点，那更是杯水车薪。另外，直接组织者也只限于学工部门的干部，参与指导的也只是部分教师。实际上，目前高校的社会实践活动都是按照资源的配置来进行组织的。“给多少钱办多少事”，很难真正惠及全体学生。这是一种资源导向型的活动组织与管理模式。因此，资源短缺被认为是大学生社会实践活动发展的最大制约因素。

但是，山不转水转，我们亟待转变这种思维方式，从而实现工作模式的转变，即从资源导向型转变到目标导向型。资源导向型是从现有的资源出发，按照已有资源的配置，正向推进，有多大的力挑多重的担，按所谓的常理来操作和管理事情，因此，总觉得自己的

资源不够。感觉做什么事情都是万事俱备只欠东风，可是“东风”总是欠，没有办法解决。而目标导向型只是设定目标，从目标出发，根据目标的要求，规划实现目标的路径，明了实现目标的条件，并在实际工作中努力去发现、借助和创造实现目标的条件即资源。这是一种倒推的方式。由于目标是标杆，所以给人以追求的方向；由于目标是压力，所以给人以努力的动力；更重要的是能够将天下的资源都视为自己可以利用的资源，因此比导向型的资源要多得多。

在当前的条件下，大学生的社会实践活动必须按照目标导向型来组织和实施。根据前述指导思想的转变，我们把大学生社会实践的目标不仅仅设定在提高思想政治素质上，那么大学生社会实践活动的目标就是多样的了。这些目标是多元的、多层次的、适应性的，既有高远的也有当下的，既有专业的也有非专业的，大学生们总是能够在其中找到并且明确自己的目标。作为组织者，我们的目标就是动员和促使大学生走出校门融入到社会中去；而作为实践主体的大学生一旦融入到社会，他的主体性就会立即显现。因为他有自己明确的目标，并且，为了能够实现目标而努力寻求资源，变被动的参与为主动的策划和实施。已有的大学生自发组织实施的社会实践活动经验显示，学生不但有基本的社会适应性，更有很强的创造性和创新性。因此，我们所担心的资源短缺也就不会成为社会实践活动发展的制约因素了。

3. 从计划组织到项目运作的转变

随着指导思想的转变与活动目标导向的确立，在操作实施层面，大学生社会实践活动应该从计划组织转变到项目运作上来。

项目管理是第二次世界大战以后发展起来的管理上新的重大技术之一，已经在各个领域的管理中得到广泛的应用，显示出巨大的管理效益。项目管理是在一个确定的实践范围内，为了完成一个既定的目标，通过特殊形式的临时性组织运行机制，并通过有效的计划、组织、领导与控制，充分利用并整合已有有限资源的一种系统管理方法。它包括项目管理组织机构、项目的设立、经费与资源的配置项目的实施、项目的监控与评估等方面的过程。为了创新与发展大学生社会实践活动，我们有必要借鉴和运用项目管理方法，对大学生的社会实践活动进行项目化的运作。

大学生社会实践活动的项目化运作，就是在社会实践活动领导机构的领导下，设定并明确各项活动的目标，组建实践队伍，挖掘并利用资源，通过项目的完成来实现实践活动目的的过程。大学生社会实施活动实行项目化运作具有非常重要的意义和作用。

(1) 有利于大学生社会实践活动主题的深化与多样。原有的社会实践活动，每年都有一个主题，而且从上到下都是一致的。因此，各校在组织实践活动中都绞尽脑汁试图使所有的活动都能体现活动的主题。实际上，由于内容与形式的内在关系如果仅仅局限一个主题，势必束缚形式的创新，不但不能很好地体现主题、深化主题，甚至会流于空泛的形式或牵强附会。

(2) 有利于覆盖到所有的学生。组织社会实践活动的出发点，是让所有的学生通过参加社会实践活动得到锻炼和提高，因此它就不是少数或部分学生的特权，但在原有计划组织模式下很难做到。项目化运作的最大好处，就是一个项目的参与人数可多可少，大的项目还可以有小的子项目，甚至一个人也可以设计一个项目。这样，就保证了社会实践活动的覆盖面。

(3) 有利于社会实践活动的经常化开展。原有的实践活动的开展，主要集中在暑期或暑期的某一时段，开展时轰轰烈烈，过后却是沉寂无声。由于项目在时间上的跨度，有些项目可以跨年或分年完成，有些项目则可以利用周末业余时间完成，这样就保证了实践活动的经常化。

(4) 有利于跨校以及跨行业的合作与交流。有些项目可以通过上一级的领导机构，以招投标的方式实行跨校合作；有的则可以根据学校的情况，以产学研相结合的方式实行跨行业的合作。这样就大大拓展了社会实践活动的空间。

4. 从感知教育到就业教育的转变

让学生接触社会、了解社会、认识社会，是大学生社会实践活动的基本功能，这已是共识。但通过开展社会实践活动对学生进行和加强就业教育，目前还存在认识与重视不足。将就业教育纳入到大学生社会实践活动的范畴中来，让社会实践活动发挥对学生进行就业教育的重要功能十分必要。

高等教育的根本任务是培养社会主义事业的接班人和建设者，为社会输送有用人才，从末端上来衡量它的底线就是毕业生能否在社会上找到一个适合自己并能发展自己的职业岗位。在高等教育大众化阶段，面对日益严峻的就业形势，高等教育以社会需求为导向，从专业设置、教学内容、教学方法等方面不断深化教学教育改革，着力提高学生的就业竞争力。但由于教育内在的规律，也由于现实的丰富性和发展性，学校教育对社会的反映总是滞后于社会的变化与发展。加上毕业生的就业既有社会的因素，更有学生自己的因素。学校教育难以包揽一切，我们必须寻求其他的途径。

对就业市场情况的分析与研究表明，影响大学生就业的因素，既有学校的也有学生的，既有专业的也有非专业的，既有知识的也有技能的。影响毕业生顺利充分就业的突出因素表现为：①就业信息的不对称，学生对行业、职业的信息了解和把握不足；②相对知识水平技能水平不高；③相对专业素质不强。而这些不足学校教育在短期内是难以完全克服的。

5. 从“精英实践模式”到“大众实践模式”的转变

在组织管理上，打破社会实践活动“点”和“面”的界限。目前各高校服务社会主义新农村建设的大学生社会实践活动主要采取“点面结合、以点带面”的模式。点是由校院组织，落实人员、地点、内容和经费的若干社会实践小分队的活动，即“精英实践”，这类实践由于经费、组织等实际问题，可以参加的人数有限。“面”是全校学生的社会实践活动，学校和学院一般采取宏观的管理，要求全校同学就近就便地参加当地的社会实践活动，即“大众实践”。在大力倡导素质教育的今天，“精英实践”组织模式正面临越来越多的局限性，只是把实践机会集中在一部分骨干学生身上，而忽视了广大普通同学的实践愿望和成才需求。所以，在服务社会主义新农村建设的号召下，充分发挥广大学生的积极性，特别是发动来自广大农村的学生服务当地新农村建设，才能让星星之火造就燎原之势。浙江大学电气学院 2007 年暑期社会实践以服务社会主义新农村为主题，鼓励同学们自发组织进入农村进行社会实践。经过前期充分的动员和宣传，以来自农村为主的同学们共自发组织了 35 支小分队、约 400 名同学进行立项申请，另外还有 820 余名同学独立进行回乡社会实践。

第四节　国外大学生社会实践简介

社会是教育的大舞台，世界各国都十分重视开展社会实践活动，认为这是一种把科学知识和社会意识结合起来的综合教育，对受教育者价值观、责任感、关心公共生活的形成都有重要作用，有很多方面是值得我们借鉴的。

一、全社会给予大学生社会实践很大力度的支持

国外很多家长利用业余时间担任各类学生社会社团、社区活动的指导和义工的工作，让自己的社会经验和职业技能分担着学校的教育功能，帮助学生在具体的社会活动中，培养职业意识、人际交往礼仪、政治历史观念、动手实践能力等。美国的学生在学校和社会资助下，组织起来承担一定的项目，如为伤残人员服务项目，为移民子女提供外语训练项目，为监禁青年进行指导等。有的州专门通过法案支持甚至明确规定学生必须参加这类活动才能毕业，许多学校成立了各种专门的服务性的指导办公室，由 75 所院校校长建立了一个正式的全国性联盟——公共和社会服务计划，以协调全国学生的社会服务活动。

二、实践论文的研究型和规范性

国外学生的实践论文的撰写是一个研究性学习的过程，法国的“综合实践”课，以“项目研究”的形式开展，在一个大的主题下，学生分组后选择小的课题，进行探索性研究，主要程序是查找资料、咨询专家、做试验、分析实验结果、产生创新性结论。在美国学生小学六年级的语文教材中就开始介绍调查报告的定义和结构，介绍如何获取和筛选信息，选择感兴趣的研究报告，在搜集资料及相应的分析之后写出规范的研究型论文，激励学生独立思考、探索与发现问题的能力。到了大学阶段，学生们完全能够进行合理的分工合作，收集资料、分析数据、向相关的部门、企业、专业人士寻求帮助，在人力资源、物质资源各方面主动利用社会资源，最终得到自主创新的科研论文。

三、社会实践活动促进就业

国外很多的公司比如微软、IBM、惠普等都愿意为学生提供带薪实习的机会，宝马公司近几年每年接受几百名毕业生，提供的实习岗位过千。如果学生在实习的过程中表现优异则被单位优先录取的机会很多。美国有的工科院校规定，大学生在大学四年学习期间要花 10 个月的时间在工厂、企业学习。所以我们看到医科学生跑医院，法律系学生奔律师事务所，学经济的涌到曼哈顿。德国的工科院校规定学生参加实践或实习的时间不得少于 26 周。理工科学生在学完 1～3 年后参加“中间考试”，合格后必须参加一定的生产性实习，然后才能撰写毕业论文。法国有 1/3 的毕业生是通过实习留在了公司，解决了自己的就业问题。

第五节　国内外大学生社会实践比较

本节将采用南京大学外国语学院陈静先生的观点，把美国服务学习产生的背景和目的、概念内涵、实施过程、作用和效果等与我国大学生社会实践进行比较，有利于汲取其

合理的养分。

美国的服务学习是20世纪80年代中后期兴起的结合课堂学习与社区服务的教育模式，广泛应用于小学、中学及大学教育的各门学科。其发展有几个重要的里程碑。1989年布什总统启动了志愿者服务。次年，他又签署了为K-12“国家和社会服务行动”提供基金的议案。1993年，克林顿签署了为“国家和社会真诚服务行动”提供基金的法律条文。这样，各州都有了用来开展以学校为基础的服务学习的联邦基金和服务学习计划。1984年，全美国27%的高中提供了某种服务课程，其中9%提供服务学习课程，大约1/3的学校和1/2的公立学校提供服务学习计划。

一、产生背景和目的比较

美国服务学习的产生有其深刻的社会历史背景。20世纪70—90年代期间，美国公民不太关注国家政治生活，相反更多强调自身个性的发展。为了将其青年培养成为“负责任的公民”，美国政府采取了一系列措施强化学生的服务意识。此外，人们越来越关注美国公立学校中学生的需要、兴趣和课程之间的不协调，提出应该把学生的经验学习、社会服务与课程学习做更多的结合，服务学习由此应运而生。美国服务学习从一开始就具有明确的理论依据，其中有两种理论对其产生了重要影响：一个重要理论是约翰·杜威的经验学习思想。这一理论倡导服务观念，即将服务作为一种教学工具与教育哲学联系起来。在此基础上，他提出了经验学习的意义在于将学生的经验整合到课程学习中。美国服务学习的另一个重要理论来源是社会学习理论。这一理论认为，青年通过大量地接触、观察与模仿成年人，从而形成与人交往的态度和行为习惯，同时服务学习也有助于年轻人培养社会责任感和利他行为。

我国大学生社会实践活动总体上经历了一个由自发到自觉、由单一到全面、由小规模到大规模的发展过程。其目的是使学生在“受教育、长才干、作贡献”的同时，提高自己为社会自觉奉献的责任感和意识，并最终形成志愿服务行动，当然这是一个很长的过程，但也是一种必然趋势。

可以看出，美国服务学习和我国大学生社会实践基本上产生于同一时期。从产生的社会动因来看，美国服务学习既有先进的经验学习理论的推动，也是基于社会的需要，服务与学习是不可分割的整体。我国高校社会实践的产生虽然也有外部社会环境的作用，但更多的是出于学生自身发展的需要，学习与服务之间没有密切的联系。然而，这一差别随着我国大学生社会实践的发展而逐步削弱，我们也越来越关注对大学生社会服务意识的培养，并注重将学校学习与服务社会结合起来，尽管这种结合仍不是基于相关课程而开展的。另一值得关注的差别是，美国服务学习首先是理论先行，再一步步推进到实践中，而我国则首先来自实践，再在实践中不断总结经验并加以推广，也正因如此，我国大学生社会实践往往缺乏理论性、系统性、科学性，难以形成具有学科价值的成果。

二、概念内涵的比较

在美国，服务学习是“服务”与“学习”的结合。简言之，就是“从做中学”。但服务学习的概念不易界定。网上搜寻结果显示，美国学者肯多尔在1990年的报告就从文献上找到174个有关“服务学习”的定义，现在则更多。1993年美国对服务学习下的定义为：服务学习指的是一种方法，通过学校和社区的合作，将提供给社区的服务与课程联系起来，学生参与到有组织的服务行动中以满足社会需求并培养社会责任感。服务学习无论概念如何多样，但都具有一些核心内容和基本特征，包括：它是一种结合课堂与社区服务的教学模式，由大学、学生与社区三方合作，共同提出和解决不同社区的问题，并在这个过程中，引导学生把学校里学到的知识用到社会服务上，并透过服务去学习和反省知识。服务与学习并重，学习和服务互为目的和手段。在学习中服务，在服务中学习。这一关系决定了学生既是服务的主体，也是学习的主体。

一般认为，我国高校社会实践的概念来自于马克思主义哲学。社会实践是马克思主义教育思想的重要组成部分，是全面贯彻党和国家的教育方针、培养社会主义事业合格人才的必要途径之一。社会实践是人类能动地改造自然和社会的全部活动，高校社会实践活动是对大学生进行的认识世界和改造世界的实践活动。从本质上讲，我国大学生社会实践活动是大学生按照学校培养目标的要求，有目的、有计划、有组织地参与社会政治、经济和文化等一系列教育活动的总称。普通高校各类学生社会实践活动的范围既包括列入教学计划的军事训练、生产劳动、专业实习，也包括大学生利用假期组织的参观、考察、社会调查、科技文化咨询、服务、社团活动以及志愿者活动等。

总体来看，美国的服务学习和我国大学生的社会实践这两个概念在内涵上基本是一致的，即与社会相联系的教育学生的活动。从目的上来看，二者都是为了培养人。从实施要求来看，二者都要求有计划、有组织。在社会实践这一概念的表述上，我国学者是比较一致的，但这一哲学概念高度概括，意义更为抽象，随着实践的深入，人们才不断增加了一些具体内容。如今一般意义上的社会实践的定义更接近于美国传统的社区服务。服务学习的概念中凸显了社区、课程、反思这三个关键词，这也是美国服务学习与我国社会实践的重要区别。

三、实施过程的比较

（1）准备。包括教师的准备活动和学生的准备活动。教师的准备活动主要有：①了解社区需求，并结合学校课程拟定服务计划；②与被服务机构联系，确定服务项目；③安排学生进行服务活动所必需的技能训练，组成服务团队；④争取学校领导及社区的支持。学生也应该做一些准备，如参照学习目标，选择和计划具体的服务活动；帮助教师寻找和谋求社区的支持；接受开展服务活动所必需的知识教育和技能训练。

（2）服务。服务首先应该是有意义的，有利于学生的发展和社区实际问题的解决。服务分为直接接触被服务人的服务，或募款、做计划等间接服务。为了让学生循序渐进地进行服务学习，应先安排间接服务之后再进行直接服务。初期可先以团体方式参与社区服务活动，等学生适应后再以个别方式参与活动。服务方式最好有多元选择，适合学生不同的能力。

（3）反思。即学生批判性的思考他们的服务经验，是服务学习与社区服务最大的不同，也是服务学习能带来教育价值最重要的方法。学生应该有多种机会对服务学习活动进行有计划的思考，教师可以引导学生进行反思，这些反思活动通常包括撰写日志、小组讨论、研究报告、研读服务对象有关的书籍等。反思活动要把握 Kolb 经验学习的周期：What（我做了哪些服务）？So What（这些服务带给我的主要意义与学习有哪些）？Now

What（未来我将如何运用这些所学）？

（4）庆祝。对学生在服务活动中的贡献进行庆祝是服务学习的一个重要内容，庆祝是认同和肯定学生服务成绩的过程。反思使学生认识到自己的努力，而庆祝则使学生认识到他人是如何评价自己的服务活动的，并有利于激起学生持续参与服务学习的动力。庆祝活动包括：①媒体报道，报纸上的文章、电视报道等；②与社区合作者的联欢晚会或舞会；③领赠感谢信、颁发荣誉证书等。

我国大学生社会实践通常包括以下几个步骤：动员阶段——校院团委发文，宣传共青团中央的精神，动员学生参加；准备阶段——围绕共青团中央的主题，再根据实际情况确定活动内容；实施阶段——由指导教师带队，全过程负责指导、监督等；表彰阶段——组织评比，并进行全国、省、校、院系的表彰。

美国服务学习在实施过程中注重将课程教育和反思结合在服务当中。在美国的服务学习中，一方面教师在确定服务项目的时候，将课程整合到服务中，有明确的教育目标，并要求学生运用学术科目中的内容，这可以让学生很好地懂得学习的意义，牢固掌握课程，体会到学有所用，主动参与自身知识的建构，因而更能激发学生投身服务活动的热情；另一方面学生的思考贯穿于服务的全过程，教师运用各种方法激励学生认真思考。研究表明，反思对学生的服务态度有积极的影响，活动效果会大大提高。我国社会实践的核心是提供服务，与学习结合不紧，而这会带来一些实际问题。例如，由于服务项目的选择有时脱离现实，受服务方觉得被强加一些额外负担。我国社会实践的学习色彩相对较淡，在实施过程中学生所学知识与实践活动有脱节现象，因而经常觉得服务项目与专业之间没有密切的联系，很难学以致用，不容易产生学习的收获感。另外，二者在评价阶段也有相同点和不同点。服务学习中的庆祝环节和社会实践的表彰环节实际都是一个评价的过程。美国服务学习通常采用形成性评价和终结性评价两种方式，常通过问卷调查、参与讨论、小组评价等方式。我国在实施评价的时候，往往是主观评价为多，所采用的方式和手段也不够丰富，往往没有较好的评价标准和体系。此外，我国社会实践过于注重表彰，突出荣誉，淡化不足，往往缺少反思这一环节，而这是美国服务学习和我国社会实践在实施步骤中的主要区别。

四、作用和效果

美国服务学习的作用主要表现在以下几个方面：

（1）提高学生学习兴趣和成绩。外国学者研究表明：服务学习特别有助于提升学生的一般价值感和学习能力感。学生问题解决技能、社会能力、目标感、决策、合作以及协作和思考的能力都会得到发展。

（2）加强学生的公民责任感。通过参与服务学习，学生可以了解社会和政治信息，关注社会热点问题，从而能够做好承担社会责任的准备，发展对社会和国家的责任感，增强对社会和公众事务的理解和直接参与意识。

（3）帮助学生提高自信心和完善品格。通过在学校或社区的服务活动，学生可以得到社会的承认，获得成功的体验，这样可以增强自信心，并逐步完善品格，改进社会行为。

（4）帮助学生确定职业方向和提高职业技能。通过参与真正的社会工作，学生可以了解到自己的兴趣和能力，提升自身的社会竞争力。

(5) 有利于加强学校与社区的联系。学校通过让学生将所学知识用于社区服务，成为社区发展的伙伴，同样，社区也将学校看作重要的价值资源。

我国大学生社会实践的社会作用和意义与美国的服务学习既有相似点也有不同点，主要体现下列几方面：①增强学生的社会责任感；②提高学生的就业竞争力；③提高学生的综合素质；④满足社区的发展需要。就活动效果而言，美国服务学习由总统亲自关注，调动各州政府、社区以及学校的力量，统筹规划，科学评估，给予资金投入。因此，美国政府实际上启动的是一个以服务学习为核心的教育改革系统工程。正因如此，美国服务学习的活动效果非常明显和深远。和美国服务学习相比较，我国的社会实践活动只是教学的一种辅助活动，没有成为教育联动改革的核心。由于活动主管部门权力的限制（1987 年以前只是由共青团中央、全国学联来负责这一活动，此后才开始由中宣部、教育部共同负责），活动不能调动多方面的力量，尤其是资金投入严重不足，加上缺乏科学的评价体系和激励机制，活动效果受到影响。

总体看来，服务学习和社会实践对学生的影响、对学校和社会的作用是相似的，但是美国高校的服务学习对学生的影响和作用是以多种方式循循善诱地并且也非常有目的性地对学生进行引导，同时，整个社会也多能协同参与，所以效果往往更明显。相比之下，我国的社会实践活动很大程度上只是帮助单位完成工作，受益方常常是单向的，而学生知识的巩固和技能的培养非常有限；活动中往往缺乏明确的目的性，实际执行情况和预定目标经常脱节。另外，由于缺少必要的资金投入和政策保障，活动效果有时得不到保证。

五、美国服务学习对我国大学生社会实践的启示

美国服务学习超越以往的一些教育理念和教学策略，是一种具有革新意义的教育活动，其特点主要体现为“政府重视、社会参与、学校组织、家庭支持、个人实践”的全社会网络化运作。从美国服务学习，我们可以获取以下重要启示：

(1) 加强大学生社会实践的理论思考，从先进的教育学、社会学、管理学、哲学等学科中获取理论养分，提高大学生社会实践的理论层次。

(2) 树立新的实践学习观念。通过将社会实践与个人发展结合起来，在服务中学习，在学习中服务，加强反思学习的能力，获取人生的真谛。

(3) 完善现有评价体系和方法。可以借鉴美国服务学习中的评价体系和方法，结合我国的具体情况，研究和摸索出一套具有中国特色的既科学又便于操作的评价体系。

(4) 社会实践与学习课程结合起来。把社会实践真正纳入到学校的教学体系中，是第一课堂的延伸，而不仅仅是第二课堂，这样，社会实践才具有学习性、科学性和可持续性，才能和学生的全面发展真正结合起来。同时也可增强高等教育的社会适应性和服务功能，增加学生甚至教师参加社会实践的积极性，提高他们的成就感。

(5) 获得政府高层决策部门的关心和支持，在一定程度或以某种方式成为一种政府决策。高校社会实践尽管有规范的指导性文件和明确的要求，但由于没有统筹规划，缺乏资金，加上没有一支有专业素养的教师队伍参与和指导，仅靠团委、学生会来组织，很难保证活动的效果。

课外知识

社会实践是立德树人的重要环节

大学生作为我国社会主义事业的可靠建设者和接班人，其价值取向很大程度上影响了我国未来的社会发展。高校作为文明薪火的传承者、社会风尚的引领者和人才资源的聚集地，必须全面落实立德树人的根本任务，把培育和践行社会主义核心价值观落实到人才培养的方方面面，为中国特色社会主义建设提供有力的人才保证和智力支持。社会实践教育是在理论学习的基础上，引导学生走下课堂、走出校园、走向社会，参与实践，从而实现全面育人效果的教学活动，在促进学生正确认知形成及综合能力提升等方面有着重要作用。社会实践教育作为高校理论育人和实践育人之间转化、递进的关键，是思想政治教育的有效载体。高校通过社会实践的教育途径加强大学生的“三观”培养，坚定其社会主义荣辱观和正确的政治立场，最终形成其稳定的社会主义核心价值观。

十八大以来，习近平总书记关于“中国梦”系列重要讲话也多次提出要组织和引导广大青年学生深入社会、了解国情、接受锻炼，并在实践的过程中认知、认同、内化和践行社会主义核心价值观。社会实践教育丰富了核心价值体系的教育形式，拓展了核心价值体系的教育途径。通过实践，在校大学生提前参与到社会、经济、文化生活中，深刻感知并生动体验社会主义核心价值观，将其对核心价值体系的感性认识转化为理性认识，并将思想上的认识内化到自觉的具体行动中。

社会实践是大学生认识和感知社会的重要途径，能够激发大学生的学习兴趣，提高思想认识，促进其树立正确的世界观、人生观和价值观。不同类型的实践活动可从不同角度实现社会主义核心价值体系教育功能。对大学生具有理想信念教育、专业强化教育、感恩奉献教育、科研创新教育、社会融入教育等多项功能。

1. 理想信念教育

培养当代大学生形成正确的世界观、人生观和价值观，树立崇高的理想信念，是摆在广大高校教育工作者面前的重要课题。解决这一问题不仅要靠正面的理论教育，更需要帮助大学生走出校门，深入社会，在社会实践中塑造自我。社会调查类实践活动有利于增加大学生对国情、社情、民情的了解，在具体情境中提升社会责任感和使命感，以深化大学生对核心价值的认知与认同。高校通过“大学生党员下基层”“红色 1+1”“西部阳光行”等社会实践活动，让大学生走进基层，接触群众，熟悉社会，投身到多样的现实生活中，通过切身体验全面了解和认识当今社会政治、经济、文化、教育的全方位变迁和基本国情，有利于学生在实践中发现自己的价值，有利于形成崇高的理想信念，有利于找到自己的合适定位。通过社会实践的教育平台，大学生充分认识到了当今社会发展的症结所在，根据自己的实际情况，部分学生选择了下基层做“村官”，到社区做“助理”，到西部去支教等，为基层培养了一大批优秀人才，坚定了大学生扎根基层、服务基层，到祖国最需要的地方去的理想信念。

2. 专业强化教育

大学生社会实践最大的优势在于有比较专业的理论知识作为实践的基础，能够将学校里所学所思运用到具体的社会实践中。专业类实践通过引导大学生接触社会、服务社会，深化其专业素养、提高创新意识与思维，以更好地激发学习的积极性。大学生在实践中会感受到学习理论的重要性，增加理论学习的兴趣。通过专业性较强的社会实践锻炼，让理论知识在实践中得以运用，会提高学生对所学知识的理解和掌握，不断加深和巩固所学的理论知识，会改变他们对理论学习的某些偏见。北京师范大学的学生社会实践：一组是学习特殊教育的学生团队，针对某县城的残障孩子教育以及优生优育进行了科普宣传教育；一组是学习教育技术的学生团队，针对农村小学教师进行计算机基础知识以及相关办公软件的培训，这两组学生的社会实践都是专业性较强的，在实践的过程中强化了学生对自己所学专业的认识和理解，同时学生在实践后发现自己不喜欢的专业变成了自己最热爱的专业，感受到了专业的实用性和魅力所在。

3. 感恩奉献教育

志愿服务和公益劳动类实践，鼓励学生关爱他人、奉献社会、提升自我，自觉倡导引领良好道德风尚，潜移默化中推进核心价值的转化与提升。大学生社会实践的主要形式是志愿服务，大学生担任志愿者的角色进行“三下乡”活动、社区服务、扶贫开发、心理援助等。大学生志愿服务注重“感恩社会，回馈社会”，在感恩奉献社会中实现自己的价值。为在社会实践中培养大学生感恩奉献的意识，北京师范大学学生创立的“四叶草教育感恩基金”，倡导大学生捐出所获得的部分奖助学金，通过与贫困地区中小学生建立长期帮扶对子，给予物质上的资助和精神上的鼓励以及知识上的帮助，现已帮扶全国十余个省市的近百名中小学生。大学生通过自身的社会实践将自己的爱心奉献给更加需要帮扶的群体，怀着感恩的心，在助人过程中感受伟大的志愿精神，不断培养感恩与奉献的意识。

4. 科研创新教育

培养大学生具有一定的科研能力是大学教育的重要目标。开展带有一定科研性质的社会实践活动利于对大学生进行科研创新教育，利于培养大学生的科研能力和创新能力。在社会实践中，引导学生根据所感兴趣的领域做好课题研究和调研报告或者其他形式的科学研究，最后形成一定的科研成果，有助于培养大学生的科研素养和创新精神。部分高校的社会实践在科研创新教育方面已经初见成效，部分团队通过社会实践进行科学调研已获得了国家级“挑战杯”大赛奖项，培养了大学生的科研创新能力。

5. 社会融入教育

如今的大学已不再与世隔绝，逐渐与社会接轨，社会融入教育对大学生的成长至关重要，社会实践是大学生融入社会的重要途径。大学生参与社会实践，有助于学生全面分析社会现实状况及其发展趋势，了解不同社会角色的权利和义务；有利于学生反观自己的素质、能力、个性特征，把握自己的优势与劣势，综合分析社会角色与个体社会化的对接情况，找准方向，以便较好地达到角色的实现。在社会实践方面做得较好的部分高校学生，在社会实践过程中，了解了社会并融入社会，用自己所学的知识服务于社会，提高了自身的创造能力、实践能力、就业能力和创业能力，为步入社会和走上工作岗位奠定了基础，坚定了就业理想，找准了就业方向，部分学生在社会实践中直接与用人单位签约，找到了适合自己的工作岗位。

社会实践教育活动鼓励学生走出课堂，走向社会，引导大学生在与人交往中诚信友善，在生产劳动中勤奋尽责、磨炼品质，是社会主义核心价值体系教育的具体践行和弘扬，是检验核心价值教育效果的有效途径，同时还可以在实践中不断发现新问题，以不断完善和发展社会主义核心价值体系的教育内容。

思 考 题

1. 大学生开展社会实践遇到的主要问题有哪些？
2. 简述大学生社会实践的发展趋势。
3. 大学生社会实践活动的发展历程，大致可以分为哪几个阶段？
4. 新阶段，大学生社会实践活动发生了哪些转型？
5. 大学生开展社会实践所取得了哪些显著成效？
6. 我国大学生社会实践的社会作用和意义与美国的服务学习有哪些相似点和不同点？
7. 中美大学社会实践的概念内涵有哪些不同？

参 考 文 献

[1] 邹世享，姜孟，李慧勤．学．思．行．中国地质大学（北京）大学生社会实践优秀成果选编［M］．北京：知识产权出版社，2011.

[2] 张子睿．大学生社会实践教程［M］．北京：国防工业出版社，2012.

[3] 阮俊华．知行合一·实践报国——大学生从社会实践走向成功［M］．杭州：浙江大学出版社，2009.

[4] 苏志宏．认识农村认识中国——西南交通大学生参与社会主义新农村建设实践文集［M］．成都：西南交通大学出版社，2007.

[5] 徐仲伟，游敏惠，杜慧平．社会实践人生——大学生社会实践调研报告集［M］．成都：西南交通大学出版社，2012.

[6] 毛静，徐原久．关于大学生假期社会实践的思考［J］．中国地质教育，2008，02：34-37.

[7] 陈静．美国服务学习与我国大学生社会实践的比较研究［J］．扬州大学学报（高教研究版），2008，05：78-81.

[8] 李娅佳．新时代共青团开展大学生社会实践高质量发展的研究［J］．中国共青团，2023（20）：78-80.

第三章 社会实践基础理论

本章通过探析大学生社会实践的理论基础与实践探索、形式和内容、种类、参与层面、组织形式、模式，让读者对社会实践理论有个较为系统的认识，为今后科学高效地进行社会调研奠定基础。

第一节 社会实践的理论基础与实践探索

马克思关于教育与生产劳动相结合的理论、关于人的全面发展的理论，是我国高等教育培养目标的理论基础，同时也是大学生社会实践的理论基础。马克思主义学说认为，社会的发展为人的全面、充分和自由发展提供了条件，反之，人又通过实践活动来推动社会的发展。“实践”是马克思主义哲学的本质。正如马克思所说“人的本质并不是单个人所固有的抽象物。在其现实性上，它是一切社会关系的总和。社会生活在本质上是实践的”。社会的各种关系决定了人的本质过程，即人的社会化过程。在这个过程中，是凝聚着人的自然力的意识性和社会规定性的社会实践，促使人的各心理因素联络和统一起来，实现知、情、意、行的统一，最终实现人的全面发展。

邓小平同志早在第二次全国教育工作会议上就指出：“现代经济与技术的迅速发展，要求教育质量和教育效率的迅速提高，要求我们在教育与生产劳动相结合的内容和方法上不断有新的发展。”要做到这一点“更重要的是整个教育事业必须同国民经济的发展相适应。”关于教育与生产劳动相结合的思想，江泽民同志也有很多论述：“‘象牙塔’式的教育，不能适应当今时代的需要，我们要改革脱离社会实践的教育思想和教育模式，通过体制改革，尽快建立教育与经济、科技、社会实践相适应的新机制。”学生要想较快地成为现代化建设的有用人才，就要在学习期间，做好角色转换，加速实现个体的社会化。“学生适当地参加一些物质生产劳动，应成为一门必修课，不是可有可无的，这一点务必要充分认识和高度重视。”“事实证明，如果让学生关起门来读书，不参加劳动，不接触社会实践，是不利于健康成长和全面发展的”。胡锦涛同志在全国人才工作会议上强调：“在知识创新、科技创新、产业创新不断加速的条件下，谁能把人才优势转化为知识、科技和产业优势，谁就能够赢得竞争的主动权。”教育要面向经济建设主战场。可见，历代领导人一直都非常重视社会实践对人才培养的作用。他们提出的教育必须与经济、科技和社会实践相结合的思想，是马克思教育与生产劳动相结合理论的发展与创新。

近年来，国际教育理论和实践的一个重要转变就是由重知识走向重实践能力。日本文部省新颁布的《学习指导要领》总则中要求：“通过良好的集体活动，在谋求身心和谐发展以及个性发展的同时，提高作为集体中一员的自觉性，培养学生体验从事劳动和创造的喜悦，形成正确的劳动观和职业观。”美国把“确保所有高等学校学生对国家经济和政治生活中的现象具有分析批判和解决实际问题的能力”作为教育的目的之一。有的州还专门通过法案明确规定学生必须参加实践性活动才能毕业。法国的许多高校实行“学徒培训”制度。即在学生自愿的前提下，从二年级开始学生在企业里接受两年培训。把学校教育与企业中的实践教育结合在一起。德国高校给学生安排两次分别为 6 个月的“实际工作课”，在取得企业方面的鉴定后才给学分。这样学生既得到一定的锻炼，又为回校后的学习作好了思想上和物质上的准备。从世界教育发展的趋势看，教育与经济、科技和社会的联系越来越密切，许多发达国家日益重视通过社会实践来培养学生的合作精神和解决实际问题的能力。教育专家们也认为，社会实践不仅能让学生从中学习做人做事的正确态度，促进人与人相处和沟通的技巧，并且在解决实际问题的过程中，获得各种能力。

第二节　社会实践的形式和内容

目前，社会实践的活动方式呈现多元化的趋势，主要包括：“三下乡”“四进社区”、教学实践、专业实习、军政训练、社团活动、社会调查、生产劳动、志愿服务、公益活动、就业见习、创业实践、科技发明、勤工助学、社会宣传、抢险救灾、拥军优属、走访英模、追访校友和“红色之旅”参观考察等；尤以文化、科技、卫生“三下乡”和科教、文体、法律、卫生“四进社区”活动为品牌项目，已经成为新形势下大学生参加社会实践的有效载体。

一、社会实践的形式

（1）社会调查。组织大学生围绕当前热点问题，结合实际、结合专业，开展调查研究，在调查中找出问题，分析问题，提出有价值的解决意见，形成调研成果。同时，在日常学习生活中，学校要加强学生新闻敏锐性的锻炼，抓住当前社会的热点问题；在社会实践动员阶段，开设暑期社会实践系列讲座，加强对大学生社会调查的选题、途径、过程的管理和指导，帮助大学生正确认识社会现象，掌握科学研究方法，提高分析问题和解决问题的能力。

（2）勤工俭学。包括担任家教、货品推销员、餐饮店服务生等，是一种有偿服务形式，锻炼自己的同时，还可运用所学知识和劳动换取一定报酬。学校应利用假期在校内合理安排勤工助学岗位，在校外争取企事业单位、政府部门的支持，开发利用一切可以利用的资源，为经济困难的学生争取勤工助学岗位机会，建立规范有效的勤工助学管理制度，保障大学生的安全，维护大学生的合法权益。

（3）法律宣讲。对于不同的群体，广泛开展法律宣传，比如对于城区居民，开展交通法规侧重性的宣传，对于沿海居民，开展渔业保护法的相关宣传等，以提高广大群众的法律意识和法制观念。在为建立法治社会良好秩序的过程中，学生自身的法律意识得以加强和提升。

（4）环境保护。保护环境，减轻污染，遏制生态恶化，不仅是政府社会管理的任务，也是全社会的使命。作为大学生，更有义务贡献自己的一份力量。通过环境系列讲座，协助清理垃圾等活动，共同营造和谐的“绿色生活”。

（5）科技创新。作为大学生“挑战杯”申报项目的预演，通过建立创新基金，合理开放实验设备，为学生提供平台，结合专业，引导学生争取在技术改造、科技发现、工艺革新、技术推广模式上有所突破。同时，积极引导一批有创业兴趣的学生，配备专业指导教师，参与“创业设计大赛”，规范和促进学生科技成果转化，鼓励学生开展创业实践，提高创业技能。不断提高学生的科学素养，培养良好的学术道德，弘扬求真务实、开拓创新的科学精神。

(6) 科技、文化、卫生“三下乡”活动。农业院校的学生，应树立“从农村来，到农村去”的思想，以农村为载体，结合课堂专业知识教育与思想政治教育，组成以博士生、研究生为指导，本科生广泛参与的服务团队，为农民解决实际问题，为群众办实事、做好事、解难事。引导大学生运用所学知识和技能服务人民，奉献社会，培养为人民服务的道德观，发扬艰苦奋斗、甘于奉献的精神。鼓励大学生树立“到西部去，到祖国需要的地方去”的服务意识，为志愿服务西部计划，三支一扶计划的实施出力。

(7) 文化活动。在郊区、农村，文化生活显得尤为缺乏。以学校团委为媒介，建立以学生团队为主体，学生自行组织，参与的社区、乡镇文艺演出团队，结合法律宣讲、先进文化传播、环境保护等方面，在为广大农民提供娱乐的同时，达到建立环保型、知识型、舒适型小区、乡镇的目的。同时为学生提供良好的锻炼机会，培养学生组织协调能力。

(8) 义务支教。以希望学校、郊区贫困学校、西部不发达地区的学校为平台，成立“义务支教”小组，运用所学知识和技能，积极服务农村教育，达到服务新农村建设的目的，为大学生提供了了解社会、锻炼自我、展示自我的机会和舞台，促进综合素质的全面提高。

(9)“红色之旅”参观学习。结合大学生党员建设，组织学生到博物馆、纪念馆、展览馆、烈士陵园等爱国主义教育基地学习参观，了解中国革命、建设和改革开放的历史和成就，增强对中国特色社会主义的热爱，激发对全面建设小康社会、实现中华民族伟大复兴的责任感。

(10) 志愿者活动。如奥运志愿者、大学生志愿服务西部、志愿服务辽西北、走进社区、帮助弱势群体等，是一种尽己所能，不计报酬，帮助他人，服务社会的活动形式。其中，有的是以各种节假日、纪念日为契机，走进社区和街道进行志愿服务；有的是为国家、省、市承办的大型活动进行志愿服务；有的则是在偏远、贫困的地方，奉献爱心，实现自我价值。

(11) 挂职锻炼。到企事业单位担任一定职务，经受锻炼，丰富经验，增长才干，了解社会，了解国情，更普遍地接触工农。如四川农业大学的百名大学生“村官”挂职锻炼社会实践团、“过把村官瘾”——村官挂职锻炼服务团。

(12) 预就业实习。是一种有效的检测自己专业知识的手段，通过该形式，队员能得到专业指导，更深刻地了解专业形势。如北京科技大学的中国电信辽宁省朝阳分公司预就业实习团。

(13) 生产劳动。队员可以选择到工厂、企业参与生产，如北京科技大学的机械工程师实践团；也可以选择到农村参与耕作劳动，如北京科技大学的太阳村志愿服务队。

(14) 学习参观。深入工厂、农村、重点工程或改革先进单位进行实地考察参观，如北京科技大学的“走进西部钢铁”实践团，四川农业大学的感受茶马文化、探寻茶马古道实践团，“四川省农业机械化风雨兼程60周年”实践团；队员还可到革命圣地及老区，考察我党的光辉历程，真正“受教育、长才干、做贡献”，如北京科技大学的“贝壳圣火”实践团。

（15）理论宣讲。深入社会、基层，将深奥理论通过宣传讲解的形式传递给每一个人，如北京科技大学的延安新农村调研团，四川农业大学的雅安市社会经济与水经济调研分队。

（16）思想政治类。红色主题历来是大学生调研主题中的重中之重，该类主题政治性、理论性强，内容丰富，如以“三个代表”重要思想为基础，加强党风建设工作；认真学习“八荣八耻”，树立社会主义荣辱观；贯彻党员监督条例，保持党员先进性；落实科学发展观；坚持法治与德治相结合，构筑社会主义和谐社会等。思想政治类主题要求学生根据党中央系列文件精神，结合时政热点，选取自己感兴趣的内容，深入学习，开展调查研究。

二、社会实践的内容

以四川农业大学2009年暑期社会实践为例，紧密结合新中国成立60周年、“五四运动”90周年、服务大学生就业创业、灾后重建大学生志愿服务、社会主义新农村建设等事项，认真组织学生开展形式多样、内容丰富的社会实践活动，引导全校青年学生在实践中“受教育、长才干、作贡献”，为服务“三农”和全面建设小康社会贡献青春、智慧和力量。具体内容如下。

1.“展锦绣中华，抒爱国情怀”——喜迎新中国成立60周年系列实践活动

（1）“强国之路·青春使命”——回首祖国60年辉煌历程行动。鼓励广大学生以个人或组队的形式开展暑期社会实践活动，内容可选择政治、经济、文化、社会、生态等某一领域，选择一个地区、一个单位、一个人物等不同对象，见证祖国60年来的变化与发展。可以以图片、DV等方式记录新中国成立60年来的变化，也可通过文艺演出、专题讲座、报告会、座谈会、专题展览、宣传板报等形式，大力宣传60年来党团结带领全国各族人民艰苦奋斗所取得的丰功伟绩，大力歌颂社会主义制度的优越性。

（2）“红色革命之旅，重温建国历史”——爱国主义教育实践活动。组织学生参观革命博物馆、红军纪念馆、烈士陵园、革命老区、伟人故里等，以此促进广大青年学生进一步了解新中国成立历史，缅怀死难先烈，继承革命传统，增强爱国情怀，坚定广大青年学生跟党走中国特色社会主义道路的信念和为实现中华民族伟大复兴的信心和决心。

（3）“传承传统文化，弘扬民族精神”系列活动。组织大学生深入开展传统文化调研，举办传统文化展览会，寻访收集民间传统文化等实践活动，唤起人们对传统文化的关注，进一步传承和保护文化遗产，促进传统文化繁荣发展。

2.“科学发展引领社会”——践行科学发展观调研活动

（1）“改革发展谱新篇”专题调研活动。以农村改革、对外开放、国有企业改革、社会主义市场经济体制改革等为主题，选取某一方面或某一单位改革发展所取得的卓著成就进行深入调研，撰写一篇高质量的调研报告。

（2）“社会主义新农村建设”专题调研活动。充分发挥学生所学专业优势，以建立城乡经济社会发展一体化新格局、构建强化农业基础长效机制、加快农业科技进步、农村合作医疗、农村最低生活保障制度以及农村基层组织建设等为主题，广泛开展社会主义新农

村建设专题调研活动，撰写调研报告。

(3)“关注民生”专题调研活动。以医疗卫生问题、住房问题、物价问题、养老问题、社会保障体系、就业问题、低保制度、收入分配问题、农民工子弟上学问题等为主题，大力开展以民生问题为重点的专题调研活动，撰写高质量调研报告，为政府决策提供参考。

3.“灾后重建、青年当先”灾后重建志愿服务活动

(1)开展灾区农业生产恢复帮扶活动。以“李嘉诚基金会捐助四川地震灾区‘学生感恩行动’计划”和“团市委‘三百工程’项目”为重点组织博士生、硕士生参与的“农业科技服务团”若干分队赴灾区基层乡镇，结合学校对口联系的重灾区绵阳安县灾后重建项目，协助开展灾后重建情况调研、灾后重建产业规划、灾后重建现代农业技术研究、农业生态系统恢复和技术示范等服务活动；举办农作物栽培知识宣传、畜牧养殖技术培训、动植物病害防治、优良动植物品种推广、农业技术人员培训等农业帮扶活动。

(2)开展灾区群众心理抚慰志愿服务活动。依托专业心理援助队伍，组织专职政工干部和有一定心理健康专业知识的同学赴安县等重灾区，通过座谈、走访慰问、定点抚慰、结对帮扶等方式开展群众心理恢复状况调研、心理援助和情绪疏导工作。积极开展与灾区中小学生“手拉手”结对、“放飞新希望，共建新家园”团队活动，帮助灾区群众和青少年重建精神家园。

(3)开展“爱心助孤”志愿服务活动。以重灾区安县藉学生为骨干，组建“爱心助孤”志愿团队，进行专门培训，深入安县与“三孤”人员结对，重点开展“三孤”人员的陪护和慰问工作。组织“爱心助孤”志愿者深入“三孤”人员集中安置点、社会福利院、农村敬老院、孤儿院、分散安置和单独居住的“三孤”人员家里开展文艺巡演，宣讲党和政府的政策、法规，开展“五个一”活动，即做一次家庭访问、开展一次心理调适、做一次常规体检、逛一次街、看一场电影(电视)，丰富“三孤”人员的精神文化生活。

(4)开展群众文化和灾区支教志愿服务活动。组织学生文艺骨干和志愿者，深入安县等重灾区群众集中安置区、灾后重建工地、对口援建单位驻地开展形式多样、丰富多彩的巡回慰问演出；深入安县中小学、板房社区担任教师，赠送课外读物，辅导学生功课，做好学生家访，开展青少年希望夏令营，激励学生努力学习，奋发图强。

4.深入开展城乡环境综合治理志愿服务活动

(1)按照省委部署，开展城乡环境清洁志愿服务集中行动。组织学生志愿者集中清扫城市背街小巷等卫生死角和农村的垃圾、污水、杂物、污泥，清理城乡牛皮癣、小广告，清除河流、沟渠、堰塘的白色垃圾、生活杂物。动员学生积极参加“我爱我家”城乡环境清洁志愿服务公益广告征集活动，在学生中营造积极参与城乡环境清洁志愿服务的氛围。

(2)组织学生积极参与城乡环境综合治理“进学校”活动。集中清扫学校及周边的卫生死角，治理校园脏、乱、差，开展交通安全警示教育，为创建一个整洁优美、节约环保、文明和谐的校园做贡献。

5.“弘扬五四精神，谱写时代乐章”系列实践活动

(1)“我与祖国共奋进”系列主题教育活动。为纪念“五四运动”90周年，传承、弘扬“五四”精神，展示学校广大团员青年朝气蓬勃、奋发向上的精神风貌，团员青年返乡引导组织地方各级团员深入学习、贯彻“五四”精神，开展“同唱一首歌，共升一面旗”

“迈入青春门、走好成人路”主题教育活动；在青年志愿者中，集中开展“争做青年志愿者，共创时尚新生活”志愿服务活动，引导青少年在奉献中体现作为、在实践中传播文明。

(2)“闪光的青春”——我身边的共青人寻访活动。组织团员在暑期对身边优秀共青人进行寻访，深入挖掘他们的先进事迹和典型事例，并通过专题片、录制访谈节目、召开座谈会、开展共青人精神大讨论等形式，引导广大团员、团干部珍惜共青团员身份，珍视共青团干部岗位，用不同时期“共青人”的崇高精神，鼓舞和激励更多青年珍惜青春年华，努力学习。

6.“直面危机，应对挑战”——大学生就业见习、创业实践活动

面对金融危机下大学生严峻的就业形势，组织学生深入就业创业见习基地进行就业见习，在实践中“预就业”。重点组织实施好“百事我创”“博爱种子计划”等大学生就业创业见习计划，小规模创业实践活动等，大力加强学生就业创业能力训练。

7. 大学生骨干挂职服务实践活动

把该项活动作为实施“青年马克思主义者培养工程”的重要环节，集中组织大学生骨干到城市社区、厂矿、农村进行挂职锻炼、调查研究，在参与当地农村生产生活的实际过程中，深入了解国情，经受磨炼，增长才干。认真组织大学生骨干深入灾区挂职锻炼，积极协助地方党委和团组织开展灾区党、团组织建设工作。并把此活动与实施“大学生就业见习行动”结合起来，帮助他们提高职业素质、实际操作能力和社会适应能力，为今后就业奠定基础。

8. 关注弱势群体，促进社会和谐

继续深入开展“让留守不再孤独”——关注农村“留守儿童”活动，关注空巢家庭老人，帮扶残疾儿童等公益实践活动。

9.“推广川农科技成果——造福一方百姓”实践活动

四川农业大学作为农业高校，每年都有大量农业科技新技术、新成果的产生，但成果的真正效益最终取决于它在生产实际的推广应用上。学校将继续选择与部分农业高科技企业合作，以赠送、推广农业新品种，组织农业新技术培训讲座，开展农业生产情况调研，农业病虫害防治知识宣传等多种形式，重点推广我校农业科技成果，促进成果转化，实现科技富农。

10. 充分利用假期参加勤工助学、助研等社会实践活动

充分利用学校后勤服务公司、图书馆、实验室等单位及部门提供的岗位开展社会实践活动。

第三节　大学生社会实践的种类

根据活动组织的规模、计划性、稳定性及组织者的不同，社会实践活动可划分不同种类。

1. 客体性和主体性社会实践活动

根据实践对象的属性不同，将大学生社会实践活动划分为客体性和主体性社会实践活

动。客体性社会实践活动是指以客观世界为直接作用对象而进行的物质活动或者说是“为主体创造对象的活动”，它包括实践主体改造自然改造社会的各种活动。如公益劳动、专业实习、较长时间的专业性社会实践、课外科技活动、勤工俭学活动、社会服务等。主体性实践活动是指实践主体以自身为直接改造对象的客观物质活动，或者说是“为对象创造主体的活动”，它以改造主观世界为目的。如参观访问、调查研究、社会考察、社会宣传等。但在现实活动中，客体性社会实践活动和主体性社会实践活动是相互交叉与渗透的。

2. 教学计划外与教学计划内社会实践活动

根据社会实践活动是否列入教学计划，把它分成教学计划外与教学计划内社会实践活动。教学计划内社会实践活动一般包括教学实验、专业实习、毕业设计、军事训练、生产见习及部分公益劳动和社会实践等，其形式包括：教学过程中辅助课堂教学；一段时间教学之后印证所学理论知识和增进某些技能；教学过程之外培养大学生的集体观念、纪律观念、国防观念，如军事训练、社会调查等。教学计划外社会实践活动主要包括社会考察、科技文化服务、勤工俭学、社团活动及一些公益劳动等。与教学计划内社会实践活动相比，具有以下特点：大多以政治思想教育为目的，主题选择较为广泛，不一定要与专业学习挂钩；组织形式较为灵活，可以集体组织，也可以小组组织甚至个人形式；有相当一部分活动在教育目的之外还可以产生一定的经济效益，如勤工助学、科技服务等。

3. 基地化与非基地化社会实践活动

根据是否有较为固定的对口实践单位或场所，把社会实践活动分为基地化与非基地化社会实践活动。为稳定而有效地开展社会实践活动，高等学校常与一些行政社区或企事业单位，本着“互惠互利、共育人才”的原则而建立一些有法律合同保障的、供大学生持续稳定地开展系列社会实践活动的社会实践基地。基地化的社会实践活动，既可开展生产劳动锻炼，又可进行思想政治教育；既训练了专业技能又体验了社会角色，从而实现全方位教育的优越性。非基地化的社会实践活动就是泛指那些没有固定的活动基地，而根据实践活动主题临时确定或变换地点和场所的社会实践方式。就其发展趋势看，社会实践的基地化是一个方向。稳定、持久是社会实践活动有效性的基本保障，互利互惠是社会实践发展的内部动力，综合效果是社会实践活动的最高理想，而三者均涵盖于社会实践的基地化之中。

4. 专业与非专业实践活动

根据活动的内容与专业学习的关系，把社会实践活动分为专业与非专业实践活动。专业实践活动又称专业实习，指大学生在校期间，结合专业特点和课程进行情况，深入企事业单位等实际工作环境中，将所学知识运用于实践中，完善知识结构，培养专业技能的过程，其形式与内容因专业不同而发生很大的变化。如一些文科类、艺术类的专业需要深入民间采风，以利于创作；而一些船舶类专业则需要在海洋、船上进行专业实习。非专业实践活动包括那些与专业内容非直接相关的各种形式的社会实践，如智力扶贫、公益劳动、科技服务等。

5. 集中性和分散性社会实践活动

根据组织社会实践时间的集中程度来看，可分为集中性和分散性社会实践活动。集中性社会实践活动主要有暑期社会实践、军训、公益劳动、教学实习等。暑期社会实践活动内容丰富，领导重视、时间集中、组织有保障，学生能受到深刻的教育。分散性社会实践活动主要有街头宣传、便民服务、课外科技活动、勤工助学活动、青年志愿活动等，这种形式的特点是时间分散、细水长流、不取报酬，其实践的深度虽不如时间集中的形式，但却使同学们与社会的接触经常化。勤工俭学大体可分为 4 种类型：①劳务型，即参加打扫试验室、清理校园、搬运和安装仪器设备、抄写和打字、会务等有偿劳动；②智能型，即利用课余时间进行技术开发、软件开发、工程设计等有偿的智力劳动；③服务型，即学生利用课余时间担任家庭教师，从事一些面向社会的服务活动，以及从事其他自我服务性活动，领取相应报酬，如经营为学生服务的商店、餐馆、书店，学生课余充当售货员、服务员等；④管理型，即学生利用课余时间参加学校的一些有偿管理工作，如应聘担任学生宿舍楼的副楼长、学生食堂副管理员、图书馆出纳台管理人员等管理职务，领取相应劳动报酬。勤工俭学活动有利于培养学生自强、自立的态度，热爱劳动、艰苦奋斗的精神，树立参与意识，锻炼工作能力。

第四节　社会实践的参与层面

打破传统的集中于本科生、研究生单一参与层面的社会实践，积极鼓励专业教师参与指导，提高思想政治教育的有效性。

（1）本科生是社会实践的主体。在班级、专业及年级之间，先立课题再确定参与人员，做到专业间的相互弥补，打破传统的项目集中于一个专业或一个年级下的实践模式，比如将计算机专业的学生融入进来，可发挥他们在材料总结、PPT 制作等方面的特长。

（2）研究生参与是社会实践专业化的有效途径。本科生参与到研究生的论文课题中去，可以加深本科生对专业的感性认识，为大四的毕业论文设计打下良好的基础。另外，对于研究生而言，在指导本科生实践过程中，可以培养他们的课题、人员管理能力。

（3）专业教师是为社会实践提供方向性的指导作用。学院层面设立实践创新基金，确立指导老师，将创新科研成果产权合理划分，为本科生提供指导性的建议，并跟踪实验过程，及时修正。另外大二学生可利用暑假走进实验室，经过专业教师的指导，为毕业论文开展提供铺垫。经实践证明，这是加深专业感情、合理利用软硬件资源的有效方式，部分学生经过这样的一个环节，做出了高质量的毕业论并且顺利考入相关领域的研究生。

（4）党团干部、辅导员、“两课”教师的参与可以将大学生政治思想教育更好地融入到社会实践过程中。打破传统的思想政治教育只有在校园内完成的观念，走出校门，在社会实践这一相对宽松和谐的环境中进行思想教育，与课堂教育相比较，有着事半功倍的效果。在社会实践的过程中育人、在无私奉献中感化人，培养大学生良好的道德观和价值观。

第五节　社会实践的组织形式

通过个人实践、项目组团、科技成果转化和社会实践基地建设等多种组织方式，采取基于学生阶段性特征的区别式模式社会实践，采取不同项目与载体，做到因材施教。

（1）个人实践方式。灵活性、针对性强，主要通过学生自己的社会关系，联系企事业单位，开展一周时间以上的实践活动，由单位部门出具实践内容以及实践期间的表现等证明。但这种实践方式，多流于形式，且人身等安全得不到保障，得到的锻炼范围较为狭窄。

（2）组织团队。这是大学生实践的主要方式，针对不同的参与层面、不同的实践内容，组织社会实践团队，在团队内部成立组织机构，比如外联、宣传报道、安全负责等，分工明确，做到人人有事做，事事有人做。可以锻炼大学生的组织协调能力，以及团队合作能力。

（3）科技成果转化中心。学院层面建立科技成果转化中心，将部分专业教师科研成果、学生创新成果得以实际运用，充分发挥合作企业和政府部门资源，吸引部分优秀高年级学生到企业、乡镇相关事业单位，开展成果推广应用宣传、售后服务等活动。

（4）社会实践基地建设。积极与城市社区、农村乡镇、爱国主义教育基地、企事业单位、社会服务机构等联系，建立长期合作、共同发展、双方共同受益的社会实践基地，结合实践基地的特点，以大学生的锻炼成长为出发点，开展教学实践、志愿服务、公益活动、生产劳动等类型活动。在各个基地之间，可以将资源充分共享利用。

第六节　社会实践的模式

一、我国高校普遍的社会实践模式

（1）北京大学模式：将社会实践作为全校研究生的选修课程，本科生自愿参加。

（2）清华大学模式：社会实践是全校研究生、博士生的必修课程，本科生自愿参加。

（3）中国人民大学模式：全校学生自主自愿参加社会实践活动，共青团积极组织倡导。

（4）北京科技大学模式：社会实践是全校本科生必修课程，研究生自愿参加，并规定大学生暑期社会实践分两次进行，主要安排在大一、大二的暑假，每次开展社会实践的时间不得少于 2 周，每次 4 个学分，共 8 个学分，分数进入学生成绩单，从 2004 级本科生开始实施。

二、国外的社会实践模式

（1）美国：在学校和社会资助下，组织起来承担一定的社会实践项目，有的州专门通过法案支持甚至明确规定学生必须参加这类活动才能毕业。

（2）法国：法国的“综合实践”课，以“项目研究”的形式开展，在一个大的主题下，学生分组后选择小的课题，进行探索性研究。

(3) 德国、日本：德国工科院校规定学生参加实践或实习的时间不得少于26周；日本政府颁布制度，要求学生必须参加社会实践。

(4) 泰国：重视农村教育，强调学用结合，学以致用。

(5) 墨西哥：设立必修课“社会实践”。

课外知识

赴美社会实践带薪实习项目简介

一、项目背景

暑假赴美带薪实习项目（Summer Work & Travel USA），源于1948年美国政府通过的信息及教育法案，是美国国务院教育文化事务局（Bureau of Educational & Cultural Affairs，D. O. S）制定的交流访问项目（Exchange Visitor Program），目的在于为世界各地的18～28岁在校大学生提供在美国工作和旅游的机会。该项目已经在欧洲、美洲、亚洲其他国家和地区成功运作了近40年，每年都有数万名来自世界各地的大学生利用暑假，持J-1签证进入美国企业进行为期8～16周的短期实习。项目于2007年上半年被引入中国大陆，目前已经有近万名来自中国大陆的学生成功获得在美国实习的工作岗位，并已经顺利完成实习返回国内。

在读大学生参与美国暑期带薪实习，到国外直接上岗锻炼，与不同文化背景的人交往，将会获得更丰富的人生经历、更广泛的事业发展机会。此项目宗旨是帮助青年人在这个不断变化相互依存的世界承担起责任，为获得良好的职业发展做好准备。通过美国暑期带薪实习，增进各国人民的相互了解，促进不同文化相互沟通，拓宽学生的国际视野，培养学生的跨文化素养，促进学生情感、人生态度、价值观水平的提升。无疑将极大提高参加者的个人整体实力，给将来的职业规划和生活态度产生深远的影响，同时也拥有更多的职场机遇和择业优势。

二、实习工作安置

1. 实习工作岗位性质

该项目是教育文化交流活动，并非单纯性雇佣工作。项目严格遵守美国相关法案设计，提供给学生的工作并不是一个单纯性的8h的雇佣工作，而是一个让全世界青年人了解真实美国青年人生活的平台。在工作之余，项目预留给同学们充足的自由时间，同学们可以根据自己的喜好，选择大学访问、娱乐以及旅游等。

该项目所有实习岗位均为非专业的基础性工作，无须工作经验即可参加。因为世界各国学生的放假时间不同，并且项目是让学生利用暑假到美国企业做短期工作，因此所有岗位均为快速培训即可上岗的基础性岗位。在基础性的工作中，不会有很大的工作压力，这样有助于从更轻松和自由的角度去认识美国，了解美国文化。

2. 实习工作类型

一般集中在以下的行业内：①酒店；②餐饮零售商；③主题公园；④旅游区商店等。

3. 实习工作职位

一般为：①前台，客房服务，厨师助理；②销售人员；③在主题公园、国家公园和滑雪场（团队成员里包含的工作岗位有娱乐器械管理员、门票销售人员、餐饮服务人员等）；④景区工作人员；⑤行政助理等。

4. 实习工作地点

在全美不同的城市拥有很多个工作岗位。申请人需要灵活的、思维开发的面对不同地区的工作岗位。

5. 实习工作薪酬

美方提供的工作基本上是每天工作6～8h，每周工作5～6天，每周工作35～40h。工资的大致标准为每小时的薪水在7美元以上（含小费）。

6. 实习工作周期

暑期带薪实习项目允许申请人最多在大学放假期间赴美工作3个月。工作之后申请人还可以最多在美国各地旅游1个月。申请人需要根据假期时间提供准确的工作开始和结束时间。并为其推荐合适的工作。

7. 住宿和饮食

住宿因用人单位不同而各有所别，有的用人单位将为学生解决住宿，并提供工作餐。用人单位是否解决食宿问题将在与学生签订的用工协议中（或Job Offer）注明。有时候申请人也需要根据自己的需求标准而自行解决住宿情况。房租的大概范围为75～120美元/周。通常申请人需要在抵达后提前支付第一个月的房租及押金。

申请人通常需要自己准备自己每天的饮食，有些工作岗位也为申请人提供饮食。根据每个人的口味和饮食习惯不同，通常一个月的餐费大致为100～200美元。

8. 与朋友一起参加

如果申请人想和朋友或者家人一起赴美参加工作假期项目，亲友安排在同一个工作岗位上需要达到如下条件：

（1）每个同行人员都必须符合所申请职位的要求。

（2）必须在申请之初提出有同行人员。

（3）同行人员必须一起抵达美国。

根据申请人的要求去安排工作，但不排除这类的安排有不成功的可能。

三、项目安全性

大学生暑期美国带薪实习是由美国国务院立项，国会立法，授权机构实际操作，大使馆高度重视的官方教育交流项目，学生持J-1交流访问学者签证以合法纳税人身份赴美实习，可申办美国社会安全卡。所有国际学生与美国同级别同事享受同等的福利待遇和薪酬。

四、项目费用

报名费：人民币3000元。

退费说明：未通过美方审核者全额退还报名申请费。

项目费：人民币15600元/人。

费用不包含：①护照费用；②往返机票；③国内及美国境内交通费；④日常生活开

支，如房租、日用品和饮食等；⑤在美期间旅游及健康保险。

五、申请资格

（1）年龄在18～28岁之间，年满18周岁的全日制在校就读大学生。按照美国活动法案要求，所有申请人必须是全日制在校大学生，包含研究生、博士生，要求申请人在申请期间具有学籍。暑期个人关系已转出学校的应届毕业生不可以申请，已被录取的大学生、研究生、博士生可以申请。

（2）申请人须具备良好的英语沟通能力，要通过用人单位的面试。

（3）申请人可以在工作开始之前抵达美国。

（4）申请人可以在参加带薪实习项目期间在美国生活。

（5）申请人有能力完成所申请职位要求的职责和能力。

思 考 题

1. 社会实践的理论基础是什么？

2. 大学生社会实践的形式有哪些？

3. 大学生社会实践的内容有哪些？

4. 根据活动组织的规模、计划性、稳定性及组织者的不同，社会实践活动可划分哪些不同种类？

5. 我国高校社会实践模式和国外有哪些区别？

参 考 文 献

[1] 徐国峰，于兴业．大学生社会实践理论与应用［M］．北京：中国农业出版社，2014.

[2] 吕志，黄紫华．面向社会，实践育人——高校政治思想理论实践教学探索［M］．广州：华南理工大学出版社，2009.

[3] 胡树祥，吴满意．大学生社会实践教育理论与方法［M］．北京：人民出版社，2010.

[4] 刘晓东，都基辉，胡智林．大学生社会实践理论与实务［M］．北京：高等教育出版社，2014.

[5] 张子睿．大学生社会实践教程［M］．北京：国防工业出版社，2012.

[6] 阮俊华．知行合一·实践报国——大学生从社会实践走向成功［M］．杭州：浙江大学出版社，2009.

第四章 高校实践教学与工作

本章从高校思想政治课实践教学的现状与问题开始分析，探索了实践教学的内涵、意义、课程设置、教学组织和评价方法；分析了大学生社会实践教育的作用、特点、原则以及应注意的问题；探讨了高校大学生社会实践的项目化运作等各方面知识；剖析了社会实践的思想性与专业性的统一关系、社会实践对大学生团结协作精神的培养功能和科研创新能力的培养功能及其方法论；最后总结了社会实践改革的各方面知识和北京科技大学的社会实践经验。

第一节 高校思想政治课实践教学

思想政治课是对大学生进行思想政治教育的主阵地和主渠道，在学生思想道德观念和政治理论素养的培养上担负着重要任务。从目前现状看，情况不容乐观，层出不穷的新问题使思想政治课教学面临着严峻考验，深化教学改革势在必行。除进一步加强课堂教学外，应不断探索新途径、新方法。积极开展社会实践活动，使学生在了解、接触和服务社会的过程中，运用所学理论观点，观察、分析、思考、解决现实生活中的问题，提高教学的实效性。

一、现状与问题

目前，高校思想政治理论课实践教学的现状与问题突出地表现在以下几方面。

（1）各自为政，缺失合力。负责授课的教师与组织学生开展活动的教师分属不同的管理系列，两者不能有效结合，从而“知”与“行”之间的距离人为拉大，这样花费了时间、精力和财力，却没收到良好的实践教学效果。

（2）详细制订方案，草草落实行动。理论课实践教学即是走出课堂，深入社会的“社会实践”教学已成“惯性”认知。“惯性”认知付诸行动是要受到时间、空间、场域、经费及师生比例等条件限制的，这些制约因素导致理论课教师主导地位缺失或处于虚位状态，再加上实践教学活动本身缺乏统一的标准和完善的机制，在组织实践教学活动时，放弃或减弱实践活动的开展。负责学生工作的教师单纯地为组织活动而组织活动，大学生在参加活动时抱有参观的心态，缺少“知”的提升。周密的计划和严密的组织，以及相应的条件支撑和机制保障是社会实践教学得以正常开展的基础，有的高校没有或者很少开展实践教学活动，原因即在于此。有的理论课教师直截了当地表示“联系社会实际的最直接的方法是参观、访问、调查等社会实践活动。尽管谁都知道这种方法很好，但在‘两课’教学中，这种方法采用最少，不是不想或不愿采用，而是由于这种方法有太多的实际困难”。

二、人为的序列划分与整合困境

高校思想政治理论课教学定位于不断优化课堂教学的同时，努力探索行之有效的实践教学模式。也就是说，要把“课堂教学”和“实践教学”有机地整合起来，这就要求，首先要从课程的总体设计入手，浓缩课堂教学，增强相应的实践环节；其次把课堂和实践教学融为一体，使课堂内外形成相互联系，相互映衬，相互促进的整体。理论课程有一定的前导与后继关系，实践教学也存在一个循序渐进的过程，但是，如何把“课堂教学”与“实践教学”有机整合起来一直是困扰广大思想政治理论课教师和研究者的课题。

在这里，“课堂教学”即是“课堂理论教学”；“实践教学”即是“社会实践教学”。这种理论课教学设计的路径实际上就蕴含着两种教学首先是分离的，一个在课堂内展开，一个在课堂外展开，然后再寻找二者整合的途径，这就难免出现各行其是和难整合的困境。实践教学应存在于整个教学过程之中。“课堂教学”应该包括“课堂实践教学”和“课堂理论教学”，高校理论课教学在任何时候都应该是“理论教学”和“实践教学”的有机整合。“社会实践”活动的开展要受到各种因素的限制，如果这种整合仅仅是要等开展了“社会实践”活动以后才开始，照此常理，思想政治理论课教学一学年能有几次整合呢？整合的效果又如何呢？如果我们能高度重视“课堂实践教学”，那么，“理论”和“实践”的整合在每一堂课都会发生。

三、实践教学的内涵

1. 实践的内涵

马克思主义对历史上的实践观进行了扬弃，认为实践不仅是与认识相对应的范畴，还是人的存在方式。实践有广义和狭义之分。当人们认识到“全部社会生活在本质上是实践的”“人本身就是一种实践性的存在”“实践构成了人的存在方式”时，实践就具有了广义和狭义之分。广义的实践是指“只为人所特有的对象性活动”，还可以表达为“人以一定手段有目的地、能动地改造世界的对象化活动”。狭义的实践是与理论（认识）相对应的范畴，是理论认识的运用，是“区别人以精神、观念的方式把握客体的活动，如认识、理论活动等”。

2. 传统实践教学理念的突破与超越

在高校思想政治理论课教学中，教师们对实践教学的含义认识不统一。主要有以下几种观点。

（1）理论课实践教学是一个教学环节。实际上，理论课“实践教学”是关于“教学应该做什么”和“怎么做”的问题，而不是关于“教学是什么”的问题。但是，它又绝不是一套操作技能或教学技艺。这种理解和诠释不是主体的行为方式，而是人本身的存在方式。理论课实践教学不能简单地等同于理论课实践性环节，不只是表现为实践性，而是实践性学习与研究性学习并重的课程；不是教学层面的一种教学方式，而是课程层面的一种具有独立形态的课程；它具有自身独特价值和功能。

（2）实践教学是理论课教学计划外的社会实践活动，组织实施、管理、考核部门应是团委。

（3）辅导员、班主任应是实践教学的具体组织者。

（4）理论课教师是实践教学的组织者，但把实践教学仅仅理解为参观、考察或假期社会实践等活动，忽略了实践教学是一种教学模式。这种观点把实践教学看成是教学之外的一种方法。实际上，教学方法并不是独立地存在于教学之外的方法，而是渗透在教学各个环节之中。

理论课实践教学的基本目的是让学生接触社会，将理论与社会实际联系起来，使马克思主义理论真正成为学生世界观、人生观和价值观的理论指南。那么，学生接触社会的方式和手段到底有哪些？这直接决定了实施实践教学的基本方式。按照一般的思路，学生要“实践”就要走出校门，通过参观、社会调查等手段接触和了解社会，这种实践教学理念实际上是在狭义的实践观范围内理解实践教学，即是社会实践教学。现在高校普遍开展的“实践教学”的形式有：建立实践教学基地；各种校园文化活动和社会实践活动。社会实践教学在目前会遇到各种困难和挑战。首先，它需要相应的资金支持。目前高校普遍没有理论课实践的专项资金支持，即使有也数量有限。事实是，即使学校高度重视，也很难在短期内解决巨额的资金需求。其次，社会实践教学资源短缺是长久的话题。最后，社会实践教学组织困难。

在看到目前社会实践教学“重形式，轻实效”“内容简单”“组织形式不规范”的弊端和困境的同时，一方面，我们应该考虑，社会实践是否是学生接触社会的唯一方式？由于主客观条件的限制，社会实践可不可能成为在校大学生普遍接触社会的方式？另一方面，如何在现有的条件下，增强理论课教学的实效性，让学生在进行理论学习的过程中能充分把握时代的脉搏，这需要进行新的探索。我们亟须解决的问题之一就是对实践教学的内涵和教育教学理念的理解是否准确和到位，这直接关系到整个理论课实践教学的开展。

“实践教学”的目的在于培养学生应用马克思主义理论分析、解决问题的能力，面对纷繁复杂、千变万化的社会矛盾做出正确的行为选择的能力，帮助学生构建正确的思想品德体系。理论课的实践不同于一般的专业实践，后者的主要目的是技能的掌握和熟悉过程，是经验的积累，建立在学生“亲历”和动手的基础上；前者了解社会也是为了更好地掌握理论，从方式上看，仍是一种认识问题，不同的是，由从书本、教师那里认识，转向从实践中认识。

基于以上特点，有的研究者指出，“可以考虑把‘社会实践’搬回学校，让全体学生能够在学校里‘看’社会”，并提出了这一设想的主要思路和基本要求。实际上，这不是把“社会实践”搬回学校和课堂，而是思想政治理论实践教学本身就应包含课堂实践教学的题中应有之义。“顾名思义，实践教学应是一种教学活动，实践则是达成教学目标的途径和手段。实践教学是在思想政治理论课教师精心组织下，按照既定的教学计划，利用图像、案例、情境等实施的教学活动。”“实践教学即在理论课教师组织下，为了实现理论课教育教学目标，根据既定的教学计划，利用直观鲜活的图像、案例、情境等，激活学生学习的主动性、积极性，使学生通过调研、研讨等方式直接参与教学活动，感知社会，体验人生，实现‘教化’与‘内化’‘知’与‘行’相统一的一种教学模式。”因此，只要教学内容是活生生的事实，图像和各类资料；教学形式是近距离的接触和亲身的感受；学生不再是“填鸭式”教学的对象，而是积极的实施者和参与者；学生在亲身的经历、亲自的考察中锻炼自己的理论联系实际的能力，用事实说话，强化了教学内容的现实性、针对性，激发了学生学习的主动性、积极性和创造性，变被动接受为主动学习，增强了课程的教学效果，这就可以称为“实践教学”。高校理论课实践教学应该是“课堂实践教学”和“社会实践教学”的有机结合。

四、组织学生参加社会实践活动的重要意义

社会实践活动是人类能动地改造自然和改造社会的活动。思想政治课的社会实践活动是指与思想政治教育目标相关的，学生结合所学理论知识关注社会、接触社会和服务社会的实践活动。在思想政治课教学改革的过程中，组织学生积极参加社会实践活动，对提高思想政治课的实效性和学生思想政治素质，无疑有着重要的作用。

1. 激发学生学习兴趣，提高学生参与意识

俄国教育家乌申斯基曾经谈到："没有丝毫兴趣的强制性学习，将会扼杀学生探求真理的欲望。"教育学和心理学研究也表明：当学习内容与学生已有知识和生活经验相联系时，学生对学习会更有兴趣。如果将政治理论与学生现实生活有机结合起来，学生的学习兴趣就会提高，在思想政治课教学中开展社会实践活动便是一种有效举措。学生通过考察社会现象，将教材内容与社会生活紧密联系起来，使理论知识成为学生看得见、摸得着、听得到的现实，让学生感受到生活化的思想政治课，运用有关理论分析现实生活中的问题，从而唤起学习兴趣，激发学习欲望，进而积极主动地参与社会实践，达到学与做、知与行的真正统一。

2. 培养学生综合素质，提高实践能力

卢梭说过："真正的教育不在于口训，而在于实行。"实践是辩证唯物主义认识论之首要的和基本的观点，它在人类认识和改造世界中，起着十分重要的作用。因此，除认真教授理论知识外，还必须让学生积极参加社会实践活动，体验社会生活，做到既"读万卷书"，又"行万里路"，运用思想政治课所学的理论观点观察、分析其中的原因，解决生活中的实际问题，进而帮助学生更好地掌握知识、增强能力、提高综合素质。

3. 推动思想政治课教学改革，提高教学的实效性

由于思想政治理论课较其他课程更加理论化，加上有些教师教学方式简单化，给学生造成一种思想政治课"空洞说教""脱离实际"的错觉。积极开展社会实践活动可以有效地改善这一状况。学生通过社会实践，亲自观察社会现象，体验社会生活，有助于加深对所学理论知识的理解和把握，推动思想政治课的教学改革，提高思想政治课教学的实效性。

第二节　大学生社会实践课程

大学生社会实践课程，是理论与实践相结合的新课程。它依托地方资源，通过大学生自身的体验和认知，真正实现由知识到能力、由理论到实际、由接受到创造、由学习到生活的沟通，使学生在实践中体验和丰富理论，加深对理论的深刻认识。作为一门课程，大学生实践课程应具有课程的规定性，克服随意性与盲目性。实践课程的本质特点，决定了它与理论课程具有不同的组织实施方式，其教学组织形式、过程、方法和评价有其自身的特点。

大学生社会实践课程开设需要注意以下内容。

（1）结合大学生思想政治教育。中宣部、教育部《关于进一步加强和改进高等学校思想政治理论课的意见》（教社政〔2005〕5号）指出："高等学校思想政治理论课所有课程

都要加强实践环节”。在学校团委组织下的革命传统教育社会实践活动、社会调查和社区建设的实践活动、参加志愿者活动、参加公益宣传等形式的社会实践活动，对于帮助大学生深刻了解国情，提高坚持党的基本路线的自觉性，走与实践相结合、与工农群众相结合的成长道路，对提高全面素质尤其是思想政治素质具有重要的意义。

（2）结合专业特点进行社会实践。大学生社会实践应该引导大学生充分利用学校资源，围绕大学生的专业背景策划选题，发挥专业优势，结合地方经济特色，这样才能在社会实践中产生价值，对社会做贡献，同时为自己今后的就业做好准备。进行社会实践规划时需要从实际出发，做具体分析，结合自身专业优势。指导教师可以根据社会实践的具体要求，结合学生所学专业的特点和当地的实践资源，有的放矢地设计社会实践的目标、内容和步骤。

（3）结合创新教育进行社会实践。创新教育是以培养人们创新精神和创新能力为基本价值取向的教育。创新思维是创新能力的核心，大学生长期接受传统教育，在观察力、想象力、创新思维能力等方面培养不够，尤其是缺乏质疑能力和批判精神的培养。社会实践给了大学生充分展示自我的空间，在社会实践活动中会面对许多复杂、实际的各种问题，在解决问题的过程中，培养敏锐的观察力、创造性的想象力、独特的知识结构以及活跃的思维，而这一过程正是对大学生创新思维开发和培养的过程。

一、类型

根据不同标准，大学生社会实践课程可分为不同的课程类型。

（1）教辅性实践课程。指在各专业教学中，为加强理论知识教学而开展的辅助性实践教学课程。它是课堂教学的重要组成部分，是巩固理论教学成果的重要环节。教辅性实践课程强调与专业理论学习的一致性和协同性，通过实践教学的手段，进一步深化对专业理论知识的学习，深刻体会蕴涵在各门课程中反映人类文明成果、弘扬民族精神、体现科学精神、揭示事物本质规律的内容，培养大学生的创新精神和实践能力。教辅性实践课程是课堂理论教学的延伸，是实现专业教学目标的有机组成。

（2）研究性实践课程。指学生从社会生活中选择和确定研究专题，即主动地获取知识、解决问题的学习课程。作为一门实践性很强的课程，它以社会实践为主要形式，强调亲身经历，要求学生积极参与到各项活动中去，在“做”“考察”“探究”“创作”等一系列活动中发现和解决问题，发展实践能力和创新能力。研究性实践课程作为一门全新的课程，立足于改变学生的学习方式，强调一种主动探究式的学习，与原来的学科课程相比，突出了实践性、开放性、自主性和过程性。

二、教学组织

大学生社会实践课程的教学过程与传统的课堂教学相比，明显的特点在于：丰富的感性体验与理论思维相结合，强烈的现场参与感触发和增强理论思维的兴奋点；教学内容与形式不再是抽象的概念、判断、推理等逻辑形式，而是活生生的事实、图像和景观。大学生社会实践课程的教学过程，主要包括以下阶段。一是确定实践活动的主题。在教学过程中，教师根据课程的教学计划和要求，结合地方经济社会发展的需要，启发和引导学生确定实践活动大的方向和选题范围，并为实践活动的开展做一定的知识储备，激发学生参与实践探索的愿望。学生根据自身的兴趣与能力，确定具体的实践活动主题。二是制定实践活动的计划。包括实践活动的目的、意义、方法、进程预期效果，等等。计划的制订不仅要在教师的指导下进行，而且还要对实践活动加强调查研究，增强计划的可行性，确保实践活动有条不紊地进行。实践总结可以是调查报告、心得体会、研究论文等，也可以是研讨会、交流会、刊物、墙报等形式。无论哪种实践总结，都必须紧紧围绕实践主题展开，并从理论认识上加以提高。

在大学生社会实践课程的教学过程中，教学方式的运用也是多种多样的。在教学空间上，实践课程要充分利用课堂、校园，尤其是当地的课程教育资源，让学生在更大的教学空间得到提高。一般来讲，校内实践课程以班级活动为主，根据不同的学习内容和不同学生的个性特点，辅之以小组活动和个体活动；校外实践课程更多的是采用小分队和个人单独活动的形式。实践课程，主要采用参观见习、实践体验、问题探讨3种形式。参观见习是基本层次的实践教学，主要是组织大学生参观实践教学基地，感知社会发展变化，增强国情意识和社会责任感。各地方高校要坚持走“产、学、研”结合与互动之路，建立健全校地合作、校企合作机制，为大学生的社会实践活动提供长期的稳固的基地。有时也可组织观看相关专题展览或录像教学，如用反映社会新变化、新进展、新观念的纪录片、专题片或新闻影像资料进行插播式教学。实践体验可分为直接体验与间接体验两大类。间接体验是邀请当地的有典型代表意义的优秀企业家、带领农民奔小康的致富能手等，组织学生听其社会体察或创业体验的报告、座谈，内容主要是结合经历谈对社会的理解，提出存在的问题和经验教训。

问题探讨这一形式是让学生运用理论分析和解决社会实际或生活实际问题。

(1) 实践课题研究。指导学生从事研究性实践活动。在教师提供参考性实践课题和指导选题基础上，由学生自主研究后提交结题论文或决策建议。

(2) 实践问题探讨。鼓励学生对感兴趣的实际问题进行专题探讨，包括对热点问题和兴趣问题的探讨。

(3) 现象辩论。由教师将某些社会问题，设成辩题，分成正反方组织辩论。操作时不一定照搬辩论赛模式，可自由辩论，由全体学生参与。

需要特别指出的是，问题探讨是一种科学实践，必须以广泛的调查研究为前提。教师可根据不同的教育资源和教学目标，进行教学方法的选择与探索。

三、评价要求与方式

课程评价是确定课程与教学计划实际达到教育目标程度的过程。为确保实践教学效果，在实践教学中与实践教学后，要对学生进行认真的考核评价。在评价中，应关注学生在活动过程中的真实表现、体验与感悟。凡涉及学生态度、价值观、认知的变化，都是评价的重要内容；学生的研究报告、论文、心得体会等，都是评价学生发展状况和水平的综合性依据。

考核与评价是检验实践教学成效的关键，必须做到真实、公正。考核不能只单纯注重结果，更要注重对学生在实践过程中表现出来的理想、信念、智慧、能力等做出综合评价。“评价最重要的意图不是证明，而是为了改进。”通过评价，学校和教师可以从反馈的信息中发现其管理和教育教学中的优势和不足。评价人员可以向被评者提出存在的问题和建议，被评者也可以此为动力，在认真听取、总结分析评价人员意见的基础上，选择正确的途径与方法，改进自己存在的缺陷。应注重考评实践教学对学生世界观、人生观、价值观形成和转变的效能，力戒形式主义。指标应简便，便于实施；各项指标要用可操作性的语言加以定义，所要求提供的信息符合实情，具有实际意义。在实践课程教学中对大学生进行评价是一项复杂的工作，任何一种单一的评价方式都难以做到客观公正。因此，实践课程考评要求我们综合运用各种评价方式。

（1）形成性评价与终结性评价相结合。形成性评价主要是指对学生实践行为与效果进行日常性记载，主要面向个体实践活动以及集体实践活动中具有个性特征的活动；终结性评价一般是在修完某门课程之后，对学生实践课程所做出的全面评价，是以形成性评价为基础和前提的，具备大量的第一手材料，具有较强的严肃性和科学性。

（2）动态评价与静态评价相结合。静态评价是对学生的理论知识水平、言行和思想进行“1＋1”式的评价，对被评对象做出某种资料、资格证明，得出学生某阶段或在某件事情中的评价结论。学生成长是一个不断发展的动态过程，评价应该是动态、发展的综合，应寻找动态发展过程，而不是就事论事。动态评价有一个分析过程，通过分析、比较、评价，把握学生思想与行为发展变化的特征和轨迹。静态评价、动态评价需要在评价过程中综合运用，并有机地结合起来，从而对学生实践行为做出准确、客观的科学评价。此外，还要注意多种考评方式的综合运用。如：校内、校外考评相结合，以校内考评为主；奖励性、处罚性考评相结合，以奖励性考评为主；团队、个体考评相结合，以团队考评为主等各种综合考评方式。

第三节　大学生社会实践教育

一、大学生社会实践教育

大学生实践教育在当前高校教育体制下显得越来越重要，这是现代人本教育思想发展的要求，也是现代人才观和国家科教兴国战略的要求，更是符合教育规律和成长成熟的根本要求。然而，目前把实践教育当作课堂教育的延伸，是第二课堂，在地位上从属于第一课堂。这易于把社会实践教育作为可有可无的事情，易导致说起来重要，做起来不重视的现象。如果说课堂教育重在“知”的教育，那么社会实践教育则重在“行”的教育。完整的教育是知行统一的教育。

1. 课堂教育和实践教育不可偏废

（1）从教育模式上看，课堂教育是教与学的互动过程；而社会实践教育是学生与社会的互动过程，指导老师是教练而非教师，发挥指导作用。

（2）从教育内容来看，课堂教育主要是知识的传授，理论性、系统性强；社会实践教育有实践主题，运用到的知识是综合性的，是现场的案例教育，涉及内容富有强烈的现实性。

（3）从教育手段来看，社会实践教育的教育手段除了必要的课堂教育手段之外，最突出的手段就是亲身体验方式，其实就是一种生动的案例教学，学生自己就是案例中的角色，学生需要解答的也是在实践中遇到的各种问题，当然问题的解决也需要实践来进行。

（4）从教育效果来看，课堂教育重在理论的阐述，即使有相关丰富的结合实际的案例分析，但都是为了加深学生对思想政治理论和道德品质的深刻理解，解决的是认识问题；社会实践教育是有理论做指导、突出身体力行的“演排”，是一种更加生动的课堂，解决的是行动问题，由于大学生是自导自演，所以在思想认识上能够及时找到存在的根本症结，在行为能力上也能够得到及时的纠偏，有见效快的特点。

可见，社会实践教育和课堂教育各放异彩。但从成人成才规律来看，社会实践教育具有明显的教育优势。但二者的联系密切。课堂教育可以通过社会实践教育得到进一步的加深理解和落实，而社会实践教育又可以促成课堂教育内容、方式的改进和教育效果的增强。

2. 社会实践教育的作用具有明显的实践性特点

(1) 加强德育。思想政治素质和道德素质是21世纪人才首要的素质。大学阶段是大学生思想政治素质和道德素质进一步历练和成熟的阶段。培养他们科学的世界观、人生观和价值观显得尤为重要。而培养的途径除了课堂的理论教学之外，重要的就是社会实践教育。在社会实践过程中，通过走进农村、走进企业、走进社区，让他们切身体会民情、社情和国情，进一步培养其社会责任感和时代使命感，让他们学会探求社会发展的真善美。社会实践活动能触及大学生德育世界最深层次的问题，也只有通过社会实践才能解决这些存在的问题。

(2) 提高实践能力。实践是主观见之于客观的过程，是对一个人综合素质和能力的检验。在实践中，不仅要改造主观世界，学会运用批评和自我批评的方法，还要改造客观世界，要遵循客观世界的发展规律，不能视规律不见。这都会直接表现在实践能力和实践效果上。大学生是即将走进社会的知识青年，有着满腔的热血。如何让热血在青春和智慧中得到尽情的挥洒，提高他们的社会实践能力则是十分重要的现实问题。实践的内容是丰富的，方式是多样的。如何培养他们的实践精神和实践潜能对大学生来说是最为紧迫的事情。

(3) 认识社会、认识自己。如何认识社会和认识自己是大学生必须理性客观面对的问题。大学生是准社会人，他们的活动范围主要是学校、家庭和社会3个领域。因此，大学生的思想认识会受到社会、学校和家庭三方面的影响。这时，如何客观理性地认识社会就会变得复杂起来。社会的发展不会因某个人的认识而改变，但是对社会不正确的认识却会改变他的一生。大学生要学会辩证、历史地看待社会的过去、现在和未来，这样才能保持一颗清醒的头脑，不至于被社会的乱象所蒙蔽。大学生在社会实践中，要学会带着思考、带着问题走进农村、企业和社区，认真分析现状，尽可能地寻找解决问题的对策，同时，在实践中认识自我，反思自我和超越自我，达到一种个人和社会在现实支点上的良性互动平衡。社会实践教育既是加强学生思想政治素质和道德品质的教育过程，又是提高实践能力，进一步认识社会、认识自己的教育过程，是一种综合教育。在社会实践教育中要进一步贯彻《关于进一步加强和改进大学生思想政治教育的意见》，坚持德育为先、思想政治教育放在首位的重大教育原则。

二、大学生社会实践教育的原则

(1) 坚持将思想政治教育放在首位的原则。思想政治素质是当代人才第一素质要求。思想政治教育的核心是关于世界观、人生观、价值观的教育。而社会实践教育是培养当代大学生科学正确的世界观、人生观和价值观的重要途径。在实践中，教育大学生学会辨别什么是科学合理的，什么不是科学合理的；支持什么反对什么。要学会找到一种评判标准的度，即人民的尺度，历史的尺度。必须将思想政治教育的原则放在社会实践教育的优先地位。

(2) 坚持与专业知识结合的原则。大学生是知识青年。在广阔的社会实践中，如何体现出当代大学生的风采，专业知识是有着强大力量的。不管是理论知识、还是文史知识等，它们对推进社会经济文化社会建设提供了精神支持、智力支持。社会需要大量的知识青年改造和推动。

(3) 坚持与学习结合的原则。在社会实践中，要明确向谁学习，学习什么，怎样学习，最后要检查学习效果。大学生要始终把学习放在心中。不学习就会被日新月异的社会进步所淘汰，社会实践教育并不是走过场，摆架子。社会实践教育是否取得实效，就是看学习效果如何，最终是会落到提高大学生的思想政治素质这个点来。

(4) 坚持群众原则。要和群众打成一片，学会说和群众一样的话，做和群众一样的事，和群众同甘共苦，从内心体验群众的疾苦和幸福，努力培养当代学生务实、为民的现代公民素质。让学生充分认识到人民群众是推动历史前进的主要力量，只有依靠群众，为了群众并与群众分享发展带来的成果，坚持正确的群众路线，才能得到群众的拥护，才能促进社会不断进步。

(5) 坚持实际原则。必须结合青年大学生实际情况加以有针对性的正确引导，对其在实践中出现的问题，要冷静分析，找出问题的症结所在，并研究对策，帮助大学生在实践中健康成长，健全人格；同时要注意方式方法的运用，不能用过激的手段进行教育，要给大学生一段适应改进的时间。

(6) 坚持针对性原则，是取得教学实效的前提和基础。思想政治课的社会实践活动，要善于针对学科实际和学生实际，包括学科特征、教学目标、学生的身心特点、思想状况、实际需要和薄弱环节，采取与之相适应的实践形式和方法，有的放矢，切实提高实践活动效果。

(7) 坚持自主性原则。在社会实践活动中，必须明确活动主体是学生，一定要引导学生主动参与，积极实践，始终处于活动全过程中的主体地位。教师切忌包办代替，应成为学生社会实践活动的组织者和指导者，善于创造条件，优化环境，给学生更多自主的时间和空间，鼓励学生自愿选择、主动参与，激发学生的参与兴趣和创造性，提高学生的探索欲望和热情。

(8) 坚持灵活性原则。社会实践活动应针对不同对象和情况，采用灵活、恰当的方式进行，内容应丰富多彩，形式可灵活多样，切忌“一刀切”。就内容来说，既有外出参观考察活动，又有社会服务活动，还有社会问题调查等。从形式上看，既可以是学校统一组织安排的大规模实践调研活动，也可以是思想政治课教师单独组织的实践活动，还可以是学生自发组织、分散进行的社会实践等。

(9) 确保安全性原则。现在大学生一般都活泼好动，崇尚个性张扬，加上近年来学生安全事故时有发生，因此，在组织学生参加社会实践活动时，要做到周密安排、科学规划、措施得力、人员到位，提高活动的组织性、纪律性以及学生的安全防范和自我保护意识，既不能因噎废食，又要确保活动的安全、有效。

三、大学生社会实践教育应注意的问题

（1）以实践活动为载体。社会实践活动是一个历练大学生的平台，内容丰富、形式多样，要加强活动总体和过程质量的监控，以取得良好的实践效果。而实践效果以是否增强了理想信念、党团意识、责任意识、群众意识、社会责任感、历史使命感等作为衡量的标尺。要成立考评机构，制定考评细则，积极动员和引导大学生投入到实践中去接受锻炼，成长成才。

（2）以学生为主体，以老师为主导。在社会实践中，学生是实践的主体，指导老师对实践计划包括时间进度、效果以及在实践中出现的具体问题加以指导，形式可以分为现场指导和开总结会两种，要给同学们足够的时间发表意见，不要搞课堂上的那种“满堂灌”，适时对同学们的想法和意见一针见血地指出问题所在，然后让大家讨论寻找解决问题的思路和办法，最终形成统一认识，解决实践中操作层面与思想认识层面上的困惑。特别是在学生与实践单位的专家学者进行交流学习的时候，指导老师要学会引导学生发问，尽可能最大限度地学习到单位的优秀经验和做法。同时，要防止老师包办或放任不管的现象发生。

（3）加强过程管理。要注意加强实践目标的维护和改进，人力资源的开发和利用，实践成本的控制和管理。社会实践归根结底是看个人目标是否实现，虽然离不开实践目标的规定。加强个人主观世界和客观世界的改造是一个艰难而复杂的过程。只有不断加强过程教育和管理，才能取得实效。实践效果如何取决于是否优化整合了整个实践队的人力资源。只有充分发挥了他们的优势，挖掘了可能的社会资源，优势互补，形成合力，才能如期实现目标，个人才能取得满意的成绩，并得到社会的认可和群众的首肯。当然，要使实践节约成本，必须加强成本控制。成本包括经济成本、人力成本、时间成本、精神成本和心理成本等等。只有充分酝酿、总体把握，才能做到实践成本的有效利用，不浪费有限资源。

（4）培养实践精神和实践能力。实践精神包括实践理念、敢于实践、善于实践、乐于实践。大学生是国家建设和民族发展的生力军，要树立人民群众的实践理念，逐渐培养他们“为了人民、依靠人民”的理念。社会是一个广阔复杂的天地。对于尚未踏入社会的大学生来说，对社会的认识是不成熟的，有一种熟悉的陌生感。因此，要培养他们敢于实践的信念和决心，在实践中不要怕犯错，关键在于培养他们运用批评和自我批评的方式加以改进。依靠群众为了群众的方式方法，既改造主观世界，又改造客观世界，培养他们乐于与群众接触的态度和意识。在实践中取得的成绩离不开群众的鼎力支持，要牢固地树立历史是人民群众创造的观念，杜绝个人英雄主义作风。同时，让每个成员深刻理解团队的力量，只有弘扬团队精神，加强团队管理，才能最直接地取得骄人成绩。相对于实践精神，实践能力更显出其直接的现实性特点。大学生要学会带着问题走进社会实践的领域中去。这些问题可以是政治的，也可以是经济、文化、社会各方面的。在实践中，要学会发现、分析和解决问题、归纳总结规律和特点。

（5）实践保障问题。包括制度保障、安全保障、财务保障、身体保障等。在实践过程中，要加强制度建设。实践队的组织纪律性是顺利进行社会实践的重要保障，每个成员必须自觉遵守和维护相关规章制度。在实践过程中，还必须对天气状况和交通状况以及实践作业安全状况做充分了解，及时做出安排，保证实践中不出事故或少出事故。实践活动的开展还必须拥有一定经费的支持，当然要持节约办好事的原则。对实践队的财务管理可以指定同学负责，及时向实践队作财务汇报。队员的身体健康好与坏也是实践能否顺利进行一个重要的条件。

第四节　大学生社会实践工作

社会实践工作在高校的思想政治教育中起着积极而有效的作用。不断强化大学生社会实践的思想政治教育功能，积极探索科学合理、富于时代性和创造性的社会实践运行机制，培养高素质创新人才是高校适应新形势、实施创新教育、推进大学生成长成才的客观要求。

一、总体要求、原则和目标

(1) 总体要求。全面贯彻党的教育方针，遵循大学生成长规律和教育规律，坚持社会实践与课堂教学并重，以了解社会、服务社会为主要内容，以提高大学生的思想政治素质和专业技能为目标，以稳定的实践基地为依托，采取灵活多样的方式方法，使大学生走出校门，在实践中受教育、长才干、做贡献，努力成长为中国特色社会主义事业的合格建设者和可靠接班人。

(2) 原则和目标。坚持育人为本，牢固树立实践育人的思想，把提高大学生思想政治素质作为首要任务；坚持理论联系实际，提高社会实践的针对性、实效性和吸引力、感染力；坚持全员性、全程性，课内与课外相结合，校内与校外相结合，集中与分散相结合，争取使每一位大学生都能参加社会实践，努力把思想政治教育贯穿于社会实践的全过程；坚持受教育、长才干、做贡献，推动大学生社会实践长期健康发展；坚持整合资源，调动校内外各方面积极性，努力形成全方位、多层次的校内外大学生社会实践协调发展的良好局面。

二、拓展领域、丰富形式，开展丰富多彩的社会实践活动，促进大学生全面发展

(1) 深入开展社会调查。要组织大学生围绕经济社会发展的重点、热点问题，深入农村、城市社区及厂矿企业等进行调查研究，提出解决问题的意见和建议，形成调研成果。要加强对大学生社会调查选题、途径、过程的管理和指导，每个学生每学年要开展一次社会调查，并写出一篇较高质量的社会调查报告。通过社会调查，进一步加深大学生对社会的了解，帮助他们正确认识社会问题和现象，并以科学的方法去分析、解决问题，增强社会责任感。

(2) 大力倡导科技文化创新活动。鼓励大学生积极参加“挑战杯”系列竞赛、数学建模竞赛、电子设计大赛等科技竞赛活动，引导大学生在实践中积极参与理论研究、工艺创造和技术革新的传播，提高大学生的科学素养，培养他们崇尚科学、求真务实、开拓创新的科学品质和团结协作的团队精神，提高他们的创新创业能力。

(3) 广泛开展生产劳动和社会服务。积极创造条件，引导大学生参加生产劳动，培养大学生的劳动观念和职业道德。大力倡导大学生参加志愿服务等公益活动，引导大学生运

用所学知识和技能服务人民，奉献社会，培养为人民服务的道德观，弘扬社会主义道德风尚。拓展社会服务的新领域、新载体、新形式，鼓励大学生参加志愿服务西部计划、贫困地区支教计划、青春红丝带志愿行动等活动。

（4）扎实开展勤工助学。建立规范有效的勤工助学管理制度，鼓励大学生在完成学业的同时，积极参加勤工助学活动。广开渠道，努力帮助经济困难的大学生参加勤工助学，取得合理的经济收入，增进对社会和国情的了解。要在全社会营造支持大学生参加勤工助学的良好氛围，在活动中培养艰苦奋斗、自立自强的品格。要坚决禁止大学生参与传销等非法活动。

（5）充分利用爱国主义教育基地，大力开展革命传统教育。有计划地组织大学生到革命纪念地、经济社会发展成效显著的地方参观学习，了解中国革命、建设和改革开放的历史与成就，增强大学生对党的感情、对中国特色社会主义的热爱，激发他们全面建设小康社会、实现中华民族伟大复兴的责任感和使命感。活动要突出教育主题，力戒形式主义。

（6）不断完善以教学实践、专业实习为主要内容的实践教学体系。把实践教学作为课堂教学的重要组成部分和巩固理论教学成果的环节，根据不同专业的要求，不断改革教学实践内容，改进实践教学方法，合理制定实践教学方案，拓宽实践教学范畴，整合实践教学资源。使大学生在参与实践教学的过程中，深刻体会蕴涵在各门课程中反映人类文明成果、弘扬民族精神、体现科学精神、揭示事物本质规律的内容，培养大学生的创新精神和实践能力。

（7）深入开展“三下乡”和“四进社区”活动，鼓励和引导大学生积极参加“争创文明校园，争做文明大学生”活动。遵循大学生成长成才规律和教育规律，根据大学生思想政治教育的重点和不同年级、不同专业的特点、不同学生职业发展的需要，深入开展好文化、科技、卫生“三下乡”和科教、文体、法律、卫生“四进社区”活动。要像组织课堂教学一样，精心设计、周密安排，根据需求选派相关专业的大学生团队，为群众办实事、解难题。各级团组织要统一协调、安排好活动的时间、地点和具体内容。大学生在校期间至少参加不少于两周的该类活动，实践单位要对大学生的表现做出鉴定。开学初，要以团支部、班级等为单位进行交流总结。高校要主动与企事业单位沟通，不断创新、拓展大学生社会服务的形式和领域，倡导大学生参加志愿服务等公益活动，培养大学生的劳动、服务观念和意识。

三、大学生社会实践活动的项目化运作

1. 大学生社会实践活动项目化管理是保证社会实践取得实效的一种有效措施

对社会实践进行项目化管理，是研究社会实践发展的趋势。结合高校的实际情况，借鉴高校教师科研项目管理的做法，提出一种创新的对社会实践进行管理和指导的有效模式。其基本点是有计划，有步骤地从大量申报课题中抽选出若干课题作为重要课题予以立项。对立项的课题，学校给予重点支持，选派指导教师，划拨必要的活动经费。实践活动的组织由学生自主进行。社会实践结束后，学校对课题进行系统的评估，并评选出优秀课题给予奖励。

2. 大学生社会实践活动项目化运作的内容

实施暑期社会实践的项目化运作，是对高校社会实践资源进行优化整合的一种系统管

理方法。高校暑期社会实践项目化是规范管理的措施，是注重实效的体现。

(1) 成立一个有别于传统组织的新型管理组织，能同时迅速地从纵向、横向协调解决贯穿于各组织部门发生的种种问题，负责把暑期社会实践的活动主题和内容优化整合，实行项目罗列。

(2) 项目化管理组织负责制定项目化的具体方案，如暑期社会实践项目申报书、项目指导专家或教师、项目评审办法等。

(3) 进行暑期社会实践项目招标、投标、运作和经费审核。

(4) 对暑期社会实践项目进行监督和评估。

(5) 进行暑期社会实践项目总结、评优、表彰和展览，开展暑期社会实践二次教育。

同时，在项目设计上要坚持与时代主题相结合，结合知识创新、技术创新的时代主题，坚持与地方需要结合。按照“按需设项、按项组团、双向受益”的原则，切实针对地方经济发展的实际需要开展活动，着力为地方解决一些实际问题，使各项服务活动富有实效。坚持与专业特点结合。依托和利用专业优势，确定一批重点服务项目，组织学生运用专业知识解决技术问题、开展社会调研，从而激发青年学生成长进步、奋发有为的主动性、积极性和创造性。

3. 在项目管理模式下的社会实践具体步骤

(1) 选题和申请。学校社会实践项目办提供部分社会实践课题供学生选取，同时学生也可以自行选取题目，填写统一的社会实践项目申报表，上报学校项目办统一审批。

(2) 立项。项目办根据课题申报情况，按社会实践评定标准，对所有课题根据其内容的完整性、实践时间安排的合理性、预定成果的可靠性等进行统筹的选拔并最终确定立项项目。

(3) 选派指导教师。指导教师一般由学生所在系的任课教师担任。在学生立项同时将指导教师情况随立项申请一起报送校项目办，也可由校项目办帮助实践课题组选派指导教师。

(4) 社会实践的开展。各立项课题组成员在教师的指导下，根据日程安排开展实践活动，要求学生在实践时保留证明信、宣传单、宣传册、活动照片、音像资料等，以备评估查验。

(5) 实践报告的撰写。社会实践活动结束后，学生在教师的指导下根据实践情况撰写社会实践报告。新学期开始后两周内各课题组向校项目办提交社会实践报告及相关实践成果。

(6) 评估。学校项目办组织相关专家对社会实践成果进行评估，分两个阶段：一是对实践报告及实践成果真实性、完整性、规范性的评定；二是听取各课题组负责人对实践内容和实践情况的报告，针对其问题提问分析论证，最后给出相应得分，从而确定评估结果。

4. 社会实践项目化管理模式的显著特点

(1) 管理严格。从立项、开展到评估都严格按照既定方案进行统一管理和指导，实践活动中可能会出现的每一个问题和细节都在方案中明确标明。

(2) 立项资金批次化。根据申报情况给予不同档次的项目以不同额度的资金支持，资金采取分批次支付的原则，即活动开展初期支付一半资金，待评估后根据答辩情况确定剩余资金是否支付，评估中被评为差的项目将不再支付剩余资金。

（3）计算工作量。根据项目开展情况以及评估情况，对立项社会实践项目的指导教师计算工作量，工作量的多少以评估后的结果而定。

（4）评估环节指标化。评估环节不仅仅要求立项课题组提交实践报告，同时要提交各种实践成果，而且评估标准中对每一项成果都给定了相应的得分，保证了实践成果的完整性。

5. 运用社会实践项目化管理模式需要把握的几个关键点

（1）选题要充分。采取给定题目与自由选题相结合的方式。首先，学校积极准备，从社会实践的各方面、各领域圈定一定数量的、适合学生开展的活动题目，并下发到学生手中。参加实践的学生可从中选取自己喜欢的适合的题目，也可根据自己的爱好、专业特长提交其他题目，这样就充分发挥了学生的自由度，有利于调动他们参加社会实践的积极性。

（2）立项要精炼。由于受人力、物力、财力所限，确定为社会实践重点项目的课题是有限的。因此，为重点保证立项课题的开展，必须要对项目进行精选。精选原则为：①要着眼于当前地方社会经济建设中的重大事项；②要着眼于当前社会热点问题；③要着眼于涉及学生利益的热点问题；④要着眼于学生专业知识的应用与提高。

（3）学生是主体。要在社会实践活动中充分发挥学生的主观能动性和创造性，给学生更加自由的空间。学生的主体作用在项目化管理模式下的社会实践具体步骤中要有充分的体现。首先，在选题阶段给学生充分的自由度，让他们能够根据自己的特点提交课题。其次，在社会实践具体实施过程中，学生主体作用体现要更为明显。最后，在评估过程中，学生可以把自己的实践经历、取得的成绩以及自己对社会实践课题的想法、建议，充分地进行讲解和表述，通过自身的表现赢得评委。

（4）评估要科学。对学生社会实践的评估不单纯是对实践报告、研究成果的评价，更重要的是要对学生开展实践活动的方式和过程进行系统的了解和全面的分析，这样做既可以检验学生实践成果的水平，同时也可将其中好的方面作为经验保留，为今后实践活动提供借鉴。

（5）成果要拓展。对学生实践成果进行评估后，要最大限度地对实践活动的教育效果进行拓展。如将社会实践报告编印成册下发给学生，扩大其在学生中的影响力；通过座谈会、报告会、成果展等宣传形式让参加社会实践的同学谈体会，讲感受，从而让更多的学生体验到社会实践的真谛；与其他兄弟院校进行实践成果交流，取长补短。

6. 实施社会实践项目化管理需要正确处理的几个关系

（1）立项与非立项社会实践项目相结合。立项的社会实践项目与没有立项的社会实践项目同等重要。被列入立项的社会实践项目不是社会实践项目的全部，它只是整个大学生社会实践的一部分，所不同的是立项的社会实践是学生社会实践活动中重点选择的项目，不能以立项的社会实践项目代替所有的社会实践活动。因此，应该在抓立项的社会实践的同时，积极组织学生开展其他的社会实践活动，力求让更多的学生参加到更为丰富的实践活动中来。

(2) 教师指导与学生自主活动相结合。教师参与学生社会实践，对实践成效的取得是有益的，但必须强调学生是实践活动的主体。让学生自主进行社会实践，才能达到教育、锻炼、提高的目的。当然强调学生的自主实践，绝不是不要教师的指导，教师要起到引导、帮助和促进作用。教师更多的是帮助学生选题，设计方案，督促学生和指导学生进行评估的准备。

(3) 社会实践活动与课堂教学相结合。社会实践是大学生的第二课堂。教学和实践都是培养学生适应社会能力的过程和手段，因此要注意两者密切的结合，使得学生在实践中解决理论上的困惑，在教学中培养实践的能力。因此，无论是专业课教师，还是德育课教师，都要关注学生的社会实践活动，注重解决学生社会实践中发现的问题。

7. 实施项目化管理模式后的效果

(1) 实践报告水平高。报告信息量大，数据多，对问题描述有理有据，具有很高的说服力。报告图文并茂，运用了大量实例，并辅以声音和音像资料，更印证出了实践活动的水平。

(2) 学生锻炼效果好。实践活动让学生真正接触到了社会，贴近了生活。在社会实践活动中学生深入厂矿社区、企业、农村等地，与当地的居民和群众进行了密切的接触，体会到了工人的艰辛、农民的劳苦，经历了严寒酷暑的洗礼，从而能够更加珍惜自己的学习机会。

(3) 思想感受深刻。通过社会实践，学生不仅对党的基本路线、国家政策方针有了明确的认识，而且看到了自己的人生价值。

(4) 使学生对未来充满信心。通过参加社会实践活动，学生接触到了形形色色的行业、各种各样的人，逐渐认识到自己在社会中的位置，对今后人生目标和追求的形成也有一定促进作用。通过社会实践学生能深刻地感觉到“只要有真才实学，将来就有施展能力的空间”。

第五节 大学生社会实践的思想性与专业性

一、社会实践的思想性

社会实践的思想性是指社会实践活动在提高大学生政治觉悟和思想认识上的作用，以及大学生在活动中对社会所发挥的思想教育与宣传的作用。社会实践活动把高校的思想政治教育与当代中国基本国情有机地结合起来，可以促进大学生深刻认识当代中国的基本国情，亲身了解我国社会主义建设举世瞩目的成就，加深对党的改革开放政策的理解，增进同人民群众的感情，坚定在中国共产党的领导下走中国特色社会主义道路的政治信念。大学生在成长过程中，由于受各种主、客观因素的影响，有时不能准确地认识和评估自己，会表现出弄不清自己的社会角色，摆不正自己在社会中的位置，自己的角色期望值往往过高等问题。通过参加社会实践活动，大学生可以了解社会需要什么，自己缺少什么，看到书本知识与实际能力之间的差距，才能清楚地知道自身存在的缺点和不足，从而端正学习态度，提高思想认识，重新调整、完善自己，实现理论与实践、理想与现实、个人与社会的统一，加快自身的社会化进程，以避免在毕业后走上社会时产生较为严重的落差感和不适应感。社会实践是促进大学生实现社会化的重要方式和手段。在“三下乡”“四进社区”等社会实践活动中，大学生通过文艺演出、图片展览、现场解说、发放图书、散发传单等形式，向人民群众宣传党的方针、政策，传播科学文化知识，反对封建迷信和伪科学，倡导健康文明、可持续发展的生产、生活方式，促进落后地区大众的思想解放和认识的提高，为社会主义物质文明和精神文明建设贡献一份力量。对于社会实践的思想性，《中共中央、国务院关于进一步加强和改进大学生思想政治教育的意见》中明确指出：“社会实践是大学生思想政治教育的重要环节，对于促进大学生了解社会、了解国情，增长才干、奉献社会，锻炼毅力、培养品格，增强社会责任感具有不可替代的作用。”

二、社会实践的专业性

社会实践的专业性是指社会实践活动在提高大学生专业知识和能力上的作用，以及大学生在活动中利用自身专业特长来对社会做出贡献。由于我国教育存在着应试型教育的倾向，学校教学方式以课堂讲授为主，多是以间接经验为主要内容的认识教育，学生从小学到大学接触的绝大部分都是书本知识和理论，鲜有机会接触实际，对专业内容缺少感性认识，造成多数学生动手能力和应用能力严重不足，一旦进入社会，难以适应用人单位的要求，不能迅速进入岗位角色，这也是一些大学生出现就业难的原因之一。而社会实践则弥补了这些不足。

通过参加社会实践活动，大学生可以更多地接触实际，并从中获得直接经验。特别是与所学专业相关的实践活动，能够强化对专业理论知识的理解与掌握，为专业能力的提高提供锻炼机会。只有面对和解决一个个具体的问题，才能促使大学生对所学到的知识重新进行思考，提出疑问，在解决中进行创新，从而促进知识的完善和能力的提高。在野生动物资源学院“永远的湿地”社会实践活动中，学生们走进湿地，调动各种感官来接触和了解湿地，动物医学专业的学生还为受伤的水鸟包扎伤口，通过实践不但印证了所学理论，还学到了在课堂上和书本里学不到的知识，锻炼了动手能力。为了实践活动的顺利开展，学生们要在教师的指导下提前做好各方面的准备，其中也包括专业知识和能力的准备，学生们在此时的学习目的明确，因此，学习动力较强，对相关知识和能力的掌握也会较快和牢固。

三、社会实践是思想性与专业性的统一

社会实践对于大学生及社会在思想性与专业性这两方面的表现及作用，是一个有机整体，两者不应完全割裂开。思想性是社会实践的基础，对社会实践的专业性具有导向作用。如果社会实践仅考虑专业性，那么它只成了专业学习的过程之一，在实施中只注重专业知识和能力的提高，会忽视社会实践对大学生及社会大众政治觉悟和思想认识的影响，限制了社会实践思想性作用的发挥，不利于社会实践的深入开展。专业性是社会实践的依托，对社会实践的思想性具有保障作用。如果社会实践仅考虑思想性，那么高等学校就无法发挥自己在学科专业上的特点和优势，社会实践会出现形式单调、千篇一律的问题，无法提高社会实践的深度，只能走马观花，或者表面上场面比较大，但难以取得明显的实际效果，成了“形象工程”。接待单位承受了较大的负担，如果从中没有得到一定的成果，仅靠个人感情和面子，这样的社会实践也是难以持续发展下去的。只有将社会实践的思想性与专业性统一起来，以思想性为基础，以专业性为依托，在思想性的指导下，在专业性的保障下，社会实践才能真正发挥培养新时期德、智、体全面发展的社会主义新人的作用。

四、如何促进社会实践思想性与专业性的统一

(1) 在社会实践的组织领导上，要形成学校党政领导挂帅，各部门齐抓共管的态势。大学生社会实践是思想性和专业性的统一体，因此做好该项工作不只是学生处、团委等学生管理和思想教育部门的事，而应是学校各部门、各级领导的事。为了充分发挥社会实践的思想性和专业性，学校党政领导对此应当高度重视，把大学生社会实践当作培养新时期高级专门人才的必要环节来抓，通过适当的组织形式把学生处、共青团、教务处、宣传部等有关部门组织起来，组成大学生社会实践领导小组，并明确各部门在组织领导大学生社会实践活动中的职责与分工，形成各部门各司其职、齐抓共管的态势，加强对此项工作的领导和综合协调。

(2) 在确定社会实践的主题和形式时，要针对不同年级学生的特点来科学安排。大学生社会实践活动内容涉及范围广，而不同年级的大学生在心理需求、思维方式、知识水平、实践能力等方面是各不相同的。因此要遵循教育规律，在社会实践中贯彻因材施教的原则，对不同特点的学生应安排不同的实践内容分阶段、分层次地进行。一般来说，一年级的学生入学时间较短，多数尚未接触专业课，运用专业知识解决问题的能力比较低，但他们具有较为强烈的热情和好奇心，可以组织开展社会考察、社会服务活动和爱国主义教育活动，重在发挥社会实践的思想性作用，同时为专业性做好准备。二年级学生已接触一些专业课，有一定的专业知识和分析问题、解决问题的能力，可以开展一些社会调查和一部分科技文化活动，将专业性与思想性结合起来。三、四年级的学生已经较为深入、系统地学习了专业课程，可以依托专业知识广泛开展科技文化服务活动，以及科技发明和创业实践，将专业性与思想性深入结合，从而促进自身的提高。

(3) 在社会实践的开展过程中，要组织广大干部、教师广泛参与指导。目前，许多学生对如何联系和开展社会实践比较茫然，甚至不少学生不知如何撰写实践报告和科技论文，这就需要指导教师在社会实践各方面广泛参与，变一般性号召为实质性指导。指导教师在大学生社会实践过程中，不但要指导他们运用所学理论知识解决实践单位的管理或技术难题难关，还要指导学生明白做人的道理，同时要及时解决大学生在社会实践中出现的各种思想疑惑。但由于目前我国高校仍存在教与学分离的问题，专业教师仅负责教学计划规定的任务，除了授课及实验、实习之外，学生和专业教师平时很少有机会能接触，而且社会实践在课时、课酬、职称晋升等方面缺乏吸引力，除个别思想觉悟较高的专业教师之外，很少有专业教师愿意指导大学生的社会实践，社会实践的指导工作主要是由政工干部来完成，严重影响了社会实践思想性与专业性的统一。为充分调动广大干部、教师参与指导社会实践的积极性，要把参与指导大学生社会实践计入工作量，把是否参与指导大学生社会实践作为其晋升职务职称、评选优质课程和优秀教师的重要考评依据。同时，要把对大学生社会实践活动的指导与本科生导师及专业教师担任班主任工作结合起来，通过全员育人、全过程育人，来促进社会实践思想性与专业性的统一。

第六节 社会实践对大学生团结协作精神的培养功能

随着知识经济时代的到来和社会主义现代化建设事业的快速发展，社会对人际交往与合作能力的要求越来越高，团队合作精神是大多数公司企业特别是跨国公司录用人才时最看重和必备的标准之一。

一、大学生团结协作精神缺乏的现状及其原因分析

1. 大学生团结协作精神缺乏的具体表现

《中共中央 国务院关于进一步加强和改进大学生思想政治教育的意见》（中发〔2004〕16号文）对大学生的思想政治现状做出了客观评价，在充分肯定大学生主流积极、健康、向上的同时，也指出了大学生自身存在的不足，其中就包括大学生的团结协作意识较差。具体而言，主要表现在如下方面：

（1）部分学生集体观念淡薄，看问题只从自我出发，强调实现个人价值的最大化，对集体的共同目标缺少深刻认识；在处理事情时，忽视他人、集体的利益，不愿为集体的事情操心出力，对集体荣誉漠不关心，致使班级、宿舍的凝聚力不强。

（2）遵守集体规范的意识欠缺。

（3）同学彼此间不能做到团结友爱，互相包容，过分强调竞争，忽视合作，缺少互帮互助的热情，交往关系过于淡漠，有时甚至造成人际关系紧张。

（4）重个人发展轻社会合作倾向蔓延。大学生在成长、发展历程中，比较注意自己的个性张扬，从依赖性逐步转向独立性和自主性，喜欢我行我素，习惯于自己奋斗，缺乏与社会、与他人的合作意识，对自己应该承担的社会义务缺乏应有的负责态度。

2. 原因分析

（1）现行教育体制对大学生团结协作精神培养力度不够。当代大学生一直成长在应试教育的环境中，过于重视专业技能、专业知识的学习，过分强调学生个人能力和个性的发展，在一定程度上放松了大学生集体意识和合作精神的培养。同时，学校集体主义、团结协作教育的内容缺乏针对性和实效性，空洞说教，流于形式，不能激发大学生的学习热情，不能有效引导大学生树立正确的集体主义观念，形成良好的团结协作习惯。

（2）"以自我为中心"的家庭环境。当代大学生中，独生子女占相当大的比例，在成长的过程中受到较多的关爱，使得学生在家庭的小集体里以自我为中心，逐渐把别人对自己的保护、照顾看成是理所当然。只注意自己的需要而忽视别人的存在，只讲索取，不讲付出，基本处于家庭的中心地位，往往使得其自我中心意识膨胀，缺乏与人团结协作的主动性。

（3）社会不良现象的错误引导。我国社会正处于新旧两种经济体制的更迭时期，由此而引起上层建筑的深刻变化，对当代大学生的思想产生了积极和消极的双重影响。以"个人主义""个人奋斗""自我实现"为主要表现形式的西方思潮和一些社会不良风气，使部分大学生受到影响甚至腐蚀，他们的思想和观念中融入了不少极端个人主义的价值观。他们过分注重个人价值的实现，凡事必须对自己有利的才做，缺乏团结协作精神和社会责任感，甚至有部分学生做出损害社会集体利益的行为。

3. 大学生自身对竞争与合作关系的片面认识

随着我国改革开放的深入，社会主义市场经济体制的建立，竞争与合作成为现代人际关系中一种最常见的现象。学习上、生活上充满了竞争，加之就业问题的日益突出，学生在功利主义的导向下，在对待竞争与合作的问题上，往往过多强调和倚重竞争，轻视了合作中的竞争，忽视了合作中竞争优势的形成和竞争中的双赢。

二、社会实践是培养大学生团结协作精神的有效途径

（1）实践性弥补课堂教学对大学生团结协作精神教育之不足。大学生参加社会实践可以跳出应试教育中“你教我学”的传统模式，可以较好地解决“两课”教学中存在的理论不能很好联系实际的问题。通过社会实践让学生深入基层、了解国情、体察民情，在分析社会现实需要的同时，运用掌握的科学理论知识，分析、解决现代生产实践中的实际问题。通过亲身观察体验和直接参与实践，培养和提高大学生人际交往能力和团结协作精神。

（2）社会性纠正大学生“以我为中心”的自我意识。当代大学生多数是从家门到校门，学习、生活在一个狭小的圈子里，没有经过艰难困苦的磨炼，不能准确地认识和估价自己，角色期望值过高，往往表现出“以我为中心”的处世态度。在这种情况下，参加社会实践能够帮助他们较好地认识自己的社会角色和价值，使他们已有的正确观念得到社会的认同，而不符合社会要求的行为又能得到善意的批评和指正，促使学生自觉而有意识地适应社会，正确处理与他人、与集体的关系。

（3）教育性引导大学生树立团结协作的价值理念。大学阶段是青年大学生世界观、人生观和价值观形成的关键时期，面对社会困难和社会不良现象的误导，容易滋生个人主义、功利主义思想。通过社会实践，使学生们亲眼看到改革开放以来，在党的领导下，在全国人民团结一心、众志成城的努力下，国家政治、经济、文化方方面面所取得的巨大成就，同时也使学生们深切体会到我们正处于社会主义初级阶段，贫富差距、社会不公、制度不健全等问题依然存在，要认识到自己肩负的社会责任，凡事不能只顾个人利益，要有与人合作及为社会服务的热情。社会实践的教育意义在于有效地促进大学生政治、思想、道德、技能的成熟，引导大学生树立团结协作的价值理念。

（4）团队性帮助大学生正确认识团结与竞争的关系。激烈的社会竞争强化着竞争意识，但对社会竞争的片面理解也令众多大学生形成单一的“零和一”的博弈思维方式，无法认识竞争与合作之间深刻而复杂的联系。社会实践以其团队性的特点，使学生们亲身感受到无论是实地调研，还是下乡支教，无论是实践地点的联系，还是实践报告的撰写等不同的实践形式与环节都离不开团队的合作与交流，亲身体验到实践团队成员间相互依赖，相互帮助，共同努力的群体情感，深刻认识到竞争与合作并非简单的对立，可以相互转化和促进，从而培养他们在竞争中保持合作，在合作中促进良性竞争这一更高层次的视野和胸襟。

三、充分发挥社会实践对大学生团结协作精神的培养功能

（1）提高社会实践活动的规范性、持续性、实效性及广泛性。针对目前大学生社会实践活动存在的流于形式化、缺乏规范性、持续性及广泛参与性等问题，高校工作者应开拓新思路，通过全面推进大学生社会实践活动，实现其对大学生团结协作精神的培养功能。

1）应根据中宣部、教育部、共青团中央等部门的要求，结合学校的实际，将教学计划外的大学生社会实践统一到教学计划内，制定出“大学生社会实践规划”。

2）建立科学的社会实践评估体系，调动专业老师指导社会实践的积极性和大学生参与社会实践的积极性。

3）积极推进社会实践与“两课”实践教学的有机结合，进一步增强社会实践的育人功能。

4）整合社会力量，多渠道宣传社会实践活动的重要意义，努力寻求地方政府和社会企业的认可和支持，筹措社会实践的活动经费，确保实践活动的顺利进行。

5）重视基地建设，注重与用人单位建立长期的联系，本着社会与高校共同建设、共同管理、服务社会的原则，建立一批社会实践基地，确保基地作用持续发挥。

6）加强队伍建设，建立一支业务精、能力强、勤思考、善研究的组织指导队伍，在精心组织、认真督导、全面总结的基础上，不断研究新情况，解决新问题，随时调整工作思路，创新工作方法适应时代要求，变活动的简单组织为工作的专门研究，使社会实践专业化。

（2）加强实践前团结协作精神的教育与指导。通过对团结协作理论的学习，能够让大学生在实践前就认识到，实践团队是一个整体，团队成员间发生矛盾是不可避免的，但是应采取积极的态度，通过沟通与交流来解决矛盾。

1）钟爱你所参加的团队。可以通过以往参加社会实践中优秀团队的典型案例，激发学生的认同感、荣誉感和归属感。

2）学会与团队成员间的沟通。通过一些团队沟通与合作的技能技巧讲授，个体在团队中得到尊重，个性得到发挥，个体意见得到重视，减少了团队成员间无谓的争斗与矛盾。

3）充分发挥团队中每个成员的优势。通过团队能效分析，指导学生组建团队时应根据实践目标，选择不同年级、不同专业、不同特长的同学，形成团队成员的优势互补，最大限度地发挥团队潜能。

4）学会从团队的整体利益考虑问题。通过榜样的现身说法，告诉学生个人要依赖团队，并自觉地把个人融于团队之中，既不能孤军奋斗，也不能形成团队依赖，要从内心上认可自己是该团队不可缺少的一员，自己应为它出力，顾全大局，一切以团队利益为重。

（3）丰富实践内容，为学生提供可以感受团队协作精神的实践平台。由于学生参与社会实践的时间多在暑期，活动参与面较窄，多以简单的参观、走访、调查为主，有的甚至仅是参观旅游景点或进行网络调研，学生根本无法体会到为了一个共同目标，团队成员分工合作、共同努力所带来的乐趣，更谈不上团结协作精神的培养了。因此，高校工作者应拓宽视野，敞开思路，广泛征求各方意见，尤其是学生意见，根据社会实践的目的，结合自身特点，确定实践活动的形式，丰富社会实践活动的内容，将实践贯穿于大学教育始终而并非集中在暑期，提供诸如社会考察、社会调查、科技文化服务、挂职锻炼、生产实习、生产科技竞赛和发明、志愿服务、公益活动、爱心活动等能够使学生感受团队协作的实践机会，让学生通过自己的团队去发现问题、解决问题，体验团队的力量与合作的乐趣。

（4）设置荣誉奖项，表彰最具团结协作精神的团队成员。荣誉通常是社会对个人行为的社会价值进行评价的价值尺度。每个人作为社会的一分子，他的社会价值通常是以他所获得的荣誉来衡量的。个人的荣誉是社会对个人贡献的一种褒奖。从这个意义上说，设置荣誉奖项，授予在社会实践中团结协作精神表现突出的个人，并使该奖项成为学生奖学金评定、入党、就业推荐、免试攻读硕士研究生等的参考依据，用以激励大学生团结协作精神养成的积极性与主动性。获奖者可以由团队自主推选，也可以由学校结合实践单位鉴定意见考核产生。

第七节　大学生社会实践与科研创新能力的培养

一、大学生科研创新能力

科研能力是指属于各科学领域研究者共同具备的一种能力。其狭义是指从事具体科学研究工作的能力，主要包括创新能力、观察能力、实际操作技能等。随着社会进步，科技水平的快速提高，人们对科研能力有了更广义的要求，融入了许多社会人文科学的内容，其中包括组织管理能力、团结协调能力、文字和语言的表达能力等要素。大学生的科研创新能力是指在掌握一定专业基础理论的基础上，能借助一定的实验设备和相关技术，运用基础知识、专业知识开展科学研究活动和运用科学方法探求事物的本质和规律的过程中所表现出的一种本领。一般来讲，大学生科研创新能力应包含以下几种：

（1）信息能力。能够利用资料室、图书馆及网络等查找并阅读与课题有关的中外文图书、著作、论文等资料，对搜集或调研得来的各种资料加以梳理和归纳，鉴别其真伪与价值，掌握有关课题的研究现状和在国内外的进展动态。

（2）质疑能力。对所收集到的资料和实验数据、调查结果，能从不同角度进行深入分析和研究，把握有关领域的现状和发展趋势、尚待解决的关键问题，并提出有一定创新意义的问题。

（3）思维能力。能够运用比较、综合、归纳、演绎等逻辑方法和统计方法，对需要解决的问题进行分析、判断、推理，发现研究对象的新属性，提出解决问题的新方法、新角度，或提出新看法、新观点、新假设。

（4）实践能力。能够在实验室进行验证、改进及创新型实验进行社会实践、社会调查，从观察、了解和总结中发现问题。

（5）写作能力。能够运用正确的写作方法以科研论文、研究小结、研究报告为成果的形式将研究中观察到的现象、得出的结果、结论表述出来，使其满足进行交流、讨论及总结的需要。

二、影响大学生科研创新能力的因素

（1）中小学阶段传统教育。中小学阶段接受的家庭教育和学校教育，有很多不利于创新能力发展的地方，学习上以灌输式教学为主，生活上完全是父母的大包大揽，按照父母的意愿选择本应是学生自己选择的学习方式、努力方向甚至是爱好，很少给学生自我做主的机会，这种保姆式的关心不利于自理能力、动手能力的培养，很容易使学生在思想上形成轻实践、轻技术创新的错误认识。

（2）高校培养方式。受传统教学观的影响，高校教师常采用以讲授为主的教学方式，只注重单方面的灌输，不重视学生的参与，学生往往无条件地服从于教师，教学变成了教师对学生单向的培养活动，由共同体变成了单一体，长此以往，势必将扼杀学生的独立性和创新意识。

（3）自身素质。科研创新必须要有吃苦耐劳的精神，坚忍不拔的意志，同时具备必要基础理论功底和实践技能。有的学生对科研创新活动存在畏惧、避让心理，思考、分析、推理能力差，遇到困难和挫折有退缩情绪，发现问题缺乏必要的逻辑推理能力。

（4）科研创新活动氛围。高校科研氛围对大学生创新意识和能力的熏陶是至关重要的，科研氛围浓厚，学生的创新能力就容易培养，相反，在“科研不成气候”的氛围中创新意识是难以树立的，培养科研创新能力也会成为一句口号。

（5）评优奖励制度。当前高校坚持的仍是考试成绩第一、品德第二的评优奖励制度，对创新精神和实践能力很少有明确的要求。比如评选优秀学员和发展党员，考试成绩是否优秀具有一票否决权，这无形中强化了大学生对“分数”的过分追求，把分数的获取放在至高无上的地位，而科研创新能力的培养则很少被人放在心上。

三、加强大学生科研创新能力培养的必要性

（1）贯彻落实《中华人民共和国高等教育法》的迫切需要。高等教育法明文规定：高校教育应当使大学生具有从事本专业实际工作和研究工作的初步能力。如果忽视对科研创新能力的培养，大学生会缺乏探究问题的原动力，其思维和能力就得不到真正的磨炼和提高。

（2）有助于培养学生利用信息化手段的能力。获取和处理信息的能力是现代人极为重要的基本素质之一。大学生在科研实践中可以充分利用先进的信息手段，在网上搜索信息、检索文献、查阅摘要、阅读文章、索取最新研究论文以及时了解国内外最新学术和科研动态，从而培养自己选择信息、判断信息、综合信息和分析信息的能力，增强主动获取、掌握和利用信息的能力。因此，大学生参加科研创新活动是提高大学生收集处理信息，获取新知识、掌握分析和解决问题的能力的有效途径，是提高教书育人水平的一项重大举措，能够培养大学生参与探索、求实、创新的精神和实践能力，激发大学生独立思考，锻炼大学生的文字处理能力，提高分析、解决问题的能力。

（3）有利于大学生扩大知识面和建立合理的知识结构。通过开展各种形式的科研创新活动，给大学生自己去思考和探索的机会，迫使他们深入钻研与课题、项目或活动有关的知识领域，扩大知识面；学会独立思考，掌握科研方法、思路，掌握相关的技能，提高分析、动手实践能力，从而形成合理的知识结构。

（4）有助于学习能力的增强。科研活动对大学生学习能力的增强有着很大的促进作用。科学研究要有扎实、丰富的基础知识和比较深厚的理论功底，这些都需要通过不断的学习获得。参加科研活动要求大学生具有自主性探究式学习能力，大学生在学好本专业知识的同时，要不断拓展学习的领域，学习邻近学科的知识，以解决知识交叉渗透的问题对本学科领域前人的经验进行总结、归纳，充分认识本专业在社会生活中的作用；了解本专业领域最新的科研动态和专业发展前景，明确研究目标。对自己研究方向范围内的知识有着较为深刻、透彻的了解，知道自己该学习和该掌握哪些知识。树立起明确的研究目标后，学习的积极性、自觉性、主动性就会增强。在科研实践中，大学生在老师指导下独立进行文献查阅、实验方案设计、研究结果归纳、论文写作等一系列活动，通过全过程的尝试与摸索，大学生将慢慢体会到哪些方法是科学的，哪些方法是适合自己的，哪些方法是可以综合运用的，在不断的积累和启发中逐步提高自己学习能力和研究能力。

（5）有利于创新能力的培养。参加科研活动有助于培养学生求异思维的能力。学而能疑，才是思考性学习。培养大学生的科研能力，使思维经常处于活跃状态，不断思考问题，扩大思路，寻求突破，有利于创造性思维的形成；对获取的各种资料和信息以及众多的事实或实验数据进行分析和综合，运用逻辑思维能力将一切信息资料联系起来加以思考，在新的联系中发现研究对象新的属性，提出有一定创新意义和研究价值的问题，有利于创造性思维的发展。

（6）有利于大学生意志和品质的磨炼。大学生科研能力的培养，并不是注重大学生取得多少科研成果，重要的是通过科研活动挖掘他们的潜能，使他们有信心也有能力去从事科学研究，这也会对大学生毕业后的工作产生深远的积极影响。同时，大学生参加科研实践也是对其意志品质的锻炼。科学研究是一项艰苦的工作，要求具有坚韧不拔、百折不挠的毅力和顽强拼搏的作风；谦虚、主动、认真、严谨的态度；甘于寂寞、锲而不舍、持之以恒的精神。大学生参加科研实践尽管是一种学习意义上的实践活动，但在这个过程中的坚守这些品质对于养成自觉学习、主动进取、严谨求实的学风有着十分积极的影响。

（7）有利于大学生团结协作能力的提升。科学研究大多数时候不仅仅是个人的行为，而是需要一个团队共同努力协作去完成。因此，大学生参加科研活动可以增强其团队意识，有助于培养大学生的合作精神。在科研实践过程中，大学生要处理各种人际关系，如与课题组成员、与指导老师等的关系，通过合作逐渐建立起与他人友好合作的人际关系，乐于同不同风格、个性的学生和老师交往交流，善于听取各种不同的学术见解包括反对自己的意见。通过团队学习，大学生会树立应有的道德意识和责任心，学习、继承和发扬老一辈科学研究者的精神，学习他们献身科学、严于律己、博学修德、严谨治学的精神和作风，不断提高自身的学术道德素质和自律意识，促进自己综合素质的全面提升。

（8）有利于提高高校综合实力。高校综合实力的高低，主要决定于该高校教师的教学科研水平和所培养学生的科研水平及成果。在大学生的知识结构中，专业能力和实践能力是最为重要的，而这些是可以通过教学和科研来培养的，因此，加强大学生科研创新能力的培养，可以提高大学生科研学术水平，产出较多的科研成果，有利于高校综合实力的逐步提高。

四、完善大学生社会实践活动，提高大学生科研创新能力

实践是人类存在和发展的根本方式，是人类实现自我教育的基本途径之一。马克思在《关于费尔巴哈的提纲》一文中曾精辟地指出：“哲学家们只是用不同的方式解释世界，而问题在于改造世界。”改造世界就是辩证唯物主义的最根本的实践命题。高等教育体系中的社会实践是人类实践整体的一个子系统，社会实践在高等教育中具有重要的地位，是促进大学生全面发展，实现高校教育目标，施展学生才华的必然途径。

（1）明确社会实践的目标定位。大学生社会实践应与学生的专业相结合，与地方经济和社会发展的需求相结合。在选择实践活动项目，确定活动的具体内容时，充分结合学生各自的专业特点，使学生能学以致用，将课本知识应用到实践，在服务社会，服务他人的过程中巩固所学的专业知识，也为学生今后就业提供一个展示自己才华的机会。围绕当地经济和社会发展的中心工作，组织广大学有所长的学生进行项目对接和咨询服务，提供智力支持，深受政府和群众的欢迎。

(2) 建立稳定有效的社会实践机制。首先要设立专项社会实践经费。经费来源主要有教学和学生活动拨款及勤工助学费和企业赞助、企业单位课题费和实践活动创收等。高校还应发挥自身科研优势和创新人才的优势，多渠道等筹备大学生社会实践经费，以确保大学生社会实践活动的顺利进行。为推动学生科研工作的开展，学校和院系还可建立学生科研基金。以申报科研项目的形式，针对性地重点解决科研性社会实践。其次把社会实践纳入规范化的运作渠道。不断完善各种机制，是社会实践工作长期稳定发展的重要保证。社会实践工作机制化就是要顾及到实践主体和实践对象的要求，建设包括活动机制、运行机制、激励机制、评估机制、保障机制、宣传机制等。

(3) 合理安排实践内容。根据学生不同心理特点、知识水平、接受能力，分年级分阶段安排不同的社会实践内容。一年级课余时间结合“思想道德修养”课程，组织社会公益活动和认知实践。二年级课余时间以信息使者进社区和青年志愿者服务为切入点，暑假开展以“三下乡”为主、社会调查、调研相结合的实践道路。三年级课余时间结合专业实习、就业实践、课外科技作品竞赛、创业计划大赛等，开展社会实践、科技活动与职业训练相结合的“二位一体”的实践活动。积极鼓励引导学生参加科技开发、科研成果转让、推广以组成优势互补的竞赛小组参与创业计划，把说与做、教与学、学与用紧密结合起来。

(4) 社会实践项目化，锻炼学生科研能力。为培养学生科研意识，提高科研能力，在组织大学生社会实践的过程中，针对三、四年级的学生，可以开展专业性、研究性、理论性较强的科研实践。即以完成科研项目的形式开展社会实践，这一过程主要包括四个彼此独立而又相互联系的阶段：首先是确定实践活动的主题。在教学过程中，教师根据教学计划和要求，启发和引导学生确定实践活动大的方向和选题范围，并为学生实践活动的开展做一定的知识储备，激发学生探索的愿望。学生则根据自身的兴趣与能力，确定具体的实践活动与主题。其次是制定实践活动的计划。确定实践活动的主题之后师生共同制定好个人或集体实践活动的具体计划，包括实践活动的管理、方法、进程和预期效果等。实践计划的制订在老师的指导下进行，师生一起对实践活动进行调查研究，增强计划的可行性。再次是开展社会调查。社会调查是地方院校大学生社会实践中的核心和主体部分。学生在教师的指导下对所确定的社会调查内容进行量化操作，带着问题深入社会基层去直观体验，了解相关课题的现状和存在的问题，结合专业知识再加以思考，直到获得初步结论。最后也是最重要的一步便是实践总结。实践总结要突出理论升华。经过研究实践，学生将自己和个人的实践成果进行归纳、整理和总结。学生的实践总结有调查报告、心得体会、研究论文等。通过调查报告，可促使学生大量查阅专业文献，并将理论与社会实际相结合进行思考，提高发现问题、解决问题的能力，提高科研写作的能力，为将来独立完成科研项目奠定基础。

(5) 调动教师参与积极性，提高大学生实践和科研的质量。作为培养大学生的主体，教师除了在课堂上讲授专业知识外，也应注重课外与学生的沟通和对学生的培养。尤其是以提高科研能力为目的的实践活动，如果缺乏教师的指导和参与，仅靠学生团队组织的带领和学生的自发活动，其质量将难以保证，提高科研能力的目的也难以实现，最后往往使实践流于形式，降低学生的实践和科研积极性。而加入了专业教师的参与，学生的实践目的和方法更加明确，实践的积极性也可大大提高。促进教师参与学生实践，其方法可以是多样的，如通过本科生导师制的形式，让学生参与到自己导师的课题中。利用教师的科研经费完成社会实践，既能帮助教师收集社会实际资料，又能解决学生实践经费不足的问题；还可以学校组织学生科研立项活动，由校方出资，指导教师和学生共同进行项目申报，这样学生能了解科研活动开展的全过程，更加有利于培养学生的科研意识和能力。

(6) 观念创新是实践创新的前提。用全球性的眼光制定实践创新的发展战略，势在必行。国际视野的开拓，对于培养有预见性、有开拓性的人才来说，是重要一课。

(7) 组织创新是实践创新的保障。在组织形式上，相关部分可打破以班级、学校为界限的组织范畴，进行全社会资源的整合，在一次活动中，将相关领域内的学生通过报名、选拔、推荐等各种形式组织起来，让他们接触更多从未接触过的人际圈、生活圈。通过不同专业领域的分工合作，让他们在锻炼自身的同时知道如何进行沟通、如何了解社会。大学生实践创新不仅需要得到相关部门的充分重视，还需得到社会各界的充分认可和重视。在学生争取实践领域和内容的过程中，有关部门还应提供制度的保障。在资金方面，依靠政府和学校拨款的同时，还应广泛汲取社会资源，将大学生社会实践市场化，寻求企业合作，提供外部保障，实现双向互利。市场化，即在社会实践活动中引入市场机制。它包括两个方面：一是对社会实践活动采用招标制，面向全体学生公开招标，使学生从过去的等、靠、要，到现在的自己主动去寻找机遇，参与竞争，使社会实践活动更具活力；二是引入市场机制，实施社会化的运作模式，加强与各社会团体、对口企事业单位的合作，开展社会实践活动，为活动的开展带来经济方面的保障；积极与媒体合作，使社会实践的社会效益不断扩大。通过市场化运作，可以寻求更多的社会支持，整合各类社会资源，从而促进社会实践活动的进一步深化。

(8) 内容创新是实践创新的基础。在内容上，既要紧密联系经济社会发展的需要和学校人才培养的需要，又要注重突出专业的优势，以学生的专业特长服务于社会，从而培养社会需要的合格人才，使满足学生发展的需要同满足社会发展的需要有机结合。

五、大学生科研创新能力培养的主要措施

大学生是一个基础知识比较扎实、思想比较活跃、思维比较敏捷的群体，他们极具青春活力和发展潜能，对大学生进行科研创新能力的培养是高等学校人才培养的重中之重。大学生科研创新能力可以通过下列途径提高：

落实本科生导师负责制，实现教学与科研的互动。本科生导师制是近年来在高等学校本科生教育中正在积极探索实施的一种新的创新体制，对大学生科研创新能力提升具有重要的推动作用。大学生科研创新能力的形成不可能一蹴而就，必须经过长期的严格训练和指导。具备科研能力的教师是大学生最天然的科研创新能力训练师。为了帮助大学生对科研形成清晰的了解和正确的认识，高等学校应加强完善本科生导师制，每个班级最少配备一名具有较强科研能力的老师，主要负责学生科研活动指导和整体安排，促进科研与教学互动。导师负责在新生开学初期就进行科研教育，引导同学了解科研能力对于大学生综合素质提升的重要意义，并定期对学生进行信息检索和数据分析等方面的技术指导，帮助学生了解科研过程，掌握科研方法，进而培养其科研创新能力。同时，在奠定一定的科研能力基础后，可以考虑在学生中择优选拔一批科研兴趣浓厚、科研能力较强的同学，以学术型研究生式的教育模式进行重点培养。

把大学生科研工作纳入教学计划，让科研充分融入课程内容。为了实现教学过程中大学生科研能力的培养，应该进行科学研究知识课程或者研讨班课程的开设，从而使大学生在掌握科研理论知识的基础上，引导他们从事初级的科研尝试，通过研究探讨的形式引导大学生对所研究问题的探讨与学习。一般一、二年级学生主要通过研究性课程的学习，初步掌握信息的收集、资料的简单分析、论文摘要的撰写等科研步骤和方法，三、四年级学生可以参与由导师指导的科研项目或导师本人的课题，在导师的指导下完成项目设计、数据处理、结果分析等环节，最后形成书面报告或论文，使他们在科研实践中形成初步的科研能力。

积极组织学生科研团队，参与科研项目。组建科研团队可以有效强化专业理论学习，学生互帮互助，集中研讨，既可以增强学生自主学习的能力，也可以增强学生思考问题的能力以及团队协作能力。高校应该实行科研兴趣计划、创新能力训练计划、科技苗子工程计划等项目，为学生提供科研能力训练平台。学生以专业知识为基础，以个人兴趣为导向，以“导师＋学生”的形式组建针对不同学科和领域的科研团队，进行前述各种项目的申报。

第八节　大学生社会实践改革

一、当前大学生社会实践活动出现的问题

大学生社会实践经过30多年的开展，已经略显疲态，出现了诸多问题。比如，认识不到位，理解不深刻；活动的形式和内容上出现套路死板，缺乏创新；实践队伍重视程度不一；参观类的社会实践较多，社会调研和文化宣传较少；实践走过场的成分不少；部分高校只重视“取”，而忽视了“送”，影响了地方或单位的积极性；很多高校习惯“游击”式的社会实践，“来也匆匆，去也匆匆”；没有自己稳定的实践基地，不利于学生与地方的长期交流和沟通，达不到社会实践对提高大学生素质的要求等。

二、大学生社会实践改革应遵循的体系和原则

1. 遵循人、时间、地点和主题“三点一心”的体系

任何一项社会实践取得成果，是人与其选择的时间、地点和主题四方面因素交互作用的结果。此交互作用可用等式 $H=f(P,T,L,S)$ 表示，P、T、L、S 分别代表人、时间、地点与主题作用所进行的社会实践的存在过程，也可以表示一次社会实践完成的质量。一项社会实践取得成功的基点在参加社会实践的人，重点在选择的实践地点，支点在选择进行社会实践的时间，中心则在社会实践活动的主题内容上。这“三点一心”（基点、重点、支点、中心）形成了社会实践的“三点一心”体系：以个人为基点，发挥主体功能；以地点为重点，突出地域特色；以时间为支点，选择适当时机；以主题为中心，彰显时代

特征。

2. 贯彻“以学生为本”的原则

“以学生为本”是大学生社会实践的出发点和落脚点，其目的就是要为学生成才服务。大学生社会实践是素质教育的一部分，在活动的开展中应体现这样一个主导思想：学生在参与活动的同时，才智得到充分的发挥，能力得到充分的锻炼，潜能得以充分的开发。从这个意义出发，我们在策划一项社会实践活动时都要处处站在学生的角度来钻研主题，确定地点，选择时间，组织人员，设计方案，指导实践。要尽量创造条件，让每个学生都有充分表现自己的机会，要让全体学生都能自始至终主动积极地参与到社会实践活动的全过程中。

3. 坚持教育效益为主，社会效益、经济效益兼顾的原则

坚持教育效益为主，要把拓宽学生视野、增进学生知识、提高学生技能、净化学生思想作为活动的中心目的，能否保证这一点是大学生社会实践活动可否健康发展的重要前提之一。同时因为社会实践活动的过程是一个对紧缺的教育经费的消耗过程，很多时候也是一个以学生的劳动换取一定的报酬的过程，这在科技服务、勤工助学活动中表现得更为明显。在组织大学生参加社会实践的过程中要有一定的经济意识，兼顾一定的经济效益，不仅可以使学生的辛勤劳动得到社会的承认和回报，从而节省一定的教育经费，还可以借此调动同学们参与活动的积极性，培养学生的经济观念。其社会效益是指大学生参加社会实践除了“长才干”的目的之外，还要注重“做贡献”。这是衡量社会实践价值的另一重要方面，也是社会实践活动寻求社会支持、保证其持久健康发展的必要条件。

三、改革方向及模式

1. 走出“精英实践”的组织模式，走向“大众实践”的发展道路

“大众实践”和“精英实践”是当前高校实施大学生社会实践活动习惯采用的两种方式。所谓“大众实践”是指全校学生的社会实践活动，学校一般仅进行宏观的管理和调控，即由学校团委和有关部门在放假前发文确定当年社会实践的主题及题目，要求全校同学按照就近就便的原则参加的社会实践，也可称为分散实践。“精英实践”是指由学校或者院系负责组织，落实经费、人员、地点、内容的若干社会实践小分队的社会实践活动，也可称为集中实践。当前很多高校对待两者的态度明确，重视“精英实践”，忽视“大众实践”。学校或社会将“大众实践”作为“精英实践”的补充来看待，把所有目光都投放在“精英实践”队伍上。“大众实践”成为不少高校开展大学生社会实践的盲区。但是“精英实践”组织模式有很大的局限性，面向的仅仅是少数优秀学生，忽视广大普通学生的实践愿望和成才需要。它强调挑选，是一种示范行为。社会实践要真正取得成效，关键是要面向全体学生，是要为绝大多数非组织性的大学生个体社会实践活动提供指导或创造机会。这一点正是“大众实践”能够实现的。美国教育家本杰明·布卢姆在《教育评价》中提到：“我们认为：教育既有挑选功能，又具有发展功能；随着教育的不断发展，特别当受高等教育的人数极大增长，教育的功能将主要是发展。而且只有全体都发展了，方可能挑选出少数的高质量的英才，并发挥包括少数在内的整体效应。”只有面向全体学生而不是少数学生，使他们的基本素质都得到普遍提高，使他们的特长和潜能都得到发展，使他们都能找到适合自身的发展方式，才是符合21世纪要求的高质量和高水平的教育，才

能达到提高整个中华民族素质的目的。为此，学校应转变思想，把工作重心放在“大众实践”上，积极探索指导、监督和评价“大众实践”的结构体系，找到一条适合其发展的新路子。

2. 建立相对稳定的社会实践基地，避免“游击”式的社会实践

社会实践要真正使双方受益，必须建立相对稳定的社会实践基地，那种“打一枪换一个地方”的“游击”形式是不可能真正解决问题的。由于很多高校没有自己稳定的实践基地，每年的社会实践有一大特点：“忙”。实践前的“忙”：各高校花大量精力四处奔波联系社会实践场所，然后迅速策划相关的实践活动内容。实践中的“忙”：怕时间延长，经费不够，故而赶进度，三下五除二搞完活动。实践末的“忙”：忙往回赶，忙回家。有句话总结得很好：“社会实践年年有，刚刚来了马上走。”如果有相对稳定的社会实践基地，那么我们就可以有条不紊地进行各方面的工作。建立社会实践基地必须坚持双向服务，合作共赢的长效机制，把社会实践活动与振兴地方经济结合起来。一方面，基地不仅为大学生提供了锻炼的场所，也为实践活动的开展搭建固定的平台。另一方面，基地为地方经济发展起到了一定的推动作用，大学生在实践的同时，利用基地的便利条件，帮助地方或单位解决了许多科技难题。

3. 完善科学的管理制度和监督体系

（1）社会实践的管理制度应具有系统性。当前的大学生社会实践缺乏系统的过程设计，普遍缺乏根据大学生专业特点和各学习阶段而进行的社会实践内容系统设计。大多数学生对社会实践的认识还停留在传统的参观慰问、宣传调研层面。其管理制度还应具有协调性。当前暑期社会实践由高校团委组织实施，实践教学由教务处管理落实，实践报告则由德育教研室鉴定合格与否，这期间还要涉及其他行政部门。社会实践的动员布置和社会实践报告单由班主任和辅导员负责落实和收集，实践成绩又由教务处和各院系教务人员负责登载。作为一项需要学校各部门互相配合共同完成的一项复杂工作，目前仍存在着多口管理，领导协调机制不完善等问题。

（2）监督应具有全面性。目前的社会实践不是没有监督，而是一种“从上到下”的缺少逆向的监督。学生没有按照学校的要求进行社会实践，那么就不给予社会实践的相应学分。如果学校没有履行其社会实践的职责，就没有落实学校“以学生为本”的服务功能。

（3）监督应具有反馈性。地方或单位对大学生社会实践不能只停留在“后勤补给”上，而应该走上前台以积极姿态指导监督社会实践，也应该通过适当途径将学生的社会实践情况反馈给校方，更应该就如何实施大学生社会实践与学校协商、研究达成共识。

4. 加大实践前引导、实践中指导、实践末评估的力度

（1）实践前，学校应利用各种途径，帮助学生和地方单位取得联系，积极与工商企业、社会组织、城镇社区、农村乡镇保持联系，争取社会各方面的支持，形成以学校为中心的辐射状网络，按地区、时间或项目分组。学生可根据学校引导寻找适合自己的实践地区和方式，也可自己联系社会实践单位，独立实践。

（2）实践中，对于集中实践，教师是便于指导的。对于分散实践，由于时空的限制，教师不便指导，学生应主动与教师联系，通过电话交流，也可利用网络优势，通过 QQ、E-mail 来实现指导。要求学生真正深入到群众中去，不能走过场，搞花架子。

（3）实践后期，应将社会实践的过程形成文字材料。从学生上交的社会实践调查报告分析发现，有一部分大学生没有按要求写调查报告；有的写的是自己在假期留校搞自学、准备英语或计算机等级考试或补考复习的经过；有的写的是听一次演讲而大发感慨或看了几篇文章就边抄边议；有的干脆在网上下载，抄些既没有主题又没有体会的东西；等等。此外，还应及时召开实践总结表彰会，鼓励在实践中表现好的优秀学生。

四、大学教学实践改革

（1）牢固树立实践育人意识，进一步完善教学实践体系。要把教学实践的要求落实到每一门课程和每一位教师，体现在专业培养计划、课程教学大纲和教师的岗位职责中。根据不同学科、不同专业对教学实践的要求，不断改革教学实践的内容和方式，合理制订实施方案，统筹实验、课程实习、专业实习、毕业实习、毕业设计（论文）等教学实践环节，保障各环节的时间和效果，并建立起有效的实践教学质量监控机制，提高学生的专业技能和职业能力。

（2）以就业为导向，进一步改革人才培养模式。高等职业院校主要培养面向第一线需要的、“下得去、留得住、用得上”的、实践能力强并具有良好职业道德的高技能人才。必须以服务为宗旨，以就业为导向，走产学研相结合的道路，要建立一支高素质的“双师型”师资队伍，加强实训设施和基地建设，面向市场，校企结合，开放办学，彻底打破传统的以学科为中心的人才培养模式，建立以能力培养为中心的培养模式；要根据企业岗位需要设置课程，大力强化教学实践，倡导“订单培养”，普遍实行职业资格证书制度，做到毕业生离校时能获得“双证”或“多证”，以实现高职院校毕业生就业同社会需要的零距离对接。

（3）积极组织大学生参加科技文化创新、技能比赛活动。积极创造条件，鼓励大学生参加数学建模、电子设计、信息技术、“挑战杯”系列科技竞赛等活动，引导大学生在实践中参与技术改良、工艺革新和先进适用技术传播，培养他们求真务实、开拓创新的科学品质和团结协作的团队精神，提高创新创业能力。

（4）加强国防教育和军政训练要把军政训练作为必修课，纳入学校整体教学计划，认真组织实施，并通过开办讲座、与部队结对子等形式，进一步增强大学生的国防观念和国家安全意识，培养他们的爱国主义和集体主义精神，增强组织纪律观念，锻炼艰苦奋斗的坚强意志。要积极争取解放军和武警部队的支持，选派优秀指战员组织指导大学生军政训练。

第九节　北京科技大学经验

一、探索改革：社会实践纳入教学计划必修环节

近年来，北京科技大学在全国高校中率先将大学生社会实践作为本科生的必修课程纳入教学计划，强调将知识学习融入实践过程，以实践为载体的研究性学习，突出学生创新精神和实践能力的培养，提出了“实践教学与理论教学并举、实践教育与创新教育结合、实践教育与全面育人结合”的实践教育理念。根据学校的办学定位和实践教育理念，在“大学生社会实践”课程的设计中将大学生社会实践作为文化素质教育的重要载体，作为学校“大实践”教育体系的重要模块，作为深化思想政治理论课教学的重要途径，以“大学生社会实践”课程为载体，以一促三，牵动、改革、优化、提升这三个教育环节的教育效果。

思路一，将大学生社会实践作为大学生文化素质教育的重要载体，探索社会实践育人长效机制。提出建立大学生社会实践保障体系，探索实践育人的长效机制，引导大学生走出校门，到基层去，到人民群众中去；把社会实践纳入学校教育教学总体规划和教学大纲，规定学时和学分，提供必要经费。

思路二，将大学生社会实践作为学校实践教育体系的重要模块，探索“大实践”的教育体系。学校确立“实践教学与理论教学并举、实践教育与创新教育结合、实践教育与全面育人结合”的实践教育理念后，对组成实践教育的各要素进行科学设计，建立了具有特色的“全程化、三层次、六模块”的“大实践”教育体系。其中，“三层次”即将实践教育内容分为基础层次、综合层次和创新层次；“六模块”即将实践教育活动划分为实验教学、实习教学、毕业设计、科技创新、社会实践和体能锻炼等6个相对独立又相互关联的模块。其中，社会实践模块重点突出“三个结合”。一是社会实践与课堂教学相结合；二是社会实践与专业教学实践相结合，注重使学生通过专业实践认识生产、认识企业、认识社会，使课堂教学、实践教学与社会实践活动贯穿本科生培养的全过程，4年不断线；三是坚持社会实践与学生就业相结合，把社会实践作为服务学生就业的重要举措。

思路三，将大学生社会实践作为深化思想政治理论课教学的重要途径，探索增强思政课实效性的有效方法。学校下发了《北京科技大学关于进一步加强和改进思想政治理论课的实施方案》，规定在设置的4门思想政治理论课中，实践教学63学时，占总学时的1/4。同时，将思想政治理论课的实践教学纳入大学生社会实践的总体规划，进入各专业的培养计划，使思想政治理论课与大学生社会实践的教学形成良好的互动。

基于以上3点考虑，北京科技大学决定将学生暑期社会实践作为一门独立的本科生必修课程纳入教学计划，规定大学生暑期社会实践分两次进行，主要安排在大一、大二暑假，每次开展社会实践的时间不得少于2周，每次4个学分，共8个学分，分数计入学生成绩单。从2004级本科生开始实施，将社会实践纳入教学计划，使其成为学校人才培养的必须环节，从根本上保证了社会实践的经费投入、师资配备、时间安排以及学生参与的积极性。

二、内涵创新：社会实践的课程化、规范化建设

（1）制度体系：紧抓大纲，完善制度。北京科技大学对大学生暑期社会实践课程的组织领导、实践内容、实践方式、时间要求与学分计算、考核方式等方面进行了规定。在课程的整体设计中强调全面育人，力求学生在学习过程中实现知识、技能、思想、道德和精神的融合和升华。在课程的具体设计安排上，以学生为主体，教师为主导，强化研究性、探索性实践教育，培养学生创新思维和创新能力；将课堂教学和实践教学相结合，以团队实践为主，集中授课为辅，以系统工程的观点科学安排教学内容、进度、组织形式与教师指导方法。按照课程管理的要求，立足建立实践标准、规范实践工作环节，制定管理办法和规章制度。

（2）教学内容：一个主题，多个课题。据课程教学大纲和教学要点，结合国家方针政策、社会热点，按照教育部、共青团中央等有关要求，确定每年的实践主题。结合思想政治理论课、专业教育目标或实际课题项目需求提出多个课题，为学生提供参考和指导。考虑到不同学生成长的需要，在社会实践的形式上探索社会实践与专业学习、社会调研、服务社会、勤工助学、择业就业、创新创业相结合，确立了多个可选的实践类型，并根据情况给予分类指导。

(3) 时间安排：起点前移，总结后移。每年2—3月课程组即开始本年度学生实践主题与课题的设计；4月初开始社会实践前期课堂教学工作，主要进行社会实践相关理论知识和具体操作中的方式方法的讲授；5—6月指导学生进行实践策划，联系实践单位，在不影响学生期末集中考试的情况下，保障社会实践前期教学工作保质保量地完成：7—8月学生外出实践；9月返校开始后期课堂教学工作，主要由教师指导学生进行实践总结交流：10—11月进行成果转化：12月至次年1月进行教学工作总结，一轮教学工作持续将近一年。

(4) 课程管理：信息平台，互动交流。大学生社会实践作为学校本科生的必修课，每年7000多人上课，学生规模、团队组织的工作量庞大，因此在课程管理上，开发了以信息化为主要特征的大学生社会实践指导平台，包括课程网站、管理系统和信息平台，打破时间与空间的隔阂，保证教师对学生的全方位指导，也促进学生之间的交流学习。大学生社会实践课程网，全面提供课程“教学资源”下载，设置“在线答疑”“实践论坛”板块，使教师对学生遇到的困难进行在线答疑，学生之间可以利用论坛进行交流讨论；社会实践管理信息系统，为教师即时查询学生实践信息、分类管理提供保障，方便学生了解自身课程学习进度，管理相关资料；社会实践短信平台用于学生外出实践期间教师对学生提供及时沟通与指导。

(5) 安全保障：五道防线，全程督导。学校坚持“预防为主，安全第一”的方针，建立“五道安全防线”开展安全教育。

1) 在课堂教学中，面向全体学生以案例教学的方法，开展不少于1学时的安全教育，用鲜活的事实，让学生在实践策划时就将安全因素放在首位考虑。

2) 要求学生课外自学《学生伤害事故处理办法》《北京科技大学学生社会实践安全管理办法》和相关安全知识，编写实践安全预案，并在实践之前与每位学生签订《实践安全个人承诺书》，保障安全教育覆盖全员，安全意识深入人心。

3) 学校为所有学生购买意外伤害保险。

4) 发挥学生家长在实践过程中对学生进行安全督促的作用，在实践前给所有参与社会实践学生的家长邮寄《致学生家长的一封信》，让学生家长了解学校社会实践课程教学情况和孩子的暑期社会实践动向，能在假期配合学校一起做好学生安全的监管工作。

5) 要求实践团队指导老师给予团队安全指导，并在假期与学生保持联系，了解学生实践的行程安排，提供必要帮助。

“五道安全防线”调动起学生个人、实践团队、家庭家长、教师学校以及社会等各方面的力量，为实践课程的顺利开展提供了坚实保障。

(6) 成绩考核：双向评价，过程考核。学生社会实践成绩由平时成绩和实践考核成绩两部分组成，分别占10%和90%，分数进入学生成绩单；社会实践成绩低于75分者无免试推荐研究生资格。其中，平时成绩主要根据课堂出勤情况确定；实践考核成绩主要考核学生参加课堂教学情况、课后作业完成情况、安全保障措施落实情况、参加实践教学情况、实践单位评价、实践成果报告质量等6大方面。其中，根据对学生完成学校规定的各项社会实践安全保障措施的统计，对未按要求的学生取消当年参与本课程的资格。根据学生《社会实践登记表》和学生实践总结报告，结合班级交流同学评价等，评定实践报告成绩。对于实践团队，根据学生上交的《项目申报书》（含实践策划、安全预案、经费预算）考核学生实践策划完成情况，评定是否予以立项给予经费支持。同时，学校专门设置了特色奖项评比，如社会实践优秀团队、十佳标兵等，与成绩评定相互补充。

三、组织实施：发挥德育工作体系优势，科学构建师资队伍

在社会实践的组织实施体系上，学校充分发挥德育工作的组织体系和人才优势，适当加强社会实践工作体系的建设，逐年加大对社会实践工作的人才和经费投入。经过3年探索，逐步形成了比较完整、严密的组织实施体系。大学生社会实践课程的组织涉及多部门、指导涉及多学科，教学工作周期长，实践主题繁多，实践地域分散，从主题策划到成果总结，教学组织复杂，学生也需要全面的指导。为保证学生在社会实践中，理论上有科学指导，实践中有全程监督，有疑问有人解答，遇困难有人帮助，本课程在师资队伍的组织上，实行思想政治理论课、共青团干部、学生辅导员、专业课程教师、社会外聘教师多方结合的组织方式。在教学工作上，由学校资深院士、教学名师、外聘专家等与学校领导一同参与课程的顶层设计。由国家大学生文化素质教育基地、思想政治理论课骨干教师担任课程主讲教师，进行课堂教学，保证理论上的科学指导。聘请学校知名学者、专业教师担任实践团队指导教师，给予每支团队具体指导，保证实践中的专业指导。由学校共青团干部、学生辅导员担任教学辅导，协助进行课程的管理和组织，给予学生课程学习方面的具体辅导。

此外，学校成立了专门的社会实践工作领导小组，由分管德育工作、教学工作和学生工作的校领导任组长，成员由教务处、团委、文法学院等单位的相关负责人和思想政治理论课教师代表组成。领导小组是社会实践工作的决策机构，是社会实践工作稳步推进的有力保证。领导小组下设两大指挥系统，即实践活动指挥系统和思想政治教育指挥系统。“实践活动指挥系统”由校团委承担，主要负责协助课程组教师对课程进行组织和管理；“思想教育指挥系统”由文法学院承担，主要协调教师的力量为社会实践提供智力支持。两大指挥系统负责协调各自力量，落实领导小组的决策。各学院设有社会实践工作组，由各学院分管教学副院长、党委副书记、团委书记、辅导员组成，办公室设在各学院学生工作办公室。学院的社会实践工作组是执行机构，按照两大指挥系统，主要是“实践活动指挥系统”的要求，将工作落实到每个学生。在各学院团委还设有实践部，各团支部设有社会实践委员，负责具体工作的开展。从领导小组、指挥系统到学院工作组、实践委员，四级管理上下统一、执行有力；两大指挥系统之间，密切配合、协调一致，共同完成社会实践课程组织管理。

四、教学效果：思想政治教育收到实效

（1）学生参与社会实践的积极性、主动性极强。2004年暑假，学校学生社会实践团队仅85支；2005年暑假，社会实践纳入教学计划第一年，学校参与本课学生人数即达

6500余人，共组建实践团队225支；到2007年，参与本课程的学生人数已达到7153人，申报实践团队达548支。除大一、大二年级学生将其作为必修课学习外，其他年级本科生、研究生也踊跃参与其中。经过对学校参加过本课程的2004级、2005级、2006级3个年级共847名学生的抽样调查显示，40.14%的学生在参加完本课程后会“寻找各种机会再次参加社会实践”，38.02%的学生“主动参加过志愿服务活动”。值得一提的是，“理论讲授为辅、团队实践为主”的课程教学组织模式，极大激发了学生的积极性，挖掘出学生的无限潜力。社会实践团队除了传统的以班级为单位进行组织，学生还以宿舍、班级、社团、党团支部、课题组为单位，围绕项目进行专业交叉、年级交叉，组成实践团队。此举将学生从同化的课堂组织形式中解放出来，给予学生充分的自主性进行个性化选择，不仅受到了学生的欢迎，也收到了很好的育人效果。

（2）大大提高了学生思想政治教育工作的效果。社会实践作为深化思想政治理论课的有效途径，使学生在社会实践中加强了对社会的认识，增进了对国情的了解，接受了群众的教育，学会结合社会实际来思考一些重大的理论问题，加深了对邓小平理论、“三个代表”重要思想和党的方针政策的理解，进一步增强了民族自豪感和社会责任感。学生通过参与社会实践，不仅增强了理论联系实际的意识和志愿服务的精神，加深了对书本知识的学习，自身素质和服务社会的能力也得到了全面提高。调查显示，参与完成本课程后，41.56%的学生感觉“了解了国情民情，加深了对人民群众的感情”，31.40%的学生感觉“提升了自己的爱国热情，增强了民族自豪感”。通过实践，学生增强了对基层的了解、体验和情感，并认识到：到一线就业大有可为，大有可用武之地。

（3）促进了学生对专业课程的学习，显著提高了学生参与学术科技创新的能力。调查显示，参加社会实践后32.94%的学生“开始关注所学学科在社会、经济发展中的作用”，18.42%的学生“将实践中发现的问题转化为个人研究课题，取得了一定成果”，14.99%的学生“学习成绩有所提高”，每年参加社会实践中进行与专业相关的实践内容的学生占参与实践总人数的近40%。学生形成了将社会实践与学术科研相结合的学习方法。每年学校学生科技创新项目中社科类项目一半以上都源自学生社会实践；2007年该校首批国家创新试验计划的40个项目中就有4个源自社会实践。社会实践从传统的教学系统“一项活动”到教学系统“一门课程”的转变，不仅有效促进了大学生社会实践工作的长效发展，大大提高了学生日常思想政治教育工作的效果，还成为学校教育体系中不可或缺的一环。

课外知识

大学生夏令营

夏令营（Summer camp）是在一个相对特殊的环境中，通过一个专业能力突出的团队的精心设计，而培养出来参与人员潜能的课程。通过活动，使得参与者在某一特定环境中、困境中建立起来的某种素质；在学习过程中获得的某种能力。不同种类的夏令营提供不同种类活动，有些提供户外拓展训练，以训练体能和团队精神；有些则提供语言、艺术、音乐等的训练，以提高专项能力；有些则注重不同群体之间的交流融合，以增进对彼此文化、习俗等的了解。

夏令营起源于美国，最初是于暑假期间提供给儿童及青少年的一套受监管的活动，通过活动拓展孩子们的知识面，增强他们的体质，提高他们的独立和自理能力，同时帮助孩子们形成乐观自信、勇于探索、创造性思考的性格，并在人际沟通、团队合作方面得到锻炼。由于夏令营在提高参与者综合素质方面具有巨大作用，近年来夏令营活动得到了广泛开展，参与者也不仅限于儿童和青少年，各种针对青年大学生的夏令营活动也陆续举办。目前，大学生夏令营主要有下面几种类型：

学术夏令营。学术夏令营是目前高等学校招生选材的一种新形式。学术夏令营一般面向全国高校的大三学生，采取自愿报名和教授推荐相结合的形式确定参与人员，依据成绩、研究潜质和综合素质来选拔营员。在整个夏令营活动中，通过沙龙与专题讲座等现场交流，让教授们判定学生对于学术问题的敏感性，观察参与学生是否具有扎实的基础知识、精深的专业知识，能够敏锐地把握当前学科前沿；是否具有怀疑精神，敢于对现有观点提出质疑并加以论证；是否具有丰富的想象力，善于通过精密的逻辑分析和推理，提出新的观点。通过参与实地调研与撰写调研报告，了解学生是否善于透过现象看本质，通过发现问题来解决问题，是否勇于尝试，不怕失败，积极将想法付诸实践并具有高度的提炼能力。通过科研论文答辩、演讲辩论赛等方式，考查学生是否能够充分利用资源，整合材料融会贯通以及具有良好的沟通能力。从而发现真正具有研究潜质的创新学生，为选拔高质量的研究生提供生源保障。通过举办学术夏令营活动，可以培养高年级大学生对学术研究的兴趣，培养优秀大学生的创新能力，加强高校之间的学术和人才交流，改善研究生生源结构。

文化交流夏令营。文化交流夏令营是大学生了解不同地区、国家语言、历史、社会状况、教育制度等诸多内容的有效方式。暑期游学夏令营是目前各国大学生进行文化交流的主要形式。通过精心的行程设置，营员可以亲自体验当地高校大学生活，了解不同文化背景下教育制度、教育模式、教学方法的差异性；通过夏令营组织的各种学习和观光活动，感受异国文化和风光；与当地居民接触和交流，了解他们的真实生活状态和思想，消除偏见，增进了解，建立友谊；举办针对特定主题的文化沙龙等活动，通过交流，带来不同观点的碰撞和更为深入的思考，扩展看待问题的视角，增加相互信任。

大学生创业夏令营。创业夏令营是一种提升大学生创业能力的新形式。通过大学生创业夏令营的平台，聚拢一批有创业意识的大学生，促成项目的成立。对于管理者来说，可以做到将资源利用的最大化，能够有针对性的对于大学生创业项目做到帮扶。而大学生创业夏令营不同于大学生创业孵化器，他的目的更侧重于在暑假以及课余时间，聚集有创业意识的大学生开展头脑风暴，帮助具有相同创业项目和想法的大学生建立平台，帮助这些人走到一起合作创业。通过政府出面邀请风险投资企业合作，建立大学生创业夏令营。政府对于参与的企业给予相关的政策优惠，而企业则出资创办大学生创业夏令营，风险投资在夏令营当中发现具有市场潜力的项目，对大学生前期创业进行融资。利用大学生的创业热情和对项目的理解，以及风险投资对于市场的熟悉，不仅能够帮助大学创业者成功上马，而且还能够实现送一程的目的。

思　考　题

1. 如何实现高校课堂实践教学和社会实践教学的有机结合？

2. 组织学生参加社会实践活动具有哪些意义？

3. 大学生实践课程教学可采用哪些教学形式？

4. 大学生社会实践教育的原则是什么？在教育过程中如何贯彻这些原则？

5. 如何理解“以学生为主体，以老师为主导”？

6. 大学生实践项目化管理的具体步骤是什么？

7. 社会实践项目化管理模式的显著特点是什么？实施社会实践项目化管理需处理好哪些关系？

8. 如何理解社会实践的思想性和专业性？社会实践中如何做到思想性和专业性的统一？

9. 目前大学生团结协作精神缺乏主要体现在哪些方面，哪些因素导致了大学生缺乏团结协作精神？

10. 如何通过社会实践活动培养大学生团结协作精神？

11. 哪些因素会影响大学生科研创新能力？

12. 如何通过社会实践活动培养大学生科研创新能力？

13. 大学生社会实践改革应遵循哪些原则？

14. 大学生社会实践改革有哪些方向，高校教育中应该如何贯彻这些方向？

参　考　文　献

[1] 张冰融，宋雪．大学生科研创新能力培养的探索与实践［J］．现代教育管理，2014（6）：71－75.

[2] 曹伊，胡丽娜．河北省发展低碳夏令营的路径探析［J］．时代金融，2014（2）：53.

[3] 张佳伟，邢景娣，李莹，等．大学生农村暑期夏令营可行性分析［J］．青年科学，2014（11）：118－120.

[4] 俞红．学术夏令营——培养与选拔高素质创新型人才的新途径［J］．科教导刊，2015（4）：34－35.

[5] 苏超光．同饮一江水，共尽环保责［J］．世界热带农业信息，2015（9）：7－8.

[6] 曹伊，王晓阳．河北省大学生创业夏令营构建与研究［J］．现代商贸工业，2014（4）：104.

[7] 李雷．大学生社会实践课程建设规划研究［J］．才智，2015（20）：106.

[8] 赵亚威，高宏伟，于洋．订单式人才培养模式的实践探索［J］．高教论坛，2012（12）：79－80.

[9] 徐新洲．“订单式”社会实践人才培养模式研究——以南京林业大学为例［J］．价值工程，2015（28）：233－235.

[10] 叶德成，那森巴雅尔，郭政文，等．农林院校大学生社会实践机制研究——以内蒙古农业大学为例［J］．内蒙古农业大学学报（社会科学版），2014，16（3）：100－103.

第五章　社会实践教学体系

本章采用层次分析法将社会实践的教学体系划分为多维指导体系、保障体系、运行机制、监控体系以及课程体系等 5 大体系，实现了社会实践教学体系的系统化。

第一节　社会实践教学体系的结构

社会实践教学体系包括多维指导体系、保障体系、运行机制、监控体系以及课程体系 5 部分，各部分之间相互联系相互依托，共同构成了一个有机的统一体。体系结构如图 5－1所示。

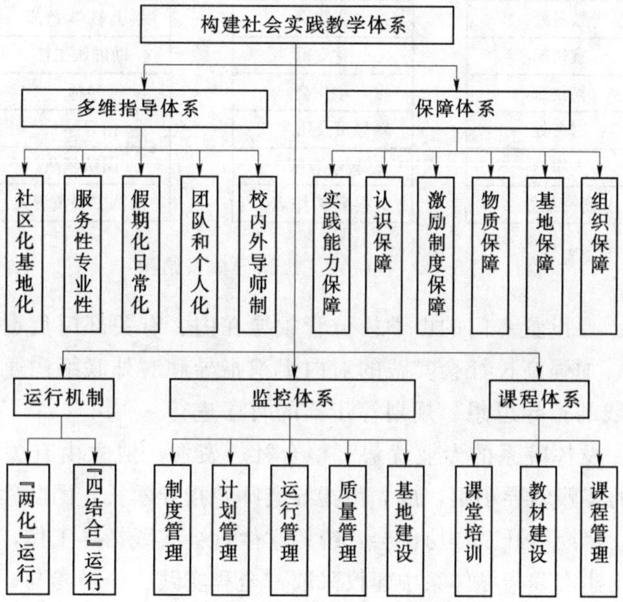

图 5－1　社会实践教学体系结构

第二节　社会实践多维指导体系

高校要加强对大学生社会实践的指导，构建指导体系。建立大学生社会实践指导教师队伍。把大学生社会实践和“思想政治理论课”教学实践结合起来，鼓励思想政治理论课教师利用暑假集中带队社会实践。同时发挥共青团干部、辅导员在社会实践工作中的主动性和积极性。在构建高校多维社会实践指导体系的规划中，要考虑到构建校院（系）两级指导体系、团队实践和个人实践指导体系、寒暑假和日常社会实践活动指导体系、公益服务性实践和专业性实践活动指导体系、社会实践社区化和基地化长效机制指导体系，同时，在体系构建中应注意将创新意识融入到社会实践的全过程，积极整合资源以寻求高校社会实践的多元化支持渠道，推进高校社会实践长效机制的建设，逐步实现高校社会实践指导体系的网络系统化。

一、高校多维社会实践指导体系

1. 校院系三级指导体系

高校有关部门和领导要重视大学生社会实践指导体系的创新发展，建立和完善指挥有力、分工明确、实施得力的校院系三级指导体系。体系结构如图5-2所示。

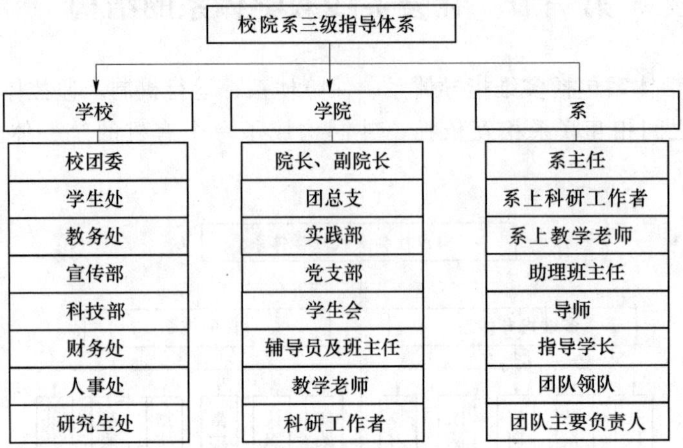

图5-2 校院系三级指导体系结构

（1）学校层面。要设置专门的由学校分管领导在内、有关部门负责同志组成的大学生社会实践领导机构，加强高校社会实践的对内组织指导和对外联络沟通，建立科学的管理制度，保证社会实践的指导思想、规划等步骤的有序进行。

（2）院系层面。发挥院系的专业优势、整合社会资源，成立由有关领导和团组织负责人、指导老师组成的实践领导小组，成立由指导老师、指导学长、团队领队、团队各分队长组成的实施指导组，定期召开工作协调会，统筹学生社会实践指导工作，应充分考虑不同院系学生自身特点，构建实践指导体系中建议采取“全程实践—全员参与—竞赛选题—培育辅导—立项选拔—专业辅导—规范开展”的工作思路，全面拓展学生参与实践的形式。

（3）规范高校社会实践课程设置。真正把社会实践纳入教育教学的总体规划，加强实践活动的科学研究和学科建设，积极协调教务科研等有关职能部门，并调动各院系积极参与。

（4）注意事项：①充分发挥思想政治工作队伍的作用，成立实践指导小组，具体负责院系实践工作的指导；②引入导师制，聘请有丰富社会经验的校内外专家作为大学生社会实践的导师；③规范指导内容，主要包括实践主题选择的指导、过程指导、实践后的总结指导等。

（5）聘请团队实践指导教师。为更好地完成暑期社会实践，各团队应聘请相关教师作为实践团队的指导教师，可以是导师、辅导员、院系老师等在职教师，也可以是校外的专家学者。指导教师应对实践团队的选题、组织、实践成果总结整理等方面进行指导，关心学生在社会实践过程中的安全状况。原则上每位指导老师指导的团队数不多于4个。

（6）聘请团队实践指导学长。为了更好、更有效地完成暑期社会实践，各团队可根据自身需求邀请高年级、有丰富社会实践组团经验的学生作为团队指导学长。指导学长可结合自身经验对实践团队前期选题申报、实践安全指导、中期实践操作实施及后期的课程考核，奖项评比、成果转化等具体操作流程进行指导。

（7）团队负责人具备的素质：①未参加其他任何实践团队；②积极配合学校关于学生暑期社会实践的各项工作；③遵章守程，在校期间无任何不良处分；④有较好的组织领导能力，善于与人沟通、处理日常事务；⑤按要求完成社会实践后期实践成果转化工作。

2．团队实践和个人实践指导体系

高校社会实践指导工作主要通过团队实践、寒暑假部分学校项目、个人实践活动3种方式在团队、群体、个人3个层面构成了多维立体化的体系。在构建社会实践的指导体系中，重视团队实践、加强重点团队培养的同时，还应该关注对个人分散实践的指导。在团队实践方面，应引导大学生关注新农村建设、社会热点与政策宣讲等，指导大学生以团队的形式进行项目分析、规划设计等活动，规范实践活动的申报、立项及组织流程，形成项目式、精品型的团队实践活动培育机制。在个人实践方面，要让大学生对自己的知识、能力、性格等对社会实践主体影响较大的因素有较清晰的认识和估价，发扬青年大学生的爱国精神，发挥自身的专业优势，并依据自身的长处、社会需要、个人爱好有侧重地开展个人分散的实践活动。

3．寒暑假和日常社会实践活动指导体系

高校社会实践是涉及校园内外、师生之间、课堂上下的复杂工作，对于高校院系来讲必须建立科学有效的指导体系，将社会实践工作贯穿于整个学年，形成了以寒假个人分散实践、暑期团队实践与日常项目实践相结合的全员参与、全程实践的推进体系。根据不同时期特点，因时制宜地组织开展不同形式的大学生社会实践活动。

4．公益服务性实践和专业性实践活动指导体系

在公益服务性实践方面，主要通过“四进社区”等社区服务和青年志愿者志愿服务等形式开展公益服务活动，指导和组织青年志愿者走进社区、服务社会，参与文明城市建设，为建设地方、服务社会贡献力量；在专业性实践方面，结合大学生的专业特点，注重在实践中发挥专业优势、培养专业能力，将专业知识应用于社会实践。另外，可以组织开展针对不同年级大学生的个人实践活动指导，针对一年级学生社会化程度低，对大学生活不熟悉的特点，可开展青年志愿者服务、走访校友等体验式的公益服务活动；二、三年级大学生基本熟悉大学的校园生活，具备一定的发现问题和解决问题的能力，针对其特点可与科研立项、“挑战杯”创业大赛相结合，开展专业实践、科研学术和社会调研型实践，发挥专业优势；四年级应以顶岗实习、就业创业性实践为主，为毕业生就业择业提供良好平台。

5．社会实践社区化和基地化长效机制指导体系

在社会实践社区化方面，要使大学生体验于社区，服务于社区，成长于社区，积极探

索社会实践社区化。首先，把实践活动建立在本地社区，社会实践活动在交通、住宿等方面可以降低活动成本，对地方实际了解充分，使实践活动更具可行性和可操作性；其次，实践于社区是大学服务地方的具体体现，通过科技、文化、法律、卫生“四进社区”等多种形式为社区服务，进一步密切高校和地方的联系；再次社区数目众多，具有较大的容量，可为更多的学生提供形式多样的实践机会，转变学生意识，成为实践教育的新阵地。在实践基地化方面，应借鉴国内外大学基地建设模式的经验积极探索与国情、校情相结合的特色基地，按照互利原则实现社会实践基地的良性发展，调动各方力量，构建相对稳定的校外社会实践基地。

二、构建高校多维社会实践指导体系的几点建议

1. 将创新意识融入社会实践的全过程

高校社会实践指导思想决定着社会实践发展的方向和态势，要做到与时俱进，全面推进大学生社会实践创新工作与高校各项工作的融合，把推进高校社会实践创新发展融入到高校教育、教学改革和发展的全过程，渗透到各个方面。要制定科学的教育、教学计划，调整课程结构，使大学生社会实践成为一门必修课，加强实践环节的教学和训练，重视培养学生分析问题和解决问题的能力。以教学、科研力量为后盾，积极面向经济建设主战场，发展同社会各个部门的合作培养，促进科研活动、生产劳动和社会实践的有机结合。与此同时，高校社会实践的指导要有针对性，提高时效性，紧密联系大学生社会实践开展过程 中的种种现实问题，提供有力支持和有效服务，使高校社会实践指导思想“三贴近”，即贴近实际、贴近生活、贴近学生，坚持社会实践与理论教育相结合，坚持继承优良传统与改进创新相结合，坚持解决学生思想问题与实际问题相结合，坚持关注学生切身利益和合法权益相结合，关注每一个学生的成长，循序渐进地推进高校社会实践工作的开展。

2. 积极整合资源以寻求高校社会实践的多元化支持渠道

资金不足是大多数高等院校在组织大学生社会实践过程中遇到的普遍问题。在目前学校经费有限的情况，积极争取政府、企业的扶持，个人积极努力创造条件，努力形成“学校扶持一点，学院配备一点，政府、企业支持一点，个人自筹一点”的多层次资金筹措渠道，实现社会实践活动经费从以高校投入为主向学校支持、社会实践单位和学生个人的多元化投入体系转变。高校要强化资源意识，在充分挖掘自身潜力的同时，努力寻求社会实践与社会资源的最佳结合点，积极争取社会力量参与高校社会实践的发展，不断拓宽高校社会实践的内容设置领域，丰富事件内容。在高校社会实践指导体系构建中，应优化自身资源配置，利用好自身的师资力量资源、科研资源及信息资源，加强与社会的联系，积极利用社会资源，支持和鼓励大学生以社会实践的方式深入到社会的各行各业进行角色尝试，进行创业活动、科技文化活动，为其最终走向社会、服务社会打下基础。

3. 推进高校社会实践长效机制的建设

充分发挥共青团对高校社会实践的组织、指导优势，建立高校共青团组织的大学生社会实践领导小组，发挥其整体作用，调动学生会组织以及各种社团、协会等外围组织的力量，协助、支持高校社会实践体系的构建。高校共青团组织应结合本校的培养目标、专业设置等方面的具体情况，制定本校开展社会实践的指导规划，包括开展社会实践的意义、对学生参加社会实践的总体要求以及对不同年级、不同专业学生的分阶段实施计划等内容。社会实践涉及面大，组织指导工作复杂，共青团组织在积极发挥作用的同时，还必须紧紧依靠党委和行政的领导，加强同有关部门的配合，一般可以通过成立学校社会实践领导小组的办法，由学校党委或行政领导牵头，有关部门参加，共青团组织作为领导小组的办事机构，这样可以形成合力，构建社会实践的长效机制。

4. 逐步实现高校社会实践指导体系的网络系统化

所谓网络系统化，是指学校、家庭、社会机构在学校指导的社会实践中日益结成一个相互作用、不断协调的网络体。如美国已从单纯依靠学校指导实践活动的模式演变成为由学校的各科教学、活动与学生组织、家长以及社会共同来开展社会实践指导的一个系统。高校社会实践指导的网络系统化趋势要求进一步转变社会实践的组织管理机制，实现实践教育机制与市场机制的有机统一，转变组织主体，从以团组织和学校牵头为主的组织形式，向以教师、高校学生与实践接收单位牵头为主体的组织形式转变。

第三节　社会实践保障体系

大学生社会实践保障体系是指相关部门及社会大众为保障大学生社会实践的顺利进行并取得预期效果而采取的一系列有关措施，包括实践能力保障、认识保障、激励制度保障、物质保障、基地保障、组织保障。

一、大学生实践能力保障体系

大学生要开展社会实践活动，必须要在社会实践能力上达到参与应有的水准，要完成实践能力的保障，必须在实践前要做好知识、技术的准备工作。大学生实践能力保障体系结构如图 5－3 所示。

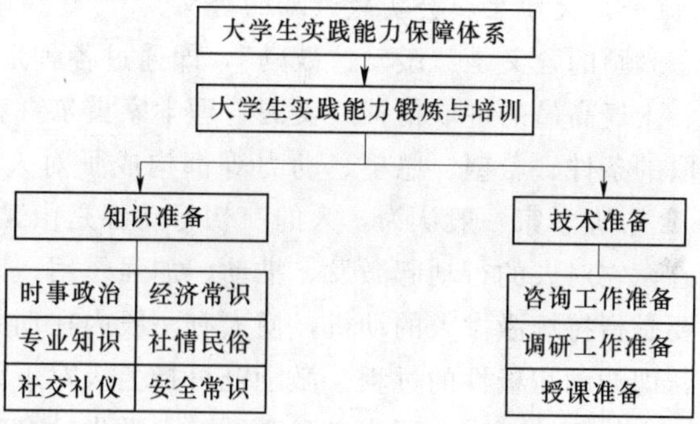

图 5－3　大学生社会实践能力保障体系

二、认识保障体系

大学生开展社会实践活动需要来自各方面的支持与帮助，这需要各方面提高对大学生社会实践活动的认识来保障大学生社会实践活动开展，其中包括各级党委和地方政府要提高对大学生社会实践的认识，还包括社会、学校以及学生本身都要提高对大学生社会实践活动的认识以保障大学生社会实践活动的顺利开展与进行。操作步骤为：一是统一思想，二是变换角色，三是正视困难。认识保障体系的结构如图 5－4 所示。

三、激励制度保障体系

在大学生社会实践过程中需要建立一个针对大学生社会实践的一个完善的激励制度，这个激励制度主要分为考评与激励两种方式，建立完善的激励制度可以对大学生社会实践起到一个量化的作用，可以科学地分析评比大学生社会实践的成果以及开展各种评奖活动，对于大学生社会实践的开展起到了一个激励的作用，促进了大学生社会实践的开展与

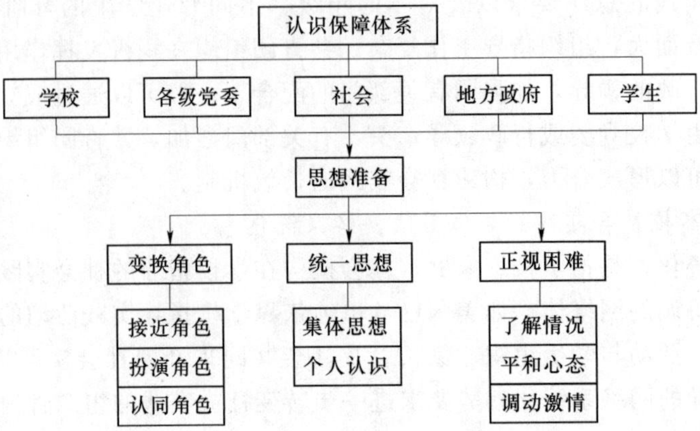

图 5-4　认识保障体系结构

完善。大学生激励模式是指高等学校贯彻国家教育方针，针对大学生身心特点，而发出激励信息，刺激社会实践需求，激发社会实践动机，施行激励行为，调控激励效应，使他们充分发挥内在的工作潜力，为实现激励目标而努力的运行模式。综合利用相关激励理论构建科学的大学生社会实践激励模式，对提高大学生社会实践的积极性，扩大社会实践的主体范围，形成长期有效的社会实践激励机制，促进大学生的全面发展，具有重要现实指导意义。

（一）大学生社会实践激励的含义

激励的含义是“激发、鼓励”，即通过各种形式的外部刺激，使人们产生一种奋发向上、士气高昂的进取精神。美国管理学家雷尔森和斯坦尼尔下的定义就是：“一切内心要争取的条件、希望、愿望、动力等都构成了对人的激励……它是人类活动的一种内心状态。”心理学家一般认为，人的一切行动都是由某种动机引起的。动机是人类的一种精神状态，它对人的行动起激发、推动、加强作用，因而称之为激励。在管理心理学中，激励主要是指持续激发人的动机，使人有一股内在动力，朝着所期望的目标前进的心理活动过程，即调动积极性的过程。激励既可指上级对下级，也可指下级对上级及同级之间。当激励主客体相统一时，即为自我激励。大学生社会实践激励，就是通过建立健全系统科学的激励文件法规，运用多种手段，充分调动大学生参加社会实践的积极性和创造性，为推动社会实践活动提供强大的精神动力。其实质就是通过影响大学生的需求和动机，达到引导大学生参加社会实践完成任务的目的。它既包含了内源性和外源性激励，也包括了物质性、精神性和竞争性激励。

内源性激励就是指在组织管理大学生社会实践过程中，通过引导大学生的内发性需求，激励大学生社会实践动机的过程。这里的内发性需求既包括物质性需求，也包括精神性需求（图 5-5）。图 5-5 中，得不到满足的欲求是激励的起点，欲求满足了，激励也就完成了，随之又产生新的欲求开始又一循环。因此，内源性激励是一种长期而带有根本性的工作，必须从物质和精神两方面入手，一是要进一步完善社会实践管理制度，使大学生在实践中条件有保障、物质有收获，有助于解决学习生活中的实际困难；二是要加强大学生思想政治教育，帮助大学生树立正确的世界观、人生观、价值观，充分认识社会实践的重大意义，使大学生在实践中了解社会、认识国情，增长才干、奉献社会，锻炼毅力、培养品格，满足精神需求。

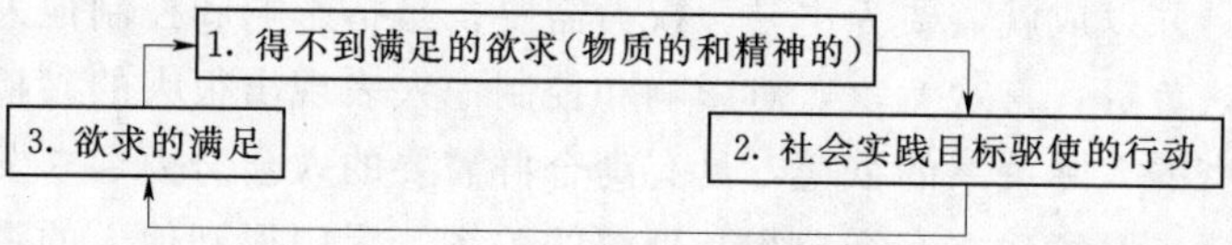

图 5－5 内源性激励过程

外源性激励是指借助外在的刺激而达到激励大学生参加社会实践动机的过程。这里的外在刺激既包括物质刺激，也包括精神刺激，还包括竞争性刺激（图 5－6）。

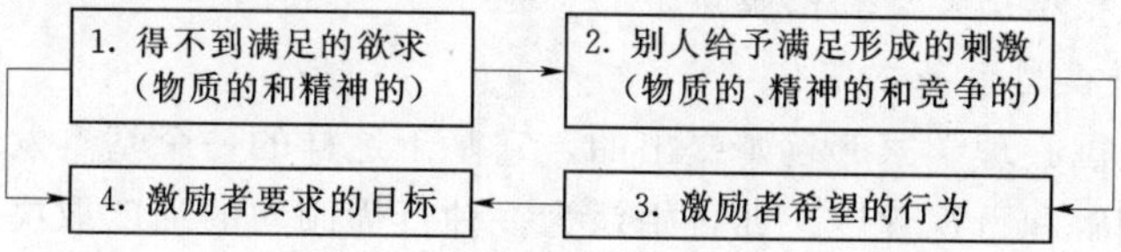

图 5－6 外源性激励过程

图 5－6 表明外源性激励是由激励者利用外部刺激来唤起大学生的行为热情，以达到激励者所要求的目标。这里的激励者包括社会实践指导教师、学校领导、实践基地负责人等。外源性激励的重点是激励者必须善于将满足大学生的欲求与实现社会实践目标有机结合起来；要建立健全大学生社会实践管理制度，实施制度约束；要营造有利于大学生参与社会实践的良好氛围，加强舆论引导；要加强监督考核，引入竞争机制。

在社会实践过程中，内源性激励和外源性激励是相互交织在一起的，内源性激励的作用需要通过外源性激励来加强，外源性激励只有在转化为内源性激励的情况下，才能最有效地激发大学生参与社会实践的热情。

（二）构建激励模式的理论依据

1. 以需要理论为基础

人的行为是由动机决定的，而动机是由需要支配的，有需要才会产生动机。因此，构建大学生社会实践激励模式，必须以需要理论为基础，符合需要理论的一般原理。需要理论主要包括需要层次理论和成就需要理论。

（1）马斯洛的需要层次理论。马斯洛按优先层级提出了五类由低到高的需要层次，即生理需要、安全需要、情感需要、尊重需要和自我实现需要。它们从低到高逐级上升，层次越低的需要，越容易得到满足；层次越高的需要得到的满足度相对较低。而且，低一级需要获得基本满足后，追求高一级需要就成为驱动行为的动力，也就是说，人依次寻求由低层次到高层次需要的满足，一旦某种需要已得到满足，它就不再产生驱动力。一般地，人们主要从外界获得对低层次需要的满足，从内心获得对较高层次需要的满足。其实，从满足低级需要到高级需要的过程，也是由物质激励机制向精神激励机制转化的过程。概括地讲，马斯洛的需要理论有两个基本观点：①人是有需要的动物，只有尚未满足的需要才能影响行为，或者说，已经得到满足的需要不再起到激励作用；②人的需要具有层次性，某层次的需要得到满足后，另一层次的需要就会同时出现，满足最主要的需要比满足其他需要更迫切。

(2) 麦克利兰的成就需要理论。麦克利兰的成就需要理论，把人的高级需要设定为权力、合群和成就，并以成就需要为主导。权力需要，是指影响和控制他人的欲望。凡权力需要强的人，喜欢负责，喜欢竞争，对影响和控制他人表现出很大的兴趣。合群需要，是指建立友好和亲密的人际关系的欲望，具有高合群需要的人会努力寻求友爱，喜欢合作性而非竞争性的环境，愿意建立有充分相互理解的关系，渴望得到他人的赞同，高度服从群体规范，为人处世忠实可靠。成就需要，是追求卓越以实现目标的内驱动力。具有高成就需要的人，对工作的成功有强烈的要求，他们乐于甚至热衷于具有挑战性的工作。成就需要理论重点讨论的是精神激励与竞争激励作用的机制。以上两种需要理论是构建大学生社会实践激励模式的根本出发点和落脚点。

2. 以期望理论模型为基本架构

期望理论是美国心理学家弗鲁姆提出的。它基于这样的一个基本发现，激励取决于行为主体对目标的理解和重视程度。弗鲁姆认为一种行为倾向的强度取决于个体对于这种行为可能带来结果的期望强度，以及这种期望对行为者的吸引力。期望理论的基础是自我利益，核心是双向期望，管理者期望被管理者的行为，被管理者期望管理者的奖赏，假设是管理者知道什么对被管理者最有吸引力。显然，若要提高激励水平，就要相应地提高效价和期望水平。因此，目标设置应是“所愿”又是“所能”，即值得去做而又经过努力有可能做到。期望理论所描述的激励用公式表示为 $M = VE$ 。式中 M 代表某一活动对被激励者的激发力量；V 表示被激励者所能得到结果的全部预期价值；E 表示被激励者认为达到该结果的期望概率。针对目标设置，洛克提出了目标设置理论，认为，目标是人们行为的最终目的，是人们预先规定、符合其需要的“诱因”也是激励人们有形的、可以测量的成功标准。设置达到目标是一种强有力的激励，是完成工作的最直接的动机。大学生社会实践可以看作教师对学生、学生对教师的双向期望，教师或学校希望大学生通过社会实践成为德才兼备的社会主义事业建设者和接班人从而完成育人任务；学生希望通过社会实践满足自身需求，得到教师、学校乃至社会的认可。因此，以期望理论模型为基本架构，构建大学生社会实践激励模式，能够较好地反映大学生社会实践的本质。

3. 以强化理论和公平理论为重要支撑

强化理论是美国心理学教授斯金纳在巴甫洛夫的条件反射论、华生的行为主义论和桑代克的尝试学习论的基础上，提出的一种理论。他认为，人的行为是其所获刺激的函数。通过对取得成绩的人加以赞扬，对成绩差的人加以惩罚，使人们受到激励，这是简单却有效的激励方法。一般包括正强化和负强化两种主要方式：

(1) 正强化，就是用有吸引力的结果或奖酬对那些符合组织目标的行为加以奖励和肯定，以使这些行为经进一步加强并重复出现，从而有利于组织目标的实现。奖励包括物质奖励和精神奖励，在大学生社会实践中，正确运用正强化的方法就是要合理地实施物质奖励和精神奖励。物质奖励可以发放酬金、实物、提供免费交通吃住等，精神奖励可以进行各种形式的表扬、授予荣誉称号、与奖学金挂钩，等等。在进行正强化时，要注意使强化的方式保持间断性，使强化的时间和数量保持可变性。

(2) 负强化，就是用批评、惩罚等消极的方式，使那些不符合组织目标的行为削弱，甚至消失，从而保证组织目标的实现。

负强化和正强化的目的一样，都是想维持和增加某一有利的行为，也都具有相同的方法，包括物质惩罚和精神处分。大学生社会实践激励模式中可以使用的惩罚有：减少薪金、开展批评、取消评选先进资格、不准参加奖学金的评定等。与正强化相反负强化要维持其连续性，即对每一次不符合实践目标的行为都应及时予以惩罚从而消除侥幸心理。

公平理论是美国心理学家亚当斯在1976年提出的。公平理论认为，激励中的一个重要因素是个人对报酬结构是否觉得公平，也就是个人主观地将他的投入（包括努力、经济、教育等因素）同别人的投入相比来评价是否得到公平或公正的报酬。公平理论还认为，个人不仅关心自己经过努力所获得的报酬的绝对数量，也关心自己所获报酬和他人报酬之间的关系。当人们感到自己的投入与产出比和其他人的投入与产出比不平衡时，就会产生不公平感。由于自身经验的不足，大学生容易过高估计自己的成绩和别人的获得，过低估计别人的绩效和自己的获得，把实际合理的分配看成不合理，把本来公平的差别看成不公平，因此，在构建大学生社会实践激励模式过程中，一方面要特别注意设置公平的目标、实施科学的考评、进行合理的奖惩；另一方面要正确教育诱导，改变大学生的认知，减少不公平的感受。

强化理论和公平理论是实施激励技术的重要理论支撑，了解了需要理论和期望理论可以拟定大学生社会实践激励模式的框架，但却不能保证其有效性和可行性；只有在强化理论和公平理论指导下，采取合理的激励技术，才能保证大学生社会实践激励模式科学高效运转。

（三）创新构建大学生社会实践激励模式

激励理论认为，激励机制分为3种类型：物质性激励、精神性激励和竞争激励。物质性激励来自人们生存的基本需要，每个人都因此受到这一激励的拉动；精神性激励来自人们对高级生活质量的需求，是一种发自内心的、主动的力量；竞争激励作用来自于外界压力，行为者是被动的。这3种激励又可概括为内源性激励和外源性激励两种：内源性激励就是指在管理过程中，通过引导被管理者的内发性需求（包括物质的和精神的），激发和强化其动机的过程。外源性激励是指借助外在的刺激（包括物质的和精神的）而达到激发和强化被管理者动机的过程。大学生社会实践激励模式既是包括3种机制在内的综合激励，也体现为内源性激励与外源性激励的综合过程。以需要理论为基础，以期望理论模型为基本架构，以强化理论和公平理论为重要支撑，借鉴前人研究成果，构建大学生社会实践激励模式（图5-7），包括13项内容、15个过程。

结合大学生社会实践的具体实际，综合运用相关激励理论，具体可作如下描述：大学生参与社会实践首先是在主导性需要（8）和高成就需要（13）的驱动下，实现对社会实践目标（5）的认同，高成就需要是大学生参加社会实践的长久的内在驱动力。这里运用了马斯洛的层次需要理论和麦克利兰的成就需要理论。在社会实践目标的引导行为下（11），大学生以一定的客观环境条件（6）和社会实践能力（9）为条件，经过个人努力（1），取得了相应的业绩（2）；此时，个人实现期望，自身需要得到满足，同时，因受到学校及社会的认可和褒奖（3），大学生获得满意感（4）进而形成新的主导性需要（8），开始新一轮激励过程。这是该激励模式的基本架构，它运用了期望理论的基本原理。社会实践激励目标的设置是管理者（学校和教师）对大学生的期望，而学校及社会的认可和褒奖则是大学生对管理者的期望。从“个人努力”（1）经过“社会实践目标”（5）到“社会实践目标引导行为”（11）形成的完整回路，同时符合洛克（E. A. Locke，1967）提出的目标设置理论。

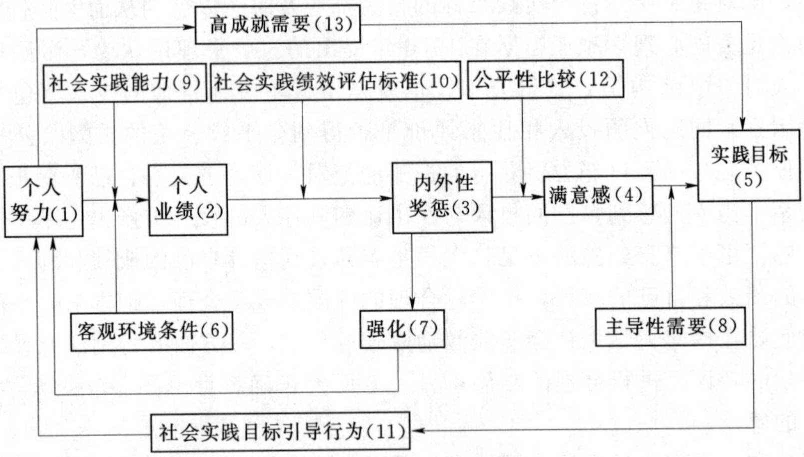

图 5-7　大学生实践激励模式

大学生社会实践激励模式中，第（1）、（2）、（3）、（7）、（10）等 5 项内容所构成的循环是强化理论的体现。个人经过努力（1）在社会实践中取得业绩（2），经过学校社会实践管理部门的考核（10），大学生因此获得学校的认可和褒奖，学校的这一行为进一步强化了大学生努力的动机（7），促使大学生获得更好的业绩。另外，在激励模式中加入第（12）项内容，以体现公平理论对大学生参与社会实践的激励作用，也就是说，大学生在获得学校认可和褒奖的基础上也会把自己在社会实践中的投入产出比与其他同学的投入产出比进行比较，这种比较产生的不公平感直接影响学生对社会实践的满意度。

（四）正确运用大学生社会实践激励模式

激励本身是一个十分复杂的过程，要正确运用大学生社会实践激励模式，必须注意以下几个问题：

（1）认清大学生的个体差异。根据个体差异设计不同形式和内容的社会实践是提高激励效果的关键。一方面，每个大学生都是独立的个体，其性别、需要、态度、年级等各不相同，个性心理素质、文化知识水平等参差不齐；另一方面，影响大学生参与社会实践的因素也是多种多样，既有社会、家庭因素，也有客观、主观因素。这就要求我们既要考虑同一年级不同个体的差异，又要考虑不同年级间的差异。例如，对经济困难者，应选择有较高报酬的实践活动；对高成就需要者，应选择具有一定挑战性的实践活动等。要注意个别激励与差别激励相结合，个别激励的目标指向是具体个人，对成绩突出的可以个别激励；差别激励是根据年级不同进行不同的激励，低年级学生对物质追求、合群需要、体验社会生活更迫切，而高年级以及研究生，则更加关注职业选择，那些具有挑战性的工作更能激发他们的热情。

（2）设定具体合理的社会实践目标。首先，要确定适宜、具体的目标，避免空洞、号召性的目标，坚决避免没有目标的活动。即要确保参与社会实践的每一位大学生都有一个具体目标，并对其完成的程度进行反馈。这个目标可以具有一定的难度和挑战性，既能被大学生所接受，又具有一定的吸引力。在遇到难度很高，庞大复杂的目标时，可以把它划分为若干阶段性的目标，通过阶段性目标的逐步完成，最后实现总目标。其次，要使社会实践的目标与学生专业知识和能力相配。特别是对那些具有高成就需要者，就要合理安排学、研结合具有创造性和挑战性的工作，避免从事与其需要不一致的工作。第三，要鼓励创新，大胆实践。

（3）及时科学地对社会实践活动进行考核。考核既是对过去工作的总结回顾，又是对大学生实施奖惩的基本依据。

1）要制定完善的考核办法，所设计的指标体系既要注重实践结果，更应关注实践过程；既要规定实践的经济效益，更应突出社会效益；既要反映大学生个人的实际收获，更要了解社会受众的各种反馈。

2）要突出考核的及时性和一致性。只有及时进行考核，能用有吸引力的结果或奖酬对那些符合学校育人目标的做法加以奖励和肯定，以便这些做法经进一步加强并重复出现；同样，只有及时进行考核，才能用批评、惩罚等消极方式，削弱那些不符合学校育人目标的行为，甚至消失。突出考核的一致性，就是要保持考核内容、考核时间、考核方式的相对一致性，以便实现大学生社会实践工作的规范化、科学化。

3）增强考核结果与所得报酬之间的关联性。关联性强意味着大学生的高工作效绩将导致酬金的提高和相应荣誉的获得，关联性弱意味着大学生的工作绩效对其获得奖惩影响小。

（4）注重不同类型激励的有机结合。一是物质激励和精神激励结合。物质性需求是许多大学生的基础性需求，大多数同学的家庭都不富裕，为不能自食其力而愧疚。因此，在设计实践活动时，一定尽可能使之有报酬，没有报酬，学校或社会也应提供相关的物质保障措施，比如交通、住宿、仪器设备等，减少大学生参加社会实践活动的费用。同时，大学生又不同于一般劳动者，他们年轻有朝气，思想独立，敢于创新，具有强烈的求知欲望、社交欲望和成才愿望等。这些都是大学生的精神需求，实施激励过程中，必须充分考虑这些精神需求，使物质激励和精神激励相结合，单方面强调任何一方都会降低激励的效力。二是外源性激励与内源性激励的统一。人的激励过程是由外源性激励和内源性激励综合作用的过程。要提高大学生参与社会实践的积极性，必须从内激励和外激励两方面来提高。一方面通过丰富实践内容和形式，避免简单重复性的工作；尽量减少和避免工作与任务不明确的地方；加强思想政治教育工作，诱发内在激励因素，提高内源性激励。另一方面通过提高大学生完成任务的期望值；贯彻“按劳分配”原则，提高获得奖酬的可靠性；提高外在奖酬的效果，等等，提高外源性激励。同时要处理好二者关系，使之相辅相成，产生叠加效应。

（5）完善公平性系统、注重社会实践形式。大学生在与他人进行投入产出比的比较中会产生不公平感，直接影响大学生的满意度，进而影响激励的可持续性。因此，必须完善大学生社会实践激励中的公平性系统。首先，要做到机会公平。由于社会实践资源的稀缺性和内容形式的多样性，并非全体学生都有机会参加，而工作条件好，有报酬、薪酬高的社会实践活动，竞争更加激烈。要通过公开实践项目、公开招聘、择优录用的方法，尽可能实现机会公平。其次，要做到回报公平，也就是使付出与所得对等。让参加社会实践的同学们感到自己的付出与回报相一致，要使同一种实践活动有大体相同的回报，高付出要有高回报。同时，也要注重大学生社会实践的形式，形式多样活泼，能够吸引大学生，反之，形式单一枯燥对大学生社会激励模式的运行也有影响。大学生喜欢的社会实践形式是多样的，没有特别突出的喜欢形式。根据调查发现，实践教学、社会调查、军政训练以及“三下乡”和“四进社区”是大学生比较喜欢的，分别占20%、17.50%、14.90%和13.40%，也有相当比例的学生对现有的形式仍感到不合适，有17.20%的同学选择了其他。这就要求管理者开拓创新，充分利用现有资源，不断寻求更新更适合现代大学生的社会实践形式。

四、物质保障体系

物质保障体系由医药卫生用品保障体系、宣传用品保障体系、文具办公用品保障体系、经费保障体系、行装保障体系、咨询服务器材保障体系、参考资料保障体系等7大部分组成。物质保障体系结构如图5-8所示。

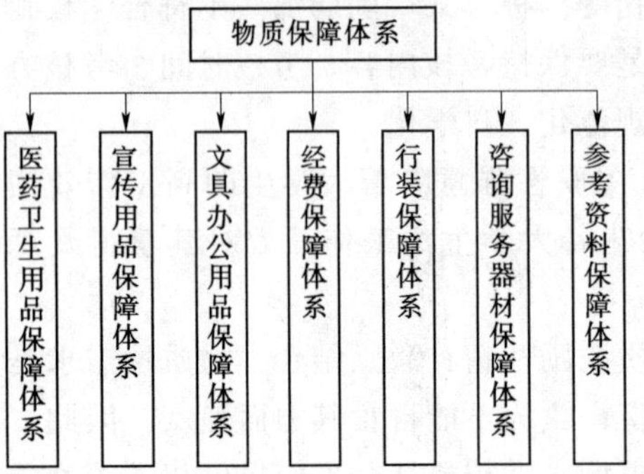

图5-8 社会实践物质保障体系结构

大学生社会实践的开展有多种形式，然而每种形式都需要经费来保障，有很多好的社会实践构想都因没有资金作为保障而中途夭折，因此学校必须要设立专项资金来保障社会实践的基本开展需要，用来满足实践师生的基本生活费用以及必需的实践花费，学校将社会实践专项资金列入经费预算，由各专业控制定额以保证经费的开销，从而来保障社会实践的开展。大学生参加社会实践教学的经费，要通过国家、地方、学校、接收单位和学生个人等多渠道解决。各级政府要创造条件支持大学生参加社会和教学实践，加大投入，帮助学校加强实训设施建设，不断改善实践教学条件。高校应把社会实践经费纳入人才培养成本，各学院要加大实践经费投入，创造条件支持大学生社会实践，争取企事业单位出资支持大学生社会实践。

五、基地保障体系

开展大学生社会实践活动必须借助一定的物质中介，必须有一个保证双向多边活动得以展开和加深的载体。社会实践基地就是这个物质中介，具体表现在以下几方面。

（1）社会实践基地为学生认识社会提供了一个窗口。通过这个窗口，学生可以观察社会、了解社会，从而形成对社会初步认识，为将来踏入社会做好准备。

（2）社会实践基地为大学生研究社会开辟了一个渠道。通过社会实践基地，大学生可以透过社会现象发现社会问题，开展相应的分析研究工作，并通过研究提一些解决实际问题的建议和方案，从而提高他们研究社会的能力。

（3）社会实践基地为大学生服务社会提供了一个平台，作为一个固定的场所，可以有力地提升社会实践服务社会的广度和深度，可以更好地了解服务需求，拓宽服务领域创新服务形式，努力构建社会化服务体系。通过这样一个平台，学校可以更好地组织大学生主动投身社会，服务地方经济建设，在服务中培养开放意识和竞争意识，努力实现教育与服务形式的有机结合。

六、组织保障体系

高校组织大学生开展社会实践是为让大学生在社会实践的过程中更好地去领会书本上的知识，使大学生对社会有一个初步的理解和认识，但是在这个过程中，大学生对社会的理解还处在一个初级的阶段，看到社会上好的一面的同时也能够看到社会不好的一面，这就需要学校建立一套完整的组织体系来保障大学生的社会实践的开展。作者建议成立由校团委、学生处、教务处、宣传部等负责人组成的社会实践工作领导小组，建立由校院系老师、政府人员、校外专家、实践单位领导、优秀学生代表组成的一套完整的组织管理体系，如图 5－9 所示。社会实践活动的组织准备包括 4 个方面的内容：①制定具体的实施计划；②制定必要的纪律措施、规章制度；③人员配备和分工；④实践活动前对各类人员的培训。

图 5－9　组织保障体系结构图

七、大学生社会实践保障体系建设的措施

（一）提高对大学生社会实践工作的认识

在大学生社会实践的过程中社会各个阶层应该重视大学生社会实践活动对高校教育体系的重要作用，全力支持大学生社会实践活动的开展。

（1）社会各界应提高对大学生社会实践活动的认识。各级党委和地方政府要大力支持，高度重视大学生社会实践活动的开展，为高校组织社会实践活动创造条件，提供便利，要协助高校建立大学生社会实践基地，把支持大学生社会实践列入政府财政。地方各级政府要动员社会各方面支持大学生社会实践，并制定相关政策和具体办法，调动各方面的积极性，加强对大学生社会实践的宣传。报刊、广播、电视、互联网等新闻媒体，要深入宣传报道大学生社会实践，为大学生社会实践营造良好氛围。要加强大学生社会实践网站建设，构建社会实践网上工作平台。社会上应该提高对大学生社会实践活动的认识以促进大学生社会实践活动的开展，帮助大学生解决在社会实践活动中遇到的问题。

（2）学校应提高对大学生社会实践活动的认识。学校方面必须重视大学生社会实践活动，为大学生社会实践提供力所能及的包括资金、实践基地、指导教师等保障。

（3）大学生本身应提高对社会实践的认识。

1）在意识上认识到社会实践活动的重要意义。大学生必须意识到只有走向社会、接触社会，才能在社会实践活动中完成从自然人到社会人、从培养对象到使用对象的社会角色的转变，加速自己社会化的进程。树立不怕吃苦、乐于奉献、刻苦钻研的精神，克服错误的观念和庸俗的思想，认识到一个人的奋斗历程是不能脱离社会的，脱离社会的自我奋斗只能是一种自私的行为，并且是行不通的。

2）在行动上要适应社会。目前招聘单位越来越多地要求大学生要有社会实践或工作经历，大学生就业压力增加，必须提高参加社会实践的主动性和自觉性。在社会实践活动中，大学生必须处于主动地位，激发自身的社会责任感和主人公意识，调动自我教育的积极性，认清自己的社会位置，正确地估计自身的价值，明确自己的历史使命，做好担当社会新角色的思想准备。

（二）完善大学生社会实践的组织保障体系

1. 行政组织保障

学校在组织大学生开展社会实践保障的过程中应该首先完成大学生社会实践的行政组织保障，行政组织保障有助于大学生在开展社会实践的过程中减轻阻力，通过完善组织机构，建立纵横交错的一体化组织机制，实现社会实践由学校牵头为主，向学校、学生、实践单位共同牵头为主转变。为广泛争取社会各界的大力支持和参与，可成立社会实践活动指导委员会，设委员和委员单位，聘请地方领导、企事业单位负责人参加指导、协调社会实践活动的开展，研究发展规划。同时，建立社会实践活动基金会，提供有力的服务与保障，签订科技、经济、人才全面合作协议。学校建立社会实践活动领导小组，由团委牵头，以党委宣传部、教务处、学生处、学生会为成员单位聘请地方领导、企事业单位负责人参加指导、协调社会实践活动的开展，负责社会实践的总体规划和设计，各学院成立学院社会实践活动指导小组，由院团委牵头为成员单位负责社会实践活动的具体指导和实施。班可成立社会实践小分队，由团支部牵头，党支部、班委参加，负责具体开展社会实践活动。任何一项有组织、有计划、有目标的活动，都需要全体人员齐心协力、团结合作，更需要建立一支在其中发挥主要作用的骨干队伍。社会实践是新时期大学生走向社会、锻炼成才的重要途径和有效手段，需要学校的认真组织，大学生的积极参与，教师的认真指导，社会的大力支持。因此，社会实践骨干队伍，应包括校内外指导教师骨干队伍、学生骨干队伍，有效确保活动内容的高层次化。

2. 教学环节保障

建立课程教学与实践教学的协调机制，协调课堂教学与实践教学的矛盾，促使大学生课程教学实践活动制度化、经常化，扩大社会实践活动的范围，拓展实践活动的空间，延伸实践活动的效用。开展对社会实践理论课程的教学，以充分使大学生在社会实践中将所学知识充实到知识框架当中。社会实践作为课堂教学的延伸，对于大学生深入理解课堂教学知识起到了非常重要的作用，作为课堂教育的必要延伸和素质教育的重要载体，对于全面提高大学生的思想道德素质和科学文化素质起到了非常重要的作用。社会实践应根据各门课程的不同进入教学计划，任课教师必须组织学生开展一系列的社会实践活动以加深学生对于该课程的认识与理解，学校还要注重将社会实践与思想政治教育结合起来，使学生在社会实践中提高自身的思想政治修养，在社会实践结束后，学校还要组织对社会实践进行总结，使大学生在社会实践中所学到的理论知识与实践经验能够得到升华，真正达到社会实践的目的。

（三）多方面筹集社会实践活动经费

资金是社会实践进行的基础，由于社会实践与其他教学部分不同，有其独特的方式和要求，缺少费用是长期以来制约高等院校社会实践开展和发展的重要原因。

（1）高校应该增加对社会实践的资金投入。高校要深入认识到社会实践在育人中的多重作用，扩大拨款比例，使实践地位、实践课时与经费相符。

（2）多方面筹措社会实践资金。扩大社会交流合作，与企业、公司合作开展互利性质的实践活动，加强社会实践成果的转化，取得一定的报酬。

（3）大力开展社会服务活动，获得社会资金支持。加强同政府职能部门、社会团体、福利机构、民间组织、非营利组织的联系，协助他们开展社会服务活动，费用由他们承担。

（4）实行项目化运作，引入社会资金。实行项目化运作，承担一些社会公共项目进行社会实践工作，以项目经费作为大学生社会实践活动经费，以解决社会实践经费不足的问题。

（5）将实践活动与教师的研究课题相结合。学生参与课题的调查部分或者操作动手部分，费用由项目经费中出。老师和学生各得其所，也解决了经费问题。

（6）学生承担一部分的社会实践费用。学生自己承担一部分费用或选择无费用或低费用的实践项目来减少经费支出，坚持有偿与无偿相结合，实现学校支持、实践单位和学生个人的多元化投入，投入主体与受益主体的统一。

（四）强化社会实践激励制度保障

社会实践需要学校建立一系列完善的考评激励机制，建立规范的、稳定的、可操作的、可考核的一整套规章制度，把握当今大学生自我成长、自我发展、自我表现的需求，把社会实践活动与激励机制紧密结合起来。同时，还要注意对教师以及各院系管理部门的激励机制建设，使激励机制形成从上到下的完整体系。

（1）建立社会实践考评制度。激励机制建立的关键是要使各项激励措施规范化、制度化，形成文件，保证各方面按照要求具体执行。激励机制从来不能单独实行，与之相伴而行的是考评制度，考评制度是激励机制得以实现的保证。学校应制定学校社会实践评比条例及一系列政策措施，对大学生参加社会实践活动成果及奖励做出具体规定，激励竞争，鼓励社会实践取得好成绩。对学生而言，社会实践成果要计入学分，并作为德、智、体综合测评成绩标准之一，作为奖学金评定的标准之一，与评选先进个人和集体挂钩，与团员民主评议、推优入党和推荐免试研究生挂钩。对教师和辅导员而言，根据其所承担课程特点评定社会实践应当完成的工作量、每学期完成的社会实践指导工作量、工作效果与单位和个人经济利益挂钩，与教师工作量和干部业绩的奖惩挂钩。对此院系、教研室应制定规划和考核措施。

（2）建立社会实践奖惩制度。开展先进集体和先进个人评比活动，调动大学生、教师参与社会实践的积极性、主动性，使社会实践形成有机运作、自我驱动、有轨发展的动力机制。

（五）提升大学生参与社会实践活动的能力

（1）提高社会认知能力。社会认知能力即个体对自己以及对他人的心理行为做出预测与判断所具备的某些心理条件。大学生具备较高水平的社会认知能力，也就决定了其健康的社会行为能力，不仅对大学阶段接受教化，实现个体社会化起到积极的推进作用，而且为将来个体社会化的不断完善提供了坚实的保障，从而使个体一生受益无穷。

（2）提高表达能力。表达能力就是以口头或书面的方式表达自己思想、认识和情感的能力，在日常生活中显得十分重要。大学生只有掌握这种能力，才能使自己适应社会的需要。

（3）提高人际交往能力。即以社会认可的方式，妥善处理人与人之间的关系，并与他人和谐共处，共同发展的能力。在校大学生接触较多的是老师、同学，这种关系比较简单，一旦步入社会，由于工作、生活关系，会与各色各样的人员进行交往，能否正确有效地处理、协调好工作和生活中的人际关系，不仅影响一个人对环境的适应状况，而且影响工作效能、心理健康和事业成败，因此，大学生要自觉地培养良好的人际交往能力。

（4）提高组织管理能力。组织管理能力是多种能力的综合运用，主要包括计划能力、决策能力、组织能力、协调能力，大学生将来无论从事何种工作，都离不开一定的组织管理能力，要把工作开展起来，把计划付诸实施，把他人的积极性调动起来，没有一定的组织工作能力是不行的。因此，大学生应不断增强自己的组织管理能力。

（5）要对大学生社会实践工作开展培训工作。社会实践活动之前，学校要组织参与社会实践的大学生开展培训工作，对大学生社会实践能力的培训工作可以取得良好的效果，让大学生迅速地掌握在社会实践中应该注意到的问题与应该掌握的基本知识。

第四节 项目运行机制

形成一套行之有效的社会实践的运行机制，是大学生社会实践活动稳定持续全面开展的重要保证。高校要不断建立、健全大学生社会实践活动的管理机制、奖惩机制、保障机制、评价机制，实行领队负责制，形成培训—申报项目—审核立项（对重点团队进行资助）—实践开展—举办成果答辩会—评价表彰—总结交流的项目化运作流程。

一、构建项目运行机制

1. 构建“两化”运行机制

“两化”即基地化和课程化。社会实践基地是深入开展社会实践并能取得实效的重要基础，也是建立大学生社会实践长效机制的重要环节。新时期大学生社会实践工作要想出成效，就必须整合各种资源，夯实基地建设。

（1）要改变传统观念，积极引入市场竞争机制，多渠道宣传社会实践活动的重要意义，努力寻求地方政府和社会的认可和支持。

（2）要主动与城市社区、农村乡镇、爱国主义教育基地、企事业单位、部队、社会服务机构加强联系，本着“双向受益、互利互惠、共同发展”的原则，从地方建设发展的实际需求和大学生锻炼成长的需要出发，建立多种形式的社会实践基地，力争每个学校、每个院系、每个专业都有相对固定的基地，长期坚持，使学生受锻炼，当地见效益。要明确学校和地方企事业单位在基地建设和运作中所承担的责任和义务。学校要真正为服务地方做实事，让他们看到社会效益。

（3）变单一型基地向多样型基地发展。目前大学生社会实践基地类型有教学、科研、实习、传统教育、社区服务、勤工助学等类型基地，学校还要根据省情、市（地区）情，结合学校实际不断创新大学生社会实践基地的模式、功能。

（4）社会实践基地要充分发挥高校教师和学生的智力及专业优势，找准项目，要切实把建立实践基地，优化实践环境，与促进地方经济建设和发展结合起来，实现多方共赢，使社会实践成为促进学生全面发展，深化学校教学改革，推动社会经济发展的有效途径，确保大学生社会实践活动稳定、持续、健康地向前发展。

大学生社会实践课程化就是要把社会实践纳入学校教学计划，规定学时学分，对大学生参加社会实践提出时间和任务要求。高校可采取“分类教学、统一指导、个别考核、集中管理”的方式，组织大学生社会实践课程的教学，如专业技能发展型社会实践由各教学系（部）根据理论教学的需要组织开展；养成型社会实践、服务型社会实践则可根据思想政治理论课教学的需要而开展。大学生社会实践课程的教学过程应包括如下四个彼此独立而又相互联系的阶段：确定实践活动的主题，制定实践活动的计划，开展实践活动，进行实践总结。

2. 构建“四结合”运行机制

高校在指导大学生进行社会实践的过程中，要逐步形成“四结合”的运行机制，即社会实践与思想政治教育相结合、社会实践与专业学习相结合、社会实践与服务社会相结合、社会实践与就业创业相结合。“四结合”是大学生社会实践的灵魂和核心，它指明了社会实践实施和发展的方向。

（1）社会实践与思想政治教育相结合。社会实践是思想政治教育的有效途径，来自社会实践的教育，其深刻性、丰富性、持久性是校内教育所无法替代的。学校要把社会实践与思想政治教育的目标任务紧密结合，与“两课”教学融会贯通，精心组织社会实践。要结合不同层次学生的思想特点，结合各门思想政治理论课的内容和进度，结合形势的发展和变化，使社会实践教育与学生的思想状况相适应，与思想政治理论课的教学相适应，与培养人才的方向相适应。

(2) 社会实践与专业学习相结合。在组织社会实践活动中，在选择活动项目、确定活动的具体内容时要注意结合学生的专业特点，开展专业实践活动，使学生能学以致用，将课本知识应用到实践中，在服务社会、服务他人的过程中巩固专业知识，加深对专业理论知识的理解与掌握。

(3) 社会实践与服务社会相结合。高校具有科技优势，大学生拥有专业知识。学校在开展社会实践活动时应注意突出专业特点和自身优势，倡导学生充分发挥专业特长，切实为地方做贡献、办实事，开展大学生科技服务、文化服务、卫生服务等活动。通过社会实践，大学生可以为当地提供一些专业上的决策参考和咨询，帮助解决一些生产和管理中亟须解决的技术难题；举办各类技术、管理知识培训班，提高干部、工人、农民的技术水平和业务素质；普及环保知识，促进生态环境的优化等。

(4) 社会实践与就业创业相结合。要利用自身的社会资源，有计划、有意识地开辟学生专业实践场所，和企事业单位建立良好的关系，按照“双向受益、互惠互利”的原则，建立一些稳定的专业实践基地，保持长期的合作关系。在假期选派学生去用人单位实习，使用人单位和学生之间能够有近距离的认识和了解，促进实践单位与学生之间的互动，为学生的就业选择开辟一条道路。学校也要鼓励学生积极参加“挑战杯”创业计划大赛，规范和促进大学生科技成果转化，鼓励大学生利用假期开展创业实践，提高创业技能。

3. 构建多元化绩效评价机制

建立科学的考评激励机制，可以调动学生参与社会实践的积极性。把社会实践纳入正常教学计划，作为一门必修课，在规定学时、学分的基础上，还要建立完善的社会实践考核评价机制。社会实践考核评价可采用定性方法和定量方法相结合的方式，最终形成学分，记入学生学分档案。要建立科学的评估机制，一是成立二级评估委员会或小组，实行定性定量考评，坚持学生自测与集体（小组）评估相结合；二是如实记录社会实践活动各项资料、学生具体表现以及实践单位评价；三是学院（系）要建立社会实践活动信息接收、反馈及处理机制；四是学校要出台有关社会实践活动的条例与管理办法，各学院（系）、班级制定实施细则。同时做到“七个挂钩”，即：社会实践活动情况与学生德、智、体综合测评成绩挂钩，与奖学金评定挂钩，与评选先进个人和集体挂钩，与团员民主评议、推优入党挂钩，与推荐免试硕士研究生、推荐就业挂钩，与学院（系）和个人的经济利益挂钩，与教师工作量和干部业绩的评定挂钩，把团干部、思想政治理论课教师和辅导员参加和指导大学生社会实践的情况，作为职务晋升、职称评聘、工作业绩等方面考评的重要依据，并给予适当的工作补贴。把各学院组织开展大学生参加社会实践的情况作为对办学质量和水平评估考核的重要指标，纳入学校教育教学工作评估体系。评价机制结构如图 5-10 所示。

学校应主要考核各院系组织开展社会实践活动的情况。各院系于每年新学期开学一个月内组成考评小组，对学生的社会实践情况进行考核。考核时，学生应提交有实践单位签章的《社会实践登记表》、社会实践总结报告或调查报告、学生的思想收获和智能收获、心得体会。其社会实践的成绩，根据《社会实践登记表》和社会实践总结报告或调查报告等文章的写作质量、为单位创造的经济效益等几方面组成来综合评定。凡考核不合格者，不能获得本学年社会实践学分。大学生参加社会实践的经历要记入《大学生素质拓展证书》中。同时，

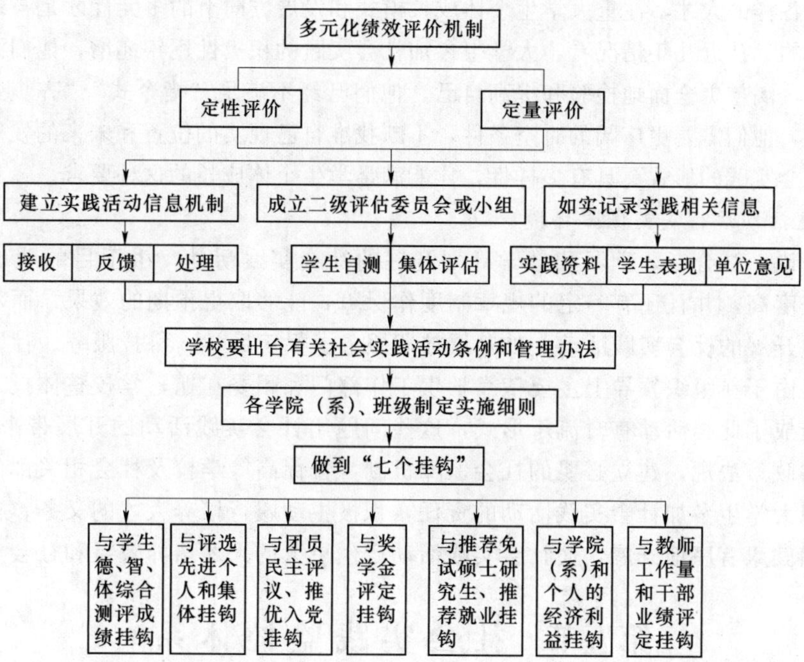

图 5-10　多元化绩效评价机制结构

结合社会实践活动，每年开展各类先进集体和先进个人评比活动，对表现突出的个人和集体给予表彰奖励。通过建立完整的激励机制调动大学生、广大教师、干部参与社会实践的积极性、主动性，使社会实践形成有机运作、自我驱动、有序发展的动力机制。

二、促进社会实践活动的良性运行

为使实践活动释放出最大的能量，真正发挥实践作为培养全面发展人才的重要途径的作用，提高大学生的综合素质，必须构建全新的运行机制。一方面，大学生社会实践活动应逐渐发展成为有社会、学校、学生共同参与的一项社会系统工程，社会实践不再是教育部门或学校的事，而成为能够充分调动一切社会力量，得到重视和支持的社会性工作。社会实践从学校的单向行为转变为社会多角多边的互动行为。另一方面，社会实践活动可扩展到社会政治活动、经济活动、科技活动和文化活动等领域，使其成为学生个人社会化发展的重要因素。

1. 促进活动内容专业化

所谓专业化，是指大学生社会实践活动要围绕专业和课题任务来组织展开，使大学生在完成课题调查和研究的过程中提高思想素质，发展专业技能，增强社会适应性，同时为社会提供一定的物质文化成果和精神文化产品。以专业和课题为中心的社会实践活动，能够促进社会实践活动的目的性、教育性、服务性和效益性的统一。

2. 强化活动形式多样性

高等教育发展的现代性要求社会实践形式具有多样性。社会实践作为课堂教育的补充和延伸，将更偏重于运用知识和提高能力，更注意培养高素质的创造性人才，促进大学生整体的全面发展。大学生个体成长的多元性要求社会实践的形式具有多样性。社会主义现代化建设需要各种各样的人才，注重大学生个体成长模式和发展方向上的多元性才是与现代化建设要求相适应的。从近几年情况看，大学生参加社会实践的积极性逐年递增，他们渴望更深入地认识社会，渴望更全面地检验和提高自己。他们已经不满足“指令式”“齐步走式”的社会实践活动，他们需要更广阔的时空条件，不断找准自己现实的位置和未来的发展方向。因此只有使社会实践的形式更具有多样性，才能满足学生个体成长的这种要求。

3. 建立活动运行法制保障环境

一般来说，结合专业学习和教学计划开展的社会实践活动，由于目的明确，组织得力，重视程度高，并且还有一定的规章制度作保障，能够取得预期的效果。而对于主要依靠学生自主开展的社会实践活动，如基层挂职服务、勤工助学、科技服务、社区服务、信息服务等，由于在组织领导上主要依靠学生工作部门和团委在抓，学校整体投入欠缺，经费不足，造成了此类活动有时流于形式，这些问题给社会实践活动的开展带来许多困难。制定合理的政策法规，建立必要的社会保障机制，督促高等学校及社会相关部门、单位主动承担组织大学生参加社会实践活动的责任，积极主动履行培养人才的义务，社会实践活动才能更加健康有序地开展，使社会实践活动产生更大的人才培养效益和社会经济效益。

第五节 社会实践监控体系

一、社会实践的监控

（1）社会实践的追踪。社会实践最好能实现全程追踪。实施宣传报道信息员制度，及时、准确地做好信息上报、反馈工作，在第一时间将点上活动情况通过网络、传真、信函等多种渠道反馈给学院、学校及当地的各新闻媒体，为宣传报道源源不断地提供内容丰富的活动信息；对于重点小分队开展的重点活动，校宣传报道组派专人负责，做到专题追踪、深度报道。

（2）社会实践的监督。社会实践的监督应具有以下两个性质：

1）全面性。目前的社会实践不是没有监督，而是一种“从上到下”的缺少逆向的监督。学生没有按照学校的要求进行社会实践，那么就不给予社会实践的相应学分。如果学校没有履行其社会实践的职责，就没有落实学校“以学生为本”的服务功能。

2）反馈性。地方或单位对大学生社会实践不能只停留在“后勤补给”上，而应该走上前台以积极姿态指导监督社会实践，通过适当途径将学生的社会实践情况反馈给校方，并就如何实施大学生社会实践与学校协商、研究达成共识。

二、社会实践的监控体系

大学生社会实践监控体系包括制度管理、计划管理、运行管理、质量管理、基地建设5个体系，通过校内外多渠道的监控实施，保证实践质量及效果，达到人才培养的目的和要求。

第六节 社会实践课程体系

社会实践课程体系包括课堂培训、教材建设、课程管理3个部分，各部分互为补充，共同构成课程体系的完整有机体。

1. 课堂培训

课堂上，老师应着重讲述大学生社会实践、实习（包括毕业实习和课程实习两部分）、实验（包括课程实验、课程设计和开放性实验）、创新型科研活动（如挑战杯、创新实验）等4方面内容；课题培训中还应把握两个环节：①要从课程的总体设计入手，浓缩课堂教学，增强相应的实践环节；②把课堂和实践教学融为一体，使课堂内外形成相互联系，相互映衬，相互促进的整体。要求广大教师改变传统的教学模式，在教学内容中融入活生生的事实，图像和各类资料；在教学形式中让学生近距离的接触和亲身的感受。

2. 教材建设

教材建设主要指编撰大学生社会实践课程、教学实验课程、课程实习及毕业实习课程、创新实验与设计课程等教材和从事相关科研创新工作。教师在进行实践教学及科研中应把握专业人才的社会需求方向，结合当地实际情况规划设计符合本校的社会实践及实习路线。如四川农业大学农业水利工程专业老师根据雅安丰富的水资源优势、流域水电开发特点、雅安水问题和社会需求导向新特点及发展态势，从实习内容、方式、时间以及基地、教师队伍建设等方面进行了努力探索，设计出了“工程水文学”——铜头电站、多营坪水文站、雨城电站、大兴电站实习线路，《工程地质水文地质》《土力学》——飞仙关河口地貌及岩层产状测量、雨城区李坝乡周公山温泉、雅安峡口灾害地质监测示范区、北郊乡碉堡山灾害地质实习线路，《灌溉与排水工程学》——校内农场、都江堰灌区、名山灌区实习线路；《水工建筑物》《水泵与水泵站》《钢筋混凝土及砌体结构》《工程测量学》《社会实践》等课程——紫坪铺电站、陇新电站、龟都府电站、水津关电站、槽渔滩电站、大石板电站实习线路；《水利工程施工与监理》《毕业实习》等课程——瀑布沟电站、下村电站、脚基坪电站、下溪坡电站、泸定电站等实习线路。这些课程实习线路的优化设计，切实做到了点、线、面的结合，满足了实习网络体系精干、紧凑、省时、省工、节约开支的要求，改善了实践效果。

3. 课程管理

在课程管理上，开发以信息化为主要特征的大学生社会实践指导平台，包括课程网站、管理系统和信息平台，打破时间与空间的隔阂，保证教师对学生的全方位指导，促进学生之间的交流学习。北京科技大学开发了社会实践网络系统，包括学生管理、学院管理员和学校管理员3大模块。参与实践课程的学生可通过该平台进行个人资料修改、实践申报、通知查询等操作；学院管理员可通过管理员账户对申报团队进行查看审批等前期工作，后期可实现十佳标兵、优秀团队、先进团支部、先进工作者等奖项的推选工作；校级管理员可通过本平台进行团队查看、审批、站内信发送等，具有对系统的完全管理权限。

课外知识

2015年“一带一路”大学生暑期社会实践专项行动简介

为积极贯彻习近平总书记关于“一带一路”建设的“五通三同”精神，引领当代青年更好地实现中国梦、融入“一带一路”的伟大征程，增强国家认同和民族认同，由共青团中央学校部、教育部新闻办、新浪微博主办，对外经济贸易大学、石河子大学、59store承办的2015年“一带一路”大学生暑期社会实践专项行动拉开帷幕。

2015年7月9日，共青团中央2015年“丝路新世界·青春中国梦”全国大学生“圆梦中国”暑期社会实践专项行动启动仪式在对外经济贸易大学举行。主办方、承办方主要领导及对外经济贸易大学、北京外国语大学等首都高校代表，石河子大学、兰州大学、中国石油大学（华东）、合肥工业大学、大连理工大学等“一带一路”沿线省市高校代表参加了启动仪式。

共青团中央学校部副部长李骥对外发布了本次专项实践的整体情况，此次专项实践实现了多个零的突破。首先，这是第一次全国范围内的“一带一路”青年行动，全国各高校积极响应、踊跃报名，共收到来自全国25个省、自治区、直辖市的114所高校的348支团队的申请材料，经专家评审，最终通过全国100所高校300支团队近5000名学生入围，实现了全国高校围绕统一主题联合行动、规模化调研的格局；其次，本次活动是第一个全国范围内的网络众筹“一带一路”实践项目，活动通过新浪微博和59store平台，利用网络众筹的方式，使学生在实践过程中获得更多社会人士的关注、更多社会资源的参与和更多社会力量的支持，让青年人带动全社会各界力量共同参与“一带一路”建设；再次，本次活动第一次创新开展社会实践的首席专家制，活动以习总书记讲话中的“五通三同”为实践主题依据，设计了包含政策沟通、设施联通、贸易畅通、资金融通、民心相通在内的18个主题，并以专家设计方案、专家指导调查、专家带队实践、专家统筹撰写的方式来强化实践成果。本次共招募首席专家139名；此外，通过为期两个月的实践锻炼，各团队将形成第一本综合不同主题的社会调查报告《2015“一带一路”青年观察白皮书》，拍摄第一部反映大学生看到的丝路变化与参与实践心路历程的《丝路·心路》大型纪录片，开展第一次“社会主义核心价值观”走进丝路社区宣讲成果高校巡回展览，在2015年下半年，共青团中央还将联合对外经济贸易大学成立第一个中国“一带一路”青年研究行动中心，推动青年参与“一带一路”建设的理论研究、项目研发和行动支持。

活动流程：

高校“一带一路”社会实践活动举例：

清华大学组织师生走进花剌子模地区和费尔干纳谷地，开设为期两周的大篷车课堂，指导学生采访写作，讲好中国故事。中国人民大学、江苏师范大学、广西组建“一带一路”调研观察团，探寻“一带一路”地区的历史文化、城市变迁、生态环境。浙江大学成立学生“一带一路”研究会，组织300余名师生会员分赴“一带一路”沿线地区，开展丝路文化主题调研实践活动，服务区域文化软实力提升。西安交通大学组建9支队伍分赴丝绸之路经济带沿线重点城市，围绕“农村信息化建设及群众满意度现状”展开调研工作。集美大学师生赴厦门、泉州、平潭等地调研“一带一路”发展战略与邮轮经济之间的关系，提出发展建议。

2015年11月30日，2015年全国大学生“一带一路”暑期社会实践总结发布会在对外经济贸易大学举行。共青团中央书记处傅振邦书记、团中央学校部杜汇良部长出席大会。会上傅振邦书记认为此次社会实践专项活动规模大、成果多、影响广、活动机制新，取得了巨大成功，获得了巨大反响，具有深刻的战略意义和育人意义，并就如何进一步组织开展好社会实践活动提出了四点意见：①高校联动，打造品牌，使暑期社会实践专项活动层次更高、影响更深远；②加强总结、宣传，设立社会实践专项活动平台，推荐工作长效化；③深化活动机制，加强动员；④借助专家的指导，创造更有价值的实践成果，并积极推动成果落地转化。

思　考　题

1. 在社会实践教学体系中，你认为哪个体系最为关键？为什么？

2. 社会实践教学体系对指导社会实践活动有什么意义？

第六章　社会实践的设计与组织

本章就大学生社会实践流程的各环节做了大量理论分析和案例介绍，有利于老师对学生社会实践存在的问题进行针对性地指导。本章简单易学，富含科学性、可行性、现实性。

第一节　实　践　流　程

社会实践的策划与组织就是回答要做什么，怎么做的问题。社会实践流程如图 6-1 所示。

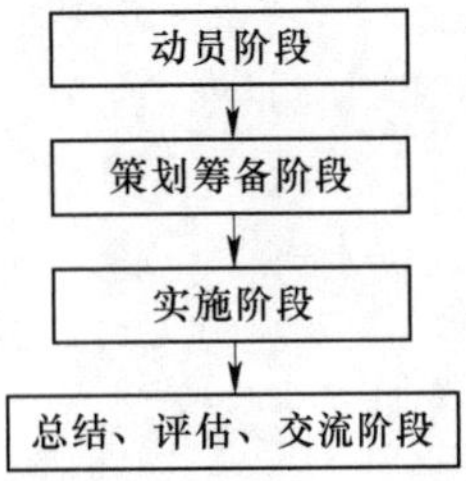

图 6-1　社会实践流程图

一、动员阶段

社会实践是以学生为主，而教师则主要是起引导作用。学生的积极性和主动性是社会实践活动取得实效性的前提条件，要发挥学生的主体作用，必须调动学生的积极性、自觉性和主动性。因此，教师必须做好充分的动员工作，使学生意识到社会实践不仅能培养他们运用所学知识发现、分析和解决问题的能力，还能培养他们多方面的社会活动能力。教师可通过讲座方式澄清学生思想上的混乱认识，让学生充分认识到社会实践的必要性，明确社会实践的目的和宗旨，激发学生参与的热情与自觉性，帮助学生在思想上和心理上做好充分的准备。

二、策划筹备阶段

筹备阶段是整个实践的关键环节，倘若策划不当，准备不够充分，必要的培训工作没有做好，那么就无法开展实践活动。因此教师必须明确社会实践的指导思想、目标要求、形式内容、方法途径、时间要求、成绩考评等要素，结合时代主题和专业特色，针对学生不同的专业和年级以及学生社团的不同性质，允许学生根据自己的兴趣和特长灵活地选择实践内容。同时，实践活动前的技术培训也是必要的。许多学生对社会实践愿望十分迫切，但对如何联系、开展，如何进行社会调查，如何拟定调查报告无经验，不知如何下手。因此，教师在如何选题、设计与规划方案等方面应进行技术性指导，明确具体要求，提高实践技能。

1. 主要环节和前期准备

以四川农业大学“传承水利文化，共促人水和谐”调研团的筹备部署技术路线为例，阐述筹备阶段的各个环节，如图 6-2 所示。

（1）在课余时间了解国家相关政策和社会焦点问题。

（2）提前一个月调查了解学校社会实践活动主题及内容。

（3）对国家相关政策、社会焦点问题与学校社会实践活动主题及内容进行耦合分析，

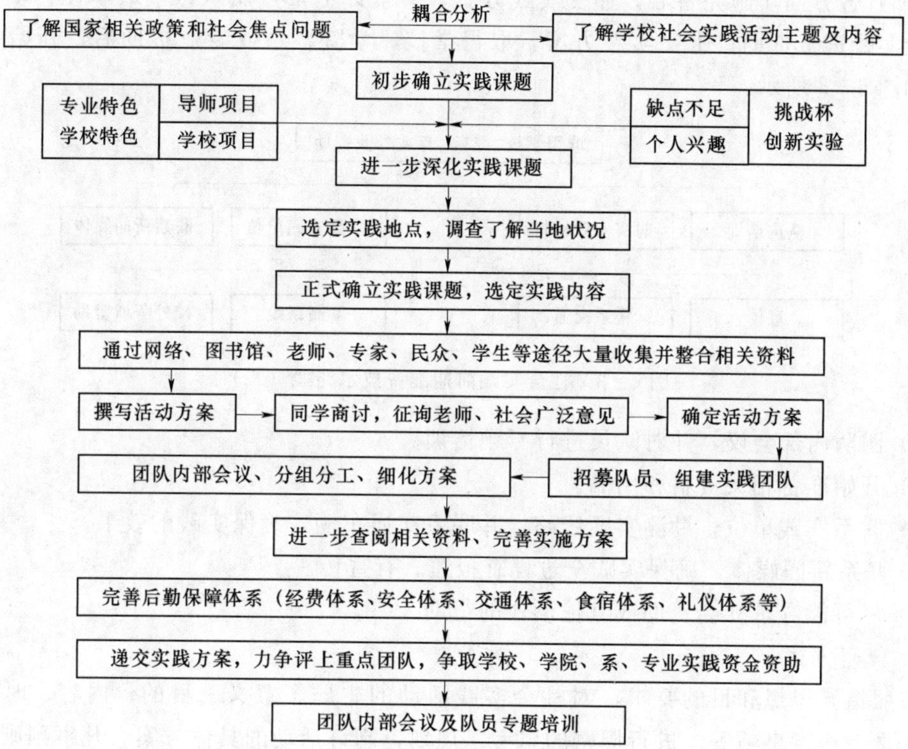

图 6-2　社会实践前期准备技术路线（一）

探索其亮点和突破点。

（4）初步确定实践主题，并从通过互联网、实地考察等途径进一步了解相关信息，考察实践价值和意义。

（5）结合专业特色、学校特色、导师科研项目、学校科研项目，并考虑自我定位，找出自己的优点及特长、缺点，根据挑战杯、创新实验大赛等活动背景、概况进一步深化实践课题，完善课题。

（6）选定调研地点，并进行前期实地勘测，调查了解当地信息。

（7）根据以上流程，正式确立实践课题，选定实践内容。

（8）通过网络、图书馆、老师、专家、民众、学生等途径大量收集并整合相关资料，进一步完善实践课题，并开始联系实践单位。

（9）精心策划实践方向并撰写实践方案，听取专业老师意见，开展实施本项目。

（10）宣传实践信息，并按照项目组团、兴趣组团等思想，开始招募队员、组建实践团队。

（11）团队内部开展会议与讨论，按照最优方式分组分工并细化方案。

（12）进一步查阅相关资料，再次完善实践方案。

（13）建立完善的后勤保障体系（包括经费体系、安全体系、交通体系、食宿体系、礼仪体系等）。

（14）经费预算。主要包括队服、队旗的制作费、实践全过程的交通费、材料费、通信费、意外伤害的医疗费、流动资金（食宿费用队员自备）等。

（15）各方面实施完备后，递交实践方案，力争评上重点团队，争取学校、学院、系或专业实践资金资助；上交实践方案，取得学校、学院、系或专业资助后，开始如下工作。如图 6-3 所示。

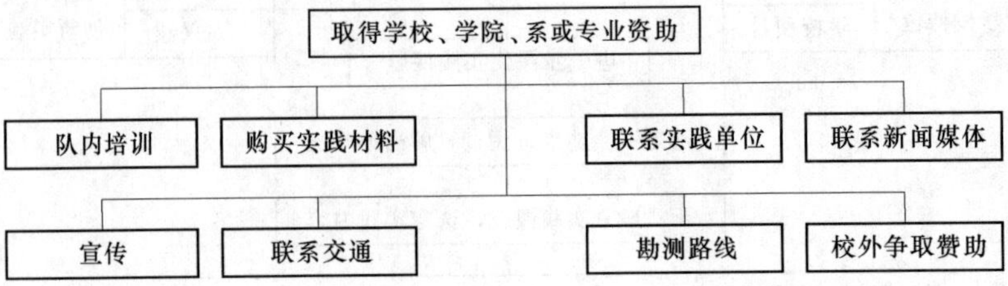

图 6-3　社会实践前期准备技术路线（二）

1）团队内部会议，并对队员进行专题培训。

2）开始准备相关资料和用品。

3）联系实践单位，勘测实践线路，并联系交通车辆，确保实践的效果。

4）联系新闻媒体，确保实践全过程有报道、有宣传。

5）尽可能寻求社会资助或其他形式的帮助。

2. 策划方法

按照指导思想和目的要求，对社会实践活动的主题、意义、目的、内容、时间、地点、人员、注意事项等，进行周密的思考、规划，制订活动的具体方案。凡事预则立，不预则废。策划，决定了大学生社会实践活动可能达到的水平和可能收到的效果。

（1）策划要体现“三贴近”原则。坚持以人为本，贴近实际、贴近生活、贴近学生，是加强和改进大学生思想政治教育的重要指导原则，也是进行大学生社会实践活动应该遵循的基本原则。“三贴近”就是要立足于社会主义初级阶段这个最大的国情实际，把深化和增强对党的方针政策的理解作为中心任务，使大学生社会实践活动更好地体现时代精神；就是要深入到现实生活中去，关注生活中的重大问题，使大学生社会实践活动能够富于生活气息，反映生活本质；就是要从大学生思想状况和认识水平的实际出发，遵循思想教育的规律，让实践回答他们关心的现实问题。

案例分析：2015 年暑期，华中农业大学组建暑期社会实践团队，共立项资助院级团队 139 支、校级团队 70 支、专项团队 7 支、国家团队 1 支，奔赴祖国大江南北开展以“科技支农”实践、“十题百村”观察、“支爱支教”行动、“传统文化”弘扬、“百企千生”见习等为主要内容的假期社会活动。开展了围绕水稻种植技术与药效防治、蔬菜设施栽培、家禽疾病防治等农民迫切需要解决的问题深入基层进行了解并展开科普讲座，深入田间现场指导；深入乡间，开展景观规划、林业改造、生态资源保护等方面的调查研究；去到边远山区为资源匮乏地区儿童带去知识、希望和快乐。实践团队根据自身所具备的专业深入实践，关注农民的生产生活，切实了解广大农村所需用所学知识去解决帮助“三农问题”。

（2）策划要体现团组织对大学生社会实践活动自始至终的领导。加强团组织对大学生社会实践活动自始至终的领导，是大学生社会实践活动能够沿着正确的方向进行，及时处理突发事件，取得预期效果的组织保证。团组织对大学生社会实践活动的领导主要是政治上、思想上的领导，并不排除对大学生自我管理、自我教育能力的培养，相反，策划要体现培养、保护、尊重大学生的创新精神，提高大学生的实践能力。

案例分析：参加金陵科技学院校团委组织的“大手拉小手，建设社会主义新农村”社会实践活动的几十名团员青年，来自11个团总支，为了加强团组织对社会实践活动自始至终的领导，校团委成立了以团总支书记和两名委员组成的“社会实践活动临时团总支”，对这次活动全面负责，制订了详细的工作计划。临时团总支下设3个团支部，以团支部为单位开展活动，落实工作计划。在社会实践活动期间，临时团总支每晚都要召开一次工作例会，总结一天的活动情况，交流心得体会，分析团员青年的思想动态，处理突发事件，提出注意事项，征求意见和建议，安排第二天的工作。由于临时团总支、团支部深入实际，扎实工作，体现了团组织对社会实践活动自始至终的领导，确保了社会实践活动健康、深入开展。

案例分析：中国农业大学社会实践新政策是以“以院为主，校院结合”的社会实践管理办法，进一步提高暑期社会实践活动的水平，使得更多的学生加入到暑期社会实践的队伍中来并得到锻炼与提高，实施“以院为主，校院结合”的社会实践管理办法。新的管理办法改变了以前所有小分队都由校团委管理的办法，校团委根据每年实践主题的需要及学院的推荐，重点支持部分社会实践小分队，而多数小分队从招募开始的大部分工作都将由学院来完成。小分队招募的第一部分为小队长招募，符合小队长招募条件的同学均可以报名参选。作为小分队的领导核心，作出合理有效的计划实施方案。经过初审和面试后确立的小队长再根据项目的需求组建自己的小队。学院评选出来的团队由学院进行直接资助与指导，上报学校的重点团队由校团委直接进行指导与资助。体现了学生自主选题，自主招募组员组团的形式，并以小组长与学院直接联系沟通，学院负者审核项目的方式，以此实现学生的自始至终的领导，学校学院提供财力和知识信息资助的实践形式。

三、实施阶段

由于经验不足，知识能力有限等多种主客观原因，在实施过程中学生有可能碰到难题。这一阶段的难题主要是实践基地、住宿、经费、方案等问题的落实。一方面教师尽可能放手让学生自己去解决这些问题；另一方面教师应随时同学生保持各种联络，以便掌握活动的进展状况、学生的思想动态，及时帮助解决学生自己不能解决的一些生活上、思想上的难题和迷惑。大学生社会实践活动方案，毕竟是“纸”上的东西，当大学生社会实践活动在生活中展开时，现实是生动、丰富、复杂、变化的，大学生的思想也会显得异常活跃。为防止游山玩水、放任自流，甚至走向预期的反面，大学生社会实践活动要达到目的要求，引导必不可少。

1. 引导，在内容上要体现思想性

大学生由于生活阅历较浅，观察、分析问题时，难免表面化、片面性，缺乏全面、深刻地分析问题的能力。同样的社会现象，他们会得出各种不同的答案，甚至在遇到如“贫困落后”等社会问题时，还可能产生错误认识，形成负面影响，与大学生社会实践活动的初衷相悖。因此，要用正确的标准，正确的价值判断体系，亦即社会主义核心价值体系，对事物做出判断，帮助学生结合实际学习党的路线、方针、政策；深入了解国情，了解改革开放30年来的伟大成就，全面理解构建和谐社会的深刻内涵。以金陵科技学院校团委“大手拉小手，建设社会主义新农村”社会实践活动的调查结果为例。永丰中学包括小学和初中，教育对象全部属九年义务教育范畴。学生来自镇上及周围农村，绝大部分家庭收入不高。但家庭的贫困，并没有影响他们送子女上学的热情，毕竟，读书是他们摆脱贫困的主要途径，甚至是唯一途径。为实现这个梦想，他们不惜巨大的劳动付出，忍受着生活的艰辛和窘迫。永丰中学的教学条件又如何呢？通过对该校师资（教职工中本科学历占74%，40岁以下占80%）、校园环境（绿化郁郁葱葱、宣传设施齐备）及教学设施（宽敞明亮的教室，教学专用计算机房，400m标准跑道的运动场）的考察，再和学生家庭经济状况联系起来，大家充分认识到：①九年义务教育阶段免除学杂费深得民心，否则，可能会有不少学龄儿童被阻拦在学校的大门外；②党和政府普及九年义务教育，并不断提高教学质量的决心和不懈努力是坚定不移的，创造一个良好的教育环境，让学龄儿童都能上学，是政府义不容辞的责任。

2. 引导，在方法上要体现因势利导

引导要避免说教，避免"大话、空话"，因为学生已经身处活生生的现实生活中，任何说教、"大话、空话"，都会显得苍白无力。要从学生的思想状况、认识水平的实际出发，充分利用事实的客观性、雄辩性，循循善诱、因势利导，引导学生运用辩证唯物主义和历史唯物主义的科学思想方法，自己得出正确的结论。永丰中学地处城乡结合部，离学校大门不远，有一个规模中等的超市，人来人往，享受着方便的现代购物方式；另一面，同学们看到，在一辆送葬的大卡车上，站满了扎着白头巾的人，吹着喇叭，放着鞭炮，白色纸钱沿路抛撒。显然，这里既有城市气息，又有乡村遗风。难道眼前的盘城镇就是社会主义新农村？大家议论纷纷。当晚，在临时团总支工作例会上，同学们畅所欲言，各抒己见。经过交谈讨论，加之对盘城镇敬老院考察的亲身感受，同学们逐步形成共识：①社会主义新农村，是我国现代化进程中的重大历史任务，要通过现代化农业建设，全面深化农村改革，大力发展农村公共事业，增加农民收入来逐步达到，不可能一蹴而就，要靠我们长期的不懈努力；②社会主义新农村的要求是"生产发展、生活宽裕、乡风文明、村容整洁、管理民主"，内涵是多方面的，不能单凭某个个别现象来对整体做简单判断，要看到事物的方方面面，看到事物的发展变化，看到事物的主流。

四、总结、评估、交流阶段

它既是对实践活动的总结，也是一个测评与交流的过程。因此，教师应及时组织学生进行交流，总结经验和教训，把感性认识上升到理性认识。撰写社会实践报告，提高运用理论分析解决现实问题的能力，以便达到长期、延续的育人效果。对学生的社会实践总结、调查报告，教师必须根据已有的评估标准和奖惩方案，及时认真考核，做出评价，给出成绩，对成绩突出者给予专门的表彰和奖励，以激发更多学生社会实践的积极性和主动性。

第二节 项目选题和内容

一、选题的类型

（1）社会调查。一方面可对队员家乡现状、地区文化、社会热点问题等进行考察调研。如四川农业大学的雅安市雨城区大兴镇留乡子女生存状况的调查、雅安市农村水利基础设施调研、农民采用良种情况调研、上里古镇旅游资源开发利用及旅游业发展现状调查等；另一方面可结合自己的专业，考察本专业的发展和就业方向，如北京科技大学的“金玉良缘”实践团、四川农业大学的金融危机下水利水电专业学生就业心态及就业现状调查实践小分队、雅安市会议经济发展现状调研小分队、雅安市农家乐经营模式探索及发展方向预测分队、雨城区对岩镇殷家村农民职业流动和阶层分化调研小分队等。

(2) 社会服务。包括义务劳动、帮残助弱、医疗服务、环境保护等。一方面，队员可进行维护公共卫生、保护绿地、扶优助人、拥军优属、敬老助残、社区工作等服务，如北京科技大学的“龙腾15”关注养老现状考察团，四川农业大学的雅安市雨城区垃圾处理及保袋运用调研小分队；另一方面，队员还可进行宣传教育、社区学校辅导、扫盲辅导、义务支教、志愿宣讲等服务，如北京科技大学的爱心接力——北科红十字鲜血志愿服务队实践团。

(3) 文化活动。包括支教扫盲、文化宣传、文艺演出、文化辅导等。如四川农业大学的“走近地震灾区消防官兵”实践分队。

(4) 咨询服务。包括法律咨询、科技咨询、管理咨询、信息咨询等。如四川农业大学的雅安市雨城区上里镇农村政策宣传与调查分队。

(5) 科技服务。包括科普宣传、科技扶贫、科研攻关、企业帮扶等。如北京科技大学的赴河北省阜平县长林希望小学支教下乡团、四川农业大学的雅安市水资源保护宣传分队等。

(6) 志愿服务。如四川农业大学的“怀一份真情，送一份温暖”——川农学子走进敬老院帮扶孤寡老人暑期社会实践小分队、统筹城乡背景下的农民问题调研及志愿服务小分队。

(7) 理论宣讲。队员可深入社会、深入基层，将深奥理论通过宣传讲解的形式传递给每一个人。如北京科技大学的延安新农村调研团。

(8) 学习参观。队员深入工厂、农村、重点工程或改革先进单位进行实地考察参观，如北京科技大学的“走进西部钢铁”社会实践团、四川农业大学的“四川省农业机械化风雨兼程60周年”实践团；此外，队员还可到革命圣地和革命老区，考察我党的光辉历程，真正“受教育、长才干、做贡献”，如北京科技大学的“贝壳圣火”实践团。

(9) 生产劳动。队员可以选择到工厂、企业参与生产，如北京科技大学的机械工程师实践团；也可选择到农村参与耕作劳动，如北京科技大学的太阳村志愿服务队。

(10) 科技发明。如北京科技大学的“北科鹰”社会实践团。

(11) 勤工俭学。这是一种有偿服务形式，锻炼自己的同时，还可得到一定的报酬，如北京科技大学的“第一次亲密接触”实践团。

(12) 预就业实习。这是一种有效的检测自己专业知识的手段，如北京科技大学的中国电信辽宁省朝阳分公司预就业实习团。

(13) 挂职锻炼。指到企事业单位担任一定职务，经受锻炼，丰富经验，增长才干，了解社会，了解国情，更普遍地接触工农。如北京科技大学的馆陶魏僧寨镇实际团，四川农业大学的百名大学生“村官”挂职锻炼实践团、“过把村官瘾”——村官挂职锻炼服务团。

(14) 思想政治类。红色主题历来是大学生调研主题中的重中之重，该类主题政治性、理论性强，内容丰富，主要包括：以“三个代表”重要思想为基础，加强党风建设工作；认真学习“八荣八耻”，树立社会主义荣辱观；贯彻党员监督条例，保持党员先进性；研读“十一五”规划纲要文件，落实科学发展观；坚持法治与德治相结合，构筑社会主义和谐社会等。思想政治类主题要求各撰稿人根据党中央系列文件的精神，结合时政热点，选取自己感兴趣的内容，深入学习，开展调查研究。范例：关于科学发展观的内涵的探讨对社会主义荣辱观——“八荣八耻”普及现状的调研。

(15) 环境保护类。自然环境是人类赖以生存和发展的必要物质条件，环境问题直接关系到未来人类命运的兴衰福祉。环保类主题要求各撰稿人运用科学发展观，放眼社会，发掘经济发展所带来的环境问题，可以是和谐生态的变异，也可以是市容环境的变迁，研究其产生原因，并提出有效对策，为实现人与自然的和谐共存献计出力。如黄浦江源头及上海市内水质调查；拿什么拯救你，美丽的鸟儿——关于崇明鸟类自然保护区现状的调研。

(16)“三农”问题类。中国13亿人口中有6亿多是农民，农民问题俨然成为了构建和谐社会的关键问题。以“三农”为主题的调研活动要求学生聚焦农村建设，深入基层，关注“三农”政策的执行及农民权益保护等，以求服务于农民的生产生活需求，服务于农村的两个文明建设。如闵西农村法治建设及其“三农”现状调查，农村劳动力外出打工状况调查。

(17) 专业特长类。“发扬学术特长，展现华政特色”向来是专业特长类主题的基本特征，该类主题内容多丰富多彩，形式多生动活泼，深受老师和同学们的欢迎。专业特长类主题要求大学生积极发挥学术特长，以专业知识为依托，把社会现象与所学知识相结合，经过调查研究，提出自己的观点。为构建和谐社会增光添彩。如关于滁州市全椒县社会保障状况和私营企业状况的调研，关于中华老字号的字号与商标保护的调查研究。

(18) 校园文化类。大学生是未来社会的主流，对大学校园中出现的现象或问题进行调研能够在一定程度上反映出当代大学生的思维方式和价值取向，有利于进一步规范大学生整体素质和思想意识。该类主题要求大学生眼观四方，耳听八方，就校园生活中实际存在的问题进行分析探讨，也可以针对校园中形形色色的现象予以评析研究。如我争我权，交流共进；关于被忽视的学生权益的高校调研团。

二、选题的原则及途径

一般来说，选题须要遵循现实性、创新性、针对性和可行性4条原则，如图6-4所示。

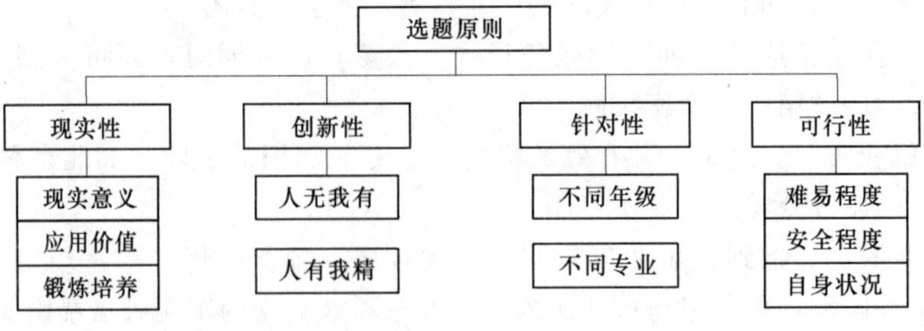

图6-4　选题原则框图

1. 现实性原则

选题要注意实用价值，应选择与社会密切相关、为民众所关心的问题，特别是社会主义现代化建设事业中亟待解决的问题。现实性原则包括现实意义、应用价值、锻炼培养 3 个层面。

（1）现实意义。选题必须考虑与社会生活密切相关、反映社会现象、体现民众关注的问题；还要结合课程主题、学校学科特色等。

（2）应用价值。指实践课题能解决某一具体需求或问题，为相关单位部门献计献策，形成某一具体成果。

（3）锻炼培养。实践队员应结合专业学习或职业规划，找准自身能力薄弱环节重点锻炼培养。

案例：四川农业大学“传承水利文化，共促人水和谐”实践团紧密结合农民普遍关注的粮食问题和指导老师课题——四川西缘山地农村饮水安全的研究，充分考虑四川农业大学的办学特色与雅安实际情况，开展农村水利基础设施的调研，得出宝贵结论，找出最优解，并将其成果加以推广，开发出了雅安生态水文风险管理决策支持系统。

2. 创新性原则

选题切忌盲目赶“热门”和“一窝蜂”。创新可以从以下两方面考虑：从题目、形式到内容都是新的；由旧的题目开展新的内容，从而提出新的观点和看法。创新性原则具体包括人无我有、人有我精两层含义。

（1）人无我有。指从社会实践的课题、形式、内容进校创新，达到别人没有的新阶段。

（2）人有我精。指从旧的题目挖掘新的内容，提出新的观点和看法。

3. 针对性原则

不同年级不同专业的大学生在心理需求、思维方式、知识水平、实践能力等方面是各不相同的。因此要遵循教育规律，在社会实践中贯彻因材施教原则，根据大学生的成长阶段和认知规律，分别进行以思想教育、能力培养、专业素养形成、社会服务能力、职业生涯发展为侧重点的分层实践教育，结合学生个体的偏好和潜质，全方位、全过程、多视角地为学生参与社会实践创设条件，从而为培养充分个性化发展的高素质创新型人才创造条件。

4. 可行性原则

可行性，即要考虑和分析社会各种条件，比如人力、物力、财力等各方资源的支持。首先，充分估计到选题的主观条件，量力而行，客观地分析自己的能力。其次，充分考虑自己的特长和兴趣。再有，实践题目要大小适度；一般来说宜小不宜大、宜窄不宜宽。可行性原则包括难易程度、安全程度、自身状况 3 个层面。

（1）难易程度。学生参加社会实践的时候必须充分考虑其预期效果或目标；考虑所需要的专业知识储备、需要联系的相关单位、涉及的人力、物力等。

（2）安全程度。包括实践地点的安全性、实践内容的安全性、交通条件、食宿条件等各种因素的安全系数级别及综合安全程度。

（3）自身状况。实践队员要考虑自身知识储备情况、综合能力、经济状况、身体状况等。

三、设计项目实践内容

社会实践活动的设计内容包括人物、事件和日程安排。

1. 人物

(1) 组队形式。见表6-1。

表6-1 个人实践与组团实践区分

类别	个人实践	组团实践
概念	在没有同伴的情况下，单独参与社会实践	围绕共同主题组建团队开展实践
组织	相对自由，实施过程较为简单	精心准备，凝聚团队成员做好同一件事情，付出更多精力
成果	规模、影响力较小，不易出成果	规模、影响力较大，成果丰硕
能力锻炼	自理能力、独立意识、文字撰写	团队合作、组织管理、分工协调、安全责任、文字撰写、沟通交流
学校要求	前期向课程组报备实践内容；后期提交报告、登记表、实践心得	前期向课程组提交项目申报书；中期提交报告、新闻稿；后期提交团队报告、团队记录、个人实践报告、登记表、实践心得

(2) 基础知识的储备。①实践地背景知识：包括实践地的地理环境、气候条件、人文观念、风土人情、习俗禁忌、所要联系的实践单位的基本情况等；②实践课题相关知识，包括所选课题的背景、历史沿革、政策、基础知识素材等。

2. 事件

社会实践活动的设计中，队员必须划分好实践内容，并做好具体安排。实践内容可如下进行表述：

(1) 内容划分：结合实践课题，考虑以哪些内容作为主要的、核心的，哪些内容可作为适当的补充，使整体内容达到预期目标的要求，满足本课程实践教学学时要求。如：以理论宣讲为主，社会服务为辅；以学习参观为主，生产劳动为辅等。

(2) 具体设计：根据内容划分阶段性目标；考虑内容的实现形式方法，最大限度的利用各种资源，合理安排人员分工，完成阶段性目标任务。如：社会调查中可以调查问卷、入户访谈、资料查阅等多种形式结合；可以团队全体成员一起行动，也可以划分为若干个小分队分头完成任务。

3. 日程安排

日程安排包括社会实践的筹备时间、出发时间、实践时间、总结时间、返回时间等5个部分。具体如下：

(1) 筹备：完成实践策划、物质准备等。

(2) 出发：协调团队成员时间，集中出发或分散出发至目的地结合。

(3) 实践：考虑整体时间安排、实践过程中每日具体活动时间安排、实践地转换等。

(4) 总结：完成实践内容后，采取集中总结或分散总结，完成预期目标，形成预期成果。

(5) 返回：集中返校或各自返乡。

四、案例分析：京杭大运河现状、保护及申遗政策调查团

1. 确定课题

(1) 现实意义：弘扬中国传统文化、保护文化遗产。

(2) 应用价值：调研结果供文物保护部门、地方政府参考，提供大运河“申遗”辅助材料。

(3) 锻炼培养：调研能力；团队协作；沟通交流；大运河历史文化、文物保护基础知识等。

(4) 可行性：依托学校科学技术史专业优势、利用大学生社会实践课程组织参与。

(5) 创新性：人无我有——空前的规模、实地考察、沿河走访。

2. 活动设计

(1) 储备基础知识：京杭大运河历史背景、流域、沿途城市等。

(2) 团队实践：159 人，划分 15 支小分队。

(3) 整体目标：调研结果供文物保护部门、地方政府参考，提供大运河“申遗”辅助材料。

(4) 实践内容：大运河现状、当地政府保护政策、文化遗迹。

(5) 具体形式：问卷调查；入户访谈；实地勘测；拜访老人、当地环保部门、水利部门、文物保护部门。

(6) 辅助活动：签名、宣讲。

第三节 实践队伍的组织

一、团队基本组成

团队由指导老师（至少 1 名）、指导学长（不限）、团队负责人（1 名）、队员（不少于 5 名）组成。组成结构如图 6-5 所示。

(1) 团队负责人是整个实践团队的核心人物，负责全队的运作与联络工作，各团队需认真选拔德才兼备的负责人，原则上不得进行更换。

(2) 关于负责人、指导老师、指导学长选拔条件，见本书第五章社会实践教学体系中的指导体系部分。

二、组团要求

(1) 参照《北京科技大学学生暑期社会实践团队管理办法》，规定如下：

1) 人数：成员数不少于 4 人，原则上不多于 20 人。

2) 必须聘请指导教师，且指导教师指导团队不多于 4 支。

3) 团队负责人未参加其他实践团队的组建、管理等工作。

4) 明确分工，专人负责。

5) 获准立项的团队，原则上不得进行实践计划、团队人员变更。

6) 团队所确立的社会实践主题必须积极向上、健康、合法，紧密结合学校社会实践主题和社会实际。

7) 组建团队进行社会实践活动必须向大学生社会实践课程组申报，经审批立项为北

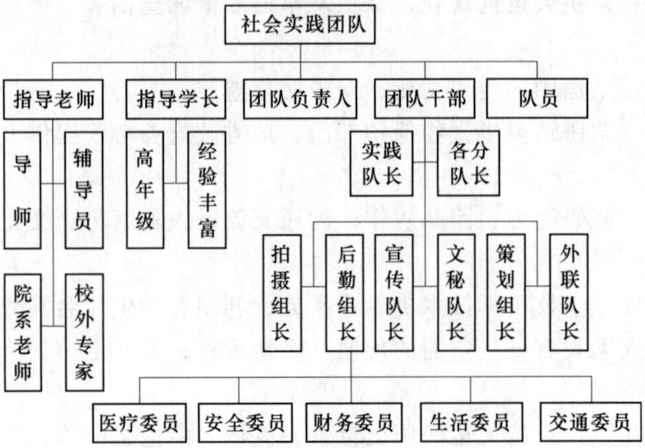

图 6-5　社会实践团队构成

京科技大学学生暑期社会实践团队后方可进行相关实践活动，获得学校相关资金补助申请资格及相应奖项评选资格。

（2）参照四川农业大学学生暑期社会实践团队的组团管理办法，规定如下：参加实践的同学必须是四川农业大学在校的学生。团队至少有 3 人组成，可跨年级、跨专业、跨院系，也可由一名老师牵头组团。团队人数无上限要求，但为安全着想不应过多。组团的方式包括同学自发组织、部门组织和班级组织。在组建社会实践团队时，根据实践活动的需要确定适当数量的成员，参与实践者都必须承担某一方面的与自身的专业、学识、能力、特长相适合的具体任务，分工要明确。实践团队采用领队负责制。领队一方面要对队员进行妥善的分工和周密的安排，保证团队成员的安全；一方面要落实好队员的吃、住、行等后勤服务工作；另一方面要同实践地点搞好协调工作，具体安排好实践进程，并且在相应时间内完成实践任务。作为实践团队的成员，在活动中应服从领队的统一组织和安排，互帮互助，履行好自己的职责，充分发挥自身的优势，认真圆满地完成各项实践任务。

三、成员招募

（1）成员选择的基本原则。

1）具有相对统一的课题意向。

2）考虑实际工作量所需人员；对于不同专业、不同特长人员的需求。

（2）组团形式与主要途径。

1）组团形式：项目组团；兴趣组团……

2）组团途径：班级组团；寝室组团；社团组团；支部组团；学生会组团；同乡组团；公开招募等。

四、团队运作

1. 团队分工

一般来说，学生每组以 4～6 人为宜。人太多易走形式，不利于发挥每位学生的积极性；人太少又缺乏必要的交流与共鸣。分组方法有：兴趣爱好分组，适合研究型的实践活动；实际居住地分组，适合区域范围内的实践活动；不同性格类型的学生分组，适合操作性强的实践活动，便于学生发挥优势互补。分组应以学生自愿为主，提倡成员之间相互学习，取长补短，培养协作精神和团队精神。小组之间也要加强交流合作，相互借鉴。完成分组后，教师再指导学生进行合理分工，并在团队内须设立领队、外联、财务、安全、宣传等方面的负责人。明确责任和任务，按小组进行讨论，制订活动计划，认真填写《社会实践活动调查报告》。

2. 确立制度

团队内部必须建立一系列制度，包括定期会议商讨制度、财务管理制度、安全管理制度、团队纪律等，以确保队伍的有效实施。

（1）建立定期会议商讨制度。通过定期的会议商讨，同学能不断的调整自己的心理状况和实践部署，不断更新优化实践方案，不断认识自我，提升自我。老师也能更快地了解学生实践动态，并做好及时指导。

（2）建立团队财务管理制度。团队应根据实际需要使用经费，实践经费有专人管理、登记账目明细表。学校资助经费分为前期和后期两部分发放。前期经费在团队出征前发放；后期经费由团队开学返校后，凭借相关材料上交情况向实践部申请发放；团队未按规定使用或报假账，一经发现，将取消其经费补助，前期经费勒令全数退回；团队因故未完成或未进行组团实践，前期经费应全数退回。团队通过外联活动取得社会资助，须向学校申报备案。

（3）建立团队安全管理制度。学生社会实践团队的安全工作应作为首要任务来抓，各团队负责人要将学校关于学生社会实践安全工作的办法落到实处，设立专人负责安全工作，详细准备可行的安全预案，时刻提醒参与实践的同学注意自身的生命和财产安全，确保安全圆满地完成社会实践。实践过程中出现不可抗力的突发事件，队长应及时与当地110联系，同时联系校、院团委实践部，说明相关情况，以便学校做出相应决定，使突发事件的损失降到最低。

（4）确立团队纪律等。团队干部要清楚本校规章制度，并懂得一些法律常识，了解实践地点的习俗、制度，通过以上各方面的整合，然后结合实践时的天气状况、队员的实际情况、团队的性质以及大学生文明规范等，制度适合本团队的纪律。

3. 商讨策划

商讨策划包括统一全团思想，制度实施计划、方案，明确实践内容任务分工等内容。

第四节　实践方案的编写

一、方案编写流程

实践方案包括实践课题的基本情况、实践内容、可行性分析等3个部分。

1. 基本情况

（1）课题简介：名称、参与人员、实践地点、实践时间。

（2）背景与意义：结合相关政策、背景资料分析课题的现实意义和实用价值。

（3）预期目标：计划达到的效果，形成的成果等。

2. 实践内容

（1）规划实践主要内容与形式。

（2）不同阶段人员安排与任务分工，如集体行动、小组行动等。

（3）日程安排：筹备、出发、实践过程中的具体安排、总结、返程等。

3. 可行性分析

（1）筹备情况：与实践地、实践单位的联络情况；实践策划是否合理；团队成员实践时间是否能保证；物资准备是否齐全；安全工作是否到位等。

（2）安全预案：对可能出现的安全问题、突发事件是否考虑周全，有无妥善的应对措施。

（3）经费预算：预算是否合理，现有资金是否满足实践需要，有无应急措施等。

二、优秀社会实践策划书案例

案例一：“传承水利文化，共促人水和谐”暑期社会实践活动策划书

<table>
<tr><td>团队名称</td><td colspan="5">传承水利文化，共促人水和谐</td></tr>
<tr><td>指导单位</td><td colspan="5">四川农业大学信息与工程技术学院</td></tr>
<tr><td rowspan="3">指导老师</td><td>姓名</td><td>单 位</td><td>职务职称</td><td>是否随团</td><td>电话/手机</td></tr>
<tr><td>倪福全</td><td>工学院</td><td>副教授</td><td>是</td><td>×</td></tr>
<tr><td>×××</td><td>×××</td><td>×××</td><td>×</td><td>×</td></tr>
<tr><td rowspan="2">领队</td><td>姓名</td><td>性别</td><td>学校、学院、专业</td><td colspan="2">联系电话</td></tr>
<tr><td>李昌文</td><td>男</td><td>××××××××</td><td colspan="2">××××</td></tr>
<tr><td rowspan="2">各负责人</td><td>姓名</td><td>性别</td><td>学校、学院、专业</td><td>联系电话</td><td>职务</td></tr>
<tr><td>××</td><td>××</td><td>××××××××</td><td>××××</td><td>分队长等职务</td></tr>
<tr><td rowspan="5">立项信息</td><td colspan="3">团队总人数（含指导教师及领队）</td><td colspan="2">215</td></tr>
<tr><td colspan="3">实际活动天数（不含路上时间，包括实习时间）</td><td colspan="2">一个月</td></tr>
<tr><td colspan="3">是否具有接收单位证明</td><td colspan="2">是</td></tr>
<tr><td colspan="3">是否附有详细活动计划</td><td colspan="2">是</td></tr>
<tr><td colspan="3">团队队员个人责任书是否全部签字</td><td colspan="2">是</td></tr>
<tr><td>活动类型</td><td colspan="5">学术调研、学习参观、社会调查与服务、理论宣讲、预就业实习、科技活动等</td></tr>
<tr><td rowspan="2">实践单位</td><td colspan="2">单位名称</td><td colspan="2">联系人</td><td>电 话</td></tr>
<tr><td colspan="2">××××</td><td colspan="2">××××</td><td>×××</td></tr>
</table>

“传承水利文化，共促人水和谐”暑期社会实践活动策划书

一、活动来源及背景

1. 活动来源

河流与健康相结合是可持续发展和社会价值进步的必然结果，维持河流健康已成为河流管理的一个热点问题。河流是有生命的，类似于有机生命体的健康，我们可以用健康来描述河流的生态状况。近年来，有关保护河流生态、维持河流健康生命方面的研究越来越受到社会的关注。人们日益认识到生态系统健康与人类健康密切相关，维持河流健康就是维护人类健康。人们通过对以工程为主的治水思路进行的反思，提出了“为河流让出空

间”“为洪水让出空间”“建立河流绿色走廊”等理念，这些理念正被越来越多的国家和流域所接受，并进一步由理念转变为实际的行动。在我国，黄河水利委员会提出了“维持黄河健康生命”的目标，长江水利委员会提出了“维持健康长江，促进人水和谐”的治江新方略等。本实践活动就是建立在此基础上，深入雅安市青衣江流域进行大量用水、管水、调水等的科学调研（包括科学实验、参观、采访、调研、科技服务、宣传等）。本项目设计科学合理，既符合了本专业的知识拓展要求，又能培养同学们的社会实践能力和语言沟通能力，而且本项目结合了我们雅安市自身发展的特点，希望通过调查研究对雅安河流整治工作提供思路与建议，希望通过本项目的实施丰富同学们的专业知识，提升大家的专业技能。

2. 活动背景

(1) 青衣江流域水生态环境问题。得天独厚的水能资源是青衣江流域的最大优势，水力资源开发的潜力极大。水能资源的开发主要是以引水方式为主，为了实现四川电力发展目标，除建设一批优质的大型水电站外，还必须着手建设一些开发条件好、经济指标优的中小型水电站，因此修建了很多引水式梯级电站。引水式梯级电站的修建，虽然使水能资源得到了充分的开发，但对河道内外生态系统却造成了不同程度的破坏。引水式梯级电站通过引水系统，采用截弯取直方式引水发电，造成原河道中坝址与电站厂址间河段水量减少，甚至断流及枯萎。随着引水流量的加大，下泄流量减少，减水河段内水深、流速、水面宽、水面面积相应减小，对河道内水生生态造成极大影响。保护生态环境，避免水资源掠夺式开发，就必须在水资源配置中，保证河道在一定时间、一定空间内具有符合质量和数量要求的水量。故从开发与环境保护并重的角度出发，就必须采取下泄生态流量的保护措施。青衣江流域小水电建设带来的问题具体表现如下：

1) 对生态环境用水的影响：小水电开发中引水式和混合式电站引水发电以及堤坝式电站调峰运行将使坝下河段减水，改变原河道水文情势，将对水生生态、生产和生活用水、河道景观等产生一系列的不利影响。

2) 对生物多样性的影响：小水电开发过程中，工程占地、水库淹没将扰动原有地貌、破坏地表植被，使区域的生物生境发生变化，进而对陆生动植物造成一定的不利影响；坝（闸）下河段减水也将影响水生生物生境，特别是对鱼类“三场”造成不利影响，同时也将影响河岸植被需水量，破坏河岸景观生态。

3) 水库淹没与移民对生态环境的影响：水电工程水库淹没范围广，移民数量大，移民安置对自然、社会经济和生态环境将产生不同程度的影响。水库淹没引起大批居民需搬迁安置，许多专项设施要复建，开发大量田地，导致土地资源结构发生变化。如果安置不当，会造成库区乱垦滥伐，加剧水土流失，导致局部地区环境质量下降，在移民安置初期，造成水土流失，给森林植被，野生动物栖息环境带来影响。

4) 管理问题：近年来，各地积极发展小水电，对解决广大农村及偏远地区的用电需求，缓解电力供需矛盾，优化能源结构，改善农村生产生活条件，促进当地经济社会发展发挥了重要作用。但是，在小水电快速发展的同时，不少地区也出现了规划和管理滞后、滥占资源、抢夺项目、无序开发、破坏生态等问题。

5) 库区移民安置问题：移民搬迁与安置涉及户籍改变、生产生活恢复、社区调整、道路等基础设施的重建以及移民文化、宗教、观念、生活习俗的适应等各个方面。所以水库移民问题不单纯是经济补偿的问题，还关系到库区移民可持续发展及如何构建和谐社会的问题。以往水库移民存在政策不明朗、问题简单化的倾向，为了电站项目尽快而简化移民安置设计的深度和内容；未充分考虑移民将来的发展，给以后移民的生产、生活以及移民管理留下了诸多遗留问题，如不及时研究并妥善解决，将会成为今后社会不稳定的潜在隐患。

(2) 水电开发与脆弱的西部生态。中国西部的水能资源集中在横断山区的岷江、大渡河、雅砻江、金沙江、澜沧江、怒江流域，但这一区域并不是具备水能资源开发潜力的所有地段都应该进行水电项目建设。因为该区是地质环境极不稳定的山地灾害高发区，是我国为数不多的原始森林分布区，是生物多样性表现最突出的地区，是许多珍稀和濒危生物物种的存留地，是我国自然景观资源最为丰富和最集中的区域，是长江以及澜沧江、怒江流域最重要的水源涵养地，是我国及其重要的生态功能区，是地质环境和生态环境极为脆弱一旦受损很难恢复的生态敏感区。

二、项目基本信息

(1) 指导思想。本活动将以邓小平理论、“三个代表”重要思想和“科学发展观”为指导思想，积极响应胡锦涛总书记要求广大青年争做“四个新一代”的号召，秉承“一流的大学要有一流的学生，一流的学生要有一流的团队”的先进理念，奉行“服务学生的健康发展，服务水利学子的全面成才”的服务宗旨，以“倡导多元发展，打造精品团队，推出品牌活动，加强团队建设”为目标，以“积极、高效、服务、务实”为工作理念，坚持实事求是的科学态度，发扬求真务实的优良作风，团结广大本校及他校水利学子，组织好这次的“走人水和谐道路，促进雅安经济、社会和环境的友好发展调研”活动，为广大同学献上一场饕餮盛宴。我们将根据新中国成立60周年我国水利事业的发展状况、变迁以及农村水利建设的60年巨变，做专项图片收集活动和图片展活动；争对汶川灾区次生水环境问题，对灾区恢复重建的影响以及突发事件的应急机制的建立和健全措施开展水利人奉行科学发展观的先进事迹调查；争对雅安市河流现存生态环境问题，发起保护河流，共建和谐社会宣传活动；争对全面建设小康社会的关键时期、我国总体上经济发展已进入以工促农以城带乡的新阶段、以人为本与构建和谐社会理念深入人心的新形势下，中共中央做出的又一个重大决策——建设社会主义新农村，进行农村水利基础设施现状的调研；面对金融危机，对我们水利专业学子的就业状况、学生心态以及应对措施进行专题调研；根据目前建设资源节约型、环境友好型社会的大好形势，对水利界各层人士就如何改善河流生态环境问题以及节能减排方面所作工作进行专项调研，并开展节能减排、保护河流宣传活动；此外，我们还将撰写论文，编写水利专业书籍等。

(2) 实践目的及宗旨。通过积极参观、走访、调研、科技服务、宣传等形式，尽量获取第一手资讯，运用科学分析方法，立足实际，为雅安市经济的发展做出一名大学生应有的贡献。

1) 了解灾后重建中可能发生和已经发生的水环境问题以及相应的水利解决措施。

2) 了解新中国成立60周年我国水利事业的发展状况、变迁以及农村水利建设的60年巨变。

3）了解我国现存水环境问题和雅安市的水生态环境现状，广泛探讨其解决措施。

4）了解我国、雅安市、重庆市的农村水利基础设施现状；广泛探讨其先进经验和改进措施。

5）广泛探讨金融危机下水利专业毕业生的就业状况、学生心态以及应对措施。

6）丰富广大同学的校园生活，陶冶同学文化情操。

7）在实践中弘扬川农大精神，发扬不怕苦、不怕累的作风，实事求是。

8）跨学校、跨专业、跨年级广泛进行学习及学术交流，增进同学间友谊，增加同学们的团队意识。

9）丰富同学们的专业知识，提升大家的专业技能和实际应用能力。

10）通过撰写论文、调研报告，锻炼队员的社会实践能力，培养一定的学术素养。

11）总结和谐水利和可持续发展理念在推动水利建设中的成功经验和指导意义。

12）了解、感触基层人民生活，为将来工作和学习树立信心和抱负。

（3）活动意义。通过实地走访、问卷调查、调研、科技服务、宣传活动、报告会、图片展览等丰富形式，了解雅安市、重庆市乃至我国目前水利事业的发展情况、面临问题，水资源规划与管理的理念、方法，新技术、新方法在水利建设中的应用，了解雅安市、重庆市部分流域概况，通过数据收集整合分析，利用 Matlab、AutoCAD、Excel 等数据处理软件和绘图分析软件以及科学系统的分析方法总结出青衣江流域的水环境状况及存在的问题，针对这些信息，得出目前制约雅安市、重庆市，乃至我国和谐水利发展的一些要素，然后把调研结果反馈给被政府相关职能部门，期盼找到一条比较新颖实用的协调社会、经济、生态环境发展的思路和解决方案。最终撰写论文及调研报告以提升同学的学术素养、务实精神和创新精神。

（4）活动时间。2009 年 7 月 9 日至 9 月 3 日。具体安排如图 6-6 所示。活动实施分 5 个阶段：5 月下旬至 7 月 10 日为前期准备阶段，搜集大量相关资料，策划方案，征询专业老师意见和群众反馈意见；7 月 10—20 日为团队集中实践阶段，团队进行专项调研；7 月 20 日至 8 月 20 日为团队分散实践阶段，主要于队员家乡进行部分专项实践；8 月 20—27 日为团队集中总结交流阶段，包括完成最终调研报告、实践论文、实践总结等实践成果；8 月 27 日至 9 月 3 日为上交成果阶段；8 月 27 日至 10 月下旬为全校社会实践交流阶段。

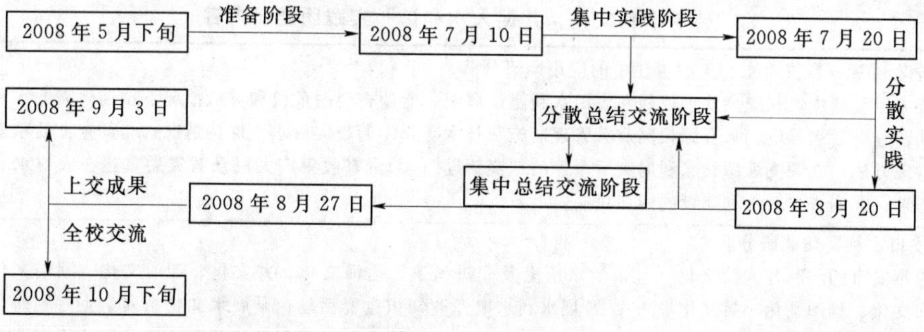

图 6-6　活动时间安排图

(5) 活动地域。包括雅安市水利局、雨城区水利局、石棉县水利局、汉源县水利局、名山县水务局、宝兴县水利局、荥经县水利局、芦山县水利局、天全县水利局，大兴水电站、雨城水电站、多营坪水文站、水津关水电站、四川华能宝兴河电力股份有限公司、雅安市水文局、雨城区大兴镇政府、大兴镇顺路村、寨坪村、穆家村、莫家村、龙溪村、前进村、雨城区沙坪镇政府、雨城区望鱼镇政府、青衣江流域雅安段、玉溪河灌区芦山县段、名山县段、濆江河流域、周公河流域、沙坪电站、小沙坪电站、重庆市荣昌县水务局、农业局、城市污水处理厂、赖溪河、高升桥水库、麻雀岩水库、清升乡、双河乡、四川农业大学水厂、农场、四川省筠连县四方水电厂、丰都县水利局、青龙乡政府、双龙乡政府、沙坪镇水利部门、沙坪镇政府、重庆市彭水水电站、泸州市叙永县夏家村水电厂等。

(6) 活动主题。本次实践活动以水资源、水环境、灾后重建、农村饮水安全、水土保持、水工建设及管理、水安全、水技术、水文化、水人物、水利志、水经济、水法律、水利类专业就业、水资源保护等位主题，全面实施了水利教育。

(7) 承办单位。包括四川农业大学信息与工程技术学院农业水利工程（简称“水利”）、水利水电工程（简称“水电”）专业2006级、2007级、2008级、西南大学动物科学2006级。

(8) 实践方式。包括见习实习、参观、采访、学术调研、科技服务、宣传（如水教育、政策宣讲等）、知识问答、宣传板制作、图片展等。

(9) 实践内容：①走人水和谐道路，促进雅安经济、社会和环境的友好发展各项调研，调研内容为灾后重建水利建设情况及出现的新的水环境问题，雅安市、重庆市部分河流现状（地理位置、地形地貌、河道断流状况、河道水质状况、河道淤积状况、浮游植物、浮游动物、水生维管束植物、大型底栖动物、鱼类资源状况、水生态主要问题、水文气象特征、地质、土壤、植物特征、地表水资源、地下水资源等），公民水环境保护意识及现状，金融危机下水利专业毕业生就业情况及在校学生心理状况，新形势下水利专业教育改革情况、水文化、水教育情况、水利人眼中的生态水利、水法律、中国水利的发展变迁等；②数据处理（利用 Matlab、AutoCAD、Excel 等基础软件进行信息处理分析）、现状分析，并用系统论思想加以分析处理；③先进技术、理念的应用推广，解决问题的途径及对策分析；④实践成果总结：实践感想、调研报告、实践论文等的撰写以及实践经验交流。部分调查内容见表6-2。

表6-2　“传承水利文化，共促人水和谐”实践团调研内容

1. 科学发展观在雅安市水利灾后重建中的应用调研分队 ①调查灾后重建中农村安全饮水规划和农田水利建设概况；②调查金融危机和灾后情况下拉动内需的水利政策和方法；③调查灾后水环境、水资源状况及其管理措施和技术等；④调查灾后水土保持情况；⑤调查灾后雅安市的水产渔政管理方法；⑥调查汉源县水利局灾后重建的“交钥匙”；⑦调查收集广大民众对灾后重建在农村水利设施中的实际需求；⑧调查灾后水利建设的内在机制
2. 雅安市水利文化调研分队 ①调查雅安市的水利各方面文化（包括治水历史及先进事迹、运河文化、井文化、江河文化、湖泊文化、泉文化、瀑布文化、雅雨文化、雪文化等）；②开展水利水电专业知识竞赛活动；开展水文化系列学生专题研讨会；开展“发展生态教育·建设生态水利”“打造绿色雅安·共创和谐社会”等系列宣传教育活动；③认识实习，感同身受。组织水利认识实习，参观实习雅安市的重要水利工程——大兴水电站等，在诸多认识实习中，强化学生的专业思想，培育学生的职业精神，激发学生的责任感和使命感；④针对雅安洪涝干旱、水资源分布不均等情况，制作雅安市水利五十年建设成就课件

（10）活动特色：①紧密结合新中国成立60周年水利事业发展变迁、灾后重建、科学发展观、社会主义和谐社会、生态水利建设、社会主义新农村、金融危机、建设资源节约型、环境友好型社会、传承民族文化，弘扬民族精神、大学生课外学术科技活动等重大背景及主题；②紧跟专业步伐，有利于提高同学理论联系实际的能力；③活动地点主要位于雅安市、重庆市内，实践距离近，方便调查，大兴电站等单位是本校实践基地，有利于长期深入调研；④活动内容新颖大胆，体现专业前沿知识，结合当地水情、民情、墒情；⑤活动顺应时代发展，贴近人们关心的问题；⑥活动以本校为核心，跨专业进行，团队学生层次鲜明，体现社会实践宗旨；⑦团队分工明确，有效结合了同学们的兴趣爱好、专业特点以及队员所在家乡特色。

（11）活动项目类别。包括社会考察与热点调研、社区服务与志愿活动、科普宣传与科技服务。

三、活动可行性分析

（1）本团队大部分成员为水利、水电学生，选题切入专业特色。而西南大学分队也从其专业特色对我们的项目内容进行调研，有力地支撑了全队项目的系统化和专业耦合；同时，团队还有许多本校其他专业的学生，为我们跨专业交流提供了平台和思路。

（2）团队实践内容选取得当，既符合今年社会实践主题思想，又贴近生活、生产、实际。

（3）团队分工明确，按照活动目的宗旨，共分14支分队，各分队下面又设立完整的实践分工体系，实施中各分队各展其才能，能保证项目的高质量完成。

（4）活动总体目标和阶段明确、内容准确，方法恰当，调研数据采集方便、可靠、实用。

（5）活动选取时间和地点明确、可靠。既落到了具体点上，又符合队员的要求及想法；活动地点既是建立在以前李昌文等同学组织社会实践的基础上，又是建立实践基地的良好基础上；活动时间既考虑到了目前和未来交通情况，又考虑到了实践单位的一些情况。

（6）本项目的实施既得到了相关部门的理解和支持，又得到了学院老师、领导和水建系水利、水电专业及西南大学许多老师的大力支持。

（7）团队体系层次分明健全，能够保证实施中可能发生的问题的及时解决。

（8）团队根据本校及其他高校的社会实践注意事项和本项目实施的特定情况专门制定了相关规定，包括安全预案、文明条例、团队责任书及队员责任书、实践生活小帮手、安全文明承诺书、实践礼仪规范等，保障了实施的顺利。

（9）本团队有许多大三水利学生参与，他们专业知识扎实，动手能力强，为顺利进行本项目奠定了理论基础。加之，本团队中许多同学都是学生干部，有着丰富的交际交流能力、处事素质和吃苦耐劳精神，项目时间和工作分配恰当，能确保项目的顺利实施和完成。

四、分工情况

团队分为14支小分队，设1名队长、4名副队长、18名分队长，各分队设立外联组、文秘组、宣传组、后勤组等。具体工作安排见表6-3。

表 6-3　　团队分工情况

负责人	专业	年级或职务	特长	工作职能
×老师	××	×××××	××	××××
李昌文	水利	2006 级：团支书、助理班主任	参加水论坛等多项学术活动，项目经验丰富，擅长策划	队长：主持团队全面工作
张义 李林芮	水电	2008 级：团支书	细心、耐心、有较强的组织协调能力、有良好的语言沟通能力，活动能力强、亲和力好等	副队长：协调队长和各分队各项具体工作；负责经费管理、后勤保障、安全、宣传、外联、策划等工作
黄华东 张小燕	水电 水利	2008 级：校团委组织部	外联能力强，善于交流，有责任心，做事有效率	副队长：主要负责政府、实践单位外联和官方信息资料收集
李昌文 巴燕 千欢	水利 水电 水电	2006 级：团支书 2008 级：生活委员	四川省综合素质 A 级证书获得者，语言表达能力强，细致，综合能力较强	队长、分队长：负责新闻稿，问卷设计及调查结果整理，统筹安排雅安市水利文化调研分队的各项工作
张小燕 王梅	水利	2008 级：校团委组织部	细心，踏实，交际能力强	安排金融危机下水利学子毕业心态及就业现状调研分队的各项工作
黄华东 将革新	水电	2008 级：文娱委员、学习委员	组织协调能力强，擅长表演、应用能力强，专业知识扎实	副队长、分队长：统筹安排雅安市水资源保护及节水宣传教育分队的各项工作
李昌文	水利	2006 级：团支书	对流域生态环境需水量颇有了解，专业根基扎实	队长：统筹安排雅安市水电开发中生态需水量的论证调研分队的工作
李昌武	动物营养	2006 级：团支书	西南大学华创青年社西南分社社长，组织协调能力强	分队长：统筹安排荣昌县水环境及水利设施现状调研分队的各项工作
李林芮 李华	水电	2008 级：班长	责任心强，好实干，饱含激情	分队长：统筹安排雅安市水利灾后重建调研分队的各项工作
张树盛 李飞	水电	2008 级	饱含激情，有责任感	分队长：统筹安排雅安市社会经济与水经济调研分队的各项工作
张义 成宏霞	水电	2008 级：团支书、体育部	组织能力强，交际能力强	分队长：统筹安排雅安市水资源开发利用现状调研分队的各项工作
宋勇	水利	2006 级：文娱委员	组织能力强，交际能力强	分队长：统筹安排雅安市各区县水环境现状调研分队的各项工作
蔡星鑫 黄琪	水电	2008 级：组织委员	计算机应用能力较强、开朗大方，对水法颇了解	分队长：统筹安排雅安市水法律法规调研分队的各项工作
冷祥康 何雨微	水电	2008 级：团支书	善于交流，有责任心，做事效率高、热爱农村	分队长：统筹安排农村水利基础设施调研分队的各项工作
黎云云 黄敏	水电	2008 级：团支书	热爱水利事业，组织能力强	分队长：统筹安排雅安水利事业发展变迁调研分队的各项工作
谭尧升 黄河正	水利 水电	2006 级、2008 级：宣传委员	四川省综合素质 A 级证书获得者，专业知识扎实	分队长：安排灾后重建水环境状况及解决措施调研分队的各项工作
李昌文 张义	水利 水电	2006 级：团支书 2008 级：团支书	组织能力和协调能力强，对家乡水利建设充满兴趣	副队长：统筹安排传承水利文化家乡调研分队的各项工作

五、实践方案

1. 前期计划

(1) 通过实地走访、填写调查问卷，学术调研、科技服务、知识问答、图片展等形式，发现并找出目前制约雅安市、重庆市经济、社会、环境、水资源和谐发展的主客观因素，并想办法从理论上、实际上解决它们。然后把调研结果反馈给被调查者或提交给相关职能部门，期望我们的理论及技术研究能够得到应用以解决目前雅安市、重庆市存在的水环境问题。

(2) 通过上述形式，了解水资源规划与管理中新的理念、方法、技术、理论等，熟练掌握专业技能，把课程上的实验应用于实地调研中，发挥同学们的团队精神和实践、创新才能。

(3) 分析处理所搜集的数据，运用电脑编程思想、系统论思想、数学建模思想，解决水环境问题，确定青衣江等流域的生态环境需水量，并发表论文、撰写调研报告。

(4) 收集整理国内外相关文献资料，分析研究河流生态环境需水量的相关理论，总结其背景和意义，阐述其产生和进展，分析和研究进展中存在的问题和困难。

(5) 调查研究青衣江等流域概况，包括地理位置、自然环境、水环境、流域梯级规划和开发现状、水电开发的重要性和必要性等，综合评述环境质量现状。分析青衣江流域目前所承担的系统功能（生态功能、环境功能和资源功能），预测流域水电梯级开发将对河流系统功能造成的影响，进而确定研究河段的生态环境需水的组成和特点。

(6) 调查雅安市灾后重建中出现的水环境问题、水利建设和水资源管理的新思路和方法。

(7) 调查研究雅安市水文化，并进行水教育宣传。

2. 前期准备：2009年6月上旬至7月8日

(1) 确定实践主题，并从网络上了解灾后重建中的水信息、水问题、水文化、水教育、河流健康、水资源管理与规划、人水和谐等相关信息。

(2) 实地走访雅安市水利局等相关职能部门，了解他们关于雅安市人水和谐发展的一些方针政策和思路。

(3) 根据我们所掌握的情况和我们此次社会实践调研的目的，编写调查问卷，并于雨城区进行问卷调查，探测此方案的可行性度。

(4) 精心策划实践方向及方案。通过同学商讨，听取专业老师意见，决定开展实施本项目。

(5) 招募人员，主要是水利专业的同学、关心河流健康的同学以及有河流健康专业知识的同学。

(6) 分组分工。分项目之间相互联系相互促进，共同为主项目服务。

(7) 进一步查阅相关资料。形式主要是：上网调查、本校新老区图书馆查阅、专业老师那里收集、同学间讨论获取、与校内外同学、老师、市民交流获取资料。

(8) 经费预算。主要包括队旗的制造费、实践全过程的交通费、材料费、摄影费、现场安排费、实践单位的联系费、意外伤害的医疗费、活动资金（生活费用、记录相关费用自己备）等。

（9）在四川农业大学校区宣传河流健康知识，主要形式是于新、老区食堂附近和寝室附近宣传分发活动主题知识传单。

（10）制作队旗。

（11）安全知识的宣传。由于本社会实践活动的特殊性，我们主要从以下几个方面出发：①下河游泳危害性很大，坚决杜绝下河；②交通安全；③现场观察实践中的安全（要求每个队员头戴安全帽，身穿长裤）；④饮食安全。

（12）纪律知识的宣传。要求全部队员一定要明守法纪。言谈举止须以大学生的标准，并发扬川农大精神，做到不给学校添麻烦。

（13）联系实践单位。我们仔细考虑，打算以最少的经费、最省的人力来获取最大的收获。在倪福全、卢修元、钟俊、吴晓强等老师的指点下，我们最终选择了大兴水电站、多营坪水文站、雅安市水利局、雨城区水利局、芦山县水利局、青衣江流域、喷江河流域、四川农业大学、玉溪河灌区（芦山县段）等实践地点。

（14）联系交通车辆，明晰我们要乘的车辆的出发时间及工作时间、地点及号码等。

（15）递交实践方案。

（16）对实践分队队员进行专题培训。

3. 实践开展计划安排

（1）7月8日：实践启动仪式。分别在四川农业大学体育馆、西南大学荣昌校区集合，进行实践前的总体工作部署，及纪律强调等，对活动费用开支、报销等相关工作进行详细说明，队员准备好各类个人物品，整装齐发。

（2）7月9—13日：具体实施调研。①联系实践基地负责人，介绍实践活动的具体内容，并根据实际情况对方案进行适当修改；②开展走访、调研、宣传等相关实践活动；③每天召开团队会议，对实践内容进行讨论、分析和总结，落实下一步实践方向；④联系当地媒体，对活动进行宣传报道；⑤结合当地情况和实践成果提出可行性实施意见，并完成调研报告；⑥根据当地相关机构的反馈意见对调研报告进行修改，定稿，并交当地政府。

（3）7月13日至9月3日：①队员返回家乡实践，部分队员于单位进行专业实习。②整理组织材料。方式：仍采取民主集中制的原则，先分工再综合整理，最后讨论分析，写成最终成果。地点：流动性强，不固定。主要分配在家乡、学校寝室、校图书馆及自习室。③后期宣传工作，包括校内、校外宣传。一方面将实践后期信息报道投送至校内外媒体；另一方面将实践成果在校内展示。④总结大会：为了总结经验及教训，为以后的人生道路积蓄能量与知识，也为了增进队员友谊，特别搞了这么一个活动。方式：与别的实践分队作比较，总结自己的经验及教训以及获取的相关知识。成果提交形式，总结与整理，以论文形式发表在核心期刊、某学校学报上，递交实践过程中同学们的日志、心得体会、图片和视频资料。

4. 宣传工作

宣传工作见表6-4。

表 6-4　传承水利文化，共促人水和谐实践团宣传工作

具体时间	宣教传播地点	宣教对象	宣教传播信息	宣教传播手段
7月10日	青衣江流域周边社区及村镇	群众	(1) 团队介绍； (2) 水资源保护宣传； (3) 水文化宣传	(1) 传单； (2) 水资源保护知识手册
7月11日	雨城区大兴镇	村民	健康饮水及河流保护宣传	(1) 展板； (2) 宣传传单
7月12日	雅安七县一区	游客、村民	(1) 问卷调查； (2) 健康饮水方法； (3) 考察图片	(1) 海报展； (2) 口头讲叙
7月13日	四川农业大学	在校学生	(1) 实践活动宣传 (2) 实践成果图片展示	(1) 海报宣传； (2) 开展实践分享会

宣教传播活动计划：我们以将活动做好做广做大的原则把团队实践活动后期宣传分为4个板块：

(1) 政府宣传：将活动整理所得的所有资料给雅安市水利局、雅安市政府各一份。包括文集，通过各种途径所得的资料整理，活动全程纪录的DV等。主要宣传我们活动的全程，活动内容以及活动意义，让政府了解并关注我们的活动。

(2) 市民宣传：在公共场所进行宣传，包括公园和城市广场还有社区。主要让市民了解健康饮水的相关知识以及此次实践行动。让大家都对本次实践行动有所关注进而对河流水环境的现状进行关注。

(3) 媒体宣传：在广播、电视、报纸、网络上进行宣传并进行深度报导。通过此次实践行动揭示农村饮水安全等现状所存在的问题。

(4) 高校宣传：在四川农业大学进行本次实践行动图片展览。并联系川农电视台播放农村饮水安全等DV，以此达到让大家关注农村饮水安全的目的

5. 预期效果

(1) 调研项目顺利完成，发表调研报告、专项新闻稿和论文，使得本活动具有一定的社会影响力。

(2) 得出金融危机下水利专业学生的就业心态、就业率现状以及教师工作者在新形势下的教学改革和创新等。

(3) 同学深刻认识河流环境污染状况和生态破坏状况，通过宣传教育，明晰从小事做起，树立水资源保护意识。

(4) 将所得调研成果递交给当地水利部门，部分成果直接分发给广大民众，营造全社会珍惜水资源、保护河流、安全健康水利建设等氛围。

(5) 增强同学间深厚友谊，加强学校间、专业间、年级间同学广泛交流，加强学科渗透，提高同学们的动手能力和创新能力，培养学生的理论联系实际的能力等。

(6) 在社会上充分发扬“川农大精神”，使社会进一步了解四川农业大学。

(7) 树立互帮互助的典范，了解灾后重建的水利工程及水资源、水环境现状，拓宽平台，让社会更加了解灾区，更加关爱灾区人民的生活，树立和谐的理念建设灾区新环境。

(8) 了解基层人民生活、农村水利基础建设现状。通过实践，有助于加强课程上相关专业知识的学习。

(9) 提升学生的水文化涵养和学术素养等。

6. 经费来源及使用方案

经费来源及使用方案见表6-5。

表6-5　传承水利文化，共促人水和谐实践团经费来源及使用方案

<table>
<tr><th colspan="4">团队实践经费基本信息</th></tr>
<tr><td>学校筹资</td><td>1000元</td><td rowspan="4">总经费合计</td><td rowspan="4">4550元</td></tr>
<tr><td>专业筹资</td><td>800元</td></tr>
<tr><td>团队成员筹资</td><td>2450元</td></tr>
<tr><td>校外企业赞助</td><td>300元</td></tr>
<tr><td>部分实践单位</td><td colspan="3">大兴镇政府等单位提供实践平台，并予以部分资金支持，可节约500元</td></tr>
<tr><td colspan="4">力争评为校级重点团队，争取学校给予资金支持，预算500元</td></tr>
<tr><td>支出科目</td><td>金额</td><td colspan="2">预算根据或理由</td></tr>
<tr><td>交通费（雅安）（所列车费中涵盖当地公交车车费）</td><td>1840元</td><td colspan="2">勘测路线、联系单位费用，200元；
芦山县水利局：15元/人，4人，往返共120元；
多营坪水文站、雨城水电站：1元/人，10人，往返共20元；
大兴水电站、水津关电站：4元/人，11人，往返共88元；
大兴镇政府及各村：4元/人，12人，往返总计96元；
雅安市水利局：往返公交车2元/人，7人，共14元；
雨城区水利局：去公交车，1元/人，回徒步进行，10人，共10元；
雅安市水文局、濆江河流域、青衣江流域：实地数据采集，队员徒步；
名山县水利局、名山灌区实践：8元/人，4人，往返共64元；
宝兴县水利局、宝兴河等地实践：26元，4人，往返共208元；
汉源县水利局实践：45元/人，3人，往返共270元；
石棉县水利局实践：60元/人，3人，往返共360元；
荥经县水利局实践：17元/人，3人，往返共102元；
天全县水利局实践：14元/人，3人，往返共84元；
雨城区沙坪镇政府及周公河流域实践：7元/人，6人，往返共84元；
望鱼镇政府、周公河流域及其周边电站、水厂实践调研：10元/人，6人，往返共120元；
重庆市调研，西南大学分队自费；四川农业大学水厂、农场：徒步进行。</td></tr>
<tr><td>家乡交通费</td><td>0元</td><td colspan="2">队员于家乡水利局等部门及河流实践，包括四川省筠连县四方水电厂、丰都县水利局、青龙乡政府、双龙乡政府、沙坪镇水利部门、沙坪镇政府、重庆市彭水电站、泸州市叙永县夏家村水电厂等地，自费</td></tr>
<tr><td>文案费</td><td>300元</td><td colspan="2">策划书、问卷、宣传资料、调研报告、论文等打复印费</td></tr>
<tr><td>上网费用等</td><td>60元</td><td colspan="2">收集资料、整理成果部分上网费用</td></tr>
<tr><td>联络费</td><td>100元</td><td colspan="2">联系队员、交通、实践单位、事务通知等费用</td></tr>
<tr><td>摄影费</td><td>150元</td><td colspan="2">部分分队自给相机，其他分队租相机（25元/天）</td></tr>
<tr><td>医疗费</td><td>120元</td><td colspan="2">购买医疗药品和突发病例医疗费用</td></tr>
<tr><td>队旗制作费</td><td>80元</td><td colspan="2">制作本团队实践队旗两面，40元/面</td></tr>
<tr><td>食宿费</td><td>500元</td><td colspan="2">食宿费大部分自给；其中，途中矿泉水、干粮100元</td></tr>
<tr><td>成果展示费</td><td>300元</td><td colspan="2">实践成果宣传资料加工制作、图展制作、信息反馈等费用</td></tr>
<tr><td>咨询培训费用</td><td>100元</td><td colspan="2">咨询专家、或请学校教授讲课的交通补助等</td></tr>
<tr><td>不定开支</td><td>500元</td><td colspan="2">其他不定因素开销</td></tr>
<tr><td>预算总支出</td><td colspan="3">4050元</td></tr>
</table>

六、后勤保障

1. 安全保障

(1) 出发前，再次与实践地联系，确保所有安排都已妥当。

(2) 出发前，办理好必要证件和证明。

(3) 实践过程中，听从领队老师和领队的指挥。

(4) 活动中注意安全，不在危险地区逗留。

(5) 乘车时保持秩序。

(6) 闲暇时，不单独行动，不去危险地区，未经许可不得游泳，不要晚上单独外出。

(7) 活动过程中，队员应互相关心，互相帮助，领队应了解每名队员的活动情况，返回时，领队应与每名队员保持联系，确保每名队员都安全返回。

2. 交通保障

前中期联系交通车辆，部分实践单位乘坐公交车即可，只需了解交通信息即可；对于芦山县水利局等实践单位则需提前联系好交通，并保证出行时的安全保证。

3. 器材物质保障

(1) 需要带的物品有：毛巾被、凉席、个人卫生用品、凉鞋、运动鞋、雨衣、洗漱用具、餐具、手电、圆珠笔、笔记本等。着装本着实用、整洁大方、简便的原则。

(2) 钱、粮及经费预算。

(3) 咨询服务器材。在青衣江等流域实践时，需要进行数据采样，我们将安排队员对实验仪器、队旗和宣传资料进行特别保护。

(4) 办公用品：文件档案袋、行文纸张和信笺；笔纸浆糊，直、曲别针，订书机、刀、剪、尺；财务、物资管理的各种账簿和表格；通讯录、交通时刻表、地图；手电、蜡烛等照明用品。实行分类准备，专人保管。

(5) 要用到的文娱和宣传用品有：吉他、宣传材料和宣传工具。

4. 住宿保障

由于实践方式灵活、简约，我们将当天返程，第二天继续下一站的实践，故不需安排住宿。

5. 饮食保障

(1) 注意饮水卫生。

(2) 瓜果一定要洗净或去皮吃。

(3) 慎重对待每一餐，不允许饥不择食。

(4) 学会鉴别饮食店卫生是否合格。

(5) 乘行时，节制饮食。

(6) 多吃新鲜绿叶蔬菜与水果，多饮绿茶。

6. 医疗保障

(1) 严格遵守安全卫生纪律、强化卫生常识。

(2) 准备必要的医药、卫生保健用品。

七、培训需求

团队队内培训内容见表 6-6。

表 6-6　　传承水利文化，共促人水和谐暑期社会实践团队队内培训内容

知识培训	（1）科学发展观核心经典知识培训； （2）灾后重建次生水生态环境和水利建设的相关知识； （3）金融危机经典知识培训； （4）水利类学生就业形势专题培训； （5）河流和鱼类研究方向知识培训； （6）水环境、水资源调研知识培训； （7）水利文化知识专题培训； （8）水资源保护及农村饮水安全相关知识培训； （9）农村基础水利设施建设知识培训； （10）水利历史知识专题培训； （11）水经济专题知识培训； （12）水法专题知识培训； （13）生态需水量专题知识培训
技能培训	（1）设计参与性强的活动方案； （2）制作问卷调查表； （3）怎样去检测活动的影响； （4）这样去说服别的上家为我们提供帮助； （5）访谈方面的技巧等
安全培训	（1）交通安全； （2）饮食安全； （3）住宿保障； （4）医疗保障； （5）财产保管

案例二：雅安市农村水利基础设施调研及水资源保护宣传分队

四川农业大学信息与工程技术学院暑期社会实践团队项目申报表（2009 年）				
分队名称	雅安市农村水利基础设施调研及水资源保护宣传分队			
团队名称	“传承水利文化，共促人水和谐”暑期社会实践团队			
指导单位	信息与工程技术学院团总支			
实践时间	2009 年 7 月 10—16 日			
实践地点	雨城区大兴镇、沙坪镇、望鱼镇、雅安市水利局、青衣江、天全县等			
带队老师	姓名	××××	工作单位	××××
	职务职称	××××	联系方式	××××
分队领队	姓名	黄华东	学号	××××
	院系	××××	班级	××××
	住址	××××	政治面貌	××××
	手机号码	××××	E-mail	××××

续表

四川农业大学信息与工程技术学院暑期社会实践团队项目申报表（2009年）	
项目简介	分项目思想是由大三师兄李昌文同学提出的，为了拓宽大一新生的学习范围，探讨学术知识，达到学术与实践的融合，提高专业学习的激情，提升社交能力、团队协作能力，发扬不怕苦不怕累的精神，专门借社会实践的良机，进行一次大胆的调研。本着“传承水利文化，共促人水和谐”的大主题，开展雅安市农村水利基础设施的调研及水资源保护的宣传。通过与社会的实际接触，了解雅安当地农村水利设施的现状，针对具体问题具体分析，提出适宜于实际情况的解决方案，并撰写成文，提交于水利部门，或发表于期刊杂志上，从而实现其应用的价值和功能
前期准备	（1）拟定策划书，做好细节安排； （2）上交方案，老师指导； （3）立项宣传，招募队员； （4）临行准备，后勤保障，安全教育、交通安排，调研路线勘定等
实施计划	（1）安排计划：依照学校要求及团队策划方案，做好实践各方面工作布置； （2）成果计划：通过实践，了解农村水利实际情况，做好记录，探讨交流
成果提交	（1）Word文档形式提交策划书和立项申请表； （2）PowerPoint形式提交实践图片、影像资料； （3）手写稿形式提交队员心得； （4）提交实践DV； （5）高质量的调研报告； （6）实践成果图片展； （7）实践单位感谢信； （8）实践基地协议书； （9）在核心期刊发表高质量的论文数篇
预期效果	（1）经济效益：通过下乡实践，带给农民农村饮水安全、基础水利建设、水资源保护、节水、灌排技术等知识；通过发放传单、知识手册，交流，特邀专家对村干部培训等形式，将科研成果带进老百姓家中； （2）社会效益：争对农村水利基础设施和水资源保护现实问题，提出科学的解决措施，并征求专家意见，成文反馈于相关部门
经费使用	（1）经费来源：①队员募资；②评为校级重点团队，学校资助部分；③拉赞助筹资； （2）使用方案：用于资料的打复印、交通费、药品费、饮食费、住宿费、相机租用费用等
资金预算	（1）经费来源：①队员筹资，共计460元；②拉赞助筹集资金，共计200元；③水建系提供实验用品；④当地政府提供实践平台或部分资金； （2）使用方案：总计870元。①资料打印费20元；②药品费20元；③车费180元；④宿费100元；⑤水费40元；⑥租照相机费40元；⑦伙食费250元；⑧现场活动布置费100元（当地政府）；⑨水安全知识手册打复印费120元（水建系水电、水利专业资助部分）。 注：具体的开销要节约用，不能挥霍，考虑到资金使用预算大于经费来源

续表

四川农业大学信息与工程技术学院暑期社会实践团队项目申报表（2009 年）

第一章　活动背景

干涸的秧田	排水沟	农村水井	秧田排水沟

水利是农业的命脉，没有农村水利设施的完善，就没有农业的持续发展，农民的富裕和农村的稳定，就更谈不上整个社会的全面进步。水利工作要围绕解决好“三农”问题，进一步加大人畜饮水，灌区改造，牧区水利，农村水电，小流域综合治理，淤地坝建设等工作力度，特别是要做好粮食生产区水资源的保障，切实为农民增收和保障粮食服好务。我国是水资源短缺的国家之一，农业是用水大户。我国人口和耕地，气候，水资源自然条件，决定了农业必须走节水灌溉发展的道路。经过几十年的努力，农村水利基础设施家底渐厚，全国农田灌溉面积 8.3 亿亩，每年灌溉面积上生产的粮食占全国总量的 3/4，生产的经济作物占 90%以上。灌溉取得了巨大的成就，是我国能够以占全世界 6%的可更新水资源量，9%的耕地，解决了 22%人口的温饱问题，为保障我国农业生产、粮食安全的重要保障。

考虑到我国许多地方水利设施十分落后，维护管理水平差，造成了农田水利系统破损，渠道老化，病险水库加剧，农民难以享受水利基础设施带来的实惠，进而靠天吃饭的局面。由此，我们本着服务三农的宗旨，组织了这次实践调研，以求收集关于农民心声、农村水利运作现状的第一手资料。希望通过这次调研，让每位队员感悟国情，脚踏实地的学习钻研，培养务实的精神，并为工作考研准确定位，尽可能地将所遇困难解决，给农民朋友一份真诚的建议，同时组织起来号召全社会关心三民问题

第二章　活动意义

（1）通过该实践活动，深入了解和认知雅安及周边地区农村水利设施和水资源现况，为决策提供有价值的参考数据，增强老百姓水资源保护意识；

（2）通过调研，得出农村水利环节的优势和不足，探析改进计划，提出草案，反映给有关部门；

（3）增强专业技能和兴趣，培养专业认知力

第三章　活动宣传

宣传渠道	传单，报刊，媒体，网站，在校设立现场宣传点
前期宣传	校内发放传单、张贴信息、借助学院网站和校团委网站宣传活动概况
中期宣传	借助媒体、校园网络、校团委及学院网站对活动实施情况进行报道
后期宣传	在校内、外媒体上展示实践成果，反映当地实际情况，凝结队友心得，提出意见

续表

<table>
<tr><td colspan="3">四川农业大学信息与工程技术学院暑期社会实践团队项目申报表（2009年）</td></tr>
<tr><td colspan="3">第四章 活动实施</td></tr>
<tr><td>7月10日：雅安市水利局、雨城乡村</td><td colspan="2">（1）上午：徒步到雅安市水利局，收集有关资料，与相关领导做详细探讨和交流；
（2）中午：就餐并做短暂休息；
（3）下午：深入农村体验并做考察；
（4）晚上：交流心得，总结经验和问题，整理成果，安排第二天的实践工作</td></tr>
<tr><td>7月11日：大兴镇政府及各村居民点、沟渠、水库</td><td colspan="2">（1）上午：大兴镇实地调研，了解水库病险情况、渠灌设施、人畜饮水安全现状、小流域水资源概况；
（2）下午：大兴镇政府调研，并邀请专家专题讲座；
（3）晚上：村民联谊晚会；
（4）晚上：返校休息，短暂交流和总结，撰写新闻媒体稿</td></tr>
<tr><td>7月12日：沙坪镇政府及周公河</td><td colspan="2">（1）上午：与沙坪镇政府相关领导探讨交流；
（2）下午：村镇宣传与调研，周公河流域、电站、排灌渠现状调研；
（3）晚上：总结交流会，撰写新闻媒体稿件</td></tr>
<tr><td>7月13日：望鱼镇政府及周公河</td><td colspan="2">（1）上午：与望鱼镇政府相关领导及基地工作人员探讨交流会；
（2）下午：村镇调研，周公河流域相应数据采集；
（3）晚上：总结交流会，写新闻媒体稿件</td></tr>
<tr><td>7月14日：总结交流</td><td colspan="2">（1）上午：总结交流，整理视频、图片、文字资料、心得；
（2）下午：汇总反馈，总结实践成果，做好宣传资料，并将部分成果反馈实践单位；
（3）晚上：开展文娱活动</td></tr>
<tr><td>7月15日：学校</td><td colspan="2">上午返乡实践专题培训</td></tr>
<tr><td>开学前：队员家乡</td><td colspan="2">队员返回家乡进行专题实践</td></tr>
<tr><td>8月下旬：学校</td><td colspan="2">队员返校总结交流，撰写实践调研报告和论文等，后期宣传</td></tr>
<tr><td colspan="3">第五章 后勤保障</td></tr>
<tr><td>安全保障</td><td>（1）为防止炎热和雷雨天气发生，每位队员配备遮阳帽及雨伞；
（2）人身安全、财产安全、交通安全等的保障</td><td>××负责</td></tr>
<tr><td>交通保障</td><td>提前与车站联系，定好出发日车票，保证按时到达实践地点</td><td>××负责</td></tr>
<tr><td>器材保障</td><td>照相机、竿、安全帽、雨伞、队旗、录音笔、队员财产和医疗品等</td><td>后勤组负责</td></tr>
<tr><td>住宿保障</td><td>提前联系好住宿，保证队员休息</td><td>队长负责</td></tr>
</table>

续表

四川农业大学信息与工程技术学院暑期社会实践团队项目申报表（2009 年）		
饮食保障	后勤组安排伙食，并注意饮食安全，在调研时，配备矿泉水	××负责
医疗保障	纱布，创可贴，板蓝根，藿香正气液，三精双黄连，感康，康泰克	后勤组负责
第六章　赞助方案		
合作方式	互利互赢，我们做宣传和广告，对方提供必要的资金赞助	
宣传方式	以传单和讲述等方式给农民朋友们宣传	
赞助方受益分析	农村是种子的主要消耗地，我们借助此次实践把他们的产品以广告的形式发出去	
队员分工情况		
职务	工　作	成员
顾问	实践活动总体安排和疑难困惑的指导	×××
领队	全面负责分队的各项工作，协调队友间的关系	×××
外联组	联系实践及媒体单位，实践期间做好交流工作	×××
文秘组	策划方案，认真做好实践信息的真实记录，实践成果的整理，调研报告的撰写	×××
拍摄组	拍下每一次感动的瞬间，实践过程的全程跟踪，数据信息的真实记录	×××
宣传组	做好实践报道	×××
后勤组	全面做好饮食、住宿、交通、安全、医疗等各方面工作	×××

第五节　联　系　单　位

一、联系方法

（1）主动联系单位。联系实践单位时要注意根据活动的规模、形式、内容与相关部门取得联系，如进行革命传统教育可找当地宣传部门和负责党史、地方杂志的有关单位；进行青年文化活动可与当地共青团组织联系；到企业参观学习可与其教育培训中心联系等。事例：2007 年暑假，北京科技大学“同一颗爱心，同一份关怀”赴陕西儿童村实践团在实践前期主动与陕西儿童村联系，进行了充分的沟通，得到了儿童村同意他们前往实践的回执，同时确定具体的入村时间。这样在儿童村的配合下，经过自己的努力，他们顺利地完成了实践任务。

（2）寻找勤工俭学、实习岗位。可通过网络和校园海报等渠道，了解学生兼职实习岗位的招聘，也可参加相关企业开展的专题招聘会。需要注意的是，找兼职实习岗位时，要谨防受骗。事例：2007年暑假，来自北京科技大学不同学院不同专业的6名同学，在博士伦福瑞达北京分公司校园实习生招聘时走到了一起，接受岗前培训、岗位实习、销售测评等地，在收获报酬的同时，也锻炼了自己的口才能力与人交际的能力，6人更是结下了深厚的友谊。

(3) 他人介绍。同学们可以把实践和回家结合起来，让家里人在当地帮助寻找联系实践单位，还可经导师推荐到与专业紧密相关的单位进行挂职锻炼、预就业实习等。事例：2007年暑假，北京科技大学的“神州之行”宣传调研实践团奔赴山西翼城县进行社会实践之前，通过一名同学家里人与当地政府取得联系，得到政府相关人员的认可。实践开始后，他们迅速以翼城县四张村为中心开展调研，少走了很多弯路，并顺利完成实践。

二、联系过程

(1) 到学校学院暑期社会实践网上下载实践联系证明或者按照统一规范撰写实践联系证明，并到团总支老师处盖章，最后自行与实践地联系。

(2) 与意向中的实践地取得联系后，可根据实际情况与当地政府签订实践基地协议，或开具实践地接收证明。

(3) 出发前应再次与实践地联系，确保所有的安排（如食宿交通）都已妥当，并办理好在实践地活动所需的必要证件和证明。

第六节 项目准备阶段

“凡事预则立，不预则废”，大学生社会实践活动也不例外。在对社会实践的内容和形式做出决策之后，认真细致的前期准备工作就成了一次社会实践活动能否取得预期成效的关键性环节。准备工作做得好，既能节省有限的人力、物力和财力，又能确保社会实践活动的有序进行和顺利开展，取得“事半功倍”的功效。准备工作做得不好，就有可能遇到种种意想不到的困难，甚至会出现“一步不到，满盘皆输”的结局。因此，社会实践活动的组织者和每位参与活动的成员都要从思想上高度重视活动前的准备工作，在思想、知识、组织、技术、物质、身体等各个方面做好充分的准备，确保社会实践活动有一个良好的开端。

一、思想准备

出发前必须在思想上做好充分的准备，以保证实践活动顺利进行。活动从筹划、实施到完成是一个复杂艰辛的过程，许多仅凭愿望出发，缺乏必要思想准备的同学，往往是半途而废，事与愿违。特别是在当前新旧体制转换过程中社会上不同程度地存在着拜金主义、奢侈腐化等不正之风，这些对生活在“象牙塔”下的大学生若缺乏必要的思想准备，必然会导致良莠不分，产生五天教育不如两天教育的效果。因此，在实践前要给各分队同学做必要的讲座，提高免疫力，更好地把握实践活动的主动权。

1. 统一思想

开展活动前，必须使大家提高认识、统一思想，上下一心、步调一致地进行活动，这是搞好一次社会实践活动最基本的前提条件，十分重要。统一思想要从两个层面着手：①集体思想要统一，社会实践活动前应召开一次由全体人员参加的动员会，通过动员会让参加者从总体上了解活动的目的和要求、内容和形式、时间和地点、仪式和步骤等具体情况，在会上还要重申和强调本次实践活动的纪律要求、管理体制、安全事项等内容；②个人认识要到位，活动的组织者及小分队的领队，在出发之前也要召开一个简单碰头会，听一听大家对实践活动的想法和建议，讨论一下实践活动的各具体环节。如果还有个别成员对活动存在异议，要做深入细致的思想工作。对一些特殊的、预计会遇到较多困难的实践活动，组织者和负责人还要在成员中展开一些讨论，让队员谈一谈认识，统一一下思想。总之，要尽量做到“不带着问题上路”，确保活动开始之后“一切行动听指挥”，而不“各人搞一套，各唱各的调”。

2. 变换角色

大学生存在一个普遍的弱点就是缺乏社会磨炼、缺乏社会阅历。这就容易存在许多不切实际的想法，不善于体察国情、民情，崇尚空谈，观察问题、分析问题和解决问题的能力不够，进而还会产生政治信仰危机，劳动观念淡薄，与工农感情疏远，不能从现实社会中找到自己的正确坐标，如此等一系列问题。有的放矢地组织开展大学生社会实践活动，组织大学生到火热的社会生活中亲自尝一尝“苹果”的滋味，是克服这些不足的一个好办法、好途径。大学生在参加社会实践活动之前，也要从“受教育、长才干、做贡献”出发，注意转变自身的角色，把社会实践当作人生的重要一课，认真上好；当作走向社会的重要一步，认真走好。首先，要从心理上接受活动中担任的角色，摒弃“职业有高低，人和人之间分为三六九等”的落后观念，从内心深处尊重和热爱劳动人民，学习他们身上所表现出来的好品质和精神。其次，要不断接近角色，从实践活动的准备期开始，参与者就不再是一个纯粹的学生，而是要像演员演戏一样，完全融入环境、融入角色，做到“学什么，像什么”。比如“同吃同住同劳动”活动中，与农民“三同”就是像农民一样劳作，与工人“三同”就要像工人上班。没有这种角色意识，没有较强的敬业精神，就会出现与周围环境、人员格格不入的现象，达不到实践活动预期的效果。最后，要使自己的感情与当地人民更加贴近，由接近角色、扮演角色到认同角色需要一个过程，通过这样一个角色转换的过程，使大学生思想上得到提高，感情上有所升华，改变不良的生活方式和落后的思想认识，这才是社会实践活动的终极目标。

3. 正视困难

相对而言，学校的学习、生活环境比较安定，可一旦走向社会，很多难题就会摆在同学面前。常见的困难有以下几类：①生活，衣、食、住、行都要自理，这对生活能力差的同学无非是一个大难题；②物质条件较差——我国是一个发展中国家，物质基础还很薄弱，地区之间不平衡现象较为突出，尤其是在农村、革命老区以及边远地区物质条件更加有限；③生活环境改变——社会实践要离开大学校园，离开大学生们已经习惯的学习生活环境，进入另一个生活工作的环境必然会存在陌生的感觉；④生活方式的改变——俗话说，一方水土养一方人，不同地区有不同的生活习惯、民风民俗，在一些同学身上可能会出现“水土不服”现象；⑤人际关系发生变换——周围的人不再是自己熟悉的师友、同学，而需要在一个新环境里与相识或不相识的队友、与当地的领导和群众打交道，建立起一批新的人际关系，由于性格、语言、习惯的差异，加上时间有限，必然会在人际交往上出现一些意想不到的困难。在步入社会之前，对此若没有必要的心理准备，过分的理想化，一旦碰到难题，就会无所适从，进退两难。在实践活动中遇到各种各样的困难在所难免，关键一点是不能回避，而要正视困难。首先，要在出发之前，对实践活动地点、条件、人员等各方面的情况作一些了解，在思想上要做出吃苦的准备。其次，要保持一个平和的心态，把问题看得深远一点，把困难想得严重一点，尽可能做到有备无患。最后，还要调动大家的斗志和激情，以积极的态度战胜可能出现的困难，确保实践活动的顺利开展。

二、知识准备

学生参加社会实践的过程，即是接触工农、了解社会，认识国情，提高觉悟的过程，也是运用知识，联系实际，服务社会的过程。因此，合理的知识结构直接影响着社会实践活动的效果。所谓知识结构，是指一个知识体系的构成状况和组合方式。就学生个体而言，无论在知识容量上，还是知识构成上都是有限的，因此要按照社会实践的需要调整知识结构。一是要注重实际，按所学专业和选定的实践方向确定知识系统中各种成分比例，专业知识要占较大比例。二是要注重合作，不同专业、不同学科的合作，充分发挥群体知识结构的互补效应。在社会实践活动前党团组织要多方面收集信息，为同学散发科技资料，组织各种实用技术讲座班，拓展学生的知识领域，这样在实践中才能真正收到实效，受到欢迎。大学生实践之前，必须对与实践活动有关的知识作充分的准备。具体来说要做好5个方面知识的准备。

1. 了解时事政策

大学生在开展社会实践活动之前要对与活动相关的政策措施和党中央的有关文件精神要有一个较为全面的了解，这将有助于我们社会实践活动的顺利开展。比如，我们到农村去开展“三农”问题调查，就必须对当前涉及农业、农村、农民的方针政策和重点工作有一个了解，特别是对当前农村开展的“税费制度改革”的内容、形式、目的、进展等都要作较为充分的准备。在这方面可以把近期报纸杂志和网络媒体上有关农业的报道集中翻阅浏览一下，有条件的话还可以请本校内对这方面有研究的老师给队员开一个小型的讲座。

2. 掌握经济常识

绝大多数的社会实践活动类型与社会主义经济建设事业密切相关。因此，在社会实践知识的准备方面，还要较为系统地了解和掌握经济学的一些基本常识。掌握经济学知识，主要靠日常积累。要着重了解社会主义经济的多种所有制形式、宏观经济的调控与管理、价值规律和物价政策、企业资金的构成及运动等方面的知识。特别要了解党的十六大报告中所提出的走新型工业化道路，以信息化带动工业化，加快城镇化进程，大力推进产业结构优化升级的重大战略决策；要了解西部大开发战略，促进区域经济协调发展，实施可持续发展战略的基本内容；要了解坚持和完善社会主义市场经济制度，深化国有企业改革和分配制度改革，进一步提高对外开放水平的主要部署，等等。

3. 巩固专业知识

大学生是掌握较高专业理论知识的群体，把所掌握的专业理论知识应用于具体社会实践，是大学生们巩固知识、增长才干、建功立业、回报社会的有益尝试。社会实践通常采用考察、咨询、服务等方式，较为扎实的专业基本知识是顺利开展社会实践活动的重要前提。因此，认真做好与活动内容相关的专业基本知识的准备十分重要。

4. 了解社情民俗

对实践地的风土民情、民俗习惯的了解是增进与实践地群众感情交流的基础。在准备过程中，要多方面搜集该地区的民风、民俗等资料，进行学习。比如：人口组成、民族种类、宗教信仰、教育文化程度、经济收入水平、家庭构成和邻里关系，群众的起居、耕作、饮食习惯，以及婚、丧、嫁、娶习俗等。此外，还要对当地自然环境和地理概况作一些了解，如气候特征、地形地貌、河流水文、植物和农作物、交通状况等方面的知识。要了解这些情况，一是向当地人或了解当地情况的教师同学请教，二是可以看看当地的地方志以及当地的报纸杂志，这样，可以帮助我们了解一些主要情况。

5. 训练社交礼仪

社会实践活动是大学生走出校门进行社交能力的一次重要锻炼。社会实践活动开展的过程中，群众对实践队伍的接受和欢迎程度，直接关系到一次社会实践活动的成败与否。要确保实践活动达到预期的效果，了解必要的社交礼仪知识是不可缺少的。要特别注意5个方面的问题：

（1）要尊重对方——到一个部门或一位居民家中访问，不管门是否开着都不应直闯进去，而是要轻轻敲门，问“有人在家吗?”或“可以进来吗?”得到允许后再进门，进门后要先做自我介绍。

（2）要注意仪表——穿着要整齐，仪表要端庄。与陌生人见面，不要穿拖鞋、背心，握手时要注视对方而不能低头，不要漫不经心地与人交谈，更不能在人前脱鞋子。

（3）要长幼有序——遇到年长的人，要主动打招呼。在介绍别人特别是领导、老师时，切忌用手指直指对方。与年长者在一起交谈时要侧耳恭听，不要有小动作。人家请你吃饭时，就座前要谦让，请年长者先坐上座。

（4）不要乱插话——在访问、座谈等调研活动中，自己除了启发对方发言以外，尽量少说话，更不要在别人讲话时乱插话，以免喧宾夺主。

（5）注意措辞讲话时要考虑到时间、地点、对象，提出问题时要考虑对方的接受程度。例如，某校一位学生在偏僻的山村进行社会调查，看到一位妇女怀里抱着一个孩子，身边还站着年龄不等的4个女孩时，问她：“这些都是您的孩子吗?”“是。”“您为什么不计划生育?”“你管不着。”言尽于此，双方都很尴尬。如果换一种说法“您这里允许每家可以多几个孩子，是吗?”通过启发让人家说心里话，你再进行政策宣传，就容易被人接受。

三、组织准备

组织准备是社会实践活动能否按计划有序开展的关键，包括以下4个方面内容。

1. 制订具体的实施计划

我们做任何工作都应该有明确的计划，社会实践活动也不例外。计划制订的基本原则是要明确社会实践活动的大思路，要根据社会实践的目的，学生思想情况，活动主客观条件制定。计划要详细具体、周到、全面，同时还要有可操作性，使之确实能为实践活动的顺利开展服务。计划分集体计划和个人计划，内容各有侧重，双方互为补充，集体计划指导个人的计划和活动的实施，个人计划又丰富了集体计划。上一级的计划要对下一级有指导作用，下一级的计划要考虑上一级的基本要求能得到认真的贯彻执行。

具体到某一次社会实践活动的计划，要考虑以下内容。

（1）指导思想：社会实践活动所体现的党和国家对大学生的要求，某一特定阶段的中心任务，以及本次社会实践活动的主要目的等。

（2）内容：根据社会实践的目的、要求及学生和社会实际情况，设计具体活动内容。

（3）主题：根据社会实践的目的和内容所提出口号。如："到实践中去，向人民学习""受教育、长才干、做贡献""实践'三个代表'，服务地方经济"等。它是社会实践的出发点和落脚点。

（4）方式：为实现社会实践活动的目的，根据活动内容以及各种主客观条件选择具体的活动方式和方法。

（5）规模和组织形式：参加社会实践的人员范围、人数、领导机构、部门分工和人员分工。

（6）活动时间及地点：确定活动的具体时间地点，包括培训和准备阶段、具体实施阶段、总结评估阶段等。

（7）方案实施和活动程序：这是计划中最重要最详细的组成部分，包括活动的具体环节、落实人员和日程安排。

（8）纪律要求：为确保活动顺利开展，结合实际情况对参与人员提出的纪律要求。

（9）经费预算：活动所需费用的总金额，各项活动的支出项目及金额，经费的申请和资金来源，经费的使用和管理方法等。

（10）物质保证：个人行装，集体物资的捎带项目和管理办法。

2. 制定必要的纪律措施、规章制度

实践活动的开展要做到有章可循，一方面需要详尽的计划做指导，另一方面还要有必要的纪律和规章制度做组织保证。整个活动开展前后，无论是组织者还是参加者，无论是集体还是个人，都应以制定纪律和规章制度加以约束和管理。具体来说，纪律和规章制度应包括以下5大内容。

（1）重申行为规范：作为一名大学生，无论在什么条件和环境下都应严格遵守大学生行为规范，其言行都要与其身份相符。

（2）强化集体观念：集体活动要强调步调一致，防止各行其是，个人一定要服从集体，集体所制定的纪律或制度，个人必须无条件地遵守。活动的负责人应对集体负责，而其他人则要服从负责人的指挥，坚持必要的请示和请假制度。

（3）严格时间观念：遵守时间是集体活动得以保证的关键，特别是活动实施过程中涉及诸如集结时间、分散时间、联络时间、作息时间等，应该人人清楚、人人遵守，这样才会使活动效率高、成果大。

（4）安全防范措施：活动要强调安全第一，根据当地的民情和自然环境提出具体要求和防范措施。如不能私自游泳、登山等。

（5）尊重当地的规章习惯：不损害实践地人民的物质利益，不伤害实践地人民的感情。同时还应了解当地有关规定和不成文的习惯（规矩）、风俗、禁忌等。作为一项重要纪律来遵守，这是赢得群众支持，顺利开展活动的保证。

3. 人员配备和分工

周密的活动计划和严格的纪律规章都离不开人去执行。在社会实践活动的组织准备上，特别要注重队伍自身的建设，对参加活动的人员要精心挑选、详细分工。

（1）一个坚强的组织领导核心：在活动的组织筹备过程中，各团队都要有专人负责工作。

（2）合理的人员配备和分工：实践队伍的组成必须认真考虑成员的合理配备和明确分工。

1）人员组合。实践队伍组成的形式各异，规模有大有小，一般根据实践内容、方式、规模、地点等情况而定。目前，常见形式有两种：一种是以小班或同学之间按兴趣、爱好、专业方向组合；另一种则是跨系、跨专业和跨年级的人员组合，这种组合的集体，其组织领导则要根据活动需要和学生基本情况重新考虑，并对组织者及骨干进行明确的分工。人员的组合要着重考虑年级班级、专业搭配、男女比例，以及组成人员的性格特点、个人特长等因素。

2）人员配备和分工。一支实践队伍至少要考虑配备4种角色：

a. 队长：实践活动的核心，要根据活动计划独立开展工作，负责活动筹备、培训、实施、总结等全过程的组织工作。需要热心社会实践活动，了解实践意义，有较强独立思考和解决问题能力的人来担任。

b. 宣传人员：为使大学生更深入地了解社会实践的目的意义，在活动中受更多的教育，扩大实践活动的影响，必须考虑抓好活动的宣传工作。宣传工作包括活动前期的教育、鼓动，活动实施中的新闻报道，活动后期的总结提高、深化教育等内容。所以要求宣传人员要明确活动的指导思想，了解全部活动情况，善于及时、准确地抓住典型开展宣传，要选拔思想觉悟高，文字口头表达能力强的学生担任这一角色。

c. 后勤人员：俗话说："兵马未动，粮草先行。"后勤工作是实践活动的基本保障，因此从衣、食、住、行到安全、卫生，都必须有专人负责。后勤服务工作的内容包括财物管理、卫生保健、食宿安排等。后勤人员要具有高度的责任感，工作细心，熟悉财务收支常识。

d. 联络人员：社会实践活动中，为便于组织者对各实践点的指导，实践活动前要组建一个社会实践活动的联络网。组织者要选出精干的同学担任联络员。各队的联络员代表各队向实践部及时汇报信息，反映情况，同时与其他分队联系。联络员除在实践队伍内开展工作外，还要与实践点的有关部门、领导和群众做好各方面的沟通与联系。联络员要选定具有较强社交能力、独立思考能力和解决问题能力，身体素质好、责任心强的同学担任。

以上4类角色在实践队伍中均不能缺少，根据队伍的规模可以兼任。其配备和分工的原则有两条，一是根据工作需要，二是遵循人尽其才。既要调动和发挥所有人员的积极性和特长，又要坚持严格的岗位责任制；既要明确分工，又要相互协作。

4. 实践活动前对各类人员的培训

（1）培训的内容和形式：一般来说，培训内容包括：①岗位职责和组织观念的培训，强化集体意识和独立自主的工作意识；②掌握社会实践的总体意图，包括具体的活动计划，制订自己所组织的实践活动单位的活动方案；③熟悉本次实践队伍的人员构成和基本情况，包括姓名、性别、年级、专业、年龄、籍贯及家庭状况、爱好、特长、社会工作能力、专业学习情况、身体健康情况等；④了解活动的主要实施方式方法，如调研、咨询、授课、劳动、报告会、座谈会、文艺演出等活动的组织方法；⑤向队员详细介绍实践地的情况；⑥对有可能出现的意外情况作预案处理；⑦明确学校领导和活动负责人下达指示的程序和联络途径。

（2）宣传、后勤人员的培训：实践活动中，宣传工作和后勤服务的质量，直接关系到活动的效果如何，因此在活动开展之前要着重对从事宣传和后勤工作的人员进行强化培训。宣传人员培训的内容包括：①深刻领会实践的目的意义，了解活动总体规划，明确不同阶段的宣传重点；②党和国家的现行路线、方针、政策和法律法规知识；③宣传工作者的职业道德；④如何通过简报等形式开展对内宣传；⑤怎样搞好采访，如何撰写采访稿；⑥如何向各种新闻媒介投稿，如何向有关部门及新闻单位提供活动情况的典型材料；⑦如何向实践地群众开展宣传；⑧需要宣传推广的科技知识；⑨宣传实践地群众的生产生活方面的成就；等等。

宣传人员的培训方式既要靠平时的知识积累，也可请有经验的宣传人员、新闻记者进行指导，或翻阅以往社会实践活动中的宣传稿件资料等。在培训中，每个宣传人员都要针对所参加的实践活动，制定出较为详细的宣传计划和提纲，对稿件撰写需要的资料要作重点准备。

后勤保障人员的培训主要侧重在职责和技术管理上，培训内容主要包括：①帮助后勤保障人员树立为人民服务的思想，确定职责范围和进行目标管理；②理清头绪，形成系统完整的工作台账；③制定经费预算表、经费使用计划、审核办法、结算手续；④各种收支明细账的记账方法；⑤对经费使用的监督方法；⑥物资归类、清点和保管的方法；⑦伙食、住宿、交通工具的安排方法；⑧常用设施和器材的简单维修方法；⑨制定明确的安全卫生制度；⑩一般卫生保健方法和急救措施。

四、技术准备

社会实践的思想、知识和组织工作准备充分后，接下来就要面临活动实施的实际问题。即涉及每个参加活动人员最基本的素质、技能培训和必要的技术准备。下面就常见的社会实践活动形式，如调查研究、授课活动、科技咨询等方面的技术准备作一些简要的介绍。

1. 调研工作准备

调研是指大学生在参加社会实践活动中，有目的、有针对性地去考察了解社会的方方面面，并用科学的方法进行分析研究，找出事物发展变化的主要规律。开展调研活动应做好以下准备工作：

（1）确定调研主题。它是根据实践目的、当前社会需要和当地实际情况而定的。

（2）掌握科学的调研方法。调研方法是根据调研目的、内容、对象等具体问题确定的。常见的有观察法、典型调查法、统计调查法、文献分析法等。

（3）通过问卷调查。在进行调研时，为便于对调查结果的分析，一般会采用问卷调查法。此种调研的成功与否，关键在于问卷的设计。可以说，问卷设计好了，调研就成功了一半。问卷的设计，需要设计者具有较全面的基础理论知识和一定的社会学、心理学、统计学知识，并具有较强的实际工作经验对调查对象的情况比较熟悉，对调研目的、内容把握较为深刻等。

（4）掌握撰写调研报告的方法。调查报告的写作有其特定的要求，它既不是大量原始资料的堆积，也不是调查者个人意见的随意抒发，而是调查者根据调查所取得的资料，进行统计、分析、比较、研究，得出的科学结论，找出一定的规律和趋势，为具体工作提供指导和借鉴。对此要请专门人员进行培训。

2. 授课的准备

在社会实践中，需要我们用掌握的知识为当地提供科教服务。比如，给基层领导讲解经济、管理、法律知识；为当地农民传授农业水利、科学种田、养殖、果树栽培、防止病虫害等科学知识；为中小学生授课，或是给中小学教师开设教育学、心理学方面的专题讲座，等等。这类实践活动一般都会采取授课的方式开展。授课是一项要求很高的综合性艺术，对于尚未登过讲台的大学生来说，是有一定困难的，需要认真做好各项准备。授课的准备重点从“双基”训练着手，即加强了基础知识（专业知识、心理学、教育学知识）、基本技能的训练。

（1）有关专业基本知识的学：如对中小学生进行学习辅导，就要熟悉中小学教材。中小学课程无非是数学、物理、化学、政治、语文、英语、历史、地理、生物、音乐、体育、美术等课程。许多知识是我们中小学期间接触到的，所以在实践前要对所要讲的知识进行认真复习。如对其他方面的知识进行讲授，则必须进一步学习和巩固有关专业知识。

（2）基本授课技能的训练：首先，要注意板书。粉笔书写绝不是一天两天就能提高的，要注意平时的训练。板书的要求是字迹清楚，大小适宜，字、行之间的距离得当，每段文字在黑板上布局合理。其次，要学会讲话。有许多同学在下面说话没问题，可一上讲台就不知所措。所以要求授课同学先要清除心理障碍，不妨在小范围内背诵一些文章，或在平时多组织一些即兴演讲、模拟课堂的活动，以训练自己的讲话能力。在正式授课前最好都进行试讲，以保证讲课的质量。最后，要制作教具。根据教学内容需要，制作一些简单的教具，有助于加深学生对授课内容的理解。我们在一些贫困地区进行社会实践时，接触到一些学校，除了师资缺乏外，教学设备也十分简陋。所以，可以利用高校的有利条件，自己动手制作一些必要的教学挂图、教学工具等，提高实践效果。

（3）教学基本环节和方法：本着教学应完成传授知识、开发智力、培养能力和进行思想教育几大职能原则，对教学的基本环节进行认真准备。

1）要备好教案。根据所要讲授课程的内容编写教案，其内容包括教学目的、教材分析、重点及难点、主要教学手段、讲授提纲、板书设计、思考和练习题的选编等。

2）要认真试讲。第一堂课对于讲课者和听课者都十分重要，为确保在实践中出色地授课，实践前的试讲非常必要的。具体做法为：授课者本人把整个课程讲授一遍，请教师和同学提出意见。这样既锻炼了能力，又检验了教案准备情况。

3）要研究方法。教学方法一般有 3 种：①口述法，即用语言来传授知识，它能使学生在短时间内获得较多知识信息，一般采取讲演、朗读等形式；②观察法，即根据教学目的，有计划、有目的地组织和指导学生在课堂内外直接观察某种事物和现象（实物和实验），以获得感性知识，或巩固、验证已学知识的方法；③图表法，即运用各种图形、表格等教具，将各种数据、相互关系，直观、具体、形象地表现出来。这些方法必须根据需要灵活运用，在实际授课中还要坚持运用教育学、心理学知识综合考虑，适当改进和创新。

3. 咨询工作的准备

社会实践的咨询活动主要有科技咨询（工农业）、医药卫生保健咨询、教育咨询、法律咨询等。由于咨询内容往往不是自己所能完全预料到的，有可能超出自己的知识范围，所以参加咨询服务活动的人员要作较为充分的知识准备。

（1）确定咨询重点。咨询服务主要是回答别人提出的问题并帮助解决问题，其前提条件是咨询人员要十分熟悉相关知识，从某种意义上来说必须是被咨询领域的专家。因此，在开展咨询活动前，要强调专业对口，确定咨询重点。比如，电气专业的学生开展家电维修咨询，医学院校的学生开展卫生保健咨询，法律专业的学生开展法律咨询等。这样不同专业的学生根据各自的专业特点，有所侧重地进行准备，力求对常见的问题研究透彻。

（2）准备材料。根据当地的情况和人们关心的问题，提前准备一些有关的文字、图表、数字、音像等咨询资料，并根据所能提供的条件作一些技术处理，比如将原始材料制作成传单、小册子、宣传画、录音录像带等。

（3）做好形式选择。考虑咨询方便和咨询效果，在准备过程中还应注意形式的选择，一般有广播咨询、宣传栏咨询、面对面的咨询等形式，必要时还要设专门的咨询点预约咨询，尽可能掌握和运用多种形式的咨询手段。

（4）注意服务态度。咨询是一个知识传播和感情交流的过程，所以，与咨询服务活动的同学必须明确自己的身份和义务。①要礼貌待人，树立良好的道德风尚；②要虚怀若谷，把咨询活动看成是向人民学习的好机会；③要认真负责，耐心回答咨询者所提出的各种问题，对于自己不甚清楚的问题要表示歉意，并向对方表明想办法帮助解决问题的意向；④要有科学态度。要科学地回答和解决问题，不要凭感觉，更不要不懂装懂。

五、物质准备

社会实践活动的选址尽量要求就近就便，但只要走出校门，就要有可靠的物质保障。集体活动更是如此，无论是个人还是集体都需要做充分的物质准备。

1. 行装

社会实践一般要在外住宿，每个人必须适当携带一些行装。行装内容与实践时间、地点和实践地接待条件而有所不同。一般来说，社会实践大多选择在夏季，那时天气较热，行装也不必太多。需要带的有：毛巾被、凉席、蚊帐、换洗衣物、个人卫生用品、凉鞋、运动鞋（山区常用）、雨衣、雨伞、洗漱用具、餐具、手电、笔、笔记本等。行装的大小规格要利于自己能独立携带，特别是采用徒步、骑自行车考察等方式的社会实践活动更应是如此。着装方面应本着实用、整洁大方、简便的原则。

2. 钱、粮及经费预算

活动经费分为集体活动的各种费用和个人必需的生活费用。在实践活动中常出现经费不足的问题，特别是在活动后期。其原因有的是由于特殊情况发生，不可预料；有的是经费管理混乱，使用缺乏计划；有的则是前期预算有误。所以准备工作中要重点抓好经费的预算。预算必须对社会实践活动的全过程所需各种费用进行分类，其主要依据是参加活动人员数、活动项目多少、时间长短。

（1）费用计算方法：①人均交通费×人数＝交通费用；②人日均住宿费×人数×时间＝住宿费用；③人日均伙食费×人数×餐次＝伙食费用；④以上三项的总和，再扣除个人支付（一般是伙食）的款项，即为活动的生活费用。

（2）活动费用：宣传用品费用（笔墨纸张、资料费）、特殊招待费、咨询、调研等活动费用、文体活动费用。

（3）不可预见费：俗话说："穷家富路"，活动在外难免会有不时之需，所以要适当带一些应急用款。社会实践活动不可能把每个参加者所需的生活费用统揽下来，因此个人在出发前也要根据自己的生活习惯和实践地的消费水平，自己准备一些必要生活费用。经费预算要求内容详细，既要减少漏洞，又要扣除重复项，尽可能做到科学合理，随之还要制定详细的使用计划和管理措施。

3. 咨询服务器材

根据咨询内容和形式准备部分咨询器材，特别是咨询活动所特别需要的、实践地又不能提供的用品，如播放器材、科技咨询服务的实验用品、仪器、咨询用宣传牌、宣传画。授课用的教具、挂图、实验用品、咨询用文字材料，等等。

4. 参考资料

让社会实践活动是一个集考察、服务为一体的综合性活动，开展此项活动离不开必要的参考资料。

（1）参考资料的范围：①组织者必备的实践地有关史料、工农业、民俗及自然情况的资料、地图等；②咨询用参考资料、包括相关政策，专业书籍；③中小学教材、讲义、教案；④调研和科技服务的专用资料。

（2）资料的准备：可以搜集现成的原始资料，也可以根据活动需要提前整理并编写专门的资料，以便在活动中灵活运用，要充分利用图书馆的图书以及各种报纸杂志和网络媒体上的知识和信息。参考资料的准备要求有针对性、实用性。

5. 文具、办公用品

活动组织、宣传、后勤服务、对外联络，都需办公用品，而且必须分类准备，专人保管。包括文件档案袋、行文纸张和信笺；笔纸浆糊，直、曲别针，订书机、刀、剪、尺；财务、物资管理的各种账簿和表格；通讯录、交通时刻表、地图；手电、蜡烛等照明用品。

6. 文娱用品

在紧张的社会活动中，同学之间、师生之间、实践者与当地群众之间要组织各种文娱活动以增进了解，交流感情：

（1）娱乐用品：①棋牌类：象棋、围棋、跳棋、扑克等；②球类：羽毛球、足球、排球、篮球、乒乓球或网球。

（2）文艺用品。为了宣传党的方针、政策，歌颂祖国和人民群众，表达大学生对人民群众浓郁的感情，在社会实践过程中，常需要编排部分文艺节目为当地群众演出；有时还会和当地群众一起联合演出。因此要根据实际需要，适当准备一些文艺演出用品。比如，化妆品、简便演出服；乐器、收录机及歌曲磁带；演出标记和小道具。有些以文艺演出为主要内容的实践活动则要准备更多的乐器、灯光等设备。

7. 宣传用品

包括宣传材料（文字、图片、音像资料等）和宣传工具。宣传材料中还必须强调队员充足的知识储备，并做好授课、咨询服务。宣传工具主要有：广告纸、毛笔、各色颜料；照相机及辅助用件；广播用麦克风、收录机等。办公用品、咨询用品和文娱宣传用品有的可以相互代替。全队以上物质准备一定要统筹兼顾。同时，应根据活动内容及物质需求与实践地接洽，能在当地解决的尽量不要列入准备范围之内，以使整个队伍更加精干，便于行动。

8. 医药、卫生保健用品

离开学校或大城市等熟悉生活环境来到农村、厂矿、部队等地，许多同学或水土不服，或体质弱，或因气候变化，意外事故等自然和人为原因出现各种疾病。特别是暑期，由于天气炎热、饮食不当，就更易引发疾病。为确保同学身体健康，一方面要严格遵守安全卫生纪律、强化卫生常识；另一方面要准备必要医药、卫生保健用品。同学个人一般都对自己的体质有所了解，所以要求每个人均应根据自己的体质情况准备一些常用药品。组织者要和卫生人员一起分析同学身体情况和易发病、易发事故等因素，在传授卫生保健知识的同时，集中准备一批医药卫生用品。大致有：外伤用药品，消毒止血、外伤包扎用品；各种治疗肠、胃疾病的药品；消暑、退烧、感冒等常用药品；晕车、因水土不服发生反应等药品；为保证安全，各种医药用品要由负责卫生的人员妥善保管。在活动中，常有分散活动、分散驻扎。有的地方交通联系不便，又缺少医疗条件，卫生人员就格外重要，药品准备则需更加细致认真。

9. 问卷

要求全体队员整理调研思路，明确研究意义。问卷设计内容具体见本书第九章第二节。

10. 指引装备

包括手表、当地地图、手机（充电器）等。

11. 其他资料

包括社会实践登记表、团队记录手册和介绍信等。具体见第十章社会实践常用文体写作。

六、身体准备

健康的身体是社会实践活动顺利进行的保证，如果不具备良好的身体素质，就不可全身心地、积极活跃地、精神饱满地投入到社会实践中去。社会实践活动在某种程度上就是在检验我们的身体素质、锻炼我们的意志品质，所以在活动之前，每个人都应该有意识地对自己的身体进行全方位的调节和准备，集体则要有计划地组织一些健身活动。

1. 调整作息时间

我们在学校有着规律的作息时间，早已成为一种习惯。部队有铁一般的作息纪律，工厂有严格的时间要求，农村有日出而作、日落而息的起居习惯，这肯定出入于我们的习惯。到不同的地方开展社会实践活动，就有不同于我们的日常学习时间安排、生活习惯，因此建议在实践开始前 2～3 周之内，按所去实践地的作息情况进行调节性训练。

2. 调整饮食习惯

良好的饮食习惯是使人保持健康的身体和良好的精神状态的基础。在一个新的环境中，如果不能具备良好的饮食习惯，不能顺应当地的饮食特点，则极易使体力、脑力不支，并造成各种肠胃疾病，从而影响身体健康和活动的开展。要有意识地、甚至有时要强迫自己一改往日的不良习惯。这不仅是适应实践活动的需要，更是关爱自我的表现，也是为今后步入社会这个大课堂所作的前期准备工作。

3. 加强身体锻炼

根据实践的具体要求，有目的地锻炼身体十分重要。有些活动需要长时间徒步和骑自行车进行考察，身体的锻炼尤为重要。我们应根据所去的具体地点地行有专项的训练。例如，组织赴山区开展考察活动，应考虑到该地区主要为山地，山高坡陡而且多居民点分散，季节的天气情况是否多变，在夏天可能多阴雨天气，白天烈日，夜晚凉风。在实践活动开始前就应进行专项训练：一是精神状态训练，二是加强体能训练。每天组织适当次数的训练，进行长跑锻炼，提高身体素质。在校周围寻找合适安全的高地进行登高训练，使身体机能处于一个良好状态。实践活动前的身体锻炼应该是有重点的训练，既要有集体的统一训练，每个人又应该根据自己的身体情况进行个别锻炼。但是，身体素质的提高单凭实践活动前的一段时间锻炼就指望立刻奏效，是不现实的，关键在于平时的经常性体育锻炼。短时时间内开展活动多，频度高、强度大，应在实践前加强各方面训练以适应新的环境、新的生活方式。

七、社会实践生活小帮手

俗话说，在家千日好，出门一日难。当你背起行囊，走出校门，踏上暑期社会实践的旅途，总会遇到各种各样的困难。现提出如下注意事项，望各位队员熟记。

衣：行李打包时，注意携带的衣物以实用为原则。虽然在暑假，但为防天气骤变，应当根据当地的气候准备一两件较厚的衣服，最好有一套防雨的外套。准备一双舒适的运动鞋，一顶遮阳帽，留意天气动向，及时增减衣服。各地天气变化无常，我们要做好准备呀！另外，条件允许时要勤换衣服，干净整洁会让人自信倍增、潇洒迷人！

食：出门在外，由于周围环境的改变，乘坐交通工具的颠簸以及身体的劳累，很容易出现消化功能紊乱。若不讲究饮食卫生，可能导致“病从口入”，以及发生各种胃肠道疾病或食物中毒。所以一定要注意卫生，预防食物中毒。饭菜宜清淡。在外吃饭最好有蒜、生姜、食醋等作为佐餐。他们不仅有健胃消食的作用，而且对肠炎、痢疾、感冒等有预防作用。瓜果蔬菜一定要新鲜，而且最好是去皮的。凡是觉得有口苦咽痛、心烦、便秘等的患者，应吃些良性的瓜果蔬菜，如西瓜、苦瓜、黄瓜、梨、柑、紫菜、冬瓜、芹菜等。同时，一定要多喝水。夏日酷日炎炎，走路时容易出大汗。如果有比较长的行程最好带上饮用水。如果有条件，喝适量淡盐水，十分有必要。1g 盐加 500mL 水，可补充机体需要，平衡汗液带走的无机盐，同时也可防电解质紊乱。旅途中喝水要次多量少，口渴时不要一次猛饮，应分多次喝。天气即使炎热也不要喝5℃以下的水，10℃左右的凉开水最好，可达到降温解渴的目的。但是，饮水卫生最应引起重视。不要喝生水，尤其是被污染的河水、井水等。

住：安全第一。在选择住宿地点时，一定要谨慎。以安全，卫生，且少花银两为宜。推荐企事业单位的招待所，高校留宿处等。注意保证睡眠充足，按时作息，以养精蓄锐。住宿财物要保管好，贵重物品随身带，不然就要由梁上君子来保管了。房里最好要有人看守，不要把行李放在宾馆房间提供的柜子里，以免出行匆忙忘记携带。

行：临行前要检查生活必需品是否齐备，衣物、洗漱用具、防晒驱虫用品、雨具、常用药品等。行李压缩打包，精简为宜。行程颠簸，应当对晕车晕船等症状有所准备。疲劳会增加晕船的机会，因此出发前，必须保证充足的睡眠，不要与你的室友彻夜卧谈。旅途中小睡片刻也有帮助。颠簸中切忌饮食过量，最好找通风的地方，新鲜空气可以防止作呕。在晃动中应尽量避免阅读，这可能使人感到眩晕。若是非读不可，应尽可能固定和书本的距离。

另外，实践中，应发扬集体主义精神，以团体为单位，相互关心帮助，要有协作精神。

八、建议与帮助

(1) 多与指导教师沟通，修正认识偏差，选好切入点。

(2) 参考往年优秀实践案例。

(3) 透彻了解实践地背景情况。

(4) 不断优化实践方案，减少人力、物力、财力的投入，合理预算经费。

(5) 注重实践安全，考察安全预案、实践策划的合理性和可行性。

第七节　项目实施程序

一、项目申报阶段

1. 团队要求

一般来说，方案切实可行且准备充分的团队容易审批通过。

(1) 主题鲜明，结合本专业特色、社会热点、学校实际、科研项目选题，意义深远，服务社会。

(2) 活动策划书详细完善，对实践地背景情况了解透彻。

(3) 团队分工明确，安全、财务等有专人负责。

(4) 团队做足了思想、物资、安全等方面的准备，选题可行性较高。

(5) 本着勤俭节约的原则，合理预算经费。

(6) 收到实践地、实践单位明确的回执信息。

(7) 团队具有沟通、协作、摄影、独立开展调研等能力，负责人具有良好的组织领导能力，团队成员具有良好的身体素质。

(8) 注重实践安全，考察安全预案、实践策划的合理性和可行性。具有较大安全隐含的组团申报学校不予审批。

2. 项目申报流程

项目申报流程包括拟定实践计划、填写申报书、指导老师提出意见、上交审批、立项通过5个步骤。

(1) 实践计划。实践前期，团队应做好各项准备工作，通过大量查阅资料，熟悉实践流程，储备社会实践的各项知识，并拟定好实践计划。要求实践计划一定要周密，实践路线一定要准确，实践内容要大胆，体现创新特色，并结合自身特长、兴趣和专业特点、学校特色。

(2) 填写申报书。根据实践计划，填写好社会实践申报书。要求申报书填写内容要有特色，语言要书面化，信息要全面简洁。

(3) 指导老师提出意见。指导老师根据团队的情况提出一些针对性的意见，并做好书面描述。团队应结合指导老师的宝贵意见对自己的实践计划和申报书进行修改和完善。

(4) 上交审批。做完前面3项工作后，团队负责人应在规定时间内将社会实践申报书交给学校、学院（系）。学校、学院（系）应根据每个团队的申报书，结合相关的评价规则进行打分评定，然后评选出优秀的团队。

(5) 立项通过。立项通过后，结合自己情况与学校的相关政策，开始实施社会实践项目。

二、筹备部署阶段

1. 活动初期调研

实践前期，团队应进行初期调研活动，对实践地的相关信息进行全面分析和总结。团队可以采用网络途径，利用广阔的互联网信息平台及丰富的图书馆资源进行调查；也可以选择实地调查，采访老百姓和市民，了解当地信息；还可以选择在具有浓厚文化气氛的大学里进行调查，通过大学生问卷调查、采访老师、师生探讨等多种途径了解实践信息。

2. 选好社会实践基地

只有有了实践基地，事先准备的方案才能付诸实施，效益才能得以体现。而基地的选择，既应看能否发挥自己的最大能力，又要充分考虑社会的承受能力，若几十人或上百人同时把实践地点选到同一单位，这就要考虑单位上吃、住等具体条件能否承受。因此，从长远看，各实践小分队一定要有自己的活动基地。

3. 取得家长理解、支持

实施前，学生、学校或学院应向家长寄送大学生社会实践书信或直接与家长取得联系，一方面取得家长的理解和支持；另一方面则使家长放心，并做好各种防范措施。

4. 制定完善管理体系

在活动开始前一周左右，团队要落实好活动的时间、地点、人数、设备以及交通工具、费用等，提醒学生准备好笔、记录本、照相机等辅助工具。有条件的话，队员最好事先实地考察下目的地，做到心中有数，使实践活动的开展更顺畅、操作性更强。如组织学生参观博物馆，虽然目前博物馆已免费为市民和学生开放，但需要拿票才能入场，如果事先没有做好准备，当天排队拿票，光排队就得花上好几个小时，所以应该提前排队拿票或通过网上预订。

三、调查选点阶段

项目实施前，队员应进行调查选点。一是选好实践地点，二是勘测好实践路线。再好的社会实践方案，如果没有科学的实施路线，那么操作起来就会棘手。以四川农业大学传承水利文化，共促人水和谐实践团为例。在实施前15天，该团队设立了5人路线勘测小组，先通过先进的网络平台，将实践地地理位置进行标注，得到初步的路线图；然后查阅雅安市地图，进一步细化实践路线；最后选点，并实地调查勘测，得出了理想的实施路线，如图6-7～图6-12所示。

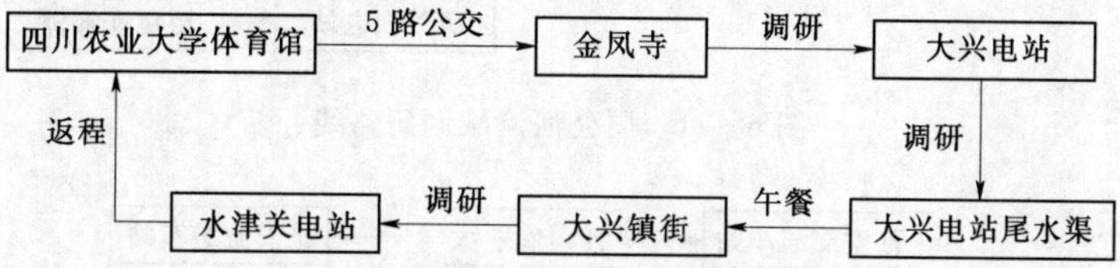

图6-7 大兴镇各电站调研路线

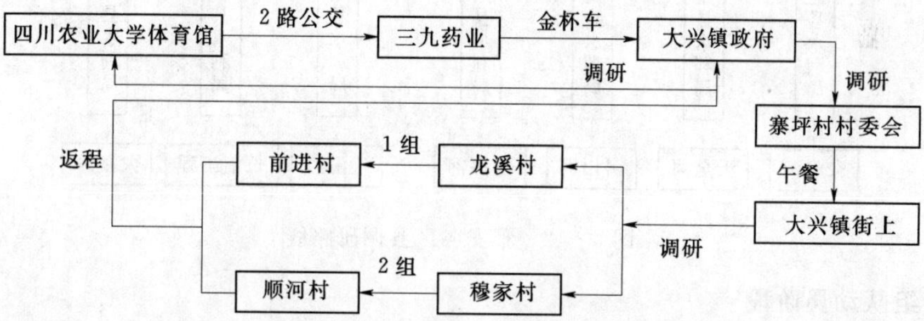

图6-8 大兴镇及各村调研路线

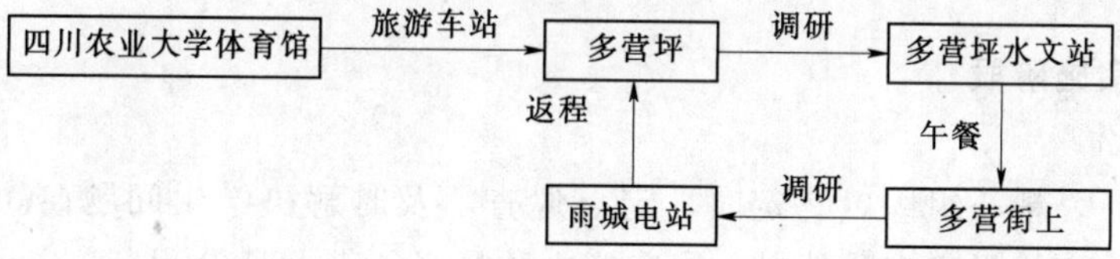

图6-9 多营坪水文化调研路线

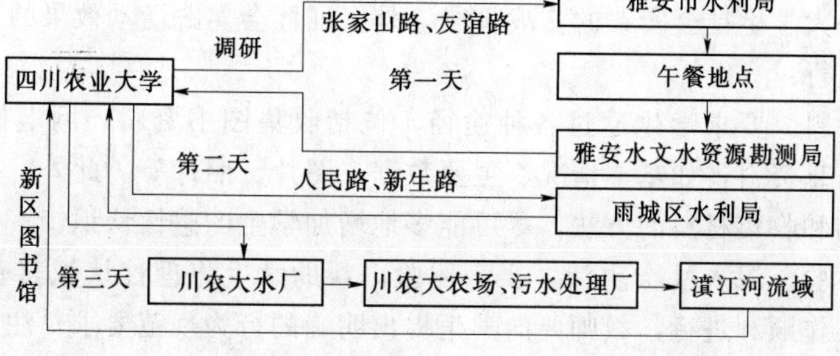

图6-10 雅安市雨城区水资源水文化调研路线

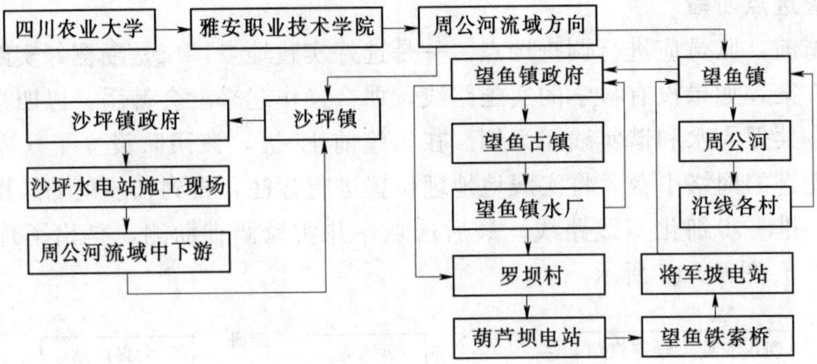

图 6-11　周公河流域调研路线

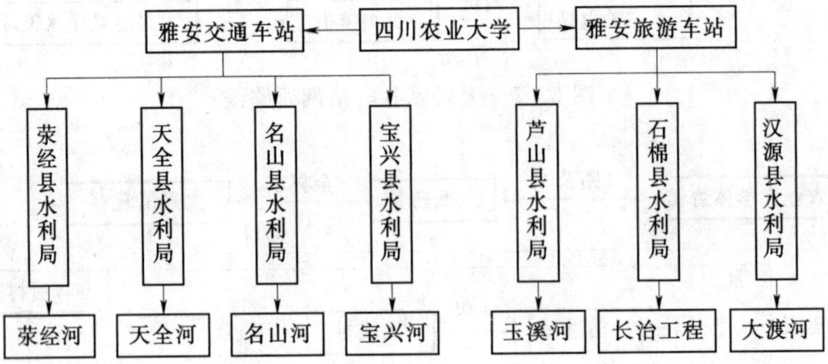

图 6-12　雅安各区县调研路线

四、组队动员阶段

活动实施前一天或者几天内，团队应根据自身情况认真部署动员大会，在前期各项培训工作的基础上，进一步强调实践注意事项，并激发大家实践热情，将实践气氛升华为最高潮。

五、项目实施阶段

1. 准备工作

①安全第一，精心组织；②定时、定点巡查，及时解决学生问题；③和企业及时沟通，协调实践内容，提高实践效果；④实施中队员必须带上身份证、学生证等证件及必备物品。

2. 实施环节

实施环节是大学生社会实践的实战阶段，是保证社会实践活动效果的关键一环。这一阶段可分 3 步进行：

（1）收集材料。要求学生通过各种途径，包括收集图书资料、网上搜寻、问卷调查等，获取大量信息资料，如基本情况、主要数据、图片、照片等。此外，指导教师还应告诉学生观察事物和收集材料的方法，尽可能多地增加学生的感性认识。

（2）亲身体验。深入社会生活，亲身体验，帮助学生将理性认识与感性认识结合起来。为使这一工作顺利进行，教师要向学生提出明确的行为规范要求，注重学生形象做到文明、有序，听从管理人员的指挥，单独行动时，要特别注意人身和财产安全等。

(3) 加工整理。教师要指导学生围绕主题，根据收集到的材料和本人的切身体验，对相关资料进行筛选、分析、加工、整理，形成《社会实践活动调查报告》，就具体问题提出自己的设想、见解和建议等。

3. 注意事项

(1) 精心组织队伍，教育管理结合。社会实践队伍的组建，是学生在实践过程中相互教育和共同提高的组织基础。各实践小分队一定要有带队教师或高年级学生作后盾，带队教师除了具备一定专业知识外，还应有做思想政治工作的意识和能力。学生干部要及时组成核心，发挥作用。在实践过程中，对每个队员的思想和生活都要提出严格要求，每人承担一定服务性工作，讲课、咨询、答疑等，充分发挥每个队员的聪明才智，为当地多做贡献。

(2) 依靠当地组织，圆满完成计划。社会是复杂的，学生们一旦步入社会各种难题都会摆在面前，对社会适应能力较差的同学来说，当务之急是提高应变能力。目前，较为突出的难题有两个：一是社会实践中的人际关系。学生步入社会参加活动，若得不到社会的配合和支持，那将是寸步难行。要想在很短的时间内处理好人际关系，得到人们的配合，最关键的一点就是尊重人，不要认为自己是大学生就身价百倍，目中无人，那样在社会上会处处碰壁。只要能谦虚谨慎，虚心好学，尊重工人、农民、干部、群众，就能赢得人心，从而掌握活动的主动权。二是实践中的各种突发性事件。出门在外各种情况都可能出现，遇到这种情况怎么办，这里有两点可借鉴：①要紧紧依靠当地政府，求得他们的支持和帮助；②要冷静、沉着，以不变应万变，切不可头脑发热，感情用事。

(3) 针对当地需求，组织重点攻关。随着大学生社会实践的深入开展，基层对大学生下乡的要求也在逐渐提高，所以大学生社会实践要想取得成效必须与当地要求相结合，在具体实践中要做到：送科技成果到乡，送科技人员到村，送科技资料到户，送实用技术到人。例如东北农业大学组织不同专业博士生联合编队在五常市二河乡新庄村搞的村级发展规划为当地解决了实际问题，东北农业大学博士生连续五年深入这个村进行指导培训，中央电视台《焦点访谈》栏目以《博士生搞了村规划》为题进行了专题报道，取得了很好的效果。

(4) 临别事宜。

1) 征求意见、反馈意见。实践项目完成以后，队员应及时征求实践单位意见，认真听取单位领导及当地群众对我们社会实践各方面的情况所提出的宝贵意见和看法，根据这些建设性的意见，队员应及时总结和交流，得出科学的结论。此外，团队、学校及老师应与实践单位建立良好的互动平台，并保持长期的合作与交流。学校、学院、实践团队要及时根据实践地领导及群众的反馈信息作出针对性的战略调整，将服务“三农”、服务社区的理念贯穿始终。

2) 物品清还、搞好卫生。实践后，队员应及时对实践场地进行打扫，搞好卫生，给人民留下好的印象；实践期间所借的物品也应及时归还，并对表示感谢。

3) 真情话别、表示感谢。实践期间，我们在单位领导、工人、农民、地方政府那里感触了很多，学到了很多，收获了很多，这些将是我们大学生活中的美好回忆，更是我们开阔视野、认识社会、提升自我的宝贵财富。离别时，彼此依依不舍，心情都特别难受。

人民群众将改造家乡现状、建设和谐农村及社区的愿望也托付给了我们大学生，这份沉甸甸的责任不仅仅表达了他们建设伟大祖国的愿望，更表达了人民对我们的信任。我们应该对其在社会实践中的支持与关怀表示深深的感谢，并履行好自己的职责。

(5) 实践中的备忘录。

1) 积极向学校社会实践专题网站提交实践成果和实践感言。

2) 及时向学院反馈团队实践信息。

3) 积极联系媒体做宣传报道。

4) 联系媒体的方法有：①与实践接收地取得联系，通过实践接收地的帮助取得媒体的联系；②直接与当地媒体打电话联系，邀请媒体关注实践团活动，或者实践团自行准备好宣传材料向媒体投稿。

5) 实践中及时交流、总结、记录，填好社会实践登记表。

6) 资料分类整理，留有备份，注意保存。对于电子类，如照片、录像、录音等，要做好备份，防止因存储介质的损坏造成资料遗失。而纸质类资料，如访谈记录、事件日志、项目合作意向书等——注意防火、防水，统一放入档案袋或文件夹中。

7) 实践中照片的采集方法。实践过程采集的照片需要区别于旅游时的照片，应以体现实践实况的内容为主，并且需要有身着实践T恤的同学在内（最好5人左右），通过对片段的抓取，能体现实践的感人瞬间。

六、总结交流阶段

社会实践的效果，一半在实践过程，一半在实践总结。只有在各级党团组织的有效引导下，发动广大同学认真的思考总结，把感性认识上升到理性认识，把个人所得转化为大家的精神财富，才能使学生既“丰产”又“丰收”，获得思想和业务、素质和能力的全面提高。毛泽东同志在《实践论》中指出“要完全地反映整个事物，反映事物的本质，反映事物的内部规律性，就必须经过思考作用，将丰富的感觉材料加以去粗取精、去伪存真、由此及彼、由表及里的改造制作功夫。造成概念和理论的系统，就必须从感性认识跃进到理性认识”。有些院校把总结分成两个层次：一是交流观感，学生谈所见所闻；二是交流思考，学生谈所思所想。在大规模实践总结交流后，还要在学生中进一步开展社会实践主题教育活动。如东北农业大学校团委在科技支农志愿者服务队总结交流后，在校报上开辟了“志愿者风采”专版，升华了实践教育成果。需要特别说明的是，实践活动不能仅停留在感性层面，还要深入到“内心”，触及到世界观、人生观、价值观的层面，这是应当达到的深度。深入内心，首先要深入实际，要有真情实感，善于把握契机，引导学生联系自身，通过反思，有所触动、有所警醒、有所觉悟、有所行动、有所提高，最终达到思想的转变。

1. “震惊”和“感动”，是深入的最佳契机

道德情感是根据一定的道德观念，在对某种社会现象进行观察和评价时，产生的情感体验，在道德认识、道德意志、道德信念、道德行为和道德习惯中处于关键位置，对道德品质的形成至关重要。在大学生社会实践活动中，当学生因为某些社会现象，而感到震惊（震惊是一种对未曾经历过的事物的超乎想象的道德情感体验），必然引起深深的感动，说明这时“进入内心”的程序已经启动。2007年暑假金陵科技学院校团委以“大手拉小手，

建设社会主义新农村”为主题的社会实践活动，走访了两户贫困生家庭。一户以种地的微薄收入维持家用，房屋破旧、家徒四壁。这位学生深知，父母供他上学不易，只有用“拼命学习”来报答父母：房间的一面墙上，贴着他获得的十几张奖状，另一面墙上，贴满了他抄写的自我勉励的名言警句，笔画工整，同学们对此唏嘘不已。走进另一户贫困生的家，当我们说明了来意，母亲连声道谢。坐下后，母亲让儿子切西瓜，同学们虽再三推辞，儿子却手脚麻利，已经把西瓜递到大家面前。学生们留意到：他把最后两块西瓜中的一块大的，递给母亲，母亲却执意要拿那块小的，母子俩争执了好一会。这个场景，使一些同学暗自流泪。

2. 深刻反思自身，是深入的真正表现

震惊和感动，并非大学生活动的最终目标，最终目标是要让学生引起对自身的深刻反思，进而产生愧疚、警醒、觉悟，这种触动灵魂的力量是巨大的，使人难以忘怀，使人有所改变，使人奋发向上。思想的转变，不能由他人来代替，完全靠自身的觉悟，转变思想是大学生社会实践活动应取得的重要收获之一。以金陵科技学院校团委“大手拉小手，建设社会主义新农村”社会实践活动为例，被访学生家庭贫困程度令人震惊，而他们发奋学习的精神，又令人感动！同学们心情久久不能平静。当晚，在临时团总支工作例会上，同学们联想到自身的日常开销，所谓“氛围消费”“感情投资”“形象设计”不一而足，相比之下，同学们感到脸红，感到内疚，感到惭愧。通过讨论，大家深有体会：①不懂得贫困和艰苦，就不会对农民、对农村有深刻的认识，就不会对农民、对农村有深厚的感情；不懂得农民、农村，就不能真正懂得中国的国情；②不懂得贫困和艰苦，就不知道节约，就不知道同情，就不知道感恩，就不知道帮助他人对完善自己的品德有多么重要；③不懂得贫困和艰苦，就不能真正解决学习的目的和动力问题，为改变一些地区的落后面貌，而自觉发奋努力。

3. 交流阶段

开学一个月内，各班、各团队开展“1＋1”形式的“实践归来话感受”主题团日活动，此活动作为后期社会实践先进团支部、十佳团支部的重要评选依据。

七、材料上交阶段

1. 汇报材料

开学后两周时间内领队须将实践成果的电子版和纸质版各一份上报至学院，并将其他实践书面成果上交。同时积极的准备申报社会实践优秀分队。

（1）团队实践总结材料。进行团队实践的学生需要以团队为单位上交团队实践总结材料，包括《社会实践登记表》（纸质版）、团队实践报告（打印版、电子版各一份）、答辩PPT、活动照片、新闻稿、媒体报道、交通票据、实际花销明细表，电子版存放在一个文件夹里，以“团队编号＋团队名称”命名，由班级收齐上交到学院团委或校团委社团部，学院团委和校团委社团部统一上交至校团委实践部；涉及调查问卷的实践报告，须在报告后附上原始问卷1～2份。需上报的电子版材料有：①团队整体完成的实践课题成果（调查报告、论文等）；②团队总结报告一份；③团队实际参加人员名单；④团队个人小结或实践课题成果（每人一份）；⑤至少5张比较有代表性的活动照片，能够反映团队特色或当地人文特色，并有简要说明；⑥PPT展示文稿（要求有电子版的照片）和团队自行拍摄编辑的DV短片（选交）。需上交的书面材料有：①当地媒体对实践活动的相关报道、当地领导或者知名人士对社会实践活动的题词；②接收单位评语（即实践活动意见反馈表）；③实践基地意向表（选交）。

注意事项：①有DV短片的实践团，领队将DV直接上报至学院实践部，供制作暑期社会实践光盘，并将在评比过程中给予优先考虑；②上交的材料直接与后期的活动评比挂钩，各领队应予以高度重视并按照规范操作；③团队实践报告不少于5000字，个人报告不少于3000字，两类报告标题统一使用小三黑体，正文部分使用小四宋体，1.5倍行距；④涉及调查问卷的实践报告，须在报告后附上原始问卷1～2份；⑤照片要能展现活动过程或某一场景（包含具有实践地鲜明特色的集体照一张），每张照片的名称要包含事件时间、地点、概要，如“7月24日在天津市引滦入津工程展览馆参观学习”；⑥媒体报道，报纸等的原件（或复印件）及扫描版，电视报道的视频版，网络媒体的网页截屏及网址，所有媒体报道须附有简要说明（媒体名称、报道时间、内容等）；⑦新闻稿，电子版不少于一份，从实践开始至结束期间都可上交至实践部邮箱，新闻稿内容为团队风采掠影或活动小结或社会媒体报道。

（2）个人实践总结材料。进行个人实践的学生需上交个人实践总结材料，包括《社会实践登记表》（纸质版）、个人实践报告或心得体会（打印版、电子版各一份），电子版统一存放在一个文件夹里，以“学号＋姓名”方式命名，由班级收齐上交到学院团委，学院团委统一上交至校团委实践部；涉及调查问卷的实践报告，须在报告后附上原始问卷1～2份；不少于3000字，标题统一使用小三黑体，正文部分使用小四宋体，1.5倍行距。

2. 花费报销

领队须算清所花费用，整理好发票，在得到通知后上交到学院实践部。所有报销的票据必须是正式开具的发票，各类证明、收据等不予报销。因住宿费用及杂项费用所开具的发票中须写明付款单位、商品名称、金额总计、开票日期等项目，并盖有各单位发票专用章。其中：①交通票据，公共汽车票、火车硬座、长途客车票等为有效票据，各旅游景点内的交通票据、由于毁损或票面过于污浊等不能清晰辨认票面金额的交通票据、退票手续费、卧铺等票据不予报销；②住宿票据，须住宿单位开具发票，发票中须列明住宿天数、人数，且不超过每人每天30元的住宿标准；③其他票据，购买各类低值必需品、打印复印等须开具正式发票。发票中商品名称不能为“办公用品”“鲜花”“礼品”“文具”等，须列明所购商品的详细名称、数量及单价。各类门票、明信片、邮资反馈单、餐饮娱乐等票据不予报销。团队在实践过程中要保存好相关票据，尤其是有效的交通票据。

3. 申报材料

（1）优秀团支部申报材料：电子版、打印版各一份，包含团支部社会实践前期组织动员、实践活动质量、“实践归来话感受”团日活动开展、成果总结转化、学生参与率统计等内容，材料形式不限，字数不限，图文并茂，反映班级实践组织的电子版照片2～4张。

（2）优秀团队申报材料：学生暑期社会实践优秀团队申报表电子版、打印版各一份，打印版须有学院盖章；其他具体要求参见下发的评选通知。

（3）先进个人申报材料：电子版一份，由学院统一上交；内容积极健康，富有真情实感，以展现个人的实践特色、撰写实践心得故事为主；体裁不限，字数1000字左右，标题使用小三黑体，正文部分使用小四宋体，1.5倍行距。

（4）十佳标兵申报材料：《×大学××年学生暑期社会实践十佳标兵申报表》，电子版、打印版各一份，打印版须有学院签章；答辩PPT；打印版2份。

（5）社会实践优秀指导先进教师申报材料：《×大学××年学生暑期社会实践优秀指导申报表》，电子版、打印版各一份，打印版须有学院签章；指导实践团队进行社会实践的优秀事迹，电子版、打印版各一份，1500字左右。

（6）先进工作者申报材料：《×大学××年学生暑期社会实践先进工作者申报表》，电子版、打印版各一份，打印版须有学院签章；个人参与社会实践工作优秀事迹，电子版、打印版各一份，1500字左右。

（7）学院工作总结材料：社会实践工作总结，电子版、打印版各一份，包含学院动员宣传、课堂教学组织、总结交流、成果转化、评比表彰、社会实践经费使用等活动情况总结；反映学院动员、培训、宣传、总结等指导性工作的照片5～10张；学院工作总结视频。

八、评价表彰阶段

评价阶段是对社会实践活动效果的总结和提高，这一阶段往往容易被忽略、淡化，教师必须善于抓住总结，评价不是简单地评价学生实践活动的能力，主要应当着眼于鼓励学生继续参加社会实践、探索问题、解决问题的热情，使学生在探索、研究问题的过程中，不断提高分析和解决问题的能力。对学生在实践探索过程中出现的错误与失误，暂不予以批评，在充分肯定学生探索精神和取得成绩的前提下，着重分析学生出现失误的原因，使学生能发现自己的问题，及时修正失误，并寻求新的解决问题的方法。对学生社会实践活动的评价是一种动态评估，重在过程评价，重在对学生的情感和态度的评价，其最终目的是为了总结和提高。切忌仅用分数估量学生的实践能力，以免挫伤学生的积极性和创造性。

1. 评价方法

（1）学生参加活动的态度，包括活动前的准备、活动中的参与、活动后的思考、提出建议意见等情况。

（2）学生参加活动的能力，主要是指学生在参加社会实践活动中，如何将所学理论知识运用于指导实践活动，即由“知”向“行”的转化能力。

（3）学生参加活动的收获，主要是指学生参加社会实践活动后对有关问题的了解、认识、理解程度等。

2. 表彰

实践后，学校、学院（系）应设置一些奖项，以奖励实践中表现优秀的学生和老师，同时鼓励其他学生向优秀学生学习。个人奖项有先进个人、十佳标兵、优秀指导学长、先进工作者、优秀指导老师，集体奖项有优秀调研报告、先进团支部、十佳团支部、社会实践优秀团队、社会实践先进单位。

九、成果转化阶段

1. 如何取得好的成果

想要取得好的成果，需做到以下几点：①前期认真理清项目意义、分析方案可行性，挖掘闪光点、锐意创新；②中期及时记录、总结、思考；③实践后有计划、有步骤地进行成果汇编、抽取精华、形成成果。优秀的成果获取方法如图 6-13 所示。

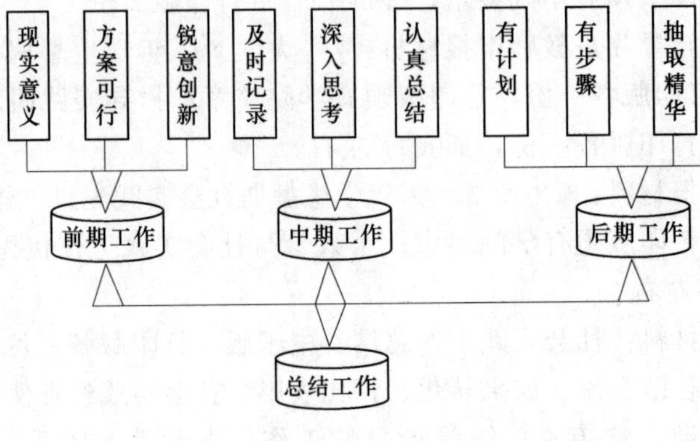

图 6-13　实践成果获取方法

2. "文字"类转化途径

"文字"类转化主要有以下途径：①在教师指导下，认真撰写调研报告、科技论文等实践报告；②具有较高学术价值的报告和论文可以报送相关部门，供参考研究用；③具有较高学术价值的报告和论文可以往一些期刊、杂志投稿；④参加大学生社会实践科普调研征文竞赛；⑤参加课外学术科技作品竞赛；⑥参加全国"挑战杯"课外学术科技作品竞赛。

3. 其他转化途径

举办经验交流会、主题论坛、专题讲座等活动，推广实践成果；通过校内外网络平台进行实践活动及成果展示，如大学生社会实践课程网、5470、贝城社区、大学生社会实践网等。

课外知识

费孝通《社会调查自白》的启示

费孝通先生是我国著名社会学家、人类学家、民族学家、社会活动家，是中国社会学和人类学的奠基人之一。费孝通先生从事社会学、人类学研究，写下了数百万字的著作，是指导和启发我们从事社会调查研究思想和实践最重要的精神文化遗产之一，他被誉为今日中国社会学的总设计师。其中在他数百万字的著作中《社会调查自白》一书专门探讨了社会调查的方法，凝结了费老先生对社会调查的宝贵实践经验，是对中国社会探索和研究的总结。在这本著作中，费老先生以"为什么想到设计做这些调查，怎样做，得到的体会和认识是什么"等，不断启发、加深我们对社会实践调查的思考和认识，使我们从中受益很多。

在这本《社会调查自白》书中，费孝通先生始终贯穿着一个基本精神：实事求是。这是我们在进行社会调查时的根本出发点。客观了解事物发的现状，认识其客观发展规律是我们科学分析和预测事物发展变化的基础。如果我们的调查带有个人主义色彩往往会遮盖了事实的真实情况，调查者的态度是社会研究科学性最重要的道德保证。而实事求是就是要求调查者亲自深入社会亲自观察实践，在千差万别的现象表面中寻求它们内在的联系和基本的理论实质。同时费孝通先生也强调，只是一味把某一个现象的调查概括为整个社会的状况，这也不能算作是实事求是。

善于提问是费孝通先生在做社会调查的之一重要的方法。他在实践中与不同调查对象的一问一答的过程中不断寻找研究思路、新的突破口，以事情普通的小线索寻求背后的相关联系。如费孝通先生在对某小村庄的商品货物交换的研究就是从和小卖部店主的对话中开始。费孝通先生在本书中通过实例给我们展示了从发现问题到对问题背后的事实联系的调查思维过程，很好得指导了我们怎样从陌生的环境中入手调查、寻求事实背后的实质与运行过程。

而在调查这“一问一答”的交流过程中如何从众多的调查对象提取可靠的信息，费孝通先生为我们做了很好的榜样。他教导我们首先要与受访对象者成为朋友，相互信赖，从而才能保证所了解信息的真实性。另外，虚心请教、态度诚恳、语气柔和才能让受访者感到彼此之间相互的尊重，调查者才能更好地获取所需信息。但是怎样在初次就与陌生的调查对象建立彼此信任的关系呢？费老先生告诉我们，要做调查者首先自己就要做被调查者。通过受访者对我们的调查，来拉近彼此之间的关系，接触受访者对调查者的戒备心，使受访者认识到调查对话不会对他们的生活造成损害反而有可能能搞帮助到他们，以此让彼此产生信任的感觉，这时候调查者才能获取更多的信息资源。

当调查者在前面的调查中获取了大量可靠的一手资料后，怎样从这些资料中整理线索、提炼精华是我们队社会调查的另一项重要工作。虽然我们的调查以“点”开始，要做到以此来了解“面”层的关系，这就是要就我们在整理分析文献要善于总结，从个体的特俗的到整体的普遍的认识。再者，对社会事实的调查不能仅仅进行定性分析，因为虽是同类问题可实际却又很大差别，需要定量分析加以区别，以此保证我们的研究结果在本质上的相同又有各自的差别，从而能更精确的通过定性定量分析来探讨问题解决问题。此外，在对结果分析的时候费孝通现在要求我们还要注意事件的因果联系。导致一个事件的发生发展有时候不仅仅是原因，而是多个相互交叉多个起因共同作用。在这些原因中，原因也有主次关系之分，找到主要原因也才能更好地解决事件的主要矛盾。这是费孝通先生在对做资料整理分析方面对我们很好的指导。

在面对海量需要我们进行的社会实践调查中受到财力物力和人力资源等客观条件的限制，增加的我们调查全面性的难度，而费孝通先生提出了“类型比较”的指导方法启发我们用类比的逻辑去尽可能反映整体情况。

我们可以从费孝通先生《社会调查自白》一书中学会怎样去开展实践调查工作，并且我们确实受益匪浅。但是我们更应该有费老先生对社会实践调查和对科学研究的认真坚持的太对和无限的热忱。88岁的费老还外出实地调查，年过90的费老还参与在学术活动，他一生对科学事业的忠贞，对工作的认真态度是鼓舞我们年轻一代不断进取最好的精神动力，我们也将为自己是事业奋斗终生！

思　考　题

1. 社会实践的选题类型有哪些？选题原则是什么？
2. 怎样编写社会实践方案？
3. 如何申报社会实践项目？
4. 从哪些方面提升自己在社会实践中的能力？

第七章　社会实践的安全与礼仪

大学生社会实践要做好以下两点工作：提前预防，确保安全实践；注重礼仪，展现学子风采。本章就大学生社会实践的安全防范措施、安全类别和安全事故进行了案例分析，并对安全预案编制、实践礼仪细节进行了讲述。

第一节　社会实践中的安全防范

一、安全防范措施

开展社会实践活动，安全工作尤为重要，可采用如下“五道防线”：①结合课堂教学，以安全事故案例的方式，进行安全教育；②学术课外自主学习《学生伤害事故处理办法》等相关安全知识，编写实践安全预案，签订《实践安全个人承诺书》；③给所有参与课程学习的学生购买意外伤害短期保险；④给所有参与社会实践学生的家长邮寄《致学生家长的一封信》，请其配合学校一起做好学生实践安全的监管工作；⑤要求实践团队指导教师给予团队安全指导，并在社会实践期间随时与学生保持联系。

二、安全类别

社会实践中的安全包括交通安全、财物安全、投宿安全、旅途交友安全、野外安全等。

(1) 交通安全。乘坐正规的有安全保障的交通工具，坚决抵制拉客行为。严格遵守各项安全乘载规定，服从工作人员的管理。

(2) 财物安全。对随身携带的现金，只留少量零用，不要将自己的行李交给不相识的人看管。在车、船上过夜时，要将贵重物品放在自己的贴身处。如果不幸被盗窃，应立即向当地公安机关报案，并积极配合公安机关开展侦破工作。

(3) 投宿安全。要入住有营业执照并且管理正规的旅馆或招待所，可以将贵重物品交给服务台保管，夜间不要单独出去，睡觉时门窗要锁好，尽量不要与陌生人睡在一个房间。

(4) 旅途交友安全。“知人知面不知心”“逢人只说三分话，不可全抛一片心”。不随便接受陌生人的食物和饮料，不轻易答应陌生人的邀请约会。

(5) 野外安全。实践过程中需要穿合适的运动鞋。雨天路滑，要注意行走安全，遇到大风大雨，要及时躲避。

三、安全事故案例解析

1. 交通安全问题案例解析

案例一：北京某大学“三农”问题调查实践团前往湖南一乡村进行暑期社会实践活动，在前往实践地的途中，遭遇严重车祸，造成 5 人严重受伤。

解析：经调查，发现他们发生车祸的主要原因是客车经营者严重违规运营。首先，他们乘坐的小客车没有营运执照。其次，车主为了个人利益，不顾乘客安全，车辆严重超载，准乘13人的小客车竟挤了30多人。当时正值雨季，道路湿滑，加之驾驶员没有驾驶经验，车主为多跑几趟多赚钱，违反交通法规超速行驶，在驶过一弯道时刹车失灵，导致客车翻入河中，车中乘客被困，情况十分危急。幸亏现场目击村民及时报警，当地政府、公安等有关部门迅速出动组织救助，才没有酿成更严重的后果，但多人受伤严重。

点评：要乘坐正规的有安全保障的交通工具，坚决抵制拉客行为。严格遵守各项安全乘载规定，服从工作人员的管理。

案例二：北京某大学“三农”问题调查实践团成员欲从山东前往江苏某地进行社会实践活动。为节省开支，他们选择乘坐长途车。当问及司机该车能否到达K县时，司机爽快答应可以在K县路口停车让同学们下车。然而，当途径K县时，司机却告诉同学们这里是高速路，严禁停车，声称将它们放在前面的路口也能很快到达K县。结果，同学们被放在了一个四周无人的高速路服务站，经四处询问，至少要步行一个半小时才能打到出租车前往K县。

点评：社会实践途中，一定要选择乘坐运营规范、有安全保障的交通工具，切忌贪图便宜而随意相信拉客人员而乘坐无执照、超载、故障车辆。

2. 财物安全问题案例解析

案例：2005年7月，天津某高校学生小高联系好去广东某地进行社会实践。临行前，他认为自己对实践地不熟悉，不了解银行的具体位置，持卡消费肯定不方便，就把随身携带的2000元现金放到自己的背包里，走到哪背到哪，随用随拿。实践过程中，小高确实感受到了这种消费方式的方便，但潇洒消费的同时，也暴露了自己的钱包位置。当参观当地历史博物馆时，小高全神贯注地聆听着解说员的讲解，并不时记录着所见所闻，无暇顾及身后的背包。等他结束参观的时候，发现身后的背包已经被划开一道口子，里面的现金不翼而飞。

点评：实践过程中，要加强财物安全防范意识，不要随身携带大量现金（可携带银行信用卡，随用随取），不戴或少戴金银首饰。随身携带的现金，只留下少量零用，大部分藏于内衣口袋或不易被扒手发现的部位。

3. 投宿安全问题案例解析

案例：2004年7月，北京某高校学生小李独自到外地进行暑期社会实践。到达实践地火车站后，被站台“热情”的旅店招揽人员所承诺的低价位所吸引，跟随她来到一个偏僻、简陋的小旅馆。小李当场提出质疑，并要求更换旅店。本来还和颜悦色的老板马上变了嘴脸，威胁说就算要走也要付房费。由于当时天色已晚，人生地不熟的小李只好被迫同意留宿。第二天，当小李到外面吃过早饭回到房间准备开始当天的实践活动时，旅店管理员走进来，气势汹汹地说房间电视机坏了，并一口咬定是小李所为，小李正要申辩，发现管理员身后跟进来好几个面目不善的壮汉。小李见此情景，连忙装出很诚恳的样子道歉，并谎称出去拿卡取钱赔偿，然后趁机迅速报警，从而避免遭受人身伤害和财产损失。经查，该旅店属于无照经营，设施简陋，以讹诈顾客来牟取暴利，是一家名副其实的黑店。

点评：社会实践可以事先联系好实践地亲友或同学解决住宿问题。如果必须选择旅馆住宿，则应选择有营业执照并且管理正规的旅馆或招待所，并要加强个人人身、财产保护意识，可以将贵重物品交给服务台保管，夜间不要单独出去，睡觉时门窗要锁好，尽量不要与陌生人睡在一个房间。同时谨防受到讹诈，发生纠纷要及时报警。

4. 野外安全案例解析

案例：2010 年 7 月 21 日下午 5 时，武汉某高校支教团队员与往常一样，分头进行实践活动，由于该地遭遇了连续多日的降雨，山体滑坡等自然灾害频发，其中某位队员走在一段崎岖的上路上时，突然一块巨石从高高的山上滚落，不幸砸中，巨石从她的头部滚落，该位队员顿时倒地，当场遇难。

点评：连日的暴雨容易引起山体滑坡、泥石流等自然灾害，在这种情况下应尽量避免外出活动。出行要注意行走安全，遇到大风大雨，要及时躲避，同时切忌探险猎奇，严防毒蛇野兽。

5. 交友安全问题案例解析

案例：2009 年 4 月广西某高校一名学生在参加社会实践过程中，在网上结识了一名网友，通过聊天产生了信任，某天，该网友以没钱交补课费为由向该学生借 100 元，该生出于友情借了钱。此后的半年时间内，该网友以各种借口频频向该学生借钱，总计达两万多元，父母发现他用钱太多了，引起怀疑，问其究竟后向公安局报案 ，由于两人使用网络联系，难以对身份进行查证，至今案件毫无进展。

点评：交友要慎重，尤其是网络上结识的网友，往往情况复杂。在校学生比较单纯，容易相信陌生人的话，在交友方面尤其要提高警惕，以免受到欺骗和讹诈。

6. 疾病预防问题案例解析

案例：2004 年 7 月，北京某高校社会实践团 15 名同学于甘肃省某县发生集体腹泻、疑似食物中毒事件。事件发生后，学生全部被送往当地医院，经抢救全部脱离生命危险。经查，实践团同学们晚上在县城街边小摊吃了很多生冷食物，许多人饭后就感到恶心、头晕、浑身乏力，严重者出现呕吐、高烧、腹泻不止等症状。经当地卫生监督部门对食物样品的检查，发现为食物变质、餐具未消毒、就餐卫生状况未达到国家规定标准所致。

点评：在异地社会实践的同学，除随身携带常用药物外，还要注意在外的饮食，切忌到无卫生许可的摊点就餐。如出现头疼、高热、腹泻等身体不适，要及时就医，以免延误治疗。

7. 滋扰防范问题案例解析

案例一：2001 年 2 月 4 日下午，王某和女友在河坝上散步，后面来了一辆带有“公安”标志的车，在他们面前停了下来，车上下来一个穿蓝绿制服的人，无理取闹，然后二人往坝下走。谁知穿制服的人从后边骂着追了上来，给了王某一拳，随后车上又下来三个人，一起打王某。随后，王某和女友跑向另一个坝。二人原以为这样就可逃脱，没想到“公安”车调转车头又追了上来，追了数里后，终于将二人追上。穿制服的人手里拿着铁棍上来就打，其他人从三个方向包围，王某被几个人围攻殴打，最终被打进冰冷的河里。王某在水中大声呼救，凶手们却站在河边看着，还拾起河边的泥石块向河中的王某砸，直到王某沉入水中。王某的朋友因躲在坝下一户人家的草垛里而逃过此劫。

点评：对于社会上的滋扰事件，既要慎重对待，有勇有谋，也要适当妥协，以大局为重，一时的逞能或不懂得变通，可能带来严重的后果、深切的悔恨。

四、常见安全标识

常见安全标识如图 7－1 所示。

图 7－1　常见安全标识

五、社会实践的防范意识

（1）出发前，应再次与实践地联系，确保所有安排（如食宿、交通）都已妥当。

（2）出发前，应办理好在实践地活动所需的必要证件和证明。

（3）保持手机畅通，定时和家长、指导老师联系。

（4）做好安全预案，准备相关物品，不打无准备之仗。

（5）实践地选择自己比较熟悉的地点，实践前必须了解当地的风俗、背景、环境等。

（6）团队行动，不特立独行，即便闲暇时，仍不要单独行动，不去危险地区（如悬崖），也不要晚上单独外出。

（7）实践过程中，应听从领队老师和领队的指挥，遇事沉着冷静，谨慎机智。

（8）突发事故要及时通知学校及家长。

（9）活动中应注意安全，不在危险的地区逗留，团队如因实践活动需要接近危险地段，需有专业人士陪同。

（10）乘车时保持秩序，上下车辆时不要拥挤，不要乘坐非正式的长途客运车辆。

(11) 整个活动过程中，队员们应互相关心，互相帮助，领队应了解每名队员的活动情况。返回时，领队应与每名队员保持联系，确保每名队员都安全返回。

六、社会实践安全预案的编写

1. 为什么要制定安全应急预案

所谓天有不测风云，我们在社会实践中会遇到许多突发事件。这些事件虽然发生的概率很小，一旦发生却会造成巨大的损失。我们称这些事件为“危机”。危机管理就是预防危机发生并且将发生危机的损害减到最小的管理科学。安全预案是危机管理中一个非常重要的组成部分，它既是危机预防的原则，又是危机发生后应对处理、降低伤害的指南。一份成功的安全预案可以保护你远离疾病、事故、暴力侵害，甚至可以挽救你以及你同伴的生命安全。危机管理的第一原则是时间就是一切，危机未得到控制的时间越长，危机造成的损害也就越大。危机管理的第二原则是防止连锁效应，一个危机往往会引发或转化为别的危机，从而造成多重伤害。危机管理的第三原则是危机意识，一个危机的结束并不代表危机管理的结束，而恰恰代表新一轮危机预防的开始，危机管理是永续的。以上三点是制订安全预案时必须明确的。

2. 安全预案编写前的准备工作

(1) 所有参与人员充分讨论、教育，提升安全意识。

(2) 充分了解实践地地理环境、气候条件、风俗民俗。

(3) 阅读相关书籍，了解社会实践过程中可能遇到的突发事件以及应对措施。

(4) 充分考虑实践过程中所涉及的交通安全、财物安全、投宿安全等方面，做到有备无患。

(5) 了解相关食物、药物习性，对相克食物、药物有所了解，不盲目服药。具体内容见本书的实践小贴士，这里不详述。

3. 安全应急预案制定指南

(1) 基本情况：活动名称、时间、地点、组织部门、参加人员、目的、日程安排。

(2) 安全准备工作：安全意识培训、成立专门负责机构、交通安全准备、饮食起居的生活安全准备、活动场所的安全准备、预防意外伤害和疾病。

(3) 安全教育工作：安全意识教育、饮食卫生安全教育、行动上的安全教育。

(4) 对易发事故的估计和应急措施，包括疾病的发生，活动中人员走失，火灾事故，活动中遇大雨、雷电、山洪、交通工具故障、联络中断等。

4. 安全应急预案的实施

如果危机不幸发生，首先，要沉着冷静，第一时间启动安全应急预案，除特殊情况外，各成员按照安全预案的指示行动，特别要注意保障行动人员的安全，预防新的危机衍生；其次，迅速联系相关部门，获得当地政府或接待部门的援助，并在第一时间内联系校团委，我们会提供所有力所能及的援助；再次，保留相关文件、资料，以备不时之需；最后，在危机得到控制之后，要总结经验、改进预案，前事不忘，后事之师。特别值得注意的是，安全预案一定要落实到人，责任明确，任务清楚，否则安全预案只能是一纸空文。安全预案也应安排适当的后备人员，以防有关责任人由于种种原因而不能执行预定的任务，从而导致时间被延误。

七、实践小贴士

1. 野外活动

（1）走路时间的长短、速度的快慢，都要视个人自身体能而定。长时间走路，最好是匀速行走。上坡时，步子放小些，每一步都要稳。如果上坡太陡，可以走“之”字形。

（2）下坡时，也不要破坏原来行走的节奏，应扎扎实实地走。把鞋带系得紧一些，特别是在踝部，以免顶伤脚尖。

（3）走路的目的地不同，选择的鞋袜也就不同。

（4）当天即回，穿普通运动鞋即可。

（5）到野外走路，特别是山路，不要穿新鞋。因为脚与新鞋尚未磨合，穿新鞋易使脚疲劳、受伤。在山间行走，各种情况都会遇到，故山间行走应选择结实的鞋子。

（6）穿上鞋后，要感觉一下脚趾是否可以活动，如不能活动说明鞋太小，脚尖前端应留有1cm空隙。还要走走看，如果脚跟与鞋跟之间滑动，就容易擦伤脚，这种鞋也是不合适的。

（7）鞋带不可系得太松或太紧，那样会使双脚过早出现疲劳，且易受伤。鞋带太长要剪掉，以免绊倒自己或被异物钩挂。要用扁平的带状鞋带，不要用圆形的绳状鞋带。

（8）袜子的大小要适中，太大、太小都不要将就。脚是行走中最勤奋、最辛苦的，要善待双脚。袜子分棉制、毛制、化纤制和混合制等。如野外活动时间长，最好多备几双袜子。棉制袜：吸汗，不排汗，触觉好，适合郊游。毛制袜：保暖，冷天时穿用很舒服，但较重；化纤袜：排汗好，易产生异味，应经常换洗；化纤绒袜：保暖，重量轻，舒适，冷天野外运动时首选；混合制袜：吸汗，排汗，触觉好。

（9）另外，在双脚与鞋摩擦多的地方，可以涂些凡士林或油脂类护肤用品，以减少摩擦，防止脚受损伤。

2. 应对意外伤害

（1）应付蜂蜇。离草丛和灌木丛远些，发现蜂巢应绕行，不要做出过与“亲近”的表现，最好穿戴浅色光滑的衣物，如果有人误惹了蜂群，而招致攻击，唯一的办法是用衣物保护好头颈，反向逃跑或原地趴下。千万不要试图反击，否则只会招致更多的攻击。如果不幸已被蜂蜇，可用针或镊子挑出蜂刺，但不要挤压，以免剩余的毒素进入体内。然后用氨水、苏打水甚至尿液涂抹被蜇伤处，中和毒性。可用冷水浸透毛巾敷在伤处，减轻肿痛。

（2）蛇咬伤。在实践活动、休息或经过蛇类栖息的草丛、石缝、枯木、竹林、溪畔或其他比较阴暗潮湿潮湿处时，如果不慎被蛇咬伤，不要吓得不知所措。首先应判断是否为毒蛇咬伤，通常观察伤口上有两个较大和较深的牙痕，才可判断为毒蛇咬伤。若无牙痕或两排锯齿状牙痕，并在20min内没有局部疼痛、肿胀、麻木和无力等症状，则为无毒蛇咬伤。只需要对伤口清洗、止血、包扎。若有条件再送医院注射破伤风针即可，被毒蛇咬伤的主要症状为：如是出血性蛇毒，伤口灼痛、局部肿胀并扩散，伤口周围有紫斑、淤斑、起水泡，有浆状血由伤口渗出，皮肤或者皮下组织坏死、发烧、恶心、呕吐、七窍出血，有血痰、血尿、血压降低，瞳孔缩小、抽筋等，被咬后6～48h内可能导致伤者死亡；如是神经性蛇毒，伤口疼痛、局部肿胀、嗜睡、运动失调、眼睑下垂、瞳孔散大、局部无力、吞咽麻痹、口吃、流口水、恶心、呕吐、昏迷、呼吸困难甚至呼吸衰竭，伤者可能在8～72h内死亡。一般而言，被毒蛇咬伤后10～20min后，其症状才会逐渐呈现。被咬伤后，争取时间是最重要的。首先需要找一根布带或长鞋带在伤口处扎紧5～10min，缓解毒素扩散。但为防止肢体坏死，每隔10min左右，放松2～3min。应用冷水反复冲洗伤口表面的蛇毒。然后以牙痕为中心，用消过毒的小刀将伤口的皮肤切成十字形。再用两手用力挤压，拔火罐，或在伤口上覆盖4～5层纱布，用嘴隔纱布用力吸吮，尽量将伤口内的毒液吸出。立即服用解蛇毒药片，并将解蛇毒药粉涂抹在伤口周围。尽量减缓伤者的行动，并迅速送附近的医院救治。

(3) 骨折或脱臼。应立即将患者放在平坦而坚硬的地方，再用冰水敷（千万不要让身体晃动），然后立即送往医院救治。外伤出血。

(4) 被利器割伤。可用随身带的饮用水冲洗伤口，然后用毛巾包扎。

3. 如何预防上火

在社会实践过程中，很多人出现颜面潮红、心绪不宁、食欲不振等症状，还有的人在嘴唇、口角以致脸上起疱疹。这就是人们常说的“上火”现象。如注意以下几点，就可以避免。

(1) 做好充分准备。出发前对于实践路线、乘车时间、携带物品都要做好充好准备。无论遇到任何事情都能从容不迫、心境平和。

(2) 生活有规律。实践的日程安排最好按平时的作息，按时起床、睡眠，定时定量进餐，不为赶时间放弃一顿，也不为一席佳肴而暴饮暴食。

(3) 多吃清火食物。新鲜绿叶蔬菜、水果与绿茶都具有良好的作用，要尽可能争取多吃多饮。

(4) 注意劳逸结合，安排各种活动需适当而有节制，保证充足的睡眠，以免过度疲劳、抵抗力下降。

(5) 对症下药。实践途中由于紧张劳累，机体的调节、免疫机能都有所下降，对外界不良因素的耐受能力减弱，一旦“上火”应及时治疗，切不可任其发展。

4. 乘坐火车须知

(1) 预防中暑，特别在列车满员或超员的情况下，很容易中暑。因此，衣服要穿得宽松些，以利于汗液的排泄和蒸发；多喝些开水或茶水，如果能喝点淡盐水或清凉饮料，效果更好；适当带些人丹、清凉油等解暑药物，不时使用有好处。

(2) 注意饮食卫生。在火车上吃饭，不可吃得过饱，并应吃易消化的食物。

(3) 优选车次及座位。夏季每天最热的时间是11点到15点。买车票时，要尽量选择在15点至次日11点之间运行的火车，以免在火车上度过一天中最炎热的时刻。如果旅客多，找不到合适的座位，应该把车内的电扇和车窗打开，拉上窗帘，以尽量减少太阳的照射强度，改善车内的通风条件。

(4) 乘坐卧铺要选择好睡觉的方向，尤其应该头朝人行道的一端。因为人行道的空气比较流通，气温较低，有利于睡眠；也避免一排排的脚丫子暴露在人行道旁边，显得不文明礼貌。夜间行车，睡下铺的旅客要适当盖些卧具，不能把头靠车窗一端睡，以防受凉。

(5) 预防旅行者水肿。长时间坐车，可出现下肢肿胀，医学上称为“旅行者水肿”。

因此，乘车时不要总是坐着，应常变换一下体位，或站一会儿或抬高下肢坐一会儿，也可用手从上往下进行下肢按摩，帮助血液回流。

（6）预防晕车病。为预防晕车病的发生，可在开车前半小时，服用乘晕宁。在旅途中要尽量减少头部活动，可将头靠在座椅背上，闭目养神，避免看窗外移动的景物。

5. 饮食卫生

社会实践中保持身体健康的首要问题就是时刻注意饮食卫生。防止“病从口入”。

（1）注意饮水卫生。一般来说，生水是不能饮用的，旅途饮水以开水和消毒净化过的自来水为最理想，其次是山泉和深井水，江、河、塘、湖水千万不能生饮。无合格水可饮时，可用瓜果代替水。

（2）瓜果一定要洗净或去皮吃。吃瓜果一定要去皮。瓜果除了受农药污染外，在采摘与销售过程中也会受到病菌或寄生虫的污染。

（3）慎重对待每一餐，饥不择食千万要不得。高档的饮食店一般可放心去吃，大排档的可有选择性地吃，摊位或沿街摆卖的不要去吃。如果饥不择食，则等于拿生命开玩笑。

（4）学会鉴别饮食店卫生是否合格。合格的一般标准应是：有卫生许可证，有清洁的水源，有消毒设备，食品原料新鲜，无蚊蝇，有防尘设备，周围环境干净，收款人员不接触食品且钱票与食品保持相当距离。

（5）乘行时，由于没有运动条件，食物的消化过程延长、速度减慢，如果不节制饮食，必然增加胃肠的负担，引起肠胃不适。

6. 急救处理

急救的原则是：遇到事故时，应沉着大胆、细心负责，分清轻重缓急，果断实施急救方法；先处理危重病人，再处理病情较轻的病人，在同一患者中，先救治生命，再处理局部；观察现场环境，确保自己及伤者的安全；充分运用现场可供支配的人力、物力来协助急救。

（1）处理前观察。在做具体处理前，需观察患者全身，并掌握周围状况。判断伤病原因、疼痛部位、程度如何，或将耳朵靠近听听呼吸声。尤其要注意脸、嘴皮、皮肤的颜色或确认有无外伤、出血、意识状况和呼吸情形，仔细观察骨折、创伤、呕吐的情况。

（2）处理过程中。对呼吸停止、昏迷、大量出血、服毒的情况，不管有无意识，发现者均应迅速作紧急处理，否则将危及患者生命。在观察症状的变化中，遇症状恶化的需施以应急处理。现场要尽量组织好对伤病者的脱险救援工作，救护人员要有分工，也要有合作。在活动中发生的外伤或突发病况有很多种，所以也需施以各种适当的急救方法加以应付。在做急救处理时，以患者最舒适的方式移动身体。若患者意识昏迷，需注意确保呼吸道畅通，谨防呕吐物引起的窒息死亡。为确保呼吸畅通需让患者平躺。若有撞击到头部的也要水平躺下，若脸色发青需抬高脚部，而脸色发红者需稍抬高头部，有呕吐感者，需让其侧卧或俯卧为宜。

（3）处理完毕后。在紧急处理完将患者交给医师之前，需对患者进行保暖，避免消耗体力，以使症状恶化。接着联络医师、救护车、患者家属。原则上搬运患者，需在充分处理过后安静地运送。搬运方法，随伤患情况和周围状况而定。在搬运中，患者很累，要适度且有规则的休息，并随时注意患者的病况。

(4) 急救体位。患者体位应为“仰卧在坚硬平面上”。如果患者是俯卧或侧卧，在可能情况下应将他翻转为仰卧，放在坚硬平面上，如木板床、地板或背部垫上木板，这样，才能使心脏按压行之有效。不可将患者仰卧在柔软物体上，如沙发或弹簧床上，以免直接影响胸外心脏按压的效果。注意保护头颈部。

(5) 翻身的方法。抢救者先跪在患者一侧的肩颈部，将其两上肢向头部方向伸直，然后将离抢救者远端的小腿放在近端的小腿上，两腿交叉，再用一只手托住患者的后头颈部，另一只手托住患者远端的腋下，使头、颈、肩、躯干呈一整体同时翻转成仰卧位，最后，将其两臂还原放回身体两侧。

(6) 打开气道。抢救者行将患者衣领扣、领带、围巾等解开，同时迅速将患者口鼻内的污泥、土块、痰、呕吐物等清除，以利呼吸道畅通。仰头举颏法可使下颌骨上举，咽喉壁后移而加宽气道，使气道打开，呼吸得以畅通。抢救者将一手置于患者前额并下压，使其头部后仰，另一手的食指和中指放于靠近颏部下下颌骨下方，将颏部向前抬起，帮助头部后仰。头部后仰程度以下颌角与耳垂间连线与地面垂直为正确位置。婴儿头部轻轻后仰即可。注意清除口腔内异物不可占用过多时间，整个开放气道过程要在3～5s内完成，而且在心肺复苏全过程中，自始至终要保持气道畅通。

(7) 看、听、感觉呼吸。患者气道畅通后，抢救者利用看、听、感觉之法3～5s，检查患者有无自主呼吸。检查方法：抢救者侧头用耳贴近患者的口鼻，一看患者胸部（或上腹部）有无起伏；二听患者口鼻有无呼吸的气流声；三感觉有无气流吹拂面颊感。

(8) 人工呼吸。若患者无自主呼吸，抢救者应立即对患者实施人工呼吸——口对口（鼻）吹气2次。每次吹气时间为1～1.5s。每次吹气量应为800mL。

(9) 检查脉搏，判断心跳。抢救者采用摸颈动脉或肱动脉，观察是否有搏动5～10s，判断患者有无心脏跳动。检查时应轻柔触摸，不可用力压迫。为判断准确，可先后触摸双侧颈动脉，但禁止两侧同时触摸，以防阻断脑部血液供应。若没有脉搏搏动，可实施胸外心脏按压术，挤压15次，挤压速度为每分钟60～80次。挤压气与吹气之比为15∶2反复进行。连续做四遍或进行1min后，再判断，检查脉搏、呼吸恢复情况和瞳孔有无变化。

(10) 紧急止血。抢救者对有严重外伤者，还应检查患者有无严重出血的伤口，若有，应当采取紧急止血措施。避免因大出血引起休克而致死亡。

(11) 保护脊柱。因意外伤害、突发事件造成严重外伤，在现场救治中，要注意保护脊柱，并在医疗监护下进行搬动转运。避免脊髓受伤或受伤脊柱进一步加重，造成截瘫甚至死亡。

7. 泥石流紧急应对措施

(1) 正确判断泥石流的发生。

1) 当发现河（沟）床中正常流水突然断流或洪水突然增大并夹有较多的柴草、树木，都可确认河（沟）上游已形成泥石流。

2) 仔细倾听是否有从深谷或沟内传来的类似火车轰鸣声或闷雷式的声音，如听到这种声音，哪怕极微弱也应认定泥石流正在形成，此时须迅速离开危险地段。

3) 沟谷深处变得昏暗并伴有轰鸣声或轻微的振动感，则说明沟谷上游已发生泥石流。

(2) 避防与逃逸泥石流的方法。每年7—8月泥石流易发，采取泥石流应急避防措施。

首先要避开泥石流危险地尽快在泥石流到来之前采取防范行动。在泥石流发育地区进行必要的搬迁、防护措施后，对一些尚受泥石流严重威胁的工矿、村镇提前做好应急部署。

1）预防为主。泥石发生在夏汛暴雨期间，因此，出行时一定要事先收听当地天气预报，不要在大雨天或在连续阴雨几天当天仍有雨的情况下进入山区沟谷出行。

2）选择附近安全的地带修建临时避险棚。如较高的基岩台地，低缓山梁上等。切忌建在沟床岸边、较低的阶地、台地及坡脚、河道拐弯的凹岸或凸岸的下游端边缘。

3）长时间降雨或暴雨渐小后或刚停，不应马上返回危险区。泥石流常滞后大雨发生，只有当确认泥石流不会发生或泥石流已全部结束时才能解除警报。

4）不可存在侥幸心理。当白天降雨量较多后，晚上或夜间必须密切注意降雨，最好提前转移，不能存在侥幸心理在室内就寝。

5）采取正确的逃逸方法。泥石流不同于滑坡、山崩和地震，它是流动的，冲击和搬运能力很大，所以，当处于泥石流区时，不能沿沟向下或向上跑，而应向两侧山坡上跑，离开沟道、河谷地带，不要在土质松软、土体不稳定的斜坡停留，以免斜坡失稳下滑，应在基底稳固又较为平缓的地方。不应上树躲避，因泥石流不同于一般洪水，其流动中可沿途切除一切障碍，所以上树逃生不可取。应避开河（沟）道弯曲的凹岸或地方狭小高度又低的凸岸，因泥石流有很强的破坏性，这些地方很危险。

8. 洪水应对措施

(1) 出发前要了解目的地及经过路段是否经常有山洪或泥石流暴发，要避开这些地区。山洪和泥石流的发生通常有一定季节特征，在多发季节内不到这些地实践。

(2) 在不熟悉的山区旅行，最好请当地人做向导，从而避开一些地质不稳定地区。

(3) 要注意天气预报，凡有暴雨或山洪暴发之可能，就不要贸然成行。

(4) 如在山涧行走遇到洪水暴涨，可向高处找路返回，也可紧紧抱住附近的大树或大石头。

(5) 山洪暴发常有行洪道，要注意向其两侧避开。

(6) 在山间如因洪水将桥梁冲垮，无法过河但又必须向对岸目的地进发时，可沿山涧行走找河岸较直、水流不急的河段试行过河。会游泳者可游泳过河，游泳时应斜着向上流方向游，避免被水流冲向岸上。

(7) 在水中行走，水流不急或水深在膝盖以下时，尚能保持平稳。如果水已齐腰就会有倾倒的可能，此时必须用手拉住绳子才可过河。无绳时可找来一根竹棍或木棒，用来探水深以及河床情况，并有利于支持保持平衡。迈步时步幅不宜过大，等前脚踏稳时后脚才可提起。人多时，可两到三人相互挽在一起过河。

(8) 如因山洪暴发、河水猛涨被困在山中，则应选择一高处平地或高处的山洞，离行洪道远的地方休息、求救。带上能带的食物、火种以及必备用品，并保管好，做好需1～2日待救之准备，要节约食物，注意饮水清洁。

(9) 由于一些地方可能没有通信信号，此时可用哨子求救，如果没有哨子，可以大声呼喊“救命”，也可发出怪异的喊叫以引起人们的注意。

9. 预防传染病

(1) 传染病有一定季节性和地区范围限制，在人口密度高的人群中易传播流行。

（2）这些流行性传染病，有相当一部分是通过接触和食物传染的。

（3）预防传染病，首先要注意清洁卫生，即有良好的卫生习惯。饭前便后一定要洗手，这种良好习惯可将大部分传染病挡于人体之外；也不要随便在街市上吃小贩的不洁小吃，特别是防蚊叮咬而传染给人的疾病。

第二节　社会实践中的社交礼仪

社交礼仪是人们在社会交往中的行为规范。遵守社交礼仪，你就会获得别人的认同和赞许，反之，就会给自己带来很多麻烦，甚至不被人们接纳。只有掌握了必要的社交礼仪，并且自觉地应用于自己的日常生活中，才能为自己塑造一个理想的个人形象或团队形象，为自己的工作和生活赢得一个和谐的空间。实践队员应“诚于中而利于行，慧于心而秀于言”。

1. 临行礼仪

（1）联系实践单位时要特别注意礼貌。

（2）统一团队服装。

（3）准备介绍信。

（4）准备纪念品。

2. 实践礼仪

（1）初次接触。自我介绍要热情大方，自信坦然，不要过分热忱、夸张，比如用力摇动握手和热情拍打对方手臂。初次接触一个人，最容易给别人留下的印象是神态，而面带微笑是最欢迎的，这不仅因为微笑在外观给人美感，而且它能给人带来令人愉快的信息，并唤起对方友好热情的情感。其次目光也很重要，眼睛要在人面部最显眼的地方，目光差不多代表着一个人，我们习惯看对方的眼睛。此外，交谈是交际才能和人素质的重要展现面，是人的一种能力、艺术和气质的体现，古人云：“言为心声，语为人镜”。很多人不开口时仪表堂堂、美丽多姿，一开口就露馅了。善言谈者一般都受人欢迎，也是一笔创造关系资源的财富。

（2）餐桌礼仪。

1）要坐端正。不吃东西时，双手放在大腿上或桌边，肘部不要向外“扩张”占领别人的“地盘”，亦不能放上桌面。手不要东摸西摸，更不要去整理头发，在饭菜里发现头发是令人很腻烦的事。

2）正确的进餐姿势应该是：腰挺直，脖子不能前伸去找筷子，而应该把筷子送到嘴边。吃米饭、面条等用碗盛的主食时，要端起碗，用筷子夹起来送入嘴中，而不是嘴凑到碗边，用筷子西哩呼噜地把食物扒进嘴里。

3）餐巾要在大腿上打开、铺平，而不要像演杂技一样拿在空中猛地抖开。大块的餐巾折成长方形或三角形放在腿上，就不容易掉下来。

4）切记“主不动，客不食”。只有当主人动手打开餐巾、拿起筷子夹菜时，客人才能跟着“行动”。决不能“反客为主”地坐下就拿起筷子夹。

5）找机会与左右邻座闲聊，不能和一边邻座聊个没完而冷落了另一边。聊天要选择轻松的话题，不要谈双方有争议的事。谈话时要先把嘴里的东西咽下去再张嘴，别含着一嘴菜就开说。

6）吃饭要闭嘴咀嚼，不要发出声响。汤或菜太烫时，不要用嘴去吹凉，应等到稍凉后再用。不要把汤直接端到嘴边喝，而应该用勺子一勺一勺地盛起来喝，喝的时候也不应发出声响。

7）进餐时吃出的骨头、鱼刺、渣滓，应轻轻吐在筷子上，放进准备好的盘子里，如没有多余的盘子装，就应放在自己菜盘里的右上侧，或餐巾纸上，不能直接吐在地上或桌子上。

8）不要把胳膊从别人鼻子下伸过去拿东西，侵犯别人的“领地”，而应请求别人递给你。筷子不应直接放在桌上，而应放在筷子架或自己的盘子上。

9）一旦入席，应尽可能避免中途退场，这会被主人认为很无礼。如果确有事非走不可，应该提前向主人打招呼，表示歉意，临走时再向主人表示“对不起”，然后向其他客人点头致意，方可离去。

10）进餐完后不要用牙签剔牙，也不要用舌头在嘴里嚼，如果实在难受，可用左手遮挡着嘴部，右手拿牙签剔，或到洗手间去，在那里你可以剔个痛快。常见有人在走出饭店时嘴上还咬根牙签，挺着肚子摇摇摆摆走着，生怕别人不知道他刚刚大嚼过一顿似的，实在有失风度。

11）在餐桌上不要打喷嚏，实在忍不住，请赶快掏出手帕来挡住你的鼻子和嘴巴，把头低下扭向一边，尽量压低声音，然后对邻座说声“对不起”。擤鼻涕要用自己的手帕或餐巾纸，绝不能擤到餐巾上去。万一有人打了饱嗝或咳嗽什么的，请务必装着没听见。

12）如果餐具掉在地上，请不慌不忙捡起来，然后请服务人员换一双，如条件有限，就请用餐巾擦擦用算了，不必为此麻烦主人。

13）不小心碰翻酒杯或汤碗时，请不要慌，用餐巾把它擦干即可，旁边的人可递过一条餐巾帮着扶起杯子或叫服务员来收拾。如果洒在了邻座身上，要道对不起，帮助用餐巾擦干，如邻座是异性，就不必帮着擦衣服，只需递上餐巾即可。远处的人最礼貌的举动是——装没看见。

（3）谈话礼节。注意礼节，表情要自然，语言和气亲切，表达得体。说话时可适当做些手势，但动作不要过大，更不要手舞足蹈，不要用手指指人。与人谈话时，不宜与对方离得太远，但也不要离得过近，不要拉拉扯扯，拍拍打打，不要唾沫四溅。在交际场合，自己讲话时要给别人发表意见的机会。对别人说话，也应适时发表个人看法，要善于聆听对方谈话，不要轻易打断别人谈话。一般不提与谈话内容无关的问题。如对方谈到一些不便谈论的问题，不要对此轻易表态，可转移话题、谈其他问题。相互交谈时，应目光注视对方，以示专心。谈话内容应紧密结合活动主题，不要离题太远，要简明扼要，抓住要领。对方不愿回答的问题，不要追问，不究根问底。谈到对方反感的问题应表示歉意或立即转移话题。

（4）尊重风俗。每到一地都要先了解清楚当地特殊的生活习惯及避讳的事情。越是偏远的山区，文化不发达的地区或是少数民族居住区，越要格外注意。一定要尊重当地的风俗习惯，不管人家有什么特殊要求也不要考虑是否陈旧，有没有必要，这一条要作为铁的纪律，丝毫不能麻痹。如有的山村比较闭塞，当地人从不穿短裤和裙子，如果我们去了以后，女生穿着短裙，男生穿着短运动裤，显然是不适合的，人家会很反感，弄不好会疏远我们。许多地方都有独特的饮食风格和习惯做法，我们应加倍注意，不能违背。有的在语言方面有避讳我们也应学一些在人际交往方面的礼仪，注意在不同场合和不同年龄的人谈话的方式。

(5) 宾主尽欢。每到一地要首先取得当地政府支持，这样会使我们活动开展顺利。组织活动时要尊重当地领导意见，遇到问题时，不能越过当地领导，事先和负责同志讲清，听取他们的意见。在和农村基层干部交往时我们应灵活些，不能死守着知识分子的习惯和学校的规矩，要入乡随俗，在不违反原则的前提下，尽量随和。

3. 临别礼仪

(1) 清还物品。活动中向当地借了一些东西，临行前一定要认真清点，如数归还；如有损坏、丢失，一定要照价赔偿。作为领队，临行前一定要认真检查，发现问题要及时纠正。

(2) 注意卫生。临行前，把驻地室内外卫生认真彻底地清扫一遍，不要光顾离开，而忘了给人家收拾，这样影响不好，要把大学生优良品德与作风坚持到最后，留下良好形象。

(3) 赠送纪念品。相处一段时间后，与当地群众结下深厚情谊，分别时不免舍不得。为表达心意，赠送纪念品是个不错的方式，尤其是村里的孩子们，感情十分真挚，为了感谢实践队员，有的孩子甚至上树摘水果，下河抓鱼，捉鸟或他们的小宝贝送到队员手里或悄悄放在队员的门前与窗外。如果不提前做好准备，心里会很过意不去。有的同学把自己用的笔、本、手电筒、小镜子、指甲刀等送给孩子们，但这是不够的。这就得要我们在临走之前做好准备，诸如各式各样的书签、明信片、风景图片、小学生用的铅笔、橡皮、转笔刀等，都是送给孩子们很好的小礼物。得到一件大学生送的礼物，孩子们会很高兴的。因为此时的互相赠送，并不在礼物的贵重，重要的是表达自己的一片情意。我们不提倡互送贵重的礼物，这和我们实践的目的和我们的身份是不相符的。遇到类似的事，还要妥善处理好。

(4) 其他善后工作。临行前当地一般都要组织欢送会，议程主要有：双方负责同志讲话、同学代表发言、互赠锦旗、合影留念等。需要注意的是要提前准备好锦旗，并备下写字的纸笔，假如当地没有卖，就会弄得措手不及。旗子不要太小，如果人家送我们一面大锦旗，而我们给的是很小的锦旗，很尴尬。这些看起来是小事，但提前不做好准备，不想周到，都会影响实践的整体效果。车子已经停在门外，队伍就要出发，这时我们不要急于安排上车，而应再多和老乡待一会儿，和村里的领导、学校的老师、学生话别，把社会实践的收获，把乡亲们真挚的情意，把老区人民淳朴、优良的品德深深地印在同学们脑子里，记在心中，永不忘怀。临别前可以在村子的广播里宣读感谢信，还可以贴些标语、口号，最好步行走出村子。

4. 大学生社会实践基本礼仪规范

礼仪是指人们在相互交往中，为表示相互尊重、敬意、友好而约定俗成的、共同遵循的行为规范和交往程序，它涵盖各种大型、正规场合隆重举行的仪式和人们在社交活动中的礼貌礼节。以下是在服务性活动中，礼仪的基本要求，仅供大家参考：

（1）仪态仪表礼仪。

1）着装：要求队员尽量能统一着装，显示良好的团队精神。

2）站姿：抬头，颈挺直，下颌微收，双肩放松，两腿并拢立直，脚尖分开呈“V”字状。身体重量平均分布在两条腿上。双手交搭贴于腹部，挺胸、收腹。给人以挺拔向上、庄重大方、精力充沛的印象。

3）行姿：行走时步履应自然、轻盈、敏捷、稳健。上身正直，眼平视，挺胸收腹立腰，重心前倾，双肩平稳，不宜左顾右盼，左右摇晃。集体行动时，不得喧笑打闹。

4）坐姿：入座时要轻稳，走到座位前，转身后退，轻稳坐下。女子裙装入座时，应将裙向前收拢一下再坐下。腰背挺直，两臂自然弯曲放在膝上，双腿并拢。起立时，右脚向后收半步而后站立。

（2）见面礼仪。

1）握手：通常年长（尊）者先伸手后，队员及时呼应。来访时，主人先伸手以表示欢迎。告辞时，待客人先伸手后，主人再相握。握手的力度以不握疼对方的手为限度。初次见面时，时间一般控制在3s内。

2）介绍：介绍时应把身份、地位较为低的一方介绍给相对尊贵的一方。介绍时陈述的时间宜短不宜长，内容宜简不宜繁。同时避免给任何一方厚此薄彼的感觉。

3）致意：通常在各种场合用举手、点头、欠身、脱帽等方式向相识的人打招呼及问候。

5. 团队文明条例

（1）在登车及乘车过程中，遵守公共秩序，听从领队安排。

（2）到站后，倘若实践地派人过来接，要表示真诚的感激；倘若无人来接，切勿怨天尤人，要表示理解。尽量自己想办法解决，或是给接收单位打电话，寻求妥善的解决方法。

（3）在住宿地，要保持卫生整洁。饮食应听从实践所在地的安排，如果当地条件有限，应尽量克服困难，勿向当地提出不合理的要求。

（4）适当休整后，尽早开展实践，注意最基本的礼貌，如敲门，使用礼貌用语，不随地吐痰等。

（5）服从实践所在地的安排，如觉得有不合理之处，尽量寻求协商解决。和实践所在地保持密切联系，加强交流，共同商讨相关事宜，不可我行我素。与当地产生矛盾时，应保持冷静，不可闹情绪，影响大局。

（6）尊重他人，切忌到处炫耀、标榜自己的身份，不要以学历待人。

（7）衣着得体，忌浓妆淡抹，出席正式场合时，衣着不可过于随便。

（8）实践过程中要注意节俭，便宜行事。

（9）树立环保意识，不可随便乱扔垃圾和废品。

（10）不可接收地方赠品，更不可索要当地特产。

（11）临走时，应主动将住处打扫干净。提前向实践地打招呼，并正式表示感谢。

（12）开展社会实践活动时，应遵守《大学生文明公约》。

6. 媒体交往礼仪

实践时，除主动联系媒体，也会有媒体主动关注我们。打交道时，大学生要注意自己的身份，展示出积极向上的风貌；以礼相待，体现出当代大学生的良好素质；出现意见分歧时，要时刻提醒自己以礼待人，展现健康文明的风貌；要不卑不亢，坚持自己的实践任务和目标；了解媒体的报道是否符合自己社会实践的主题和计划，把握报道内容的真实性，谨防被媒体恶意利用，造成损害学校声誉、国家形象的后果；在联系时要有理有节，不能强求媒体报道。

第三节　社会实践中的学生权益

1. 陷阱及防范意识

大学生社会实践常常遇到各种陷阱，对此要有防范意识。①签订协议书时要明确各自权责；②通过年鉴鉴别“皮包公司”；③在遇到接受对方要求押金、保证金以及押证件时应不付押金或协议写明押金理由；④通过查看是否有营业执照或上网查询公司真伪鉴别非法中介；⑤受不明身份者的打工邀请时，须提高警惕，征求教师、长辈意见；⑥当影响学习时，要明确学习是第一位的；⑦名誉受损时，学会识别假冒伪劣商品；⑧尽量不做建筑工。

2. 确立安全防范意识

(1) 保持手机畅通，定时和家长、辅导员联系。

(2) 做好安全预案，准备相关物品，不打无准备之仗。

(3) 实践地选择自己比较熟悉的地点，实践前必须了解当地的风俗、背景、环境等。

(4) 团队行动，不特立独行。

(5) 遇事沉着冷静，谨慎机智。

(6) 及时通知学校及家长。

课外知识

为人处世的格言或俗语

对人对事要做到：

三思而后行

凡事预则立，不预则废

物有本末，事有终始

以古知今，由表及里，见微知著

知足不辱，知止不殆

千里之行，始于足下

圣人择可言而后言，择可行而后行

欲速则不达，见小利则大事不成

对事不对人；或对事无情，对人要有情；或做人第一，做事其次

待上以敬，待下以宽

打人两日忧，骂人三日羞

须交有道之人，莫结无义之友

勿以恶小而为之，勿以善小而不为

但凡世人，无人刷白，说我、羞我、诲我、骂我、恨我、欺我、笑我、量我，我将何以处之，容他、凭他、随他、尽他、避他、怕他、由他、任他，再过几年看他

退一步自然安稳，忍一句自无忧伤

不要对一切人都以不信任的眼光看待，但要谨慎而坚定

被人误解——自己心安，天地自宽

面对反对意见——听，并且思考

思　考　题

1. 大学生社会实践小队需要去山区的一所小学支教，如果你是这支小队的队长，你会从哪些方面来做好这次的安全预防工作？

2. 如果在实践过程中遇到自然灾害，应该怎么做？

3. 如果在实践过程中有同伴受伤了，作为队长的你应该做出哪些应对措施？

4. 简要叙述下在社会实践过程中，大学生应该注意的社交礼仪。

第八章　社会调查的定性方法

本章主要讲述文献研究法、实地研究——观察法、实地研究——访谈法、定性预测——德尔菲法等社会调查的定性方法。

第一节　文献研究法

文献研究法主要指搜集、鉴别、整理文献，并通过对文献的研究，形成对事实科学认识的方法。内容分析法通过对文献的定量分析，统计描述来实现对事实的科学认识。这两种方法有共同的对象，都不与文献中记载的人与事直接接触，因此，又称为非接触性研究方法。二者的区别是在分析的重点与分析的手段上有不同。

一、文献和文献研究的涵义

1. 文献的概念

文献的现代定义为“已发表过的、或虽未发表但已被整理、报道过的那些记录有知识的一切载体”“一切载体”，不仅包括图书、期刊、学位论文、科学报告、档案等常见的纸面印刷品，也包括有实物形态在内的各种材料。

2. 文献的种类

(1) 按信息加工程度分类。教育研究文献的内容多种多样，按其性质、内容加工方式、用途大致可分为零次文献、一次文献、二次文献和三次文献，或称为零级、一级、二级、三级文献。零次文献即曾经历过特别事件或行为的人撰写的目击描述或使用其他方式的实况纪录，是未经发表和有意识处理的最原始的资料。也可视为第一手文献，这类教育研究文献包括未发表付印的书信、手稿、草稿和各种原始记录。一次文献也称原始文献，一般指直接记录事件经过、研究成果、新知识、新技术的专著、论文、调查报告等文献。二次文献又称检索性文献，二次文献是指对一次文献进行加工整理，包括著录其文献特征、摘录其内容要点，并按照一定方法编排成系统的便于查找的文献。三次文献也称参考性文献。三次文献是在利用二次文献检索的基础上，对一次文献进行系统的整理并概括论述的文献。

(2) 按文献性质分类。按文献性质可以分为学术文献和资料性文献。学术文献如专著、教科书、科普读物、杂志、丛刊、学报等。资料性文献如文摘、百科全书、年鉴以及各种档案资料。在社会调查类课题中尤其要重视档案资料的应用。有些档案资料是政府有关部门编辑出版的，如国家计划委员会长期规划司编写的《中国国情》(中共中央党校出版社出版)，系统全面地反映了我国国情的基本情况，是一部数据翔实的大型资料工具书。而大量的关于本地社会发展、自然环境的档案资料，则需要到本地有关单位或部门去查找。

(3) 按实物形态分类。我们以往所说的文献，都是指的印刷品形式的文献资料和各类档案资料，可总称为文字类资料；而现在人们已经把大量的文献资料制成了录像带、光盘数据库等，称作音像资料，百科全书光盘就是非常便捷好用的光盘资料；有的还上了因特网，可称作因特网资料。现在在因特网上查阅文献资料便捷而快速，很值得采用。此类文献不同于一次文献的原始性，也不同于二次文献的客观报导性，但具有主观综合的性质。

3. 文献研究的概念

文献研究是指根据一定的目的，通过搜集和分析文献资料而进行的研究。文献研究是史学、哲学和社会学最常使用的研究方法，包括历史文献研究、统计文献研究和文献内容分析等。文献研究有两种情形：

(1) 某些课题主要就是通过文献研究来完成的，通过研究文献，从文献资料中获得新论据，找到新视角，发现新问题，提出新观点，形成新认识。例如，下面的课题都适宜于采用文献研究法：科幻作品中关于火星生命的描述、歌德与海涅及其代表诗作比较研究、20 世纪 90 年代的中美俄关系、唐宋两代诗词作品中的爱国主义内涵比较研究、中国京剧与欧洲歌剧比较研究。

(2) 文献研究在整个课题研究中是作为辅助性的研究方法之一，在这种情形，文献研究仍然是非常重要的。一般来说，科学研究都离不开文献研究。研究文献，可以从前人的研究中获得某种启示，少走弯路，减少盲目性；可以利用前人的权威的观点为自己佐证，使自己的研究增强说服力；当然，还可以从别人的研究中发现问题和不足，引起新的研究和讨论，从而纠正别人的错误，提出自己创新的观点。至于社会课题，往往需要查阅、引用档案资料，那就更是离不开文献研究了。

二、文献研究的特点、作用和注意事项

1. 文献研究的特点

文献研究法同其他研究方法相比，具有自己独特的特点、同抽样调查、观察法、访谈法以及实验法的直接面对研究对象相比，文献研究不与研究对象直接接触，它通过非直接的途径对研究对象进行研究，研究具有间接性特征。这是文献研究同其他研究方法最大的区别。文献研究法的优点和缺点都源于文献自身的特点。其优点主要有：

(1) 可研究无法接触的对象。文献研究法的基本优点是，可以超越时空的限制，使研究者对不能亲自接近、从而不能以其他方法进行研究的对象做研究。比如，要了解早就不在人世的人群的一些情况，通过除文献研究法之外的任何其他一种研究方法都是无法实现的。例如，在 1968 年，美国社会学家兰兹等人打算研究工业革命前美国的婚姻和家庭。可是，生活在那个时期（1700 年前后）的人们没有一个是活着的，他们无法采用调查或访问的方法去收集资料，于是他们采用了文献研究的方法，对美国独立前的 13 州当时的杂志进行了分析。尽管他们所用的资料存在某些问题，但这却是要达到其研究目的的唯一可行的途径。

(2) 无反应性。在直接接触性的研究方法中，因为研究者和研究对象的接触以及调查情境的不同，研究对象的反应常常是这些因素交互作用的结果，从而使收集到的资料不够客观。文献研究法由于不直接接触研究对象，它接触的仅仅是有关研究对象的文献，因此不会产生研究的这种“干扰效应”，即在研究过程中不会使研究对象有意识或无意识地改变原有的状态、导致收集到的资料失真的情况的出现。当然，这种方法在收集资料的过程

中有可能受到研究者主观偏见的影响，但收集资料的方法本身却不会使正在收集的资料性质发生变化。

(3) 研究费用低。文献研究所需要的费用因研究文献的类型、文献分散的程度以及获得文献距离的远近而有很大不同，但是与其他研究方法相比，如进行一项大规模调查、一项严格的实验或一项深入的实地研究，所需要的费用要少得多。文献往往集中在图书馆或报社资料室等中心地点，而且资料档案馆也越来越多，其中不少是可以极易获得的计算机化信息，只要得到相关负责人的允许，一般只支付车费和资料使用费就可以了。因此这种方法可能是最经济的研究方法。

(4) 保险系数相对较大。假如研究者进行一项调查，或进行一项实验时，由于设计不周密或准备不充分，导致结果不理想。那么，如果他重做一遍，则要花双倍的时间和经费。而如果一项实地研究没成功，要重做一遍也许根本就不可能，因为你所研究的事件和环境已经改变或不存在了。但在文献研究中，弥补过失就相对容易一些，你只需要对你所用的资料重新进行编码或统计处理，而不用一切从头开始。文献研究法不可避免地也具有一些缺点，主要表现为以下几点。

1) 倾向性常常会使文献部分偏离其描述和反映的事实。许多文献，其撰写的目的同研究人员的目的是不一样的。因此从某种意义上讲，研究人员利用文献对研究对象进行研究是一种二次研究活动，他们是根据自己的研究目的对收集到的文献进行再次分析，得出自己的结论。但是最初撰写文献者的兴趣、立场、目的和意图会使文献带有各种各样的倾向性，这种倾向性常常会使文献部分偏离其描述和反映的事实，从而严重影响研究者对研究对象的考察。

2) 选择性常常使得研究对象的范围具有很大的局限性。文献的保存需要一定的条件、方法和技术，因此并不是所有的文献都能保存下来。通常来讲，只有那些有关重要人物和事件的文献能够得以很好地保存，而普通人所写的文献通常不是随着时间的流逝被损坏，就是已经不知放在何处，难以找到。这种文献保存的有选择性常常使得研究对象的范围具有很大的局限性。

3) 信息的有限性。这是指由于研究者缺乏相关体验、知识，使得许多文献反映出来的信息对研究者来讲是有限的和不充分的。比如私人文献——日记和信件就是如此。日记常常是个人心灵和生活历程的自我袒露，其读者就是写日记的人自己，其中所包含的信息对他是充分的，但对研究者而言，如果对写日记的人的情况不能了如指掌，那么日记所包含的信息就很有限了。信件相对来说反映的信息要多一些，但由于通信双方的信件内容通常以大量的共识为基础，因此其反映的信息也是不完整的。如：你还记得我们上次去游玩的那个地方么？它发生了很大的变化。对于这样的一句话，通信双方都知道其要表达的意思，但对于研究者来讲，其传达的信息却是非常有限的。对于现在广泛使用的沟通媒介——网络来说也是如此。随着网络的快速发展，逐渐形成了一些网络沟通特有的语言，比如“886”或者“88”代表再见，如果对这些语言的含义不了解，那么就根本无法利用这些网络信息进行研究。

4) 有些资料难以获得。由于许多文献不是公开的或不可以随意取得，因此对于某些特定的社会研究来说，往往很难得到足够的文献资料。比如说，个人的日记、私人的信件往往属于个人的隐秘，一般不会公布于众。此外，某些政府机构、社会组织内部的保密性文件、决议、记录、统计数字等文献资料，研究人员通常也很难得到。在中国目前的现实生活中，许多社会科学研究者和社会调查机构产生的大量原始调查数据被长期闲置，不仅其他研究者得不到，就连初始研究者自己也很少再去理会它们，造成极大的资源浪费。

研究方式是与一定的资料搜集方法和分析方法相联系的，但由于不同的资料搜集方法和分析方法互有利弊，因此一项研究中常综合运用多种研究方式和方法。同样，文献研究法同其他研究方法的区别也并不意味着它们之间是相互割裂、互相排斥的。社会现象非常复杂，而且处于不断的变迁之中，单一的一种研究方法是无法对其做出准确的描述、解释和预测的。虽然文献研究法可以单独使用，但是在一项研究中，文献研究法常常和其他方法结合在一起使用，通过研究方式的整合达到更好地进行研究的目的。

2. 文献研究的作用

文献研究法是指根据一定的研究目的或课题需要，通过查阅文献来获得相关资料，全面地、正确地了解所要研究的问题，找出事物的本质属性，从中发现问题的一种研究方法。文献研究法是课题研究中最常用的方法，几乎所有的课题，都要先进行文献研究。没有继承和借鉴，科学不能得到迅速的发展，决定了人们在研究先前的历史事实时需要借助于文献的记载，在发展科学领域时需要继承文献中的优秀成果。现代科学研究不仅需要以人之间协作为条件，同样需要以利用前人的研究劳动成果为条件。利用科学文献是实现利用“前人劳动成果”的重要措施和方法，也是促进和实现“今人的协作”的条件和基础。

一般来说，科学研究需要充分地占有资料，进行文献调研，以便掌握有关的科研动态、前沿进展，了解前人已取得的成果、研究的现状等。这是科学、有效、少走弯路地进行任何科学工作的必经阶段。从教育科学研究的全过程来看，文献法在科学研究的准备阶段和进行过程中，经常要被使用。没有一项教育科学研究是不需要查阅文献的。文献研究法在语文探究学习中有很大的作用，它可以帮助我们了解有关问题的历史和研究现状，从而为我们确定课题提供参考。现代社会是信息化社会，信息呈几何级数涌现，许多问题别人已经注意，可能有人已经研究过或者正在进行研究。如果我们确定的课题是别人已经研究或正在研究的，那么，我们就是在做重复劳动，必然徒劳无功。在确定课题前，先就相关问题查阅大量资料，对该问题研究的历史、现状、前景，有一个全面的了解，从中发现存在的问题或不足，进而确定自己的研究课题。这样就等于站在了巨人的肩膀上，课题研究才会少走弯路。总之文献研究在教育研究中起到了很大作用，即能够全面正确地掌握所要研究问题的情况，帮助研究人员选定研究课题和确定研究方向；还能为教育研究提供科学的论证依据和研究方法。

3. 文献研究需注意的问题

（1）搜集文献，主要看与课题研究是不是相关，在此基础上尽量搜集第一手资料，因为第一手资料的准确性、可靠性要相对高些。比如，要研究某个同学，如果搜集到他的作业、笔记、文章、书信等（日记属个人隐私，必须得到本人同意），再进行研究，会很有说服力。

（2）力求搜集与课题研究相关的各方面资料，做到全面占有资料，才能得出比较正确的结论。

（3）要尽量搜集新的文献，因为新的文献比旧的文献资料更新、更全面、更可靠。

（4）不但要搜集和我自己观点一致的材料，也要搜集和自己观点不一致的资料，这样可以学会比较分析，使自己研究的结论比较科学、全面。

4. 基本要求

文献研究法基本要求如下：①确定检索范围；②注重全面性；③准确、迅速。

三、文献分析方法

文献分析方法又称主题分析方法。文献分析是要弄清被分析文献“究竟讲什么”，以便给予检索标识。下列两种步骤都可达到上述目的：①先找出文献论述的对象，再进一步查明是论述该对象哪个方面的具体问题；②先找出文献中涉及的各种概念，再进一步查明它们之间的关系，从而形成若干完整的主题。文献分析的方法可归纳为：①通过浏览文献的篇名、目次、摘要、引言、结论以至正文，对文献内容作调查；②对调查所得的情况作分析判断，形成主题概念。从一篇文献分析出的主题数量不受限制，主要决定于该文献的情报内容和价值及所采用的标引方针。

具体实施如下：

（1）在篇名中，进行关键字检索，在一次检索结果中，继续进行关键字检索。多次的递进式检索有助于找到最相关的文献。

（2）对检索到的文献数据进行整理，以便对其进行分析。主要需进行 3 步工作：①复制所有检索出的文献的条目，到记事本中，主要目的是清除各种网页中格式；②简单整理记事本中的每行数据，保留“序号”“篇名”“作者”“期刊名”“日期”，并使他们之间分别留有一个空格，主要目的是要在 Word 将这些数据转换成表格形式；③用 Word 打开记事本文件，借助空格将其转换成表格形式，检查表格中的每一项，进行细微的数据整理。

（3）利用表格的排序功能，对文献数据进行分析。①对“作者”进行排序，通过重复出现的人名，可以找到持续关注某主题的人物，进而可以持续关注此人的研究；②对“期刊名”进行排序，通过某期刊发表相关文献的数量，可以找到关注某主题的期刊，进而可持续关注此期刊；③对“日期”进行排序，可发现某主题在不同年份中，研究关注点的变化发展情况，从而把握研究发展的趋势。

（4）根据篇名，为每篇文献添加关键词，可边添加边调整，相近词义的关键词最好统一成一个。对这些关键词继续进行分析，如词频统计，关键词的排序等。以上分析，可帮助对某主题的研究研究有一个概要性的全面认识和基本把握。

（5）根据以上的分析，选择关键文献进行深入的阅读。

第二节　实地研究——观察法

一、实地观察法的概念、特点及种类

1. 内涵

实地观察法，是观察者有目的、有计划地运用自己的感觉器官或借助科学观察工具，能动地了解处于自然状态下的社会现象的方法。

2. 特点

（1）它是观察者有目的、有计划的自觉认识活动。

（2）它是运用两类观察工具进行的观察活动。这两类观察工具是：①人的感觉器官，其中最主要的是视觉器官——眼睛；②科学观察工具，如摄影机、录音机、探测器以及观察表格、观察卡片等。

（3）它的观察过程是一个积极的能动的反映过程。

（4）它的观察对象应该是处于自然状态下的社会现象。

3. 优缺点

（1）优点：①实地观察法的最大优点是它的直观性；②实地观察法的另一重要优点是它的可靠性；③实地观察法简便易行，适应性强，灵活性大，可随时随地进行，观察人员可多可少，观察时间可长可短，只要到达现场就能获得一定的感性知识。

（2）缺点：①实地观察法的最大缺点是它的表面性和偶然性；②实地观察的另一个重要缺点是受时间、空间等客观条件的限制；③实地观察需要花费较多的人力和时间，获得的资料往往不利于进行定量研究等，也是实地观察法难以避免的缺点。

4. 种类

（1）根据观察者的角色，实地观察可分为参与观察和非参与观察。

（2）根据观察的内容和要求，实地观察可分为有结构观察和无结构观察。

（3）根据观察对象的状况，实地观察可分为直接观察和间接观察。

二、参与观察与非参与观察

参与观察也称局内观察，就是观察者参与到被观察人群之中，并通过与被观察者的共同活动从内部进行观察。按照参与程度的不同，可分为完全参与观察和不完全参与观察。完全参与观察，就是观察者完全参与到被观察的人群之中，作为其中一个成员进行活动，并在这个群体的正常活动中进行观察。不完全参与观察，就是观察者以半“客”半“主”身份参与到被观察人群之中，并通过这个群体的正常活动进行观察。非参与观察也称局外观察，就是观察者不加入被观察的群体，完全以局外人或旁观者的身份进行观察。一般参与观察比较全面、深入，能获得大量真实的感性认识，但观察结果往往带有一定主观感情色彩；非参与观察比较客观、公允，能增加许多感性知识，但往往只能看到一些表面的甚至偶然的社会现象。

三、结构式观察与非结构式观察

有结构观察也称有控制观察或系统观察，要求观察者事先设计好观察项目和要求，统一制定观察表格或卡片。在实地观察过程中，要严格按照设计要求进行观察，并作详细观察记录。无结构观察也称无控制观察或简单观察，它只要求观察者有一个总的观察目的和要求，一个大致的观察内容和范围，然后到现场根据具体情况有选择地观察。有结构观察能获得大量翔实材料，可对观察材料进行定量分析和对比研究，但缺乏弹性，比较费时；无结构观察比较灵活，简单易行，适应性较强，但所得材料比较零散，很难进行定量分析和对比研究。

四、直接观察与间接观察

直接观察，就是对当前正在发生的社会现象所进行的观察。间接观察，就是通过对物化了的社会现象所进行的对过去社会情况的观察。一般地说，直接观察简便易行、真实可靠。间接观察比较复杂、曲折，它需要比较丰富的经验和知识，有时还需要科学的鉴定手段和方法，而且在推论时可能发生种种误差。但是，它可弥补直接观察的不足，更是对过去社会现象进行观察的唯一可行的方法。

第三节 实地研究——访谈法

一、访谈法的含义和操作要求

访谈法是调查者通过与被调查者通过面谈口问的形式来搜集提供研究资料的一种方法。

(1) 含义。访谈法（interview）是访员通过向受访者询问问题获得研究资料的方法。访谈可以是面对面的，也可以通过电话进行。

(2) 类型。访谈法的类型一般可分为3种：个别访谈和集体访谈；一般访谈和深度访谈；作为搜集资料主要手段与辅助手段的访谈。

(3) 特点。访谈法的主要优点是其灵活性强、运用范围广、回复率高以及控制性比较强。其缺点也十分明显，进行影响较大规模的访谈往往费时、费力、不够经济，同时可能出现偏见与错误，而且常受环境因素影响。

(4) 一般过程、技巧和注意事项。进行一次访谈之前要进行必要的预约；努力与受访者建立融洽的关系；发觉受访者的优点，真诚关怀受访者，并以被访者关心的事为话题；正式访谈时，访谈员要耐心听受访者的谈话，且要注意自己的访谈语言；访谈结束，访谈员要向受访者表示感谢，与其告别。为使访谈顺利进行，访谈员可尝试以下几方面的准备，运用一些访谈技巧。首先要选择合适的访谈环境，制造愉快的访谈气氛；恰到运用“复述”的技巧，并且正确运用记录；对涉及个人隐私和羞于开口问题要妥善含蓄地处理；必要时运用“深究”的技巧，对被访者的回答进一步探索。在访谈过程中，受访者不愿合作一般有三方面原因：一是对访谈感到迷惑和不理解；二是对访谈内容不感兴趣；三是无暇费时接受访谈。访谈员要根据具体情况分析原因，努力克服这些困难，使访谈顺利进行，达到收集研究资料的目的。

二、深度访谈

(1) 含义。深度访谈是访谈法中的一种，是一种非结构的、直接的、一对一的个人访谈，受访者有更大的自由度。访谈员希望通过访谈发现一些重要的因素，这些因素不是表面和普通的访谈可以获得的。深度访谈的实施往往与访谈员的素质有着紧密的联系，优秀的访谈员能够全面、有效地把握调查的目的及内容，从而对调查对象进行深入的访谈，对一系列问题提出讨论，用以揭示对某一问题的潜在动机、态度和情感。常用的技术有阶梯前进、隐蔽问题探寻和象征性分析。比如大学生到社区去了解居民的宗教行为，可设计许多问题：哪部分人热衷于上教堂做礼拜，男性还是女性，老年人还是中年人，其文化程度又如何？信教成员中的职业状况：是工人、商人，还是教师、干部等？一年中有几次大的宗教活动，成员的参与程度及举办的正式程度如何？在这个社区中宗教行为是可以调节人际关系，还是增加了紧张与冲突？个人的、群体的、社区的宗教行为有什么差别？等等，不一而足，即运用深究的访谈技巧，连续提出研究问题，引导受访者将问题回答得更完整、更详细。例如，“还有其他的吗?”“到底是怎么回事?”等。需要注意的是，提出的每个问题都要尽量进一步探索它的深层含义，以便获得更多的资料与理解，也就是我们平时所说的“打破砂锅问到底”的方法。

(2) 优点。运用深度访谈可以较深入地了解被调查者的内心想法和态度，通过与被访谈者更自由地交换信息，常能取得一些意外资料；而且便于对一些保密、敏感问题进行调查；同时，能将被访者的反应与其自身相联系，便于评价所获资料的可信度。

(3) 应用范围。该法主要用于获取对问题的理解的探索性研究，常用于以下几种情形：①当研究者试图详细地探究被访者的想法时，可以通过深度访谈了解比如消费者对于购买私家车问题的看法；②可以详细地了解一些复杂行为，比如对员工跳槽行为及其原因的调查；③当讨论一些保密的、敏感的话题时，比如个人收入、婚姻状况等，可能获得比较真实的资料；④访谈专业人员或高层领导，比如对行业发展的看法等。

三、个案研究

(1) 含义。个案研究是对某一具体社会单位进行全面、深入调查研究的方法，通过选择一个或几个个案，作深入的接触和观察，对所研究的问题作深入的了解。它是针对单个事件、人物或社会群体的详细记载，并做出案例式解释。个案研究对社会科学的发展起了重要作用。后来大规模调查所运用的假设及分析问题的洞察力，大都来自于先前所做的个案研究。

(2) 类型。个案一般分为3种类型：各类人员个案，如母亲、老师、女工、农民等；各类经济与生活单位或社会团体个案，如家庭、学校、工厂、农村，视具体的研究而定，可以是针对一个特定的原始部落所作的人类学描述，或是对一个现代企业进行组织结构的社会分析；各类事件个案，比如对一项特定的政治运动所作的政治社会学的考察。

(3) 特点。①个案研究基本上是一种定性研究法；②主观随意性较大，缺少严密的科学方法；③调查对象的规模一般较小；④调查强调全面、深入、细致，具体方法上讲究多样化。

(4) 步骤。一般可分为立案、资料搜集、判断、建议或诊治4个阶段。

1) 立案。调查个案的确定，一般有两种形式：①应前来请求调查者的要求立案；②根据研究者或实际工作者的需要而主动立案。立案时调查者应为每个案主建立单独的档案，对资料进行登记、编号、制作摘录卡片和归档各项工作。在档案的首页上应写明要求立案的个人或组织、立案的理由、有待调查的问题或事件的清单。

2) 资料搜集。有访谈和搜集证据两个阶段。首先，要进行访谈。访谈是搜集的开始，访谈的第一个对象应当是案主。即调查者要直接与案主接触。这种访谈不必拘泥于事先制定的调查项目，最好是自由自在地谈，重要的是取得案主的信任，制造良好的气氛。为使访谈成功，调查者应特别注意以下几点：要态度和气、亲切、平等待人；要有耐心，对于谈话中发现的新问题应及时询问；要做好访谈记录；要掌握谈话的主动权，不提引导性问题。访谈的第二对象应当是案主的亲朋、同事、邻居、老师、父母等，从侧面了解案主的有关情况。如果个案是团体单位，则也应从与个案有关的一系列社会关系中搜集必要的资料。其次是搜集证据。个案的证据有主体的和客体的两种：主体证据包括案主的自传、日记、写给别人的信件、著作；客体证据包括个人档案、有关案主的记录、录音、登记表格及有关一切证言等。如果是团体，则应包括这个团体的一切有关资料。证据的搜集应兼顾深度和广度两方面：深度指围绕立案深层次的问题，证据应能说明这些问题；广度指证据互相独立，并且是多方位的。许多零星的资料收集起来可以反映不同侧面，所以不应忽视零星证据。证据搜集后必须仔细核实。要求证据之间能互相参证，尽量避免孤证。这种核实推敲工作对调查者的观察、判断、理解、分析能力提出了很高的要求，故从事个案调查需要调查者具备专门的丰富的知识和经验。

3）判断。通过对个案调查资料的评价和分析，找出问题的关键，做出判断。

4）建议或诊治。在进行了判断之后，对个案中的问题，提出解决的建议或方案。建议有以下两种方式：①以调查报告形式提出建议或方案，送交有关部门参考，影响决策部门的决策，从而达到治疗的目的；②通过新闻媒介向社会公布调查的结果（例如通过广播、电视、展览、论文等），制造舆论，促成问题的解决。

（5）案例。

案例一：研究大学生的消费情况，可选取一些个案列出每学年收入支出情况，绘制成表进行对比分析。见表 8－1。

表 8－1　　大学生的消费情况

项目＼个案		施同学，女，大学一年级，来自上海	王同学，男，大学三年级，来自新疆
收入项目/元（记作“＋”）	学校生活津贴	＋400	＋430
	兼职（家教，市场调查等）	＋1200	＋4000
	奖学金	0	＋1000
支出项目/元（记作“－”）	学费	－5000	－5000
	住宿费	－700（旧式宿舍）	－1200（学生公寓）
	水电费	－200	－300
	伙食费	－2000	－4000
	其他生活类开支（生活用品、零食、水果等）	－800	－600
	通信费	－500	－1500
	娱乐性支出	－200	－800
	服装费	－600	－1500
	交通费	－800	－1000
	偶发事件费（旅游、生日等）	－2000	－1000
	大件费用（手机、电脑配件等）	－2000	0
	其他学习类开支（买书、培训等）	－1200	－1000
收入合计		＋1600	＋5430
支出合计		－14600	－17900
总计		－13000	－12470

由上例即可看出，个案研究的主要的目的在于描述，一般不适宜用作证明假设，但也

可以试着提出解释。个案研究虽然涉及的研究对象不多，但它力求对调查对象作尽可能深入的了解，且不拘泥于形式。因此，如果我们对所研究的问题缺乏了解，最好事先进行深入的个案研究，启发假设，然后用实验法或社会调查法求证。当然，在完成了一项实验或社会调查以后，如果发现有些地方不甚了解，也可用个案研究法追索。

案例二：在第八届挑战杯上，复旦大学的庄好、魏炯翔两位同学获得二等奖的研究项目——《融入大上海：台商低调策略》就是主要采用个案研究的方法。这份研究报告是一个“质”的探索性研究文本，主要研究台湾人在上海生活的大环境、社区人口结构及特征、精神生活、物质生活、社会保障体系、子女教育、社区与当地的互动、落户上海原因分析及台商入沪前后职业、收入等对比分析，调查采访了40多家台资企业、100多位台商，属于中型到大型的个案研究。从文化人类学、社会学的视角出发，运用田野调查、个案研究的方法，深入描写了台商融入大上海的低调策略，阐释其结构意义，探索两岸互动的新格局。报告主要阐释台商移居大上海的融入方式——“低调策略”。从场域角度对台商移居、融入大上海提出科学建议，对促进两岸交流、两岸新的互动方式提出建设性意见。

四、焦点访谈法

1. 含义

焦点访谈法又称小组座谈会，就是采用小型座谈会的形式，挑选一组具有代表性的访谈对象，在一个装有单面镜或录音录像设备的房间内（在隔壁的房间里可以观察座谈会的进程），在主持人的组织下，就某个专题进行讨论，从 而获得对有关问题的深入了解。小组座谈会通常被视为一种最重要的定性研究方法，在国外得到广泛应用，我国近年来许多调查机构在市场调查中也越来越多地采用了这种研究方法。比如，研究人员为了了解消费者对广告、新产品的包装、新产品的口味等方面的深度评价，靠泛泛的调查是很难获取这方面的信息的。因此，他们常常借助于焦点访谈法来收集消费者的意见和建议，该种方法是由一个训练有素的主持人以一种非结构的自然形式与被调查者交谈，通过倾听一组从目标市场中选来的被调查者的谈话，从中获取对一些有关问题的深度信息。这种方法的价值在于常常可以从自由进行的小组讨论中得到一些意想不到的发现，也比一对一的面谈更容易发现新概念、新创意，而且更加快速，能节省大量时间。此外，由于提供了较好的观察被访者言行的机会（如通过单向镜或监视器等），从而使不同的观察者都能发现自己所要的信息。可见，焦点访谈法的特点在于，它所访谈的不是一个一个的被调查者，而是同时访谈若干个被调查者，即通过与若干个被调查者的集体座谈来了解信息。因此，小组座谈过程是主持人与多个被调查者相互影响、相互作用的过程，要想取得预期效果，不仅要求主持人要做好座谈会的各种准备工作，熟练掌握主持技巧，还要求有驾驭会议的能力。

2. 组织

焦点访谈是技术性要求较高的调研方法，要选择合适的被调查者，创造平等、轻松的环境，还要使被调查者都讲真心话，不是件容易事。因此焦点访谈的有效组织是非常重要的。一般从以下几个方面来进行：

(1) 做好座谈会的会前准备工作、采用座谈会形式，参加人员较多（一般8～10人），会议时间有限（一般1.5～2.5h），搞好会前准备就显得十分必要，应注意以下几个方面：

1）确定会议主题，设计详细的座谈提纲。会议的主题应简明、集中，且应是到会者共同关心和了解的问题，这样才能使座谈始终围绕主题进行讨论。调研提纲是焦点访谈的问题纲要，它应该给出小组要讨论的所有主题，还要把主题的顺序作合理的安排。设计好座谈提纲，既能围绕座谈主题，又能达到调查目的，还能活跃座谈气氛，是一项十分重要而又需要技巧的工作。

2）确定会议主持人。主持人对于座谈会的成功起关键作用，要求具备丰富的研究经验；掌握与所讨论的内容有关的知识；并能左右座谈会的进程和方向。

3）选择参加人员。焦点访谈的参与者一般都要经过甄别。先由研究人员定下标准，让访谈员找到足够的符合条件的候选人，并且对参与者分组，一般以某个参数是否同质为准，同质同组。很多时候根本无法判断哪个参数最重要，完全由研究人员根据自己调研的目的来决定。此外，参与者应该尽量“普通”些，如果没有必要，应该把有“专家”行为倾向的人排除在外，包括一些特殊职业（如律师、记者、讲师等）的消费者，因为他们很容易凭借自己的“健谈”过多占用发言时间，并且影响其他参与者，同时增加了主持人的控制难度。此外，参会人数也要适中，一般在8～10人左右。如果参会者过少，难以取得应有的互动效果，参会者过多，发言机会就会减少，意见容易分散。

4）确定座谈会的次数。这主要取决于问题的性质、座谈会产生的新想法的数量、时间与经费等。

5）选好座谈会的场所和时间。会议场所和时间应对大多数与会者来说是方便和适当的。会场的环境十分重要，要比较安静，场地布置要营造一种轻松、非正式的气氛，以鼓励大家自由、充分地发表意见。座谈会的时间应比较充裕，时间长度可为1.5～2.5h。

6）进行现场布置。准备好座谈会所需的演示和记录用具。如录音、录像设备等。不同的调研项目会需要不同的现场布置，比如广告效果座谈就需要投影仪和屏幕；概念测试需要制作概念板；口味测试则需要更多的准备，如饮料、食物、纸、笔都要提早到位。另外，在每次座谈前，都把参与者的名字写在桌牌上，预先放置妥当。这样做首先可以使参与者能够按我们设定的次序就座，大大方便了记录和数据分析处理；其次，主持人在座谈过程中能够直接称呼参与者，极大地促进了沟通关系，也方便了主持人的工作。

7）在需要同声翻译的情况下（例如参与访谈的对象中有外国人或使用少数民族语言、方言），应让翻译事先进行必要的练习。

（2）组织和控制好座谈会的全过程。首先，要善于把握座谈会的主题；其次，做好与会者之间的协调工作；再次，做好座谈会记录。座谈会一般由专人负责记录，同时还常常通过录音、录像等方式进行记录。

（3）做好座谈会后的各项工作，分析资料和数据。几组焦点小组座谈实施完了，参与者说的都是真心话吗？是不是还有不明确的信息？要不要再组织一次补充？是否需要用其他方法继续深入调研、观察、实验或者问卷访谈？这些都需要对资料和数据分析之后才能得出结果。

1）及时整理、分析座谈会记录。检查记录是否准确、完整，有没有差错和遗漏。

2）回顾和研究座谈会情况。通过反复听录音、看录像，回想会议进程是否正常，会上反映情况是否真实可靠，观点是否具有代表性，对讨论结果做出评价，发现疑点和存在的问题。

3）作必要的补充调查。对会上反映的一些关键事实和重要数据要进一步查证核实，对于应当出席而没有出席座谈会的人，或在会上没有能充分发言的人，如有可能也最好进行补充询问并作记录。

4）分析和解释结果，总结和撰写调研报告。讨论结果可以形成供以后进一步检验的假设，在报告书中不要简单重复与会者所说的话，而要着重研究其含义和作用。一般要求主持人、参与座谈的工作人员、观察者（营销专家、调研人员）每人都递交一份分析报告，然后集中到调研人员手中，由调研人员召集项目组人员举行头脑风暴会议，对每个人独到的见解再次进行剖析和发散，最后由调研人员撰写正式报告。

3. 座谈会场所布置

进行座谈的场所设施是否完善和是否适合讨论会十分重要。因此，讨论往往安排在一个较大的房间中，并以圆桌形式就座，使每一个人都可看到其他人，该场所必须很安静，就保证讨论的进行。理想的焦点（小组）访谈设施，应该是房间内有一张大圆桌、舒适的椅子、一面单面镜和放松的气氛，以便于研究者观看讨论的进行情况。同时应提供放置摄像机和录音机等设备的位置。

4. 选择主持人

拥有合格的受访者和一个优秀的主持人是焦点小组访谈法成功的关键因素。合格主持人首先应该是训练有素的调研专家，应对调研背景、调研目的、调研程序、分组情况都应该了如指掌。一个主持人需要具备两方面的技能：①主持人必须能恰当地组织一个小组；②主持人必须具备良好的商务技巧，以便有效地与研究方的代表或委托商的员工进行互动。

具体来说，组织焦点小组访谈的主持人的个性特征和技巧包括：①对人、人的行为、情感、生活方式、激情和观点真正感兴趣；②接受并重视人与人之间的区别，尤其是同自己生活截然不同的人，应该无条件地积极对待；③良好的倾听技巧，既要能听到说出来的，又要能分辨没有说出来的潜台词；④良好的观察技巧，善于理解肢体语言；⑤具有广泛的兴趣，能使自己完全融入所讨论的话题，能很快学会必需的知识和语言；⑥良好的口头和书面交流技巧，能在不同类型和规模的团体中清楚而自信地表达自己；⑦客观性，能够抛开个人的思想和感情，能听取他人的观点和思想；⑧具有关于调查、营销和广告方面的扎实的基础知识，了解基本的原理、基础和应用；⑨灵活性，善于面对不确定性，能够迅速做出决策，并且思维敏捷；⑩善于观察细节，具有较好的组织能力。此外，主持人还须针对不同调查具有不同的技巧。例如要主持一个诊断性小组座谈，主持人还要有良好的心理学和社会心理学的造诣。

5. 注意事项

通过上面的介绍，以下总结一下在进行焦点访谈时的一些比较重要的注意事项。

（1）焦点访谈的目的决定了所需要的信息，从而也决定了需要的被访者和主持人。研究人员可以应用一些特殊的调研技术，如测试态度的量表技术，一些特殊的仪器，如广告效果测试时，常常需要瞬间显示器和投影，这些都需要提早落实，准备到位。

（2）已经参加过焦点访谈的人，是不合适的参与者。

（3）参与者中应该避免亲友、同事关系，因为这种关系会影响发言和讨论，万一发生这种现象，应该要求他们退出。

（4）一般认为每个小组参与者的数量为 8～12 人比较合适，但经常有 4～5 人的焦点访谈实施，这主要应该看讨论的内容是什么。

（5）吸引参与者参加座谈的措施。①报酬越高越能吸引人参与；②越枯燥的调研项目报酬越要高；③座谈会要尽量安排在周末举行；④向目标人选描述座谈会如何有趣、有意义；⑤强调目标人选的参与对研究十分重要。

（6）主持人在焦点小组座谈中要明确工作职责。①与参与者建立友好的关系；②说明座谈会的沟通规则；③告知调研的目的并根据讨论的发展灵活变通；④探寻参与者的意见，激励他们围绕主题热烈讨论；⑤总结参与者的意见，评判对各种参数的认同程度和分歧。

（7）主持人应把握会场气氛。主持人在座谈开始时就应该亲切热情地感谢大家的参与，并向大家解释焦点小组座谈是怎么一回事，以便参与者尽量放松。然后，真实坦诚地介绍自己，并请参与者都一一自我介绍。沟通规则一般应该包括以下内容，并诚恳地告诉参与者：①不存在不正确的意见，你怎么认为就怎么说，只要你说出真心话；②你的意见代表着其他很多像你一样的人的意见，所以很重要；③应该认真听取别人意见，不允许嘲笑贬低；④不要互相议论，应该依次大声说出；⑤不要关心主持人的观点，主持人对这个调研课题跟大家一样，主持人不是专家；⑥如果体对某个话题不了解，或没有见解，不必担心，也不必勉强地临时杜撰；⑦为了能在预定时间内完成所有问题，请原谅主持人可能会打断你的发言，等等。

（8）焦点访谈的数据和资料分析要求主持人和分析员共同参与。他们必须重新观看录像，不仅要听取参与者的发言内容，而且要观察发言者的面部表情和肢体语言。

6. 优点

（1）协同增效，将一组人放在一起讨论，与单个人去询问得到的私人的保密的回答相比，前者可以产生更广泛的信息、深入的理解和看法。

（2）“滚雪球”效应，即一个人的评论会启动参加者的串反应；与一对一的访谈相比，小组的讨论更容易激发灵感生想法。

（3）安全感，因为参加者的背景资料与小组中的其他成员是类似的，所以参加者感到比较舒服并愿意表达他们的观点和感情。

（4）自发性，由于对参加者没有要求回答某个具体的问题，他们的回答可以是自发的不遵循常规的，因而应该是能够准确地表达他们的看法的。

（5）结构灵活，小组座谈在覆盖的主题及其深度方面都可以是灵活的。

（6）速度快，由于同一时间内同时访谈了多个被调查者，因此数据收集和分析过程都是相对比较快的。

（7）科学监视，小组座谈会容许对数据的收集进行密切的监视，观察者可以亲自观看座谈的情况并可以将讨论过程录制下来用作后期分析。

第四节　定性预测——德尔菲法

德尔菲法是一种主观、定性的方法，一般用于预测领域，也可以广泛应用于各种评价指标体系的建立和具体指标的确定过程。当我们在考虑一项投资项目时要对该项目的市场吸引力做出评价。我们可以列出同市场吸引力有关的若干因素，包括整体市场规模、年市场增长率、历史毛利率、竞争强度、对技术的要求、对能源的要求、对环境的影响等。

一、含义

德尔菲法又称为“专家预测法”，最早出现于20世纪50年代末，是当时美国为预测在其“遭受原子弹轰炸后，可能出现的结果”而发明的一种方法。1964年美国兰德公司的赫尔默和戈登发表了“长远预测研究报告”，首次将德尔菲法用于技术预测中，以后便迅速应用于美国和其他国家。除科技领域外，还可用于几乎任何领域的预测，如军事预测、人口预测、医疗保健预测、经营和需求预测、教育预测等。此外，还用来进行评价、决策和规划工作，并且在长远规划者和决策者心目中享有很高的威望。80年代以来，我国不少单位也采用德尔菲法进行了预测、决策分析和编制规划工作。德尔菲法是依据系统的程序，采用匿名发表意见的方式，即专家之间不得互相讨论，不发生横向联系，只能与调查人员发生关系，运用匿名方式反复多次征询意见和进行背靠背的交流，以充分发挥专家们的智慧、知识和经验。通过多轮次调查专家对问卷所提问题的看法，经过反复征询、归纳、修改，最后汇总成专家基本一致的看法，作为一个能比较反映群体意志的预测结果。这种方法可以避免在集体讨论中存在的屈从于权威或盲目服从多数的缺陷，因此具有广泛的代表性，较为可靠。

二、实施步骤

(1) 确定调查目的，拟订调查提纲。确定目标，拟订出要求专家回答问题的详细提纲，同时向专家提供有关背景材料，包括预测目的、期限、调查表填写方法及其他希望要求说明。

(2) 组成专家小组。按照课题所需要知识范围，选择一批熟悉本问题的专家。专家人数的多少，可根据预测课题的大小和涉及面的宽窄而定，一般为20人左右，包括理论和实践等各方面专家。

(3) 以通信等各种方式向所有专家提出所要预测的问题及有关要求，并附上有关这个问题的所有背景材料、同时请专家提出还需要什么材料。然后，由专家做书面答复。

(4) 各个专家根据他们所收到的材料，提出自己的预测意见，并说明自己是怎样利用这些材料并提出预测值的。

(5) 将各位专家第一次判断意见汇总，列成图表，进行对比，再分发给各位专家，让专家比较自己同他人的不同意见，修改自己的意见和判断。也可把各位专家的意见加以整理，或请身份更高的其他专家加紧评论，然后把这些意见再分送给各位专家，以便他们参考后修改自己的意见。

(6) 逐轮收集意见并为专家反馈信息，这是德尔菲法的主要环节。对返回的意见进行归纳综合、定量统计分析后再寄给有关专家，在向专家进行反馈的时候，只给出各种意见，但并不说明发表各种意见的专家的具体姓名。如此往复，一般经过三、四轮收集意见、信息反馈和意见比较集中后，进行数据处理与综合得出结果，直到每一个专家不再改变自己的意见为止。每一轮时间7～10天，总共约一个月左右即可得到大致结果，时间过短因专家很忙难于反馈，时间过长则外界干扰因素增多，影响结果的客观性。

(7) 对专家的意见进行综合处理。

三、案例

书刊经销商采用德尔菲法对某一专著销售量进行预测，首先选择若干书店经理、书评家、读者、编审、销售代表和海外公司经理组成专家小组。将该专著和一些相应背景材料发给各位专家。要求大家给出专著最低销售量、最可能销售量和最高销售量三个数字，同时说明自己做出判断的主要理由。将专家们的意见收集起来，归纳整理后返回给各位专家，然后要求专家们参考他人的意见对自己的预测重新考虑。

四、注意事项

(1) 由于专家组成成员之间存在身份和地位上的差别以及其他社会原因，有可能使其中一些人因不愿批评或否定其他人的观点而放弃自己的合理主张。要防止这类问题的出现，必须避免专家们面对面的集体讨论，而是由专家单独提出意见。

(2) 对专家的挑选应基于其对企业内外部情况的了解程度。专家可以是第一线的管理人员，也可以是企业高层管理人员和外请专家。例如，在估计未来企业对劳动力需求时，企业可以挑选人事、计划、市场、生产及销售部门的经理作为专家。

五、特点

(1) 吸收专家参与预测，充分利用专家的经验和学识。

(2) 采用匿名或背靠背的方式，能使每一位专家独立自由地做出自己的判断。

(3) 预测过程几轮反馈，使专家的意见逐渐趋同。

(4) 德尔菲法的这些特点使它成为一种最为有效的判断预测法。

课外知识

定性研究中的效度问题

由于定性研究不是像定量研究那样采用随机抽样，而且没有事先设定的、可以量化的检测指标，人们往往对其研究结果的可靠性、可重复性和适用性表示怀疑。近年来，定性研究者们在这方面做了很多理论探讨工作，并提供了一些有利于思考和操作的方法与手段。这里简单介绍定性研究中的效度问题。

定性研究所使用的“效度”指的是一种关系，是研究结果和研究的其他部分（包括研究者、研究的问题、目的、对象、方法和情境）之间的一致性。

当我们说某一研究结果是“真实可靠的”时候，我们不是将这一结果与某一个可以辨认的、外在的客观存在相比较（事实上这一存在并不存在），而是指对这个结果的表述“真实”地反映了在某一特定条件下某一研究人员为了达到某一特定目的而确立某一研究问题并选择与其相适应的方法对某一事物进行研究这一活动。从这个意义上来说，定性研究的效度所表达的关系是相对的，不是一种绝对的“真实有效性”。当我们说某一表述是“有效的”时，并不是说这一表述是对该研究现象唯一正确的表述，而只是表明这一表述比其他表述更为合理。

定性研究中的“效度”概念是用来评价研究者对研究结果的表述，而不是像定量研究那样对研究方法进行评估。

对效度进行检验的手段一般如下：

(1) 侦探法（modus operandi)。即对研究结果中的漏洞一步步进行侦查，找到有关线索，然后将线索放到一起进行对比，制定最佳处理方案。

(2) 证伪法（falsification)。在建立了一个假设之后，想尽一切办法证明这个假设是不真实的或不完全真实的，然后修改或排除这一假设，直至找到在现存条件下最为合理的假设。证伪的另一个办法是：在建立初步假设的同时根据已掌握的材料建立另外可能的“替代假设”(alternative hypotheses)，与原有假设对比以后作出更为合理的选择。

(3) 相关检验法（triangulation)。即将同一结论用不同的方法，在不同的情境和时间，对样本中不同的人进行检验。目的是通过尽可能多的渠道对已建立的结论进行检验，以求获得结论的最大真实度。

(4) 反馈法（feed - back)。研究者得出初步结论以后广泛地听取同行、同事、朋友和家人的意见，从更多的角度理解和分析研究结果，并从多方面检验研究结果的可靠性。

(5) 参与人员检验法（member check)。即将研究报告交给被研究者，了解他们对研究结果的反应。如果被研究者对结论有不同的看法，或者认为研究者误解了他们的言语和行为，研究者应该尊重他们的意见，对结论进行必要的修改。

(6) 收集丰富的原始资料（rich data)。丰富的原始资料对所研究的现象提供了一个详尽完整的描述，可以为研究者检验其初步假设提供充分的依据。

(7) 比较法（comparison)。即将研究结果与人们心目中或学术界普遍认可的定义进行比较，确定其结论是否成立。如果存在很大差异，研究者应回到原始材料进行进一步检验。在收集和分析材料时，也可以运用比较这一手段对材料进行甄别、剔除、分类和综合。

案例：一位辍学生的个案调查

王小刚是一个 15 岁的男孩，家住河阳县梨树沟。河阳县地形地貌以山丘为主，梨树沟位于两座大山之间，共有住户 300 多家。梨树沟中学位于村子的尽东头。校舍是一栋两层的白色楼房，去年由世界银行贷款加上村民捐款修建而成，代替了以前破旧的危房。梨树沟中学共有三个年级，总共三个班，121 名学生。梨树沟中学共有教师 8 人，其中 3 人是民办教师。王小刚家里有 5 口人。爸爸是瓦工，除了为本村盖房修屋以外，还经常外出干活，没有时间和精力照顾孩子的生活和学习。妈妈在家务农，并操持家务。父母都只读到小学毕业。家里文化水平最高的是姐姐，念到了初中三年级。她曾打算继续念高中，可是没考上，复读了一年后还是没考上，便放弃了继续学习的念头，现已出嫁到外村。小刚的妹妹在梨树沟小学念二年级，成绩不错。王小刚本人于 1993 年 9 月入梨树沟中学就读初中一年级。当时他年仅 13 岁。进入初中半年以后，1994 年初冬的一个清晨，小刚和班主任刘老师发生了直接的冲突，促使小刚做出退学的决定。

通过收集到的材料，王小刚辍学的原因可能有两个：①他学习成绩不好，对学习失去了信心，对这一点所有被采访的人都持相同意见。②他因老师体罚而退学，这一点只有王小刚本人可以作证。他自述辍学的主要原因是老师体罚，而他的老师、校长和家长却认为主要是学习成绩不好。用我们目前仅有的材料很难判断哪个原因是真实的，或者说哪个原因是主要的。

此调查的评价效度，即研究者对研究现象的价值判断是否正确，值得质疑。此研究的一个前提是：辍学是一个“问题”。因此，我们假设学生都想上学，而没有给被访者讨论学生不想上学的可能性。也许随着改革开放，外出打工的机会越来越多，退学这一现象已渐渐被社会所接受，而继续上学并不能保证可以今后找到一份称心的工作。因此，有的中学生（特别是家庭困难的孩子）也许希望早日离开学校开始工作，帮助家庭减轻经济负担。如果（如大部分被访者所说的那样）学校环境不好，校园生活枯燥乏味，课业负担过重，也许这些孩子离校的想法就更强烈。

思 考 题

1. 文献法有哪些优点和缺点？
2. 简述阅读文献的技巧。
3. 请谈一谈访谈与日常交谈的区别。
4. 进行访谈，落座后双方迅速建立信任关键是什么？
5. 试述访谈法的实质。
6. 简述网络问卷调查的优势和问题。

参 考 文 献

［1］ 威廉·劳伦斯·纽曼．社会研究方法［M］．6版．北京：人民邮电出版社，2010.
［2］ 波格丹，等．教育研究方法：定性研究的视角［M］．4版．钟周，等译．北京：中国人民大学出版社，2008.
［3］ 陆益龙．定性社会研究方法［M］．北京：商务印书馆，2011.
［4］ 陈向明．质性研究：反思与评论（第叁卷）［M］．重庆：重庆大学出版社，2013.

第九章　社会调查的定量方法

本文就社会调查的定量方法——抽样调查、问卷设计与调查、电话调查与网上调查、统计分析进行了讲述，对大学生社会实践中后期具有指导作用。

第一节　抽样方法和调查

一、社会调查的定量分析

在社会实践过程中经常遇到定量调查，如要调查大学生社会实践活动的情况，可通过抽样调查方法对于整体情况进行了解，发现其中普遍存在的问题，并结合定性的方法深入分析。

量化研究与质化研究重视的都是研究的客观性、科学性与数据分析的正确性。因此掌握正确的定量资料收集方法，选用正确合适的统计方法，以客观的立场分析数据，使其成为有用的信息，从而验证研究假设，归纳整理出结论，这在社会实践过程中是一个必要且有效的手段。经过观察、测验、量表、问卷以取得研究实施的数据资料，作为假设检验的基础，因而如何搜集有效的资料，如何配合研究目的与研究结构，选用合适的统计方法，以作为支持或否定原假设的证据资料，就显得格外重要。量的研究主要在于数据的搜集、计算机统计应用的分析。量的研究历程通常包括：选择与定义、执行研究的程序、数据分析和结果分析、结论四个步骤。在这里我们针对性地介绍社会调研过程中需要掌握的抽样方法、问卷设计原则以及数据的整理分析等定量研究需要掌握的基本方法。

二、基本概念

抽样调查是从总体中抽取一定数量的样本来推断总体情况的一种研究方法，它是按照科学的原理和计算，从若干单位组成的事物总体中，抽取部分样本单位来进行调查、观察，用所得到的调查标志的数据以代表总体，推断总体。抽样调查的几个概念：总体，即一般总体，指研究对象的全体。个体，即个案，组成总体的每个元素。样本，即抽样总体、样本总体，从总体中抽取的若干个案所组成的群体。样本容量通常用符号 n 表示。样本统计值，在实际研究中直接从样本中计算得到的各种量数。总体参数值，从已知统计进行推论得到的各种量数，称为总体参数值。统计推论，统计推论就是用样本的统计值推论总体的参数值的统计方法。一般来说，抽样调查具有随机性、推断总体、估算误差以提高准确度等特点。

三、选择抽样调查的方法

为掌握正确的抽样调查的方法，我们在进行抽样方案的设计时，首先应该按照一个正确的抽样调查的步骤去做。以大学生社会实践方面的抽样调查为例，有以下步骤：

（1）界定调查总体，即要清楚地说明研究对象的范围，为满足研究目的的需要，调查总体可以从地域特征、年龄性别等人口统计学特征、群体特征等进行描述，如2015年4月某市大学生兼职情况及态度评估。

（2）选择资料收集方式，如采用入户面访、电话调查、街上拦截还是网上调查、邮寄调查等对抽样结果都会有不同影响。在这里考虑到操作上相对方便，我们可采用网上调查、面访的形式。

（3）选择抽样框，抽样框又称抽样范畴，是抽取样本的所有单位的名单。例如在这里要调查某大学学生上网的情况，抽样框就是该校全体大学生的花名册。同时，抽样框的数目是与抽样单位的层次相对应的。如学校、院系、专业则抽样框也应有3个，全校的名单、学校样本中所有院系的名单、院系中各专业的名单。准确地抽样框应具有完整性与不重复性两个含义，在实际抽样操作中，满足这两项是不容易的。比如要抽取某一个地区的居民户作为样本，会经常出现一户有多处住宅情况，或者由于居住条件有限，好几户居民居住在一个门牌号码的情况，这就出现重复或者遗漏的情况，又比如网络调查中可以将用户E-mail地址作为抽样框，但这只能代表上网的那部分群体特征，因此选择一个适当的抽样框是不可忽视的问题。

（4）确定抽样方法和抽取样本，选择抽样框后，我们就可以确定抽样方法，并决定样本大小。

（5）评估样本正误，我们从总体中抽出样本后，不要急于作全面的调查，要初步检查一下这个样本对总体的代表性如何，资料有无代表性，需要按确定的标准加以评估。如我们可以计算一下样本中的男女生性别比例或专业比例是否符合整体比例。

四、抽样方法的种类

抽样方法主要分非概率抽样和概率抽样两大类，即我们通常所说的随机抽样与非随机抽样。所谓概率抽样就是按照随机原则选取样本，完全不带调查者的主观意识，使总体中所有个案都具有相同的被抽入样本的概率。而与之相对应的非概率抽样则是依据研究要求，主观地、有意识地在研究对象的总体中进行选择抽样。

1. 非概率抽样

（1）判断抽样。又名立意抽样、目的抽样。研究者根据对群体的了解、研究目的与主观的判断，认为不按随机抽样方式，而改循主观的、有目的性的抽样方式，更能有效地取得研究所需的数据。受主观影响比较大，研究人员如判断不准，则误差极大。

（2）巧合抽样。又名方便抽样。选取偶然遇见的个案或者利用自己身边和附近的人作为研究对象和样本。如“街头拦人法”就是一例，需要区别的是，这并不是随机抽样，巧合有很大的局限性，缺乏代表性。

（3）配额抽样。又称定额抽样，根据某些标准分组，然后用判断和巧合抽样法抽样。它与分层随机抽样相似，也是按调查对象的某种属性或特征将总体中所有个体分成若干类或层。但不同的是，分层抽样中各层的子样本是随机抽取的，而配额抽样中各层的子样本是非随机抽取的。以上非随机抽样方便易行，为抽样的主要考虑，常为争取时效或达到特殊目的，实施访谈与实施问卷调查。在一些社会实践项目中考虑到资金或时间的客观制约因素，无法实施概率抽样时，可以使用非随机抽样的方法进行调查，但此类抽样方法无法保证样本代表性，不能用来推论总体。因此在整理总结结论时需予以解释分析，得出恰当的结果。

2. 概率抽样

（1）简单抽样。又称纯随机抽样、简单任意抽样法等。它是从调查总体中完全按照随机的原则抽取调查样本，先将总体中的每一个个体都编上号码，然后抽出需要的样本。简单抽样经常使用的是统计上的随机数表。简单抽样的缺陷是数字分配给研究对象不一定有代表性，比如抽取学生样本：男女生比例、年级系别的比例不能加以控制。

（2）等距抽样。又称机械抽样、系统任意抽样法。这种方法是根据构成总体中个案出现的顺序，排列起来，每隔 K 个单位抽取一个单位作为样本，如逢十抽一、每隔七户抽一等。K 值指每隔多少个抽一个，计算公式是：$K=N$（总体个案数）$/n$（样本个案数）。与简单抽样相比，等距抽样易于实施，工作量小；而且样本在总体中分布更为均匀，抽样误差小于简单抽样。它的缺点在于容易出现周期性偏差。为了防止这种情况，我们可以取一定数量的样本后，打乱原来的秩序，建立新的秩序，以纠正周期性偏差。

（3）分层抽样。也称类型抽样、分类抽样或分层定比任意抽样等。分层抽样是将总体各单位先按照主要标志分组，然后在各组中采用简单或机械抽样方式，确定所要抽取的单位。分层抽样实质上是科学分组和抽样原理的结合。比如在抽取大学生社会实践调查的样本内，根据文理科学生及不同年级的学生社会实践的不同情况，可以进行分组抽样。

要确定抽样的数目，一般有两种方法：

1）定比：就是对各个分层一律使用同一个抽样比例。抽样比例 f 的计算公式为

$$f=n\text{（样本个案数）}/N\text{（总体个案数）}$$

2）异比：如遇其中某一层人数特别少，按同一比例取样所得的个案数量太少以致会影响这一层抽样个案的分析时，则这一层可采用比其他层较大的取样比例，这叫做异比分层抽样。

3）在实施上，我们可根据研究关注的准则，先将总体分成几个不同的小群体，各层间尽可能异质、而各层内尽可能同质，然后从每层中利用随机抽样方式，依一定比例各抽取若干样本数。分层随机抽样的步骤如下：①确认与界定研究的总体；②决定所需样本的大小；③确认变量与各子群，以确保抽样的代表性；④依据实际研究情形，把总体的所有成分划分成数个阶层；⑤使用随机方式从每个子群中按照一定的比例人数或相等人数抽取样本。在社会实践的抽样调查中，我们就可以采取这样的步骤。总体是某高校所有学生 2 万人，样本大小是 1000 人，根据文理科生的比例，比如是 4∶6，就从文科生中抽取 400 人，从理科生中抽取 600 人，分别抽取。

（4）整群抽样。又称聚类抽样、集团抽样。是以一个群组或一个团体为抽取单位，而不是以个人为抽样单位。使用整群抽样法的特点是，抽取的样本点是一个群组，总体内的群组间的特征比较相近、同质性高，而群组内彼此成员的差异较大。比如要调查一个院系的社会实践活动情况，可以抽取其中一个或几个班级进行调查。整群抽样的步骤有：①确认与界定总体；②决定研究所需的样本大小；③确认与定义合理的组群；④列出总体所包括的所有组群；⑤估计每个组群中平均总体成员的个体数；⑥以抽取的样本总数除以组群平均个体数，以决定要选取的组群数目；⑦以随机抽样方式，选取所需的组群数；⑧每个被选取的组群中的所有成员即成为研究样本。

(5) 多段抽样。这是较复杂的抽样方法从集体抽样到个体抽样，分成若干阶段逐步地进行。而在各段之间则可采用简单的或分层的抽样法，在大规模调查时常用，缺点是经过多段抽样，误差较大。除以上基本抽样方法外，抽样方法还有很多，其中就有著名的PPS抽样法等，在此不多做介绍。此外，针对大学生社会实践的特点，以下几种方法也可以采用：一是推荐抽样，又叫“雪球抽样”，要求回答者提供附加回答者的名单，起初汇编一个比总样本要小得多的名单，随着回答者提供额外的回答者。其他名单意味着样本如雪球一样越滚越大。如果要研究总体的情况，并不知道其总人数是多少，可用此法预测总人数，然后进行概率抽样。二是空间抽样，可在特定的空间抽取样本，如调查一个大型演出的参与的观众情况，可在现场直接进行快速空间抽样，把访问员分散开，按照一定的规律和数字间隔进行采访。

3. 案例

以第四届全国“挑战杯”二等奖得主——上海浦东新区社会变迁千户调查为例。复旦大学社会学系1990—1994级部分同学志愿组成浦东调查的课题组，在老师的指导下，利用课余时间进行浦东社会变迁的研究，采用户卷抽样调查和个案深度调查相结合的方式，对新区的社会发展、社情民意进行一项纵贯研究。根据研究目的和研究计划，该研究的总体为在上海浦东新区具有正式户籍的16岁以上的家庭户居民与村民。采用分段类型系统抽样法抽取样本。研究样本为1000人（户），在新区518.26km^2 区域、140.67万人口中，根据自然行政区划和人口比例，同时兼顾产业形态及重点开发区的划分，按分段系统抽样法抽取1000人（户）。由于是大规模的调查，样本的抽取需要分几步：第一步，从全区抽到街道、乡镇。根据统计年鉴，按照系统抽样法从41个街道、乡镇中抽取了10个。第二步，从街道、乡镇抽到居委合、村委会。根据每个街道、乡镇占总人数之比例，以每个居（村）委会调查20人计，确定每个街、乡应该调查的居（村）委会数，然后以市民政局行政区划资料为准，在每个街、乡等距抽取所需调查的50个居（村）委会。第三步，从居（村）委抽到被访户。到各个居（村）委合或有关派出所按照居民（村民）户籍表等距抽样被访户，抄写户主姓名及被访户地址。考虑到各种原因（如出差、因病、三次上门未遇、拒访等）而出现的不成功户，为保证成功访问20人（户），因此抽取30户名单作为选择。到户后，再根据抽到被访对象的随机数表，随机确定被访对象。本次抽样调查自1993—1994年首次实地调查；1997—1998年，5年后追踪调查；2002—2003年，第10年追踪调查。整个项目跨度时间长，意义重大。

五、确定样本大小

样本的大小不仅影响到其自身的代表性，而且还直接影响到调查的费用和人力的花费。确定样本的大小，一般应考虑的因素有精确度要求、总体的性质、抽样方法、客观制约（即人力、财力的因素）。在社会实践时选择样本大小，我们可以从这几方面来考虑样本的数目。

(1) 在初学阶段可借鉴前人相似的研究，查阅资料，参考别人的样本数，作为参考。

(2) 根据资料分析的要求，样本的数目首先要够作资料分析。

(3) 根据统计的要求，样本的大小与抽样误差成反比，与研究代价成正比。这里需要依据“代价小、代表性高”的基本准则。对同质性强的总体，其差异不大，选择样本可以小一点。而异质性高的总体，则要选择大一些的样本。估计样本的大小可用一个简单的公式：$n=(k\sigma)/(en)$。其中 e 是抽样误差，σ 是总体标准差，反映了总体变量值分散的程度，k 是可信度系数，样本对总体的代表性程度。

（4）对于样本量的大小，有学者有这样的看法：描述性研究时，样本数量最少占总体的10%，如果总体较小，则最小的样本数最好为总体的20%；相关性研究的目的在于探究变量间有无关系存在，受试者至少在30人以上；因果比较研究与许多实验研究，各组的人数至少30位。事实上，选取具有代表性的样本比选取不具有代表性而众多的样本人数来得重要。在抽取样本时，应根据具体情况具体分析，选择适当的抽样方法，选取有代表性的小样本。

第二节　问卷设计与调查

问卷就是为了调查研究而设计的问题表格。问卷是为了达到调研项目目的和收集必要数据而设计的一系列问题。问卷调查正日益普遍，在日常生活中，我们常常成为被问卷调查的对象，而在社会实践中采用问卷法来收集资料有很多优点，问卷调查与抽样技术相结合的方法在社会研究中得到越来越广泛的应用。问卷如果编制或选用得宜，研究会更具有可靠性与价值性。因此如何设计一份合格有效的问卷是我们在社会实践中可会常遇到的问题。

一、问卷的类型

问卷的类型可按照不同角度进行划分。

1. 按问卷答案划分

问卷可分为结构式、开放式、半结构式3种基本类型。

（1）结构式：通常也称为封闭式或闭口式。即选择题式的打钩或者画圈。此类问卷的优点在于问题明了，被访者易答且答案标准化，便于统计分析，缺点在于答案给定不能反映出回答者的真实想法，且产生歧义胡乱打钩的可能性较大。

（2）开放式：通常也称为开口式。采用问答形式，不设置固定的答案。此类问卷的优点在于，可以充分反映答卷者的想法，尽可能收集更多的答案，特别是用于答案过多且不确定的问题。如您对开发某样产品有何建议、您目前最希望社区能提供哪些服务。缺点在于答案没有统一的标准，不利于统计分析，且要求答卷者具有较高的文化水平和表达能力，回答拒绝率较高等。

（3）半结构式：介于以上两者之间，问题的答案既有固定的、标准的，也有让回卷者自由发挥的，吸取了两者的长处。这类问卷在调查研究中应用比较广泛。

2. 按调查方式划分

按调查方式，问卷可分为访问问卷和自填问卷。

（1）访问问卷：是由访问员进行访问，并填写答卷。此类问卷的特点是回收率高，填答的结果也最可靠，可是耗费的时间长，人力物力成本比较高，这种问卷的回收率一般都要求在90%以上。

（2）自填问卷：是由被访者自己填答的问卷。自填式问卷还可以分为发送问卷和邮寄问卷两类。而邮寄问卷是由调查者直接邮寄给被访者，被访者自己填答后再邮寄回调查单位的调查形式。此类问卷的回收率低，调查过程不能进行控制，并且容易出现偏差，影响对总体的判断，一般来讲，邮寄问卷的回收率在50%左右即可。发送问卷是由调查员直接将问卷送到被访问者手中，并由调查员直接回收的调查形式，此类问卷的优缺点介于上述两者之间，回收率要求在67%以上。

3. 按问卷用途划分

按问卷用途划分，可以分为甄别问卷、调查问卷和回访问卷（复核问卷）。

（1）甄别问卷：是为了保证被访者确实是研究调查的目标群体，在市场调查中是为了保证调查的被访者确实是调查产品的目标消费者而设计的一组问题。在一般的问卷调查中，甄别的问题一般包括对年龄的甄别、性别的甄别等为特定研究目的设定的问题。

（2）调查问卷：即问卷调查的主题、问卷的分析基础。

（3）回访问卷：即复核问卷，为了核实调查员是否按照要求回答及调查问卷是否有效的问卷。通常由甄别问题及调查问卷中的关键问题组成。以上是问卷的基本形式，在实际操作过程中，我们可以根据调查的需要，选择设计所需要的问卷形式。

二、问卷结构内容

问卷表的一般结构有标题、说明、主体、编码号、致谢语和实施记录等6项。

（1）标题。每份问卷都有一个研究主题，研究者应开宗明义，反映这个研究主题，使人一目了然，增强填答者的兴趣和责任感。如大学毕业生择业意向调查、读者调查问卷，让受访者知道要调查什么。

（2）说明。问卷前面应有一个说明。这个说明可以是一封告调查对象的信，也可以是导语，说明这个调查的目的意义、填答问卷的要求和注意事项，下面同时署上调查单位名称和年月。问卷的说明是十分必要的，这不仅可以增强可信度也是尊重被访者的表现。

（3）主体。这是研究主题的具体化，是问卷的核心部分。问题和答案是问卷的主体。从形式上看，问题可分为开放式和封闭式两种。从内容看，可分为事实性问题、断定性问题、假设性问题和敏感性问题等。

1）事实性问题——被访者的背景资料，如姓名、性别、出生年月、文化程度、职业、工龄、民族、宗教信仰、家庭成员、收入情况等。

2）断定性问题——即假定某个调查对象在某个问题上确有其行为或态度，继续就其另一些行为或态度作进一步的了解，又称转折性问题。

3）假设性问题——假定某种情况已经发生，了解调查对象将采取什么行为或什么态度。

4）敏感性问题——指涉及个人隐私、社会地位，或不为一般社会道德和法纪所允许的行为等。

（4）编码号。一般应用于规模较大或者需要运用电子计算机统计分析的调查，要求所有的资料数量化，与此相适应的问卷就要在问卷的右边统一为每个答案依次填上编号。如果一个问题有一个答案就占用一个编码号，如果一个问题有三种答案，则需要占用三个编码号。编码也可以不出现在每份问卷上，在需要统计分析时进行编写。

（5）致谢语。为了表示对调查对象真诚合作的谢意，研究者应当在问卷的末端写上“感谢您的真诚合作！”等谢辞。如果在说明中已经有了表示感谢的话，末尾就不必再写。

（6）实施记录。其作用是用以记录调查的完成情况和需要复查、校订的问题。格式要求比较灵活，调查访问员与调查者在上面签写姓名和日期。

以上问卷的基本项目，是要求比较完整的问卷所应有的结构内容。但通常使用的如征询意见及一般调查问卷可以简单些。

三、问卷设计的程序步骤

为使问卷具有科学性、规范性和可行性，问卷设计的步骤可以按照下列程序进行。

（1）确定研究目的、调查范围、内容等相关背景信息资料。在正式设计问卷前，明确要问哪些问题，可能获得哪些结论，这对整个问卷质量以及下面步骤的实施有一个引领的作用。

（2）确定数据收集方法，选择收集方法和调查形式。比如自我回答的访问就要求问卷设计的清晰明了且简短，因为访问人员不在场，没有解释澄清问题的机会。电话调查则要描述语言清晰丰富以使应答者理解，而在个人访谈中则可以借助图片等方法完成调查。

（3）确定问题回答形式，可以有开放式问题、封闭式问题量表应答式问题。

（4）决定问题的用词，必须考虑到以下几点：用词必须清楚；避免诱导性用语；考虑应答者回答问题的能力；考虑到应答者回答问题的意愿。

（5）确定问卷的流程和编排。问卷的编排需有逻辑性。

（6）评价问卷和编排。设计完问卷的草稿，回过头来先自行评估，初学者可以请比较有经验的人员进行评估，以修改编排问卷等。

（7）预先测试和修订。在正式调查之前，需要预先抽取少量被访对象进行预测，以判断问卷的有效性及需要改正的地方。

（8）值得注意的是，评价和预测对问卷的优劣及问卷的结果分析都有重要作用，可以保障调查的顺利实施。在我们社会实践过程中，尤其对于设计调查问卷的初学者来说，这一步可以帮助我们提高问卷的设计质量。

（9）准备问卷，进入实施阶段。

四、问卷设计原则和技巧

要提高问卷回复率、有效率和回答质量，设计应遵循以下原则：

（1）客观性原则，即设计的问题必须符合客观实际情况。

（2）必要性原则，即必须围绕调查课题和研究假设设计必要的问题。设计的问题数量过少、过于简略，无法说明调查目的；数量过多、繁杂，不仅会大大增加工作量和调查成本，而且会降低回答质量，降低问卷的回复率和有效率，也不利于正确说明调查所要说明的问题。

（3）可能性原则，即必须符合被调查者是否自愿真实回答的问题。凡被调查者不可能自愿真实回答的问题，都不应该正面提出。对这类问题，被调查者一般都不可能自愿做出真实回答，或者干脆不予理睬，因此一般都不宜正面提出。问卷中的所有问题应与研究目的相符合；整份问卷显示一个重要内容；尽可能简短，只要满足获得资源即可；问题表述要清楚、简明、扼要，易于回答；不要涉及社会禁忌、个人隐私或恩怨；不要超出回答者的知识和能力范围；所收集的资料易于列表说明和解释；问题的排列要恰当。

五、评价问卷的标准

要设计一份好的问卷，必须考虑这样几个问题：它是否能提供必要的管理决策信息？是否考虑到应答者的情况？是否满足编辑、编码、数据处理的要求？

1. 问卷能否提供必要的决策信息

问卷的主要作用就是提供管理决策所需的信息，任何不能提供管理或决策重要信息的问卷都应被放弃或修改，将要利用数据的经理们对问卷表示满意就意味着“这种工具将提供我们进行决策所需的数据”。如果不满意，那么，市场研究人员将继续修改问卷。

2. 考虑到应答者

一份问卷应该简洁、有趣、具有逻辑性并且方式明确。尽管一份问卷可能是在办公室或会议室里制作出来的，但它要在各种情景和环境条件下实施。因忙于家务或其他事先有所安排的受访者会终结毫无意义的访谈；有些访谈是在受访者渴望回到电视机前进行的；另外一些访问是和一个忙于购物的购买者进行的；还有一些访问是在受访者的孩子缠住他们的时候进行的，仅时间的漫长就将使访问变得枯燥无味。设计问卷的研究者不仅要考虑主题和受访者的类型，还要考虑访问的环境和问卷的长度。近期的一项研究发现，当受访者对调查题目不感兴趣或不重视时，问卷长度就不重要了。换句话说，无论问卷是长是短，人们都不会参与调研。同时，研究发现当消费者对题目感兴趣或当他们感到问题回答不会太困难时，他们会回答一些较长的问卷。问卷设计的另一个要求是使问卷适合于应答者。一份问卷应该针对预期应答者明确地设计。尽管父母是典型的冷冻谷类食品的购买者，但儿童经常直接或间接地影响对品牌的选择。这样，对儿童进行品尝测试的问卷应当用儿童的语言表述。另外，对成人购买的问卷应当使用成人的语言。问卷设计最重要的任务之一是使问题适合潜在的应答者。问卷设计者必须避免使用营销专业术语和可能被应答者误解的术语。实际上，只要没有侮辱或贬低之意，最好是运用简单的日常用语。

3. 编辑和数据处理的需要

一旦信息收集完毕，就要进行编辑。编辑是指检查问卷以确保按跳问形式进行，需要填写的问题已经填好。“跳问”是提问题的顺序，表 9－1 显示了受访者对问题 4a 的回答是不是，对其进行的一个从 4a 直接跳到 5a 的跳问。所有“开放式问题”经由逐字记录，通过从完成的问卷中进行后编码，确定所给的答案。

4. 问卷服务于许多管理者

简而言之，一份问卷必须具有以下功能：①它必须完成所有的调研目标，以满足经理的信息需要；②它必须以可以理解的语言和适当的智力水平与应答者沟通，并获得应答者的合作；③对访问员来讲，它必须易于管理，方便地记录下应答者的回答；④它还必须有利于方便快捷地编辑和检查完成的问卷，并容易进行编码和数据输入；⑤问卷必须可转换为能回答经理起初问题的发现。

表 9-1 问卷跳问形式

类别	问题	答案
4a	您常用洗发乳液或洗发剂给小孩洗头吗？	(1) 不（跳至 5a）
		(2) 是（跳至 4b）
4b	您用的洗发乳是倾注式还是喷雾式？	(1)（ ）倾注式洗发乳液
		(2)（ ）喷雾式洗发乳液
4c	大约多久用洗发乳或洗发剂给孩子洗一次头发？是一周少于一次，还是多于一次？	(1)（ ）少于一次
		(2)（ ）一次
		(3)（ ）多于一次
5a	想想您孩子的发质是怎样的？（读备选答案）	(1)（ ）好
		(2)（ ）不好
		(3)（ ）正常
5b	您孩子的头发长短如何？（读备选答案）	(1)（ ）长
		(2)（ ）中
		(3)（ ）短

5. 中国台湾学者林振春先生就良好问卷提出了10点评价标准

（1）问卷中所有的题目都和研究目的相符合，亦即题目都是测量所要调查的选项。

（2）问卷能显示出和一个重要主题有关，使填答者认为重要，且愿意花时间去填答，亦即具有表面效度。

（3）问卷仅在收集由其他方法所无法得到的资料，如调查某社区的年龄结构，应直接向户政机关取得，以问卷访问社区居民是无法得到的。

（4）问卷尽可能简短，其长度只要足以获得重要资料即可，问卷太长会影响填答，最好 30min 以内。

（5）问卷的题目要依照心理的次序安排，由一般性至特殊性，以引导填答者组织其思想，而让填答具有逻辑性。

（6）问卷题目的设计要符合编题原则，以免获得不正确之回答。

（7）问卷所收集的资料，要易于列表和解释。

（8）问卷的指导语或填答说明要清楚，使填答者不致有错误的反应。

（9）问卷的编排格式要清楚，翻页要顺手，指示符号要明确，不致有翻前顾后之麻烦。

（10）印刷纸张不能太薄，字体不能太小，间隔不能太小，装订不能随便，要能符合精美的原则。

六、问卷调查主要类型

问卷调查按照问卷填答者的不同，可分为自填式问卷调查和代填式问卷调查。其中，自填式问卷调查，按照问卷传递方式的不同，可分为报刊问卷调查、邮政问卷调查和送发问卷调查；代填式问卷调查，按照与被调查者交谈方式的不同，可分为访问问卷调查和电话问卷调查。报刊问卷调查，就是随报刊传递分发问卷，请报刊读者对问卷做出书面回答，然后按规定的时间将问卷通过邮局寄回报刊编辑部。邮政问卷调查，就是调查者通过邮局向被选定的调查对象寄发问卷，请被调查者按照规定的要求和时间填答问卷，然后在通过邮局将问卷寄还给调查者。送发问卷调查，就是调查者派人将问卷送给被规定的调查对象，等被调查者填答完后再派人回收调查问卷。访问问卷调查，就是调查者按照统一设计的问卷向被调查者当面提出问题，然后再由调查者根据被调查者的口头回答来填写问卷。

第三节　电话调查与网上调查

一、电话调查

电话调查：指调查者按照统一问卷，通过电话向被访者提问，笔录答案。电话调查速度快，范围广，费用低；回答率高；误差小；在电话中回答问题一般较坦率，适用于不习惯面谈的人，但电话调查时间短，答案简单，难以深入。

二、网上调查

网上问卷调查常用的方式大致有以下 3 类。

(1) 简单方式（三级态度量表）。这是网站在对某一事件调查采用最多的调查方式，通常只有三项选题，也就是态度量表上的赞成、反对、说不好（或无所谓）。这主要是考虑网上调查问卷简单明了的特点，以及它并非是满足更细致深入分析的目的。

(2) 组合方式（专题调查）。这种方式实际上是第一种方式规模化的发展。由于第一种方式过于简单，不能充分反映网友对一个问题多方面的态度和判断，因此组合方式应运而生。其表现形态为将调查主题分解为若干子题，尽管每一个子题的题项也就是三四个问题，但众多的子题可以形成对事物多侧面和多角度的反馈，从而使调查能够做到更全面、更深入。

(3) 完整问卷方式（专题调查）。这种方式主要用于网站了解自己的受众情况，以及其他调查公司和机构委托的项目，网页上呈现的是一份完整问卷的形式。其内容往往包括调查对象的个人简单情况和较多的调查题项，还可设置供网友填写具体建议、意见的窗口。调查的核心部分，是调查方精心策划和设计的，题项按一定逻辑关系和层次展开。这种方式要考虑在网上进行的特点（如网民填答的耐性等），因此在规模上显然要比传统书面问卷调查要小得多，在进行调查内容设计时，需要抓住最关键的问题。

第四节　统计分析内容简介

掌握基本正确的定量资料的统计方法，对社会实践的成果起着很重要的作用。专业的社会统计方法种类繁多，是一门学科，在此仅介绍基本的统计原理和统计手段，并简单运用统计软件如 Excel、SPSS，即可为我们进行定量资料的分析。

一、资料的复查与审核

对于收集的问卷等定量资料，如果数量较多，即可以进行编码后输入计算机进行分析。问卷资料整理的步骤可如下。

1. 资料的审核

进行问卷资料的回访核实，以及核查资料的内容是否符合逻辑常识。例如：个人收入必然要小于或者等于家庭收入，等等。对于数据不全或者不诚实填答的问卷应考虑予以删除。审核后的问卷加以编号，以便核对数据。

2. 资料的编码

根据问题的不同类型，编码可以称为前编码与后编码。前编码是指结构式问题的答案都对应一个确定的编码，每个答案对应的值可以事先印在问卷上。而后编码指的是给没有事先进行编码的答案分配一个代码，通常开放式的问题以及封闭式问题的“其他”项需要用到后编码。而开放式问题的后编码需要将类似的答案合并为一类，以进行相应的统计分析。

3. 输入数据

根据输入的问卷编码完成后，应定义各变量，给各变量一个代码，并依问卷内容，有顺序地输入数据。微软 Office 的应用软件 Excel、Access、传统数据库文件等都可以用来输入数据，而统计软件 SPSS 也可以直接读取 Excel 活页簿内的数据进行统计分析。

二、描述统计

统计分析的类型可以分为单变量统计分析、双变量统计分析。

1. 单变量统计分析

单变量统计分析中，我们只想了解单一或若干事物（现象）的状况，如选择毕业后出国的人数的比例为多少、不同专业不同年级的学生对于毕业后的选择方向不同。对于这类研究，我们就可以采用频数分析和集中趋势测量、离散程度测量等单变量的统计方法。集中趋势就是一组数据的代表值，它能说明一组数据的一部分全貌，即它们的典型情况。它用一个典型值代表变量所拥有的所有数据。这样一个典型值就称为集中趋势统计量。按处理方法不同可分为几类，主要包括众值、中位值、均值等。反映数据对于集中趋势的偏离程度的统计量叫做离散程度统计量。换言之，离散程度表示一组数据的差异情况或离散程度，测量的是竖直的离散趋势。集中趋势的代表性如何，要由离散程度来表明。凡离散程度愈大，集中趋势的代表性越小；离散程度越小，则集中趋势的代表性越大。假如一组数据彼此相同，离散程度为零，集中趋势即该数值本身。表现离散程度的量有异众比率、四分位差、标准差等。

2. 双变量统计分析

探讨的是两个变量之间（或一个变量与一组变量）有无关系及其关系的程度，双变量分析分为相关关系问题和因果关系问题。前者是探讨变量之间的共变关系，后者则探讨变量之间谁因谁果及其关系的密切程度，如性别对于大学生职业选择上是否有相关性。双变量分析可采用各种相关分析、方差分析和回归分析等。

三、推论统计：估计与假设

推论分析指从样本数据的基础上推导出总体特征的结论，包括假设检验和参数估计，即在样本信息基础上估算总体值。像参数估计这类的统计推论方法，是先看样本情况，以此推论出总体的情况，比如大学生上网情况调查，得出平均每周上网的时间，那么可以推论出在总体中平均是多少。假设检验则是在逻辑上与参数估计有所不同，首先假设总体情况是怎样的，然后以一个随机样本的统计值来检验这个假设是否正确。例如估计大学生每周平均上网超过10h，然后我们再以抽样调查的资料检验我们的假设。因此两者都属于推论统计，但是逻辑上略有不同。

调查资料的数据可以将它们归为定性资料和定量资料。定性资料是指变量本身并不具有可以测量的数值单位，而仅根据一项或数项所描述的特质加以区分的数据资料，如性别、职业等的功能。通常由定类量表或分类量表所得的资料属于这一类。定序量表资料严格地说也属于这一类。定性资料在统计方法的运用上比较受到局限，一般只能采用频率分析或非参数检验进行处理。定量资料则指变量本身具有可以测量的数值单位，可以根据这些变量的特征量的连续排列的资料，如年龄、收入、销售量、知名度等。一般来说，等距、比率量表资料属于定量资料。对于定量资料，几乎所有的统计方法都可以运用。

值得注意的是，定量资料可以转变为定性资料。例如可以把个人月收入者以定量资料转变为400元以下、400～600元、600～1000元和1000元以上等四个类别，然后用描述统计等进行处理，同样，定性资料也可以通过定义数字，转化为定量资料。

四、计算机在社会统计中的运用

同任何其他领域一样，计算机在社会统计中的作用日益广泛。像之前我们提到过的电话调查、网络调查、问卷设计等阶段都需要将计算机作为辅助工具。在实际的社会研究中，计算机的运用主要体现在资料的统计分析方面。各种统计描述和统计分析方法被制作成用于计算机的专门的和通用的统计软件，如SPSS、SAS、STATE等。

SPSS是“社会科学统计软件包”的简称，是一种集成化的计算机数据处理应用软件，广泛分布于通信、医疗、银行、证券、保险、制造、商业、市场研究、科研、教育等多个领域和行业，是世界上公认的三大数据分析软件（SAS、SPSS和SYSTAT）之一。SPSS可以进行统计分析工作，如需详细了解可以参考如中国人民大学出版社郭志刚编著的《社会统计分析方法——SPSS软件（21世纪社会学系列教材）》等书。

然而，在对数据进行处理时，大多是使用简单统计描述，画各种统计图表，或者进行t-检验、方差分析、相关分析及回归分析。作这些统计分析时，使用Office、Excel可轻松完成。Excel是一种使用极方便的电子表格软件，它有强大的数据管理功能，能制作各种统计图表，具有丰富的财会和统计函数，并且Excel在“分析工具库”中，提供了一组数据分析工具。使用这些分析工具时，只需指出数据所在的单元格和提供必要的参数，该工具就会使用适宜的统计或工程函数，对数据做处理，给出相应结果。有些工具在输出时还能产生图表。例如用Excel进行单变量分析十分方便，再输入完数据表后，在“工具”菜单上，单击“数据分析”。在“数据分析”对话框中，单击要使用的分析工具的名称，再单击“确定”。在已选择的分析工具对话框中，设置所需的分析选项。可以使用对话框中的“帮助”按钮来获取各选项的详细信息。在进行两个样本均值相等假设分析时，可使用t-检验分析，根据情况选择成对双样本均值分析、双样本等方差假设分析和双样本异方差假设分析。

课外知识

数据分析软件简介

一、Excel 电子表格与统计功能

Excel 电子表格是 Microsoft 公司推出的 Office 系列产品之一，是一个功能强大的电子表格软件。特点是对表格的管理和统计图制作功能强大，容易操作。Excel 的数据分析插件 XLSTAT，也能进行数据统计分析，但不足的是运算速度慢，统计方法不全。

二、Origin 统计软件

Origin 是美国 Microcal 公司出的数据分析和绘图软件，编写此介绍时的最高版本为 7.0 版。网址：http：//www. originlab. com/。

特点：使用简单，采用直观的、图形化的、面向对象的窗口菜单和工具栏操作，全面支持鼠标右键、支持拖动方式绘图等。

两大类功能：数据分析和绘图。数据分析包括数据的排序、调整、计算、统计、频谱变换、曲线拟合等各种完善的数学分析功能。准备好数据后，进行数据分析时，只需选择所要分析的数据，然后再选择响应的菜单命令就可。Origin 的绘图是基于模板的，Origin 本身提供了几十种二维和三维绘图模板而且允许用户自己定制模板。绘图时，只要选择所需要的模板就行。用户可以自定义数学函数、图形样式和绘图模板；可以和各种数据库软件、办公软件、图像处理软件等方便地连接；可以用 C 等高级语言编写数据分析程序，还可以用内置的 Lab Talk 语言编程等。

三、SAS 统计软件

SAS 是英文 Statistical Analysis System 的缩写，翻译成汉语是统计分析系统，最初由美国北卡罗来纳州立大学两名研究生开始研制，1976 年创立 SAS 公司，2003 年全球员工总数近万人，统计软件采用按年租用制，年租金收入近 12 亿美元。SAS 系统具有十分完备的数据访问、数据管理、数据分析功能。在国际上，SAS 被誉为数据统计分析的标准软件。SAS 系统是一个模块组合式结构的软件系统，共有 30 多个功能模块。SAS 是用汇编语言编写而成的，通常使用 SAS 需要编写程序，比较适合统计专业人员使，而对于非统计专业人员学习 SAS 比较困难。SAS 最新版为 9.0 版。网址：http：//www. sas. com/。

SAS 是美国 SAS（赛仕）软件研究所研制的一套大型集成应用软件系统，具有比较完备的数据存取、数据管理、数据分析和数据展现的系列功能。尤其是它的创业产品—统计分析系统部分，由于具有强大的数据分析能力，一直是业界中比较著名的应用软件，在数据处理方法和统计分析领域，被誉为国际上的标准软件和最具权威的优秀统计软件包，SAS 系统中提供的主要分析功能包括统计分析、经济计量分析、时间序列分析、决策分析、财务分析和全面质量管理工具等。

SAS 系统是一个组合的软件系统，它由多个功能模块配合而成，其基本部分是 BASE SAS 模块。BASE SAS 模块是 SAS 系统的核心，承担着主要的数据管理任务，并管理着用户使用环境，进行用户语言的处理，调用其他 SAS 模块和产品。也就是说，SAS 系统

的运行，首先必须启动 BASE SAS 模块，它除了本身所具有数据管理、程序设计及描述统计计算功能以外，还是 SAS 系统的中央调度室。它除了可单独存在外，也可与其他产品或模块共同构成一个完整的系统。各模块的安装及更新都可通过其安装程序比较方便地进行。

SAS 系统具有比较灵活的功能扩展接口和强大的功能模块，在 BASE SAS 的基础上，还可以增加如下不同的模块而增加不同的功能：SAS/STAT（统计分析模块）、SAS/GRAPH（绘图模块）、SAS/QC（质量控制模块）、SAS/ETS（经济计量学和时间序列分析模块）、SAS/OR（运筹学模块）、SAS/IML（交互式矩阵程序设计语言模块）、SAS / FSP（快速数据处理的交互式菜单系统模块）、SAS/AF（交互式全屏幕软件应用系统模块）等等。

SAS 提供的绘图系统，不仅能绘各种统计图，还能绘出地图。SAS 提供多个统计过程，每个过程均含有极丰富的任选项。用户还可以通过对数据集的一连串加工，实现更为复杂的统计分析。此外，SAS 还提供了各类概率分析函数、分位数函数、样本统计函数和随机数生成函数，使用户能方便地实现特殊统计要求。

目前 SAS 软件对 Windows 和 Unix 两种平台都提供支持，最新版本分别为 8. X 和 6. X。与以往的版本比较，6. X 版的 SAS 系统除了在功能和性能方面得到增加和提高外，GUI 界面也进一步加强。在 6. 12 版中，SAS 系统增加了 1 个 PC 平台和 3 个新的 UNIX 平台，使 SAS 系统这一支持多硬件厂商，跨平台的大家族又增加了新成员。SAS 6. 12 的另一个显著特征是通过对 ODBC、OLE 和 MailAPIs 等业界标准的支持，大大加强了 SAS 系统和其他软件厂商的应用系统之间相互操作的能力，为各应用系统之间的信息共享和交流奠定了坚实的基础。

虽然在我国 SAS 的逐步应用还是近几年的事，但是随着计算机应用的普及和信息事业的不断发展，越来越多的单位采用了 SAS 软件。尤其在教育、科研领域等大型机构，SAS 软件已成为专业研究人员实用的进行统计分析的标准软件。

然而，由于 SAS 系统是从大型机上的系统发展而来，其操作至今仍以编程为主，人机对话界面不太友好，系统地学习和掌握 SAS，需要花费一定的精力。而对大多数实际部门工作者而言，需要掌握的仅是如何利用统计分析软件来解决自己的实际问题，因此往往会与大型 SAS 软件系统失之交臂。但不管怎样，SAS 作为专业统计分析软件中的巨无霸，现在鲜有软件在规模系列上与之抗衡。

四、SPSS 统计软件

SPSS 是英文 Statistical package for the social science 的缩写，翻译成汉语是社会学统计程序包，20 世纪 60 年代末由美国斯坦福大学的三位研究生研制，1975 年在芝加哥组建 SPSS 总部。SPSS 系统特点是操作比较方便，统计方法比较齐全，绘制图形、表格较有方便，输出结果比较直观。SPSS 是用 FORTRAN 语言编写而成。适合进行从事社会学调查中的数据分析处理。最新版为 13.0 版。网址：http：//www. spss. com/。

SPSS 原名社会科学统计软件包，现已改名为统计解决方案服务软件。是世界著名的统计分析软件之一。

20 世纪 60 年代末，美国斯坦福大学的 3 位研究生研制开发了最早的统计分析软件

SPSS，同时成立了SPSS公司，并于1975年在芝加哥组建了SPSS总部。20世纪80年代以前，SPSS统计软件主要应用于企事业单位。1984年SPSS总部首先推出了世界第一套统计分析软件微机版本SPSS/PC+，开创了SPSS微机系列产品的先河，从而确立了个人用户市场第一的地位。

同时SPSS公司推行本土化策略，目前已推出9个语种版本。SPSS/PC+的推出，极大地扩充了它的应用范围，使其能很快地应用于自然科学、技术科学、社会科学的各个领域，世界上许多有影响的报纸杂志纷纷就SPSS的自动统计绘图、数据深入分析、使用灵活方便、功能设计齐全等方面给予了高度的评价与称赞。目前已经在国内广泛流行起来。它使用Windows的窗口方式展示各种管理和分析数据方法的功能，使用对话框展示出各种功能选择项，只要是掌握一定的Windows操作技能，粗通统计分析原理，就可以使用该软件进行各种数据分析，为实际工作服务。

SPSS for Windows是一个组合式软件包，目前已经开发出SPSS12版本，它集数据整理、分析功能于一身。用户可以根据实际需要和计算机的功能选择模块，以降低对系统硬盘容量的要求，有利于该软件的推广应用。SPSS的基本功能包括数据管理、统计分析、图表分析、输出管理等等。SPSS统计分析过程包括描述性统计、均值比较、一般线性模型、相关分析、回归分析、对数线性模型、聚类分析、数据简化、生存分析、时间序列分析、多重响应等几大类，每类中又分好几个统计过程，比如回归分析中又分线性回归分析、曲线估计、Logistic回归、Probit回归、加权估计、两阶段最小二乘法、非线性回归等多个统计过程，而且每个过程中又允许用户选择不同的方法及参数。SPSS也有专门的绘图系统，可以根据数据绘制各种统计图形和地图。

SPSS for Windows的分析结果清晰、直观、易学易用，而且可以直接读取Excel及DBF数据文件，现已推广到多种操作系统的计算机上，最新的版采用DAA（Distributed Analysis Architecture，分布式分析系统），全面适应互联网，支持动态收集、分析数据和HTML格式报告，领先于诸多竞争对手。

方便易用是SPSS for Windows的主要优点，同时也是SPSS不够全面的原因所在。

五、Stata统计软件

Stata统计软件由美国计算机资源中心（Computer Resource Center）1985年研制。特点是采用命令操作，程序容量较小，统计分析方法较齐全，计算结果的输出形式简洁，绘出的图形精美。不足之处是数据的兼容性差，占内存空间较大，数据管理功能需要加强。最新版为8.0版。网址：http：//www.stata.com/。

六、Minitab统计软件

Minitab由美国宾州大学研制。其特点是简单易懂，很方便进行试验设计及质量控制功能。在国外大学统计学系开设的统计软件课程中，Minitab与SAS、BMDP并列，根据没有SPSS的份。最新版本为14.0版，网址：http：//www.minitab.com/。

七、Statistica统计软件

Statistica为一套完整的统计资料分析、图表、资料管理、应用程式发展系统；美国StatSoft公司开发。能提供使用者所有需要的统计及制图程序，制图功能强大，能够在图表视窗中显示各种统计分析和作图技术。

八、CHISS 统计软件

CHISS 是英文 Chinese High Intellectualized Statistical Software 的缩写，翻译成汉语是中华高智统计软件，由北京元义堂科技公司研制，解放军总医院、首都医科大学、中国中医研究院等参加协作完成。1997 年开始研发，2001 年推出第一版。CHISS 是一套具有数据信息管理、图形制作和数据分析的强大功能，并具有一定智能化的中文统计分析软件。CHISS 的主要特点是操作简单直观，输出结果简洁。既可以采用光标点菜单式也可采用编写程序来完成各种任务。CHISS 用 C++语言、FORTRAN 语言和 delphi 开发集成，采用模块组合式结构，已开发十个模块。CHISS 可以用于各类学校、科研所等从事统计学的教学和科研工作。最新版为 CHISS2004 版。网址：http：//www.chiss.cn。

九、SASD 统计软件

SASD 是英文 package for Statistical analysis of stochastic data 的缩写，翻译成汉语是随机数据统计分析程序包。它是由中国科学院计算中心研制。系统特点是以 FORTRAN 源程序形式向用户提供大量的子程序可供用户进行二次开发，统计方法比较齐全，功能比较强大。SASD 采用 FORTRAN 语言编写完成，比较适合从事统计专业人员使用。但无新版推出。

思　考　题

1. 社会实践的调查方法有哪些？
2. 抽样调查的定义是什么？怎样进行抽样调查？
3. 问卷调查的类型有哪些？怎样设计问卷调查？
4. 常用的数据统计软件有哪些？

第十章　社会实践常用文体写作

本章主要对社会实践登记表、社会实践团队记录手册的设计进行了讲述，并对社会实践新闻稿、实践报告、实践论文、介绍信的撰写进行了分析。这些文体的写作对于社会实践的成功具有关键性的作用。因此，本章也对此进行了大量的案例分析。

第一节　社会实践登记表的设计

一、封面设计

（1）基本要求。

1）整体布局要自然流畅，色彩搭配协调。

2）版面以A4纸张为大小，上部，左边距均留出3cm的空白区域，下边距留2.5cm的空白区域，右边距留2cm的空白区域。

3）编辑区域内要有学院或学校标志。

4）对活动题目、院系、姓名、学号、指导老师排版。

5）封面设计要凸显专业信息。

6）所设计图片图形要有寓意，能够传递专业信息。

7）封面要能反映实践的基本信息。

8）除硬性要求外，大学生还应大胆创新，运用所学知识，发挥想象，设计出独具一格的实践登记表封面。

（2）社会实践登记表设计封面应包括题目、学院名称、专业名称、班级名称、学生姓名、学号、实践地、实践类型、团队编号、实践时间等内容。具体格式可照下面模板做，仅作参考。

1）题目分为院别和实践标题，分别采用小一号楷体 _ GB2312和一号黑体，单倍行距。

2）学生姓名、学号、院系、专业班级、社会实践团、实践单位、实践时间小三号黑体字，单倍行距。

3）最后一栏某大学某学院制发、时间用三号黑体，单倍行距。

二、内容设计

下面设计模块仅供读者使用（表10-1）。

表 10-1　　大学生社会实践活动登记表

年级		专业		班级	
姓名		性别		学号	
家庭地址					
实践单位					
活动方式					
活动时间					
社会实践活动进程记录					
个人总结与实践效果					
实践单位鉴定意见	经办人： 单位签章： 年　月　日				
基层团委意见	单位盖章： 年　月　日				
校团委意见	单位盖章： 年　月　日				
教务处意见	单位盖章： 年　月　日				
院系考核意见	成绩评定：　□优　□良　□合格　□不合格 盖章：　年　月　日				
备注	本表需经实践单位经办人签章；此表交系部审核，存入学生个人档案；每位同学必须实事求是填写《社会实践登记表》，开学一周后，每位同学讲表随社会实践总结报告装订上交，各项收齐后交团总支书记。下学期学校将根据此表和社会实践表现评选先进个人				

第二节　社会实践团队记录手册设计

一、封面设计

（1）标题：某大学暑期社会实践团队记录手册，小一号黑体，加粗，段前 0 行，段后 0.5 行，1.25 倍行距。

（2）内容：包括学院、团队名称、主题类别、负责人姓名、联系方式、实践地、实践时间，四号黑体字，加粗，段前段后 0 行，单倍行距。

（3）署名：某大学大学生社会实践领导小组制，四号黑体字，加粗，段前段后 0 行，单倍行距。

（4）时间：某年某月，小四号黑体字，段前段后 0 行，单倍行距。

二、说明部分

（1）《社会实践团队记录手册》是学生组团参加社会实践过程的记录，团队负责人须如实填写，字迹工整、清晰。

（2）社会实践活动或调研、访谈记录应按表格内容注明填写具体活动时间、地点、过程、访谈对象与内容等，可另附页。

（3）团队实践单位意见由团队实践所在单位填写，并加盖公章；因特殊原因不能获取实践单位意见及加盖公章者，需详细说明原因，并由指导老师签字证明。

（4）主题类别请查阅本书。

（5）团队应加强与媒体的联系，如有相关媒体报道，应按照相关要求记录，收集原版保存，返校后上交备案。

（6）在实践过程中，除地方条件限制外，团队必须按照学校要求，及时上报团队实践新闻到学校团委实践部，实践部根据新闻质量将在本校新闻网给予宣传。

（7）为保证每个人参与实践，团队负责人本着高度负责的态度，认真填写参加队员。

三、内容设计

内容设计见表10－2。

表10－2　×大学暑期社会实践团队记录手册

<table>
<tr><td colspan="8">团队社会实践基本情况</td></tr>
<tr><td>指导教师</td><td colspan="2"></td><td>团队负责人</td><td></td><td colspan="2">财务负责人</td><td></td></tr>
<tr><td>安全负责人</td><td colspan="2"></td><td>宣传负责人</td><td></td><td colspan="2">参与人数</td><td></td></tr>
<tr><td colspan="8">实际参加社会实践人员名单</td></tr>
<tr><td>学院</td><td>姓名</td><td>学号</td><td>班级</td><td>学院</td><td>姓名</td><td>学号</td><td>班级</td></tr>
<tr><td></td><td></td><td></td><td></td><td></td><td></td><td></td><td></td></tr>
<tr><td colspan="8">前期准备及计划</td></tr>
<tr><td colspan="8">（简述实践组团讨论会的内容、实践计划、相关准备情况、可附页）</td></tr>
<tr><td colspan="8">访谈调查或社会实践活动过程记录</td></tr>
<tr><td colspan="8">实践第×天　　____月____日　　星期____　　天气____</td></tr>
<tr><td colspan="8">注：实践超过两周者，请另附页（请在本行右侧空白处注明）：</td></tr>
<tr><td colspan="8">各种媒体报道记录日志</td></tr>
<tr><td colspan="8">注：媒体报道包括报纸、网络、电视、广播等，注明报道时间，地点，大概内容等；平面媒体报道请复印后附于登记表后。</td></tr>
<tr><td colspan="8">实 践 单 位 意 见</td></tr>
<tr><td colspan="8">________实践团共________人在我单位实习过程中________________________

（单位盖章）

年　月　日
（注：衷心感谢贵单位提供我校学生实践机会，共同培养学生成才，不够附页）</td></tr>
</table>

第三节 实践新闻稿的撰写

一、新闻稿格式

本文新闻稿写作格式参照共青团四川农业大学委员会社会实践新闻稿的写作规定。

(1) 内容要求。新闻稿应具有真实性，不能编造事实；应具有及时性，发稿时间距活动时间原则上不超过3天；新闻稿应符合新闻稿件规范，不要出现“我院”“我队”等字样，应写全称。稿件统一传到团委邮箱（aumdxtw@sicau.edu.cn)，文字图片分开以附件形式发送，不要把图片嵌在文档中。邮件主题包含学院，团队名称，活动时间。

(2) 排版要求。统一用word排版，标题居中，正文字体为宋体，小四号，段落格式为首行缩进2字符，段前段后各0.5行，行距固定值18磅。

(3) 图片要求。图片应清晰并能充分反映活动主题。图片大小为400×300～448×336像素，不要超过200Kb。

备注：①团委邮箱接收的稿件审核通过后会发到学校共青团主页和团省委主页，各分队通讯稿传到团委邮箱后请勿重复往团省委上报；②请用163、126、sina等大型门户网站邮箱传送稿件，不要使用QQ邮箱以及个人网站邮箱传送（可能会被系统误认为垃圾邮件处理）；③如果几个团队合作参与同一活动，只需上传一份通信报道，在稿件中说明是几个团队共同合作即可，请勿重复上传。

二、部分社会实践投稿媒体联系方式

常用的社会实践投稿媒体联系方式见表10-3。

表10-3 常用的社会实践投稿媒体联系方式

序号	投稿单位（网站）	网址
1	中国共青团	http://www.ccyl.org.cn/
2	团中央学校部微博	http://www.weibo.com/u/1459507082
3	三下乡官网	http://sxx.youth.cn/
4	四川青年网	http://www.scgqt.org.cn/home/
5	中国大学生网	http://www.university-china.com/
6	中国教育新闻网	http://www.jyb.cn/
7	中国网	http://www.china.com.cn/
8	中国大学生在线	http://www.univs.cn/
9	全国大学生创业服务网	http://cy.ncss.org.cn/
10	中国教育在线	http://www.eol.cn/
11	中国教育信息网	http://www.chinaedu.edu.cn/
12	雅虎	https://www.yahoo.com/
13	中华人民共和国教育部	http://www.moe.edu.cn/
14	四川农经网	http://www.ny3721.com/url/2685/
15	四川新闻网	http://www.newssc.org/

续表

序号	投稿单位（网站）	网 址
16	新华网	http：//www. xinhuanet. com/
17	中国教育报刊社	http：//www. cepa. com. cn/
18	新浪教育	http：//edu. sina. com. cn/
19	雨城电视台	http：//www. beiww. com/video/yctv/
20	人民日报	http：//paper. people. com. cn/rmrb

第四节 实践报告的撰写

一、涵义

北京科技大学社会实践教程中涵义：社会实践报告是对某一情况、某一事件、某一经验或问题，经过在社会实践中对其客观实际情况的调查了解，将调查了解到的全部情况和材料进行去粗取精、去伪存真、由此及彼、由表及里的分析研究，揭示出本质，寻找出规律，总结出经验，最后以书面形式陈述出来的实践成果。作者认为调查报告是大学生利用课余时间进行的有意识、有目的地对于社会的许多新动态、新问题或新情况进行详细的调查后，将所得的材料进行整理、归纳、分析并加以研究而写成的书面报告。

二、分类

根据内容的不同，调查报告分为基本情况调查报告、新生事物调查报告、典型经验调查报告和揭露问题调查报告等。

（1）基本情况调查报告，即关于某一领域、某一地区、某一单位或社会的某一方面基本情况的调查报告。

（2）新生事物调查报告，即及时向社会比较全面地介绍某一新生事物的调查报告。通过揭示新生事物成长的规律及其产生的意义，向人民展示它的强大生命力，并通过预见性的判断推出它的发展趋势，达到指导工作的目的。

（3）典型经验调查报告，指对某一地区或单位贯彻执行党和国家的方针、政策的典型经验进行总结、推广的调查报告，不仅可起到表彰先进、树立典型的作用，而且可推广典型经验，用于指导面上的工作。

（4）揭露问题调查报告，指对工作中发生的重大事故、出现的严重失误所写的调查报告。通过全面、深入、细致的调查，用确凿的事实说明事故或问题发生的原因、情况和结果，分析产生的背景及性质，以澄清是非，查明真相，达到解决问题，批评教育的目的。

三、撰写原则

调研报告撰写原则主要有 4 点：①符合格式要求；②具有针对性和典型性；③包含一定的学术价值；④不可弄虚作假，拼凑文章。同时，团队总结报告应与个人总结报告应区分开。

四、结构

布局要恰当，结构要完整。实践报告没有固定的格式，应根据调查所得的材料，围绕主题，合理地安排结构。实践报告一般由标题、导语、正文、结尾、落款5部分组成，有时候还包括附件、致谢等内容。

（1）标题。调查报告的标题形式比较灵活，通常有两种构成形式：一种是单行标题，一种是双行标题。单行标题又分两种形式：一种是公文式标题，由事由和文种构成，如《关于邯郸钢铁总厂管理经验的调查报告》；另一种是内容概括式标题，如《联合之路就是生财之路》《湖南农民运动考察报告》。双行标题又叫主副式标题，由主标题和副标题构成，如《亏损企业的现状不容忽视——关于××市亏损企业的调查报告》。无论采用哪种形式拟制标题，都要力求做到简洁、醒目、观点鲜明。

1）总标题。包括陈述型和形象型两类：①陈述型，用一种判断句的形式对全文内容进行概括性描述，如《行政垄断与WTO国民待遇原则的法律冲突》《“9·11事件”后美国全球战略的调整及其对中国的影响》；②形象型，用形象生动的词或句表现实践对象，如《漂在北京——隐形就业的大学毕业生调查》《生命缘何如此之轻——大学生自杀现象解析》。

2）副标题。是对总标题的补充和说明，明确论文的研究对象、内容、目的等。副标题包括以下3个类型：①与他人商榷性，如《也谈思想政治教育学的研究对象问题——左鹏先生的〈新思考〉引出的思考》；②缩小论文内容，如《从小岗村到南街村——中国社会主义农业改革和发展的“两个飞跃”研究》；③对比和借鉴，如《如何认识保险中的保证——兼论对我国〈海商法〉第235条的理解》《试论英国海上保险立法中的近因原则——兼论对我国立法的有关借鉴》。

3）确定标题的原则。确定标题要根据以小见大的原则，从一些小事中看出更深远的意义来。如《论提单》《关于“提单是物权凭证”的反思》《对提单的物权凭证功能的再思考》《信用证条件下银行对提单的权利属性》《倒签提单法律性质之我见》。

（2）导语。导语是调研报告的开头部分，可以称为总提或引言。主要叙述调查的意义和目的，调查对象和范围，调查采取的方法及其大致过程等，该部分语言表达力求精练，内容简明扼要。导语部分要力求“全、精、简、实”，关键词要讲述到论文所主要涉及的问题：①要引出所述问题；②要提出主要论点；③要揭示研究成果；④要简述全文结构。导语部分一般概括说明3方面内容：①调查工作的基本情况；②“调查对象”的基本情况；③调查研究结论的提示。

（3）正文。这是调查报告的核心内容，也是对调查研究结果的具体引证、说明部分。其结构形式主要有两种：一种是纵式结构，根据事物的发生、发展、结局过程来组织材料。另一种是逻辑结构，即根据事物的内在联系，分几个部分来安排材料，各部分可以设小标题，也可用序号标出，各部分之间可以是并列关系，也可以是递进关系。正文部分需要分章节陈述整个调查过程，并且有叙有议，具体展开整个活动。正文写作包括以下4种方式：①演绎式，先提出中心论点，然后分别从几个方面论证，阐明中心论点；②归纳式，从几个方面比较分析，然后归纳起来得出结论；③推进式，一步一步深入，由浅入深的论证方法；④散述式，边分析边作结论，松散的叙述。

（4）结尾。这是文章的结尾部分，是对整个调查活动的总结，带有结论性质，提出自己对调查主题的意见和建议，也可以归纳活动的社会意义所在。该部分可长可短，根据实际情况而定。它包括以下两部分内容：①对本论文分析、论证的问题加以综合概况，引出基本论点；②对课题研究的展望。

(5) 附件。包括方案、宣传报道、队员日志或心得、活动掠影、相关证明和感谢信等。

(6) 致谢。感谢在实践中帮助过你分队的单位或个人。

五、常见问题

(1) 文不对题。

(2) 采用教科书的写法。

(3) 采用提纲式的写法。

(4) 在引用个案资料时不能有机地融入文章。

(5) 在文中常采用第一人称或加入一些不必要的话。

(6) 采用外文资料时翻译不当。

(7) 引入法规时直接使用法规简称。

(8) 不适当地采用文学语言。

(9) 在引用他人著述时不注明出处。

六、优秀实践报告案例

案例一： 统筹城乡背景下的农民问题调研及志愿服务小分队社会实践报告

论统筹城乡背景下的农民利益问题

米玲　先丽　柴婷婷

摘要： 城市是现代化的载体，城市化是现代化的标志，作为国务院设立的“全国统筹城乡综合配套改革试验区”成都一直备受关注。然而，近年来成都许多地方实行城乡一体化改革中，令人担忧的情况已经出现，比方说，农民与政府沟通不良，村民对城乡一体化建设的信心不够，一城两建等。如果城乡二元结构不变，城市化进程的提速，对于原本就贫穷落后的农村而言无异于雪上加霜。因为按照习惯的做法，许多地方几乎一定会凭借城市管理农村的权力，用侵占农村资源的办法来加快城市建设，最终造成农村经济的崩溃和社会的动乱。因此，从农民的角度看待城乡一体化，把农民的切身利益放在首位显得迫在眉睫。

关键词： 城乡统筹；利益；教育；安置；保障；发展

一、前言

城乡一体化是一个国家和地区在生产力水平或城市化水平发展到一定程度的必然选择。根据发达国家的现代化和城市化发展经验，当城市化水平低于30%时，城市文明基本上固定在城市里，农村远离城市文明；当城市化水平超过30%时，城市文明开始向农村渗透和传播，城市文明普及率呈加速增长趋势；当城市化水平达到50%时，城市文明普及率可能达到70%左右；当城市化水平达到70%以上时，城市文明普及率将接近或达到100%。可见，城乡一体、统筹发展是城市化进程中的必然选择。我国由于各种原因导致城乡长期二元分割，因此城乡一体、统筹发展更有意义。

城乡一体化建设有着深刻的内涵。在我国现阶段，它要求统一城乡规划，打破城乡分割的体制和政策，加强城乡间的基础设施和社会事业建设，促进城乡间生产要素流动，逐步缩小城乡差别，使农村与城市一样共享现代文明，以实现城乡经济、社会、环境的和谐发展。为此，城乡一体化包含有以下多方面内容：一是统筹城乡发展空间，实现城乡规划布局一体化；二是统筹城乡经济发展，实现产业分工一体化；三是统筹城乡基础设施，实现城乡服务功能一体化；四是统筹城乡社会事业，实现城乡就业、教育、卫生和社会保障一体化；五是统筹城乡两个文明建设，实现城乡社会进步一体化。在我国实现这种“以城带乡、以乡促城、城乡结合、优势互补、共同发展”的城乡一体化道路，是全面建设小康社会、实现城乡和谐发展的有效途径，是落实科学发展观的具体体现，是我们建设社会主义新农村所追求的目标。

推进城乡一体化与建设社会主义新农村相辅相成、协同共生。通过统筹城乡经济发展，可以实现以工补农、以城带乡、城乡产业优势互补的良性互动，促进农村的生产发展、农民生活宽裕；通过统筹城乡两个文明建设和空间布局一体化，可以促进农村的村容整洁和乡风文明；通过统筹城乡社会事业和社会管理改革，可以推进农村管理民主、社会事业得到快速发展，实行工业反哺农业、城市支持农村，让广大农民共享改革发展成果，逐步建立起以工补农、城乡良性互动、协调发展的新型城乡关系。

利用暑期组织大学生开展社会实践进行“三下乡”活动，是深入贯彻中共中央国务院16号文件精神，推进大学生素质教育的重要举措。为了充分响应党的号召，四川农业大学经济管理学院的统筹城乡背景下的农民问题调研及志愿服务小分队深入温江万春镇和郫县唐昌镇进行调查和志愿服务。

二、调查基地简介

1. 温江区万春镇简介

万春镇位于成都城区西郊、温江区北部，全镇辖区面积54.6km^2，户籍人口49612，其中农业人口37593人，城市化率为24.2%。根据万春城镇规划，2010年城市化率要达到68.95%，至2020年城市化率要达73.15%。要达到如此快速的城市化进程，只有依靠产业的发展，并通过产业的发展，不断扩大城镇的容量和规模，完善其功能，集聚人口，提高城镇化质量，促进经济社会协调发展。

万春镇种植花木的历史悠久，万春花木户共计6000户，其中种植规模在50亩以上的大户有230家，100亩以上大户有18家，规模以上种植户数比例为4.1%。万春地处国家级生态示范区核心地段，地势平坦，气候宜人，花卉、植物品种繁多。各项生态指标俱佳。生态优势和花博会品牌效应为产业发展带来了机遇，万春的绿色资源在成都市中数一数二，优势明显。万春在生态、休闲、文化等方面突出的资源优势，吸引了置信、蓝光等众多知名企业，他们投资建设国色天乡、江安河世界文化长廊等一大批重大服务业产业化项目。国色天乡一期项目已建成，推动了该片区的整体建设，带动了当地农民就业，推进了城乡一体化进程。即将启动的江安河世界文化长廊项目将使沿线形成集婚庆、旅游、餐饮等为一体的产业链，推动万春向更高层次发展。地处万春镇的永和社区是一个非常祥和非常有代表性的社区，区内居民生活安康，治安稳定，人民生活富裕，人均收入6000元/年，值得一提的是，社区政府设置很完善，有宽敞明亮的农家图书馆，也有电子阅览室，每年有电脑培训，并给毕业农民颁发毕业证书，区内居民乐观向上，生活的很快乐。

2. 郫县唐昌镇简介

唐昌镇位于郫县西北部，东距成都市中心42km，由沙西线至成都主城区只有26km，约半小时车程。唐昌镇平均海拔600m左右。北隔柏条河与彭州市相望，西邻都江堰，东与郫县唐元、新民场镇接壤，南与安德、花园镇相连。现有成灌高速、国道317线、沙西线、温彭快速通道、竹唐路贯穿境内。全镇辖区面积51km^2，辖17个行政村，6个居民委员会。

唐昌镇以科学发展观为指导思想，以全面建设小康社会为总体奋斗目标，以实现传统城郊型经济向现代都市型经济、传统城市郊县向现代化都市功能区的两个转变为战略取向，以深入推进城乡一体化战略实施为主线，以开放和创新为动力，统筹区域经济社会全面发展。按照深入推进城乡一体化的要求，统筹推进城乡建设，逐步建立定位合理、功能特色突出的区域城镇体系。通过推进工业化、城市化、服务业现代化、农业产业化、城镇生态化和社会文明建设，将唐昌镇到2010年建设成为经济发达、城乡繁荣，社会文明、环境优美、人民富裕、功能完善的特色功能片区。

地处唐昌镇的战旗村是一个发展很快的优秀村，有许多人在这里投资建厂，居民安居乐业，是郫县经济和文化发展突出的一个村，在2006年被选择为开展“高校十支部十农户——大学生进农家”试验活动基地，组织360名大学生与战旗村180户农户结对子同吃同住同劳动，开展汽车驾驶、种植养殖、文化辅导等各类培训，举办“乡村辩论赛”和“结对子，心连心”联欢晚会，放映坝坝电影等形式多样、内容丰富的城乡文化互动活动，并聘请高校学生会主席担任村长助理，优秀学生干部担任社长助理和实习村广播员，直接参与村务、社务管理。使当地居民生活更加丰富多彩。

我们选取了温江永和社区和郫县战旗村作为调查对象，进行了广泛的走访调查，包括安置保障类的工作、收入水平、生活状况及住房赔偿；教育类的费用、硬件设施、关心程度等。

三、问卷分析

1. 郫县战旗村

(1) 基本情况。唐昌镇战旗村隶属成都郫县唐昌镇，地处横山脚下，柏条河畔。位于郫县、都江堰市、彭州市三市县交界处。战旗村总人口1642人，农业人口1636人，共9个小组，总户数486户。2006年人均纯收入5424元，贫困人口13户，29人，总劳动力984人，其中高中及以上文化人数128人，常年外出务工的人数118人。战旗村土地资源3090亩，其中农业用地2163亩。其中农田2163亩，林地450亩，水域面积150亩，工矿企业用地150亩，道路用地183亩，人均耕地1.07亩。

1) 农业生产情况。战旗村粮食作物主要以水稻、小麦为主. 经济作物以油菜、蔬菜和花卉苗木为主。全年粮食生产总量98万kg。主要养殖为猪、鸡。2006年人均占有粮食596kg，人均纯收入5424元。全村土地流转率达到40%左右。

2) 产业发展情况。战旗村拥有集体企业7家，现有集体资产1280万元；私营企业5家。多数为农产品加工企业。2006年，全村集体企业实现销售收入7000万元，利税400万元，私营企业实现销售收入2000万元，利税100万元。全村土地规模集中度达40%以上。全村正开展院落合并和土地整理工作，将现在较为分散的院落进行合并，农户集中到新型社区内居住，对腾出的院落进行整理，并对农田、水利、道路等基础设施进行改造，改善农村居民的生产、生活环境，让农民享受到城镇居民同样的文明。我们对其中的50户居民进行走访调查。

(2) 结果分析。从调查问卷中反映出，郫县战旗村村民对于城乡一体化后认为生活水平相对变革以前会有很大提高的有6.9%，认为会有提高，但很少的有20.69%，认为会与现在差不多的有27.59%，认为不会提高，反而会下降的有17.24%，不好说的有27.59%。村民们对城乡一体化建设表现的缺少信心。他们对现在的工作的满意满意程度如图10-1所示。

不难看出村民对现在的工作满意度还是比较高的，他们一般从事务农、就近打工、外出务工。我们就举办青年技能培训情况进行了相关调查。对于政府组织青年参加技能培训，当地村民的态度如图10-2所示。

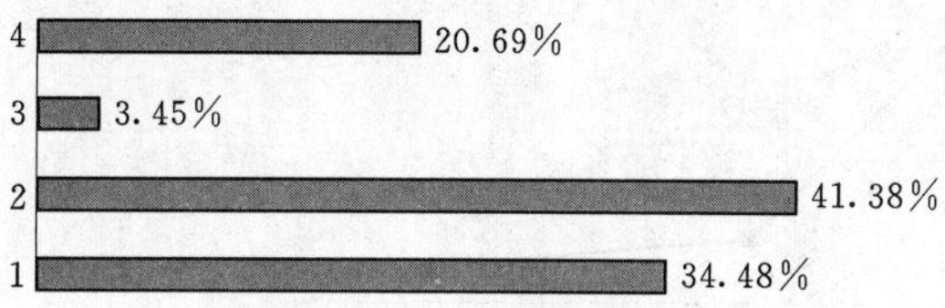

图10-1　满意程度

1—很满意；2—一般满意；3—不满意；4—无所谓

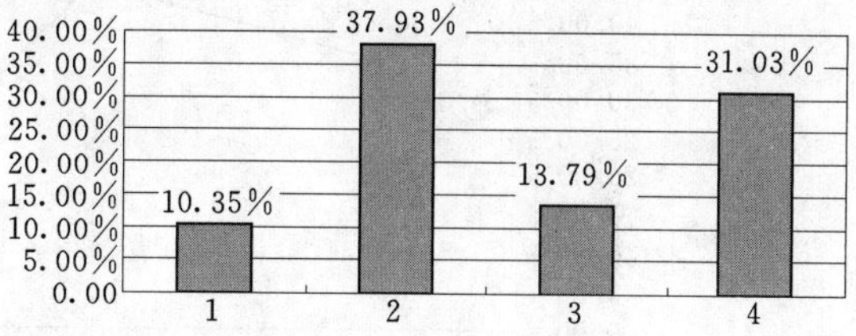

图10-2　村民态度

1—毫无用处，只是完成工作任务；2—对农村发展很有作用；3—作用一般，且投入远远大于取得的效果；4—无所谓

显然，村民是非常支持技能培训的，而且就我们了解很多年轻村民都有参加培训的经历，他们普遍反映良好，而且还有不少人找到了相当不错的工作。比如，当地一妇女经过一家政培训后，现已在北京从事家政服务行业，而这已经不是当地的新闻。当地村民对培训会的热情越来越高，强烈要求有用培训会的开展，村民自身素质的提升也非常明显。培训会的作用在村民中显而易见。在所调查的村民中有64.72%的认为经过技能培训增强就业竞争力，增加收入作用明显；23.52%的认为经过技能培训增强就业竞争力，增加收入有一点作用，他们大多是有固定工作的；有11.76%认为经过技能培训增强就业竞争力，增加收入作用不明显，他们大多是年纪比较大的村民，因为他们由于身体或年纪的原因没有参加过培训会。具体如图10-3所示。

关于村民的生活水平，我们对村民的参保状况以及生活环境进行了调查。其参保率是100%，这让我们非常欣喜。具体参保险种如图10-4所示。其中参与医疗保险的群众有92%之多，这是一个很惊人的数字。还有8%的人是有固定工作有条件购买社保和其他保险，其中还有8%之多的村民购买了两种以上的险种。

生活水平的提高使得人们对其生活环境要求更高，我们就这个问题对村民进行了询问。结果见图10-5。

看得出来大多数人是满意他们的居住环境的，还有3.45%的村民没有做出选择，那是因为他们认为现在的环境在不久的将来会有很大的改善，所以持保留意见。

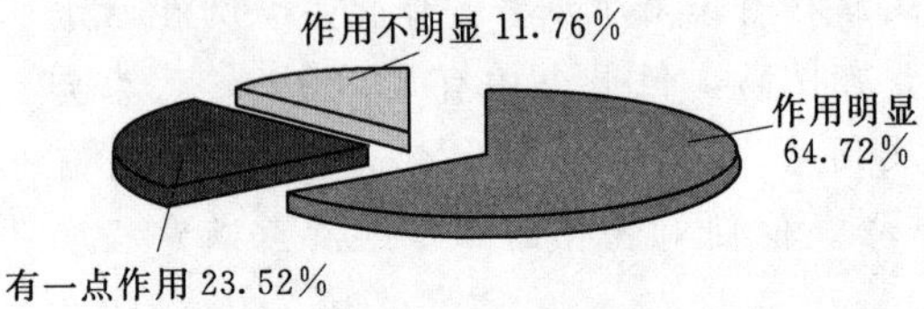

图 10－3　村民对培训的态度

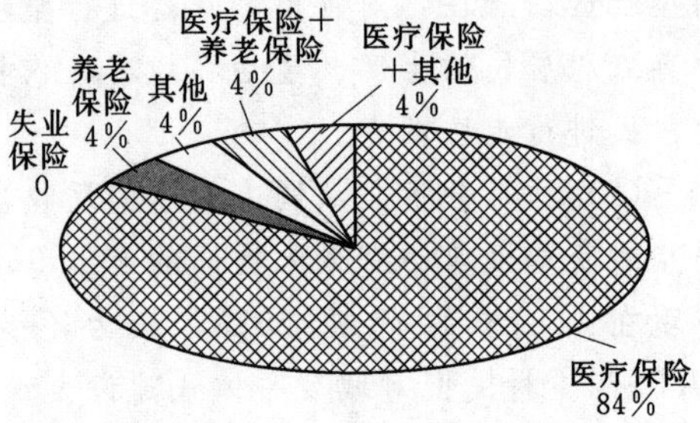

图 10－4　参保险种比例

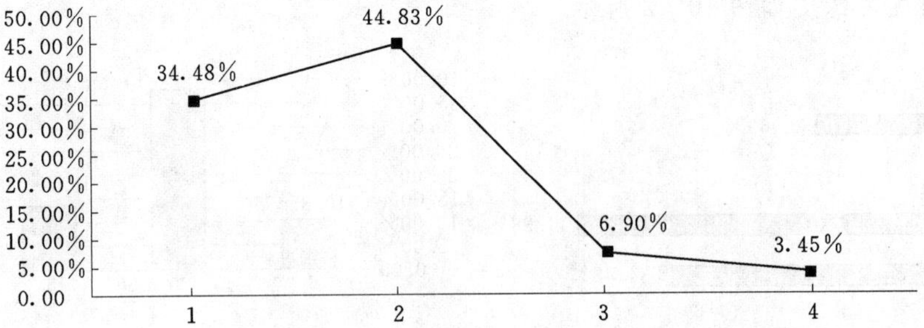

图 10－5　村民对生活环境的感触

1—很好，非常干净；2——般，还过得去；

3—不好；4—不愿意回答

一个地区未来的发展，归根到底还得看它的教育。为了完善我们的调查问题，在问卷中涉及了教育类的问题。在我们的调查人群中有 50%是小学毕业，有 45%是初中毕业，还有 5%大专文凭，从中可以看出村民的文化水平相对于 30 年前有了很大的提高。他们更加明白了教育的重要性，大部分家长对自己的下一代的前途有一定的规划，着重是体现在教育上，即使是计划赶不上变化。如图 10－6 所示。

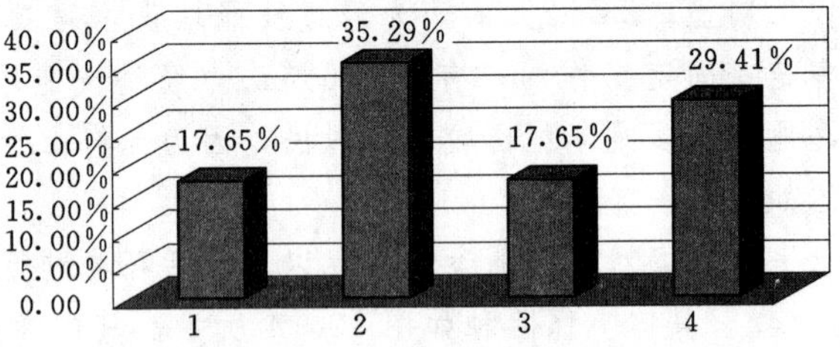

图 10－6　对下一代前途的规划

1—有详细的规划；2—稍加考虑；3—没有；4—没想过

显然，将近 70%的村民都有为下一代前途规划的意识，村民也告诉我们，只要孩子能考上大学，他们非常愿意送孩子上大学，这种超前想法也体现在他们对孩子特长培养的关注度上。根据调查结果有近 68.42%的村民对孩子特长的培养都有不同程度的关注，没有一位家长对其子女的特长培养不予重视。见图10－7。

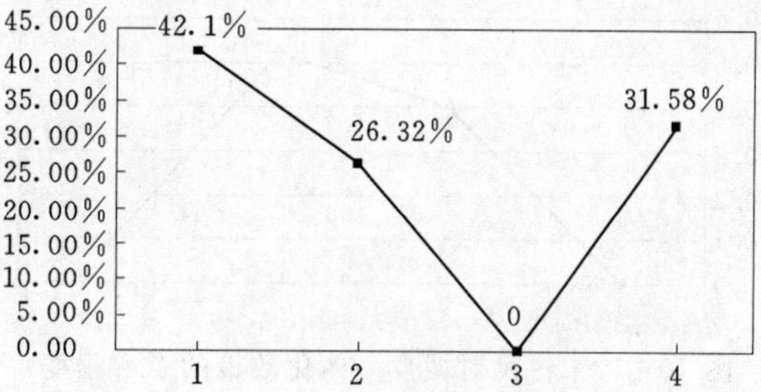

图10－7　特长培养重视度

1—很重视；2—一般；3—不重视；4—不了解

在我们调查的时候，一位老奶奶跟我们讲述了她孙儿的事，她孙儿的乒乓球打得不错，她的儿子儿媳就在这方面培养他，现在她的孙儿即有了特长，又学习快乐。

当地的居民告诉我们，学校都是政府建设的，而且离家很近，每天只要有自行车就可以很快地回家了。因为我们的调查在地震之后，所以我们就涉及了学校对孩子的安全关注程度。居民告诉我们，他们很放心。在地震发生的时候，学校的老师都积极、快速地将孩子们转移了，而且孩子们回家后，老师还和家长联系。因此家长们将孩子交给老师也非常放心。在平时，学校有打电话和开家长会，家长认为学校和家长经常沟通的有24.14%，要沟通，但不多的有37.93%，基本不沟通的10.34%，其他的6.90%。

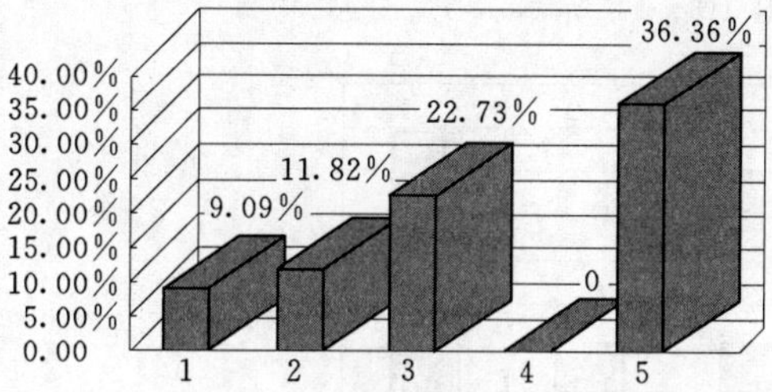

图10－8　学费感觉程度

1—非常贵；2—有点贵；3—差不多

4—不是很贵；5—很便宜

九年义务教育的实行给很多家庭都带来了实惠，从实质上为老百姓减轻了负担，也为更多的孩子带来了接受教育的机会。现将家长对学费的感觉程度如图10－8所示。

显然，大部分家长对九年义务教育是非常支持的，学费的降低使得他们的孩子接受教育的成本降低，所以他们更愿意投资于教育这一行业。

学校硬件设施的加强也为学校教育能力的提高起了保障作用，城市学校的硬件设施和农村学校的硬件设施的差距，直接从某些方面影响着学生之间的素质差距。近几年农村学校硬件设施的提高是有目共睹的。我们也设计了这样的问题，我们的调查对象对这一问题做出了诚恳的回答。具体请看如图10－9所示的饼状图。

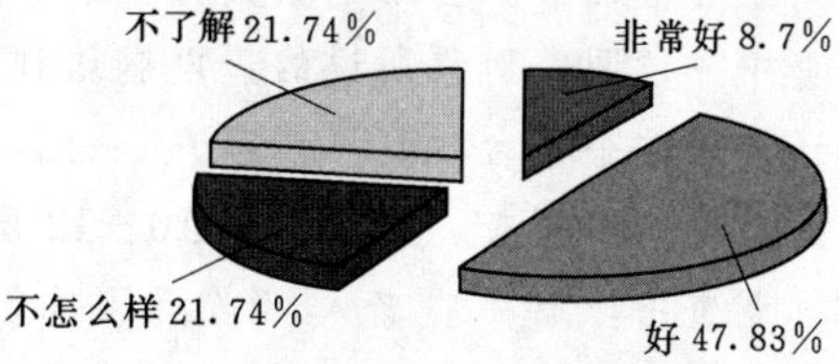

图10－9　对学校教学设备的看法

从饼状图可以清楚地看出有过半的人给出了很好的评价，农村学校的教学设备已经开始跟上，而且得到了大部分人的肯定。

2. 温江永和社区

(1) 基本情况。永和社区总面积2.9万m^2，社区总人口3150人，党员86人，14个生产小组。主要是花卉、生态为主要生产结构。全社区人民的主要收入是花卉种植和外出务工，在五年前社区人均每年2600元左右的收入，而现在已经是人均6300多元。

(2) 结果分析。我们在温江永和社区采集了50份问卷。因为永和社区还没有正式进

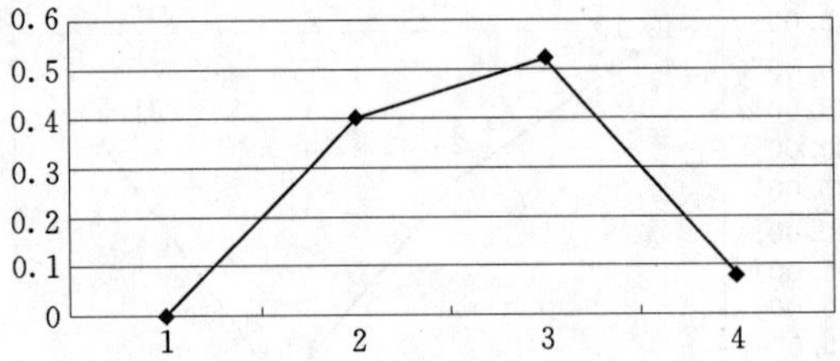

图 10－10　村民对城乡一体化政策的了解程度

1—十分了解；2—基本了解；3—了解甚少；4—不了解

行城乡一体化建设，因此我们将问卷做了微小的调整。主要针对城乡一体化建设前当地村民对城乡一体化的了解程度、收入变化、居住环境、教育类等一系列问题。据我们了解，当地居民是很期望城乡一体化建设的到来，希望城乡一体化能给他们带来经济的增长和生活水平的提高，但他们对城乡一体化的了解还是不够全面，具体表现在对政策了解甚少上。可以从图 10－10 上直观地看出。

显然，这样的了解程度，是导致他们对城乡一体化建设期望过高，忽略了城乡一体化的一些客观缺陷，一旦在建设过程中出现问题，他们就难以接受，因此有必要做好“打预防针”的工作。当地村民收入相对于其他地区普遍偏高，人均年收入高达 6300 多元，其经济基础非常有利于城乡一体化建设进行。如图 10－11 所示。

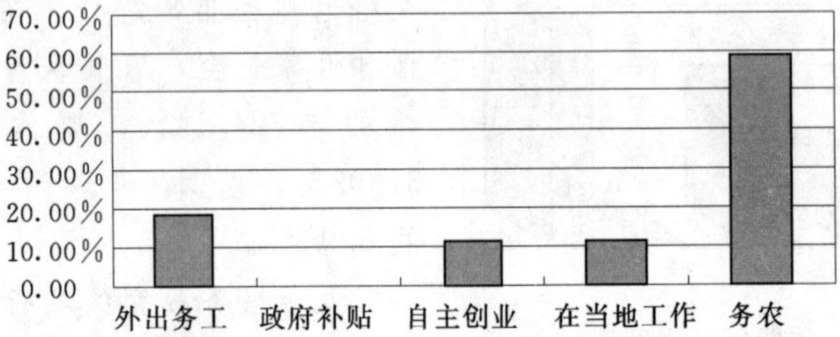

图 10－11　收入主要来源

值得高兴的是，在图 10－11 中我们没有看见村民依靠政府补贴的行为。在温江，基本上每家都种有花卉，因此村民们主要是在家务农，有少部分壮年外出务工。当地的花卉种植已经形成了规模，政府还在温江建设了一个花卉交易中心，这为农民增收起了一个积极作用。我们居住在永和社区时，发现在社区办公楼图书室内有十几台电脑，当询问后才知道，那是用于对村民电脑培训时用的，而且，培训已经举办了两届，绝大部分村民已经拿到了合格证书。会用电脑使得他们了解花卉种植、交易的途径更趋多元化。就像我们在调查中一位调查对象所说的，电脑培训后她可以在网上查找一些有关花卉的最新动态，而且还利用这个平台找到了新客户，给她的经营带来了新的活力。我们还对他们对于青年培训的态度作了调查，结果如图 10－12 所示。

调查中，有一些老人，当问及他们对社区内举办的技能培训时，他们很风趣地说：“教种花草的时候，我们听得懂就去嘛。人家教电脑，你认都认不到，去干啥子嘛，那种培训是为年轻人准备的噻!”我们还发现，当地居民对技能培训能增加收入这一点是很赞同的，如图 10－13 所示。

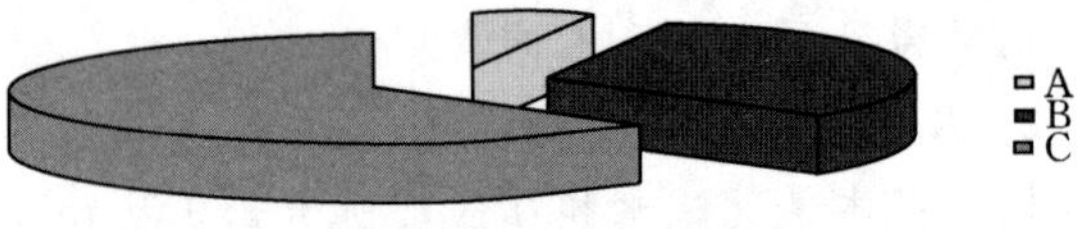

图 10－12　村民对政府组织青年参加技能培训的态度

A—毫无用处，只是完成工作任务；B—作用一般，且投入远远大于取得的效果；C—对农村发展很有作用

从图中我们可以看出，有超过一半以上的人认为经过技能培训能够改变自己的收入状况，而且作用明显。但我们

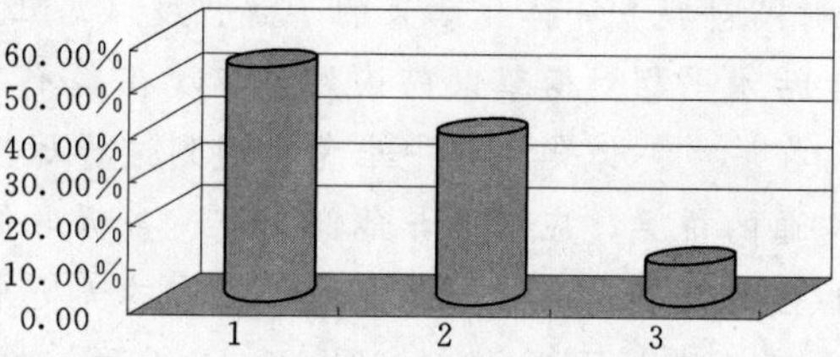

图 10-13 居民对技能培训增加收入的认可度

1—作用明显；2—有一点作用；3—作用不明显

也得清楚地认识到，要适宜的技能培训才能起作用。在温江我们作了同郫县一样关于调查对象的文化知识水平的调查，结果如图 10-14 所示。

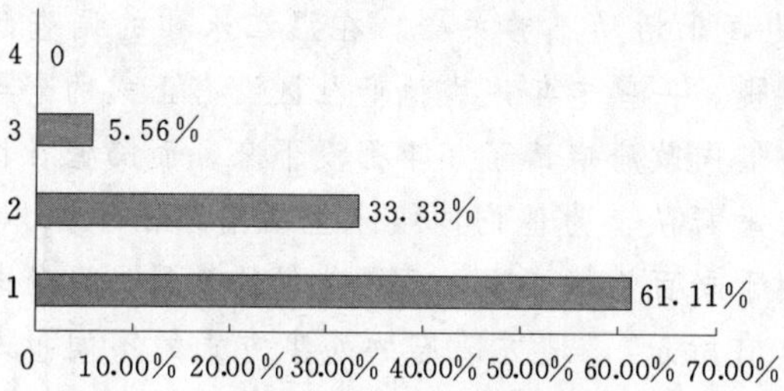

图 10-14 文化程度

1—小学；2—初中；3—高中；4—大专及本科以上

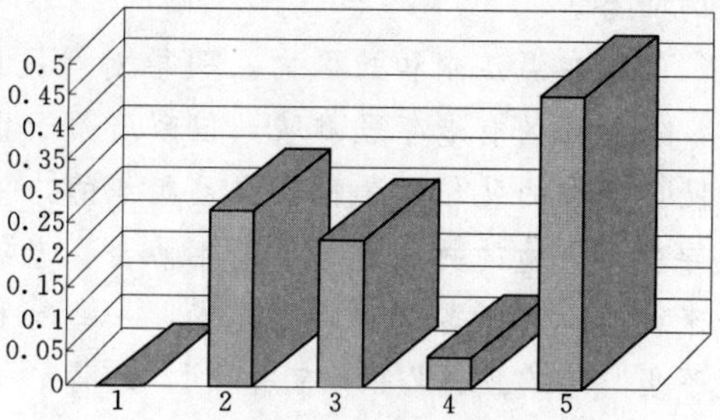

图 10-15 家长对于学费的认同

1—非常贵；2—有点贵；3—差不多；
4—不是很贵；5—很便宜

可以看出其中有 61.11%的人只有小学文化的水平，33.33%有初中文化水平，5.56%的调查对象具有高中文化水平。这样的结果并不影响他们对于下一代受教育的重视。这一点可以从他们非常关注孩子的学习看出，只要孩子愿意学习他们会尽可能把孩子送往比较好的学校。此外，他们中的绝大多数认为现在学费的降低使得上学的成本降低，图 11-15 可以看出他们对学费的直接感受。

四、温江、郫县存在问题分析及优点

对我们的调查资料作了分析后，我们可以在分析的结果中找出一些在城乡一体化建设过程中存在的问题，希望在我们找出的问题中，有对有关机构有建设性意义的问题。我们选取的调查点是有区别的，郫县的战旗村是正在进行城乡一体化建设的工作，是属于建设中的类型，我们针对这个现状得到的调查结果可以为建设者提供反馈意见，为村民和建设者的联系提供一个高质量的桥梁；而温江的永和社区现在还未进行城乡一体化的系统建设，我们主要是针对他们对于城乡一体化建设期望而设置了问题，得到了一些具有前瞻性的结论，可以为将来的建设提供一些具有现实意义的资料。

(1) 两地村民对城乡一体化的相关政策了解不够深入，对城乡一体化建设的信心不够。温江和郫县两地村民们对城乡一体化建设的政策了解还不够，当问及城乡一体化建设的内容是什么、能给他们带来什么时，他们的回答一般是不太清楚、不了解或者就是增加收入等，而不知道城乡一体化的主要作用是为了减小城市与乡村的距离，消除城乡二元结构。如图 10-13 所示：村民对城乡一体化政策的了解程度（温江）。而在郫县战旗村村民对于城乡一体化后认为生活水平相对变革以前认为会与现在差不多的有 27.59%，是我们调查中所占比例最大的。在城乡一体化建设中难免会遇到这样那样的问题，而我们的基础政府作为老百姓与政府沟通的桥梁，应该多与他们交流、多听取他们的意见。城乡一体化建设是有关农民们切身利益的大事，应该知道他们心目中的美好未来的样子。

(2) 郫县的村民们大部分满足于现状。如图 10-4 所示，村民们对自己现状的工作环境满意度非常高，高达 75.86%。现在的社会是竞争的社会，虽然他们工作在农村，但是随着城乡一体化建设进程的推进，像他们现在这种靠体力获得收入的方式将越来越不适应现代社会的发展。但是他们在对于青年培训的态度上是非常积极的，这让我们对于他们以后的发展呈乐观态度。他们这种矛盾的表现，也体现了安于现状，求安乐的心态。

(3) 在温江永和社区内，领导对村民的娱乐活动不够关心。在温江永和的调查过程中，虽然社区有老年歌舞队，但政府不予重视。一些老年人讲他们社区没有正式的老年歌舞队，现在的队伍都是他们自己组织的，他们向政府申请了几年都没下来。而隔壁社区的领导就为当地的村民建起了老年协会、老年歌舞队，为他们的娱乐生活增添了不少乐趣。看来政府也得听取老百姓的建议，一些有利于老百姓的实事，还是能做的就得做，让老百姓不但“老有所居”“老有所养”，还得“老有所乐”，地方政府的处事方式的不同也与他们当家人在执政方面的侧重点不同有很大关系。

(4) 两地区的教育现对与改革开放的 30 年前有了很大的进步。可以很清楚的从我们前面的图形中看出两地的教育有的大进步。在他们对于下一代的态度上，他们支持孩子接受更高的教育，与自己的收入增高、九年义务教育的执行学费的降低、学校硬件设施的更新等都有密不可分的关系，而且在我们的调查中主要是听取意见的过程中，发现更加重要的一个原因是因为他们的开放心态，他们认识到接受新知识才是他们继续发展下去的动力，尤其是下一代的教育是关乎以后几十年的发展的重要推动力。正如那句话：一个地区未来的发展，归根到底还得看它的教育。两地区的调查现状，让我们对于两地区以后的发展持乐观态度。

(5) 郫县战旗村和温江永和社区的农民参保率都达到 100%，但参加的险种较少。在农村医疗保险实施以来，我们看到这个政策很好地在这两个地方实施，而且参保率已经高达 100%。在农村医疗保险的基础上，有些农民还参加了其他的保险，这也看出农民的保险意识有所提高，具体参保险种如图 10-16 所示。

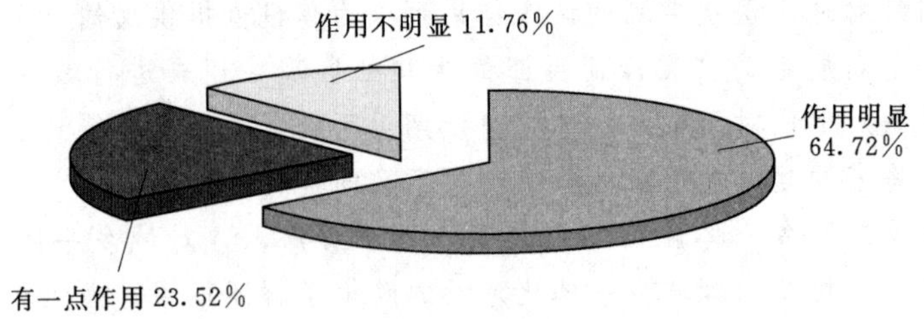

图 10-16　参保作用

看事物应该看它的两面，既要看到它的优点，也要看到它的缺点。从图中我们看到绝大多数参加的保险是医疗保险，而参加养老保险的人就非常少了；另外，他们参加的保险种类也很少，主要就是医疗保险和养老保险两种；从图10-4中还可以看出，农民没有参加失业保险，在调查中我们发现，有很多农民根本就没有听说过失业保险。看来政府还得加强这方面的宣传工作。

(6) 在建设中遇到的环境问题，村民表示了极大的理解。尤其是在战旗村正在进行的建设集中居住点工程期间，对周围环境产生了很多的不好影响，虽然政府没有就环境问题专门对村民进行过一些解释，但当地村民在我们的提问中表示虽然有时难以忍受，但一想到这是不可避免的，就表示了他们极大的宽容心。绝大多数人对政府都表示了理解，这应该是顺利实行城乡一体化建设非常有力的保障，而我们的政府也应该就这方面稍微的注意一些。

五、对城乡一体化农民问题的几点建议

(1) 政府在城乡一体化建设中，即是引导者，更是沟通者。在城乡统筹发展中，政府的主要作用是宏观指引，将城乡一体化建设的目标明确化、大众化、简单化。让绝大多数农民能够知道城乡一体化建设的意义；建设的具体步骤；实行城乡一体化后他们的生活面貌等。将统筹城乡建设引导走向一个健康可持续发展的路子。而在城乡一体化建设中难免会遇到这样那样的问题，而基层政府作为老百姓与政府沟通的桥梁，应该多与他们交流、多听取他们的意见。城乡一体化建设是有关农民们切身利益的大事，应该知道他们心目中的美好未来的样子，将社会建设成为他们想要的社会。

(2) 加强精神文明建设。当今时代，文明越来越成为民族凝聚力和创造力的重要源泉、越来越成为综合国力竞争的重要因素，丰富精神文化生活越来越成为我过人民的热切愿望。温江永和社区内虽然有老年人自己组织的歌舞队，但当地老年人还是希望政府能出面建立起一个正式的协会；而在郫县战旗村却忙于建设统一的社区，没有时间和资金建设文化。我们认为这样建设出来的社区将会患上“小儿麻痹症”。只有物质文明与精神文明“两手抓”，才能使城乡统筹健康发展。

(3) 增加培训机会，加强村民的就业能力。虽然在调查中，当地政府有组织一定的技能和就业培训，但据当地村民反应，他们参加的培训还是较少，其中有培训不对口或听不懂的现象。因此，我们认为政府应该了解村民希望得到什么样的培训、增加一些村民的培训机会、尽可能地让参加的人都能听懂，都可以运用到实，从而达到开办培训的目的。

(4) 建设绿色社区，加强环保意识。在温江的调查过程中，我们随处可以呼吸到新鲜的空气，这让我们非常高兴。但在郫县，我们发现虽然他们的统筹城乡建设走在前头，社区建设也基本成型，但在环境方面却没有多大注意，即使领导说这是建设过程中难免的。在问及有关环境问题的时候，郫县大部分村民都对现在的环境表示满意，但我们得看到却有6.9%的被调查者表示不满。他们认为环境污染的主要来源是引进的企业，虽然现在的环境比较好，但他们很担心这样下去，后果将不堪设想。建设绿色社区，最主要的还是得加强环保意识，以“预防为主，防治结合”。当环境真的被污染后才治理，到时候的成本将是难以估计的吧！

(5) 重视义务教育，增加硬件设施设备，注意对家长的有意识的引导。在调查中我们可以清楚地看到，这几年的义务教育推广实行的非常好，农民们对义务教育费用收费也非常满意。可以说城市义务教育和农村义务教育的差距正在不断地缩小，但我们认为要想进一步缩小城乡教育差距，一个关键因素是硬件设施设备。城市的小朋友有电脑用于学习，有多媒体辅助教育，但乡村小朋友呢？发展经济固然重要，但要持续健康的发展，教育是一个不得不大力考虑的要素。都说父母是孩子的第一教师，家长的教育是非常重要的。而调查发现家长的受教育水平60%以上是小学文化，而所有被调查的家长对孩子的前途有规划的很少。因此，我们认为政府除了增加对九年义务教育的重视、加强硬件设施设备建设以外，还需要对家长在教育方面的有意识的正确的引导。

六、后记：特殊案例

7月13日，冒着烈日酷暑，我和队友走进了一农户，该农户的状况是使我们的心里有所颤动，但更多的是给我们留下了无尽的深思。两间不到的房子破破烂烂，家里只有一个孤寡老人，六十岁左右，整个人消瘦无比，此时他正一个人孤单的，默默地坐在椅子上收听着收音机。看到我们后他连忙起身给我们让座，就在这一刹那，我才知道他的眼睛似乎有些弱视，连唯一陪伴他的收音机也摔在了地上，那可是他的伙伴呐！整个屋子里只有两把椅子，待我们坐下之后，他就蹲着跟我们谈话。在谈话的间隙，我感觉到他那双深陷的眼睛充满了无奈和可怜，好像正期待着某个救世主能够挽救他！

在谈话中我才了解到，一天他只能吃两顿饭，吃了上顿还要愁下顿，粮食收入少之又少。当下，政府又在该区实行城乡一体化建设，要租用农民的土地，据说租金只有八百元每年。而对于这位孤寡老人而言，仅有的几份土地交给了政府而自己只有靠一年八百元的生活来来过日子，相当于一天只有两元钱呀！这难道还叫生活吗？在社会主义现代化建设的今天，在建设社会主义新农村的今天，在全面建设小康社会的今天，在完善社会保障体系的今天，难道还会有这种现象存在吗？我们真的难以想象！此时，此情，此景，我无不感到一阵痛楚。最后为了安慰老人家，我们决定拿出五十元钱以资助需要。面对这种情况，我们不能干什么，也不能做什么，我们能力有限。我们唯一能做的就是默默地为他祈祷，祈祷他生活会好一点。老人啊！请保重！现在全国都在投入社会主义新农村的建设中，把提高人民的生活水平作为首要目的，可是这样的情况出现，还是城乡一体化建设的典范吗？还是以人为本的执政理念吗？这值得我们深思！

案例二：湖北省利川市生猪养殖现状调研及实践报告

湖北省利川市生猪养殖现状调查报告

谭杰，谭平，张娉搏，郭春华，彭忠利，柏雪

湖北省利川市一直是生猪养殖大市，以生猪养殖为主的畜牧产业是利川市经济发展的支柱之一。作为农村经济的重要部分，在增加农民收入，促进农村经济发展方面有着重要意义。但是利川市属于经济后发区，生猪养殖在多方面尚存在较大问题，加之2007年利川市绝大部分的猪场发生了高致病性蓝耳病，致使全市生猪养殖遭受巨大损失。在生猪养殖的发展道路上，利川市究竟存在哪些困难和问题，又该如何实现生猪养殖的更好发展，值得认真思考和探讨。

1　利川市生猪养殖现状

据统计，2012 年，利川市生猪存栏数量 74.51 万头，同比增长 4.29%，能繁母猪存栏数量为 8.23 万头，同比增长 21.3%，年出栏商品猪 105 万头，同比增长 5.14%，规模养猪户 1699 户，同比增长 8.7%。

1.1　出栏数量

出栏数量最近几年总体呈增长趋势（图 10－17）。2007 年，受蓝耳病等重大疾病影响，全市生猪数量急剧减少，猪肉价格骤涨；在 2007 年以后，不少农户开始从事生猪养殖行业，尤其在 2008 年，利川市建成了湖北省第二大规模化的养殖基地，生猪养殖的专业化水平进一步提高，进而带动了农户养殖积极性，从而推动了利川市生猪养殖数量的增加和生猪养殖业的发展。

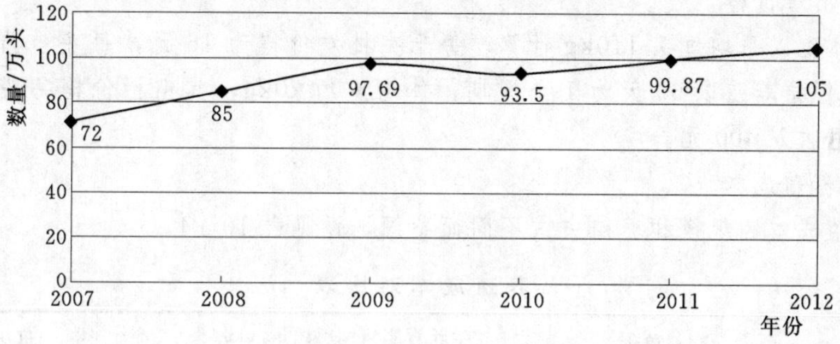

图 10－17　2007—2012 年利川市生猪出栏量

1.2　发展水平

利川市生猪养殖业逐渐朝着规模化、科学化和产业化的可持续发展道路迈进。通过政府的引导，补贴等惠农政策的拉动，示范点的带动，标准化规模化养殖势头强劲，一大批养殖专业户出现且逐年增加，已建成规模化万头养殖场 2 个，在养殖方式、良种繁育等方面均有一定改善。由于利川市生猪规模化养殖起步晚，生猪养殖的主力军是小户型，生产水平低，养殖技术差，疾病防疫能力弱，经济效益低。很多养猪户不具备专业的养殖知识，往往由于行情好，一拥而上快速投产，养殖数量短时间内急速膨胀，往往猪舍修建简陋，易出现环境污染等问题。

1.2.1　种母猪及仔猪情况

据调查，利川市种母猪品种主要有太湖猪、大约克猪、长白猪，及其二元杂交猪、三元杂交猪，少部分规模较大的养猪户拥有自己的种公猪及足够数量的种母猪以达到完全自繁自养，但规模较小的养猪户一般从周边散户或大型养猪场购买。种母猪一般使用 3～4 年后淘汰，在产仔数方面，只有五洲牧业有限责任公司对能繁母猪的产仔数有硬性要求，需达到每头母猪年产正常猪不低于 20 头，而大多养猪户的能繁母猪年产正常猪维持在 10～15 头；在存活率方面，对于一般普通的养猪户，仔猪夏季的存活率大多维持在 70%～75%，到了冬季，由于猪舍设施设备条件差，存活率只有 65%～70%，极少部分养猪户的仔猪存活率还不足 60%。

1.2.2　商品猪饲养情况

商品猪自繁自养的占绝大多数，饲料转化率在3.0～3.8之间，五洲牧业有限责任公司依托其自身的先进技术使得其饲料转化率可以达到2.8～3.0。育肥周期在180天左右，出栏体重约为110kg。

1.2.3　养殖场建设和养殖环境

在调查过程中发现，利川市猪舍内设施简单，设备不完善，86%的养殖场屋顶采用石棉瓦，在冬季，堵住猪舍墙壁的通风孔以保持舍内温度。仔猪舍的保暖措施简单且不科学，多用木板钉成木箱的形状，夜间或冬季将仔猪放进木箱，利用灯光的温度对箱内进行升温保暖。在饮水设施方面，大部分是水槽喂水没有自动饮水设施；猪舍每周只消毒1次，猪场安全卫生得不到保证。

1.3　成本及收益分析

1.3.1　生猪出售价格

育肥猪体重以平均每头110kg计算，每千克批发价格为16元，每头生猪可获毛收入口1760元；仔猪养殖以60天为1个周期，体增重约20kg，其出栏价格一般在20元/kg左右，可获毛收入400元。

1.3.2　生猪养殖成本

生猪养殖成本因规模和养殖方式不同而不同，详见表10-4。

表10-4　　养殖成本对比表

饲料名称	饲料单价/(元/kg)	生长育肥猪饲料用量/(kg/头)		母猪饲料用量/(kg/年)
		购进仔猪育肥	自繁仔猪育肥	
		60	100	100
玉米	2.4	250	250	300
麦麸	2	50	50	50
豆粕	3.6	25	25	40
饲料成本合计/元	940	1040	1214	1217000

注　1. 由于生猪市场价格波动大，每个季节的价格都不相同，所以以上数据均是2012年下半年的市场价格。
2. 生长育肥期为180天，成本投入以一个育肥期计算，其中购进成本为400元/头。
3. 仔猪养殖期为60天，成本投入以一个育肥期计算，其中乳猪饲料单价为3元/kg，用量40kg。

1.4　销售的基本情况

据调查的养猪户的结果显示，生猪市场是一个供不应求的市场，而且销售途径多样，只是价格波动较大。大规模的养猪户、养殖公司、养殖合作社是与肉类制品公司和屠宰厂进行签约销售，对于小规模的养猪户而言，几乎都销售给猪贩子，经猪贩子再贩卖出去。各种销售情况在养猪户中所占的比例如图10-18所示。

2　存在的问题

2.1　养殖知识缺乏，专业技术人员少，疾病防御能力低

在所有养猪户中，90%以上的养猪户既无专业的养殖技术，也几乎未受过养殖技术培

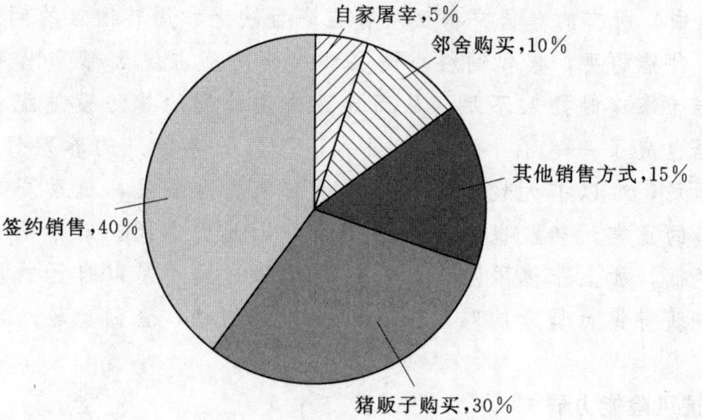

图 10－18　销售途径及比例

训。大多在养殖过程中逐渐积累经验，即以“摸着石头过河”的形式进行生猪养殖，这样获得的知识和技术不仅有限，而且不能形成一个系统的网络知识构架，解决问题的能力自然较差，故而养殖水平仅处于初级阶段。少部分养殖人员由于原本有一定的养殖经验，但也不愿意去学习更多的养殖知识和技术。从利川市生猪养殖整体情况来看，大部分养猪户由于规模小、成本高、利润薄，所以无力聘请比较专业的畜牧兽医技术人员，直接导致85％的养猪户都是自己进行疾病防疫及治疗。

据调查，利川市占有35％的养猪户在从事生猪养殖业之前，没有系统地学习和了解生猪养殖的经验和养殖技术，这也是仔猪的存活率比较低的原因所在。到目前为止，在市畜牧局的正确领导下，虽然已经建成了100多家猪人工授精站，但是多数养猪户的母猪并不是每次都到人工授精站进行人工配种，而是采取本交的方式。

2.2　场地建设不完善，选址不科学

2.2.1　养殖场的建设简单，设备简陋

在调查的60户养猪户中，多数养殖场圈舍内没有设计自动饮水采食设备，一般都是普通食槽，通风和保暖设施简陋，养殖区入口处无任何消毒设备设施，有8户养猪户没有专门的饲料粮食存放仓库，少量养殖场由于对猪粮管理的疏忽，以至猪粮有发生霉烂的情况，这说明猪粮的安全卫生难以得到保证，这也是导致很多猪场疾病易发的原因之一。

2.2.2　养殖场选址不科学

（1）处于人口聚集地带。在调查的60户养猪户中，有45家养猪户图养殖便利，将猪场修建在自家房屋附近从而靠近居民区，给周围的环境造成了一定程度的污染。

（2）离交通要道太近。60户养猪户中，40家养殖场地距离318国道、248省道、326省道均不足1km。这些地方有大量的牲畜和人员的流动，很容易传播各种疾病。

（3）在地形地势和水源选择上缺乏科学论证。很多猪场建在上风向或是河流附近，防疫排水均不利，更会造成水源污染。

2.3　养猪户资金投入少，周转、融资困难

在调查过程中，所有的养猪户都反映存在资金缺乏和周转困难的问题。在资金结构上，猪场建设，种猪购买，粮食饲料类购买和疾病防疫占绝大部分比例。约有10%的养猪户由于在猪场修建时投入不足，从而导致粪便处理的排污设施配备不完善，所以定期的粪便处理也成了一笔不小的资金投入；70%的养猪户的养殖资金是自有资金，因而资金严重不足，难以扩大规模增收。由于自有资金不足，流动资金短缺，直接影响了整个养殖链的正常运转，也有不少的养猪户因此而倒闭。对于银行信贷，由于分散养猪户信用度低，加上养猪风险大，而这些养猪户又不愿以自己的房产等资产作抵押，导致养猪户获得银行贷款的难度大，即使能够细款，金额也较小，难以有效解决资金短缺问题。

2.4　规模小，抗风险能力弱

利川市的86.7%生猪养猪户是小规模散户经营，对于市场信息把握不准，抗疾病风险能力弱，而生猪市场是一个波动性较大的市场，且变化无规律可循，过小的规模无法抵御市场较大变动的风险。一旦价格降至很低，散养户就挺不过“低”坎，不得不以更低的价格出售，所以在调查者深入猪场调查时，经常出现“只见猪圈不见猪”的怪现象。很多养猪户由于没有能力抵抗市场变动，到最后不得不停止养殖。生猪养猪户一旦变少，有时连本地市场的需求都无法保证，所以猪价顺势增长，对于关闭的养猪户来说，就此错失翻本赢利的良机。

2.5　组织化程度低，信息渠道不畅，养殖具有盲目性

一方面，部分业主扩大养殖规模时具有一定的盲目性，看到眼前价格高、行情好就大规模投入，没有对后期市场作科学研判。只考虑到行情好又有扶持政策的因素，盲目投资进行规模养殖，由于生猪市场固有的周期性，往往养不逢时，结果出现亏损。另一方面，一些养殖业主对生猪养殖的生产、销售、价格等信息关注不够，对生猪市场行情及整体走势把握不准，对市场的变动缺乏敏锐性和预判力，因而应对不及时。

2.6　污染处理问题

生猪的粪便如果合理利用，即可成为宝贵的农业资源，若不合理处理，将对环境造成巨大的污染。

利川市当前对粪便的主要处理方式有以下几种情况。

(1) 修建沼气池。35%的养猪户在修建猪场时就修建了一个沼气池，既能够很好地解决粪便污染问题，也为猪场解决了能源问题。

(2) 加工处理成有机肥料。这种处理方式科学、生态，目前利川市仅五洲牧业有限责任公司具备这样的条件和技术且已在实际生产中应用。

(3) 修建排污处理厂。一个合格的排污处理厂在利川市的建造价格大约在200多万元，造价成本较高，也仅有位于利川市团堡镇的利川市金牧牧业专业合作社有此设备。

(4) 排放至鱼塘或河流。农村散户和一些小规模的养猪户在未经过任何处理的情况下，将废弃物粪便等排放至鱼塘，河流或附近的“天坑”。

(5) 周围的农户或蔬菜水果种植基地用作农家肥。即猪场+农户的模式。

3　发展优势和基本思路

3.1　丰富的饲草饲料资源

利川是农业大市，饲草饲料资源丰富，常年粮食作物播种面积 9.33 万 hm^2，油料作物播种面积 $1hm^2$ 万年可提供精饲料 35 万 t，其中玉米 15 万 t，粮食加工副产品 10 万 t，各种豆粕 8 万 t，年产农作物秸秆 40 多万 t。境内有丰富的草地资源，各类草场总面积达 26.7 万 hm^2，其中可利用草场 19.3 万 hm^2，占国土总面积的 42%，0.67 万 hm^2 以上的成片草场有 4 块，主要分布在高山地区，共计 2.67 万 hm^2，理论载畜量达 20 万个牛单位。近年来，随着种植业结构的调整，以苜蓿，红、白三叶草，鸭茅草，黑麦草，菊苣草等为主的人工种草蓬勃发展。目前，人工种草面积已发展到 2 万 hm^2，其中草田轮作面积 0.53 万 hm^2，这些都为畜牧业发展提供了充足的草饲料资源保证。

3.2　区位优势

3.2.1　交通

随着沪蓉西高速公路和宜万铁路的开通，渝利铁路和利万高速的规划建设，拉近了利川与武汉重庆等大中城市的交通距离，缩短了同周边大中城市的运输行程和运输时间，同时还增强了物流量，扩大了信息量，这为利川市的畜产品的运输及信息资源提供了时间和空间的保障。

3.2.2　东南西北的消费市场

利川作为湖北省的西大门，西靠重庆，东达武汉，南邻湖南湘西，北邻重庆万州、奉节等地，这些城市不仅仅是人口大市，更是不可小视的消费大市。对于利川来说，具有良好的销路和市场是决不可否定的发展优势和可行的有利条件。

3.2.3　政策优势

2011 年湖北省恩施土家苗族自治州州委、州政府提出了打造“百亿元畜牧产业”的目标，为了实现全州畜牧业产值过百亿元的目标，按照我市实施“三大战略”、发展“三特经济”、打造“三力利川”的总体要求，特编制利川市畜牧产业发展规划，大力推动了利川市畜牧业持续、健康、快速发展。近年来，利川市委、市政府还出台奖励政策扶持畜产品生产加工龙头企业和养殖大场大户。

3.2.4　武陵山区经济试验开发区的推动作用

2011 年 2 月 16 日武陵山区经济试验区建设项目启动后，利川市新一届市委、市政府以崛起争先之势，把项目争取和建设摆在首位，把产业发展作为核心，把改善民生作为根本，打造“武陵明珠锦绣利川”，向“5 年后全市综合经济实力进入武陵山片区前十强和湖北省县域经济第一方阵”的目标跃进。土家牧业 60 万头猪肉冷链物流、五洲牧业有限责任公司 5 万头生猪养殖场改扩建等重点项目开建。这对利川市的生猪养殖业提供了极大的发展机遇，也是不可多得的发展机遇。

4　发展建议

4.1　走科技之路

以科技为龙头，强力推进全市生猪养殖业规模化、标准化发展进程，充分发挥龙头企业的带动作用。大力发展生猪养殖合作社，将分散的家庭养殖式的农户组合成规模相对较大的生猪养殖场，实现抱团发展，增强抵御风险能力，强化管理。增强养殖场区的技术合作，做到防疫养殖标准统一设计，疫情防控上统一行动，技术难题上共同攻关，养殖信息共同分享，提高养殖收益。支持养殖大户扩大养殖单元，推进集约化、工厂化、标准化养殖，形成一批养殖技术成熟、日常管理规范、经济实力较强的大型养殖场和一批集饲养、加工、冷储为一体的肉类联合企业。以五洲牧业有限责任公司为龙头企业，建立企业＋农户的养殖模式，为小户、散户提供养殖技术和猪种及市场信息的支持，充分发挥龙头企业的示范、辐射、带动作用。

4.2　走生态养殖之路

一种途径是粪污肥料化。这对于规模比较小的企业可以采用猪场＋农户的形式，即农户将猪场的粪便用于农田作物栽培，果园，鱼塘等。对于大规模化企业可以用于生产有机肥料。二是粪污沼气化。通过沼气池发酵，将有机物转化为沼气和二氧化碳，是一种有效处理粪便和资源回收利用的技术。

4.3　稳定市场

加强市场信息跟踪和监测，促进生猪市场的稳定。一方面，相关部门应做好生猪生产动态跟踪分析预警、市场价格监测分析和市场销售量及价格的调查统计，提高信息发布频率，及时发布相关信息，加强对生猪市场周期性波动的分析，引导养殖业主采取合理措施，理性应对生猪下跌行情。另一方面，建立健全猪肉储备制度，在市场价格过低时适当收储，过高时调剂稳定市场，从而平衡市场供求，防止生猪价格暴涨暴跌。

4.4　产业化发展

适度规模的产业化是生猪养殖的必经之路。随着人们消费观念的改变，高蛋白、低脂肪的有机猪肉成为消费的主导，规模养殖具有技术优势，效益更高。而且当前国内面临人猪争粮的局面，只有推广先进技术，提高猪肉质量和饲料转化率，才能解决此问题。

4.5　政策是保障

只有政府制定好了切实可行且确实有益于养殖业发展的相关政策法规，才能够保证更多的人切实地发展养殖业，更多的让农村人走出贫穷落后。

4.6　因地制宜

聘请专业的技术人员，设计更合理的养殖方案。没有最好的方案，只有最好的养殖模式。在市政府以及市畜牧局的大力支持下，更多更合理地研究利川的养殖业发展情况，充分利用发展优势，设计出更符合当地养猪户发展利益的养殖模式，让更多的人民群众得到切实的利益，让更多的人走向富裕之路。

第五节　实践论文的撰写

一、撰写规范

1. 撰写内容与要求

一份完整的实践论文应由以下部分组成。

（1）论文题目。用简短明确的文字写成，把活动的内容、特点概括出来。字数要适当，不宜超过 20 个。如果有些细节必须放进标题，可以设副标题，把细节放在副标题里。

（2）学院及作者名称。学院名称和作者姓名应在题目下方注明，学院名称应用全称。

（3）摘要。论文需配摘要，摘要应反映论文的主要内容，概括地阐述实践活动中得到的基本观点、实践方法、取得的成果和结论。摘要字数要适当，中文摘要一般以 200 字左右为宜，英文摘要一般至少要有 100 个实词。摘要包括：①“摘要”字样；②摘要正文；③关键词；④中图分类号。此外，有英文摘要时中文放于前面，英文放于后面。

（4）正文。实践论文的核心内容，为作者所要论述的主要事实和观点，包括介绍实践活动的目的、相关背景、时间、地点、人员、调查手段组成，以及对得到的结论的详细叙述。要能够体现解放思想、实事求是、与时俱进的思想路线，有新观点、新思路；坚持理论联系实际，对实际工作有指导作用和借鉴作用，能提出建设性的意见和建议；报告内容观点鲜明，重点突出，结构合理，条理清晰，文字通畅、精炼。字数控制在 5000 字以内。

（5）结束语。结束语包含对整个实践活动进行归纳和综合而得到的收获和感悟，也可以包括实践过程中发现的问题，并提出相应的解决办法。

（6）谢辞。谢辞通常以简短的文字对在实践过程与论文撰写过程中直接给予帮助的指导教师、答疑教师和其他人员表示谢意。

（7）参考文献。参考文献是实践论文不可缺少的组成部分，它反映实践论文的取材来源、材料的广博程度和材料的可靠程度，也是作者对他人知识成果的承认和尊重。

（8）附录。对于某些不宜放在正文中，但又具有参考价值的内容可以编入论文的附录中。

2. 撰写论文的主要步骤

实践论文的写作过程应包括以下步骤：收集资料、拟订论文提纲、起草、修改、定稿等。各个步骤具体做法如下。

（1）收集资料。资料是撰写实践论文的基础。收集资料主要包括：照片、证明、感谢信的途径主要有：通过实地调查、社会实践或实习等渠道获得；从校内外图书馆、资料室已有的资料中查找。

（2）拟订论文提纲。拟订论文提纲是作者动笔行文前的必要准备。根据论文主题的需要拟订该文结构框架和体系。学生在起草论文提纲后，可请指导教师审阅修改。

（3）起草。论文提纲确定后，可以动手撰写实践论文的初稿。在起草时应尽量做到“纲举目张、顺理成章、详略得当、井然有序”。

（4）修改、定稿。论文初稿写之后，需要改正草稿中的缺点或错误，因此应反复推敲修改后，才能定稿。

3. 实践论文的写作细则

（1）封面。报告或论文题目，队长、队员姓名和班级，指导教师，日期等。

（2）排版。论文一律用 A4 标准大小的白纸打印并装订成册。版式要求如下：版面页边距上空 2cm，下空 2cm，左空 2.5cm，右空 2cm。页码位于页面底端，居中对齐。论文题目使用黑体小二号字，学院、专业班级及作者名称（“四号”“仿宋体”居中，学院与作者名称间应空两格），摘要、关键词用楷体小四号字，正文使用宋体小四号字，字间距为 22 磅。

（3）标点符号。实践论文中的标点符号应准确使用。

（4）名词、名称。科学技术名词术语采用全国自然科学名词审定委员会公布的规范词或国家标准、部标准中规定的名称，尚未统一规定或叫法有争议的名词术语，可采用惯用的名称。使用外文缩写代替某一名词术语时，首次出现时应在括号内注明全称。外国人名一般采用英文原名，按名前姓后的原则书写。一般很熟知的外国人名（如牛顿、爱因斯坦、达尔文、马克思等）应按通常标准译法写译名。

（5）量和单位。实践论文中的量和单位必须符合用中华人民共和国的国家标准 GB 3100—93～GB 3102—93，它是以国际单位制（SI）为基础的。非物理量的单位，如件、台、人、元等，可用汉字与符号构成组合形式的单位，例如件/台、元/km。

（6）数字。实践论文中的测量、统计数据一律用阿拉伯数字；在叙述中，一般不宜用。

（7）标题层次。论文全部标题层次应统一、有条不紊，整齐清晰，相同层次应采用统一的表示体例，正文中各级标题下的内容应同各自标题对应，不应有与标题无关内容。章节编号方法采用分级阿拉伯数字编号方法，第一级为“1”“2”“3”等，第二级为“2.1”“2.2”“2.3”等，第三级为“2.2.1”“2.2.2”“2.2.3”等，每一级末尾不加标点；也可以采用第一级为一、二、三，第二级为（一）、（二）、（三），第三级为 1、2、3，第四级为（1）（2）（3）等。

（8）注释。实践论文中有个别名词或情况需要解释时可加注说明，注释可用页末注，而不可用行中插注（夹在正文中的注）。注释只限于写在注释符号出现的同页，不得隔页。

（9）公式。公居中书写，公式的编号用圆括号括起放在公式右边行末，公式与编号之间不加虚线。引用文献标注应在引用处正文右上角用“[]”和参考文献编号表明，字体用五号字。

（10）表格。包括表序和表题，表序和表题应写在表格上方居中排放，表序后空一格书写表题。表格允许下页续写，续写时表题可省略，但表头应重复写，并在右上方写“续表××”。

（11）插图。文中的插图必须精心制作，线条要匀称，图面要整洁美观；插图 6 幅以内，用计算机绘制；若为照片，应提供清晰的黑白照片，比例一般以 1∶1 为宜。插图一律插入正文的相应位置，并注明图号、图题每幅插图应有图序和图题，图序和图题应放在图位下方居中处，图序和图题一般用五号字。

（12）参考文献。一律放在文后，书写格式要按 GB 7714—87 规定，按文中引用的先后，从小到大排序，一般序码宜用方括号括起，不用圆括号，且在文中引用处用右上角标注明，要求各项内容齐全。文献作者不超过 3 位时，全部列出；超过 3 位只列前三位，后面加“等”字或“et al”．人名一律采用姓名前后著录法，外国人名字部分用缩写，并省略“.”。

二、优秀论文示例

基于 DEM 和 ArcGIS 9.0 的雅安生态水文特征提取及应用研究

谭尧升[1]　倪福全[1,2]　刘国东[2]　张招成[1]　蔡明成[1]
(1. 四川农业大学信息与工程技术学院四川雅安 625014；2. 四川大学水利水电学院四川成都 610065)

摘要　本文依据 DEM 数字高程模型提取流域水文信息的基本原理，应用 ArcGIS 9.0 的水文分析工具箱 Hydrology，对雅安境内流域进行了水文特征的提取，得到了该区域水流流向、汇流累积量、水流长度、河网、汇水区出水口等信息，在集水区面积阈值为 9900 上的河网空间分布与实际的河流水系有最大相似性。基于此，可对雅安七县一区农村饮水水质进行致癌物及非致癌物的健康风险的单因子和组合因子的 ArcGIS 9.0 专题图的制作与综合评价，为水源地的治理提供了科学依据，为深入开展雅安生态水文的研究提供数据支撑。

关键词　DEM　ArcGIS 9.0　雅安水文特征提取

1　引言

雅安位于四川省西部，属四川西缘山地典型区，水域面积 287.01km^2，占全区总面积的 1.88%，多年平均径流总量 182.9 亿 m^3，水系分属青衣江、大渡河、岷江，流域面积 30km^2 以上河流 131 条。该区是长江上游生态环境保护区，山高、谷深、生态环境脆弱，受各种自然因子和社会因子的影响较大。特别是近年来随着人们对水土资源开发利用的不断加剧，水环境问题日益加剧，导致水土流失问题严重，生态环境恶化，生态问题已成为本区经济社会发展的瓶颈。因此积极开展本区生态水文研究，为当地生态水文风险的决策与管理提供科学的依据十分必要。

综合国内外参考文献资料，基于 DEM（Digital Elevation Model）和 ArcGIS 进行相关数据与水文资料的提取、管理、空间分析、可视化显示、制图是建立生态水文信息系统数据库的基础，是探讨生态水文空间分布特征和时空变异等问题的关键。DEM 是流域水文分析的主要数据，通常有栅格（GRID）、不规则三角网（TINs）和矢量（DLGs）3 种形式[9]。DEM 包含了丰富的水文信息，能够反映各种分辨率的地形特征，通过 DEM 可以提取大量的水文信息，如水流流向、水流长度、汇流累积量、汇水区出水口等流域特征信息。美国环境系统研究所公司（ESRI）为 ArcGIS 9.0 推出的水文分析工具箱 Hydrology，主要用于地形和河流网络的提取和分析，能够很方便地提取大量的水文信息并加以直观显示，其强大的流域特征分析功能可以满足各种流域 DEM 处理的需要[10]。本文采用 ArcGIS9.0 的水文分析工具箱 Hydrology，基于 1∶25 万栅格 DEM 对雅安境内流域进行水文特征信息提取，以获得本区域水流流向、汇流累积量、水流长度、河网、汇水区出水口等水文信息，为深入开展雅安生态水文的研究提供科学依据。

2　材料和方法

本文首先在 Global Mapper 环境下对雅安初始 DEM 文件进行处理，然后在 ArcGIS

中运用其水文分析工具箱 Hydrology 子分析模块，对雅安进行生态水文信息进行提取。具体方法如下。

2.1 生成等高线

将雅安初始 DEM 文件导入 Global Mapper，生成值为 200m 等高线，然后输出其矢量数据到 Shape File，得到本文所需的 DEM 数据。

2.2 生成无洼地 DEM

洼地是指一个栅格或空间上相互联系的栅格集合，进行水流方向计算时，由于洼地区域的存在，往往得不到合理的水流方向数据，因此要事先对原始 DEM 数据进行洼地填充，得到无洼地的 DEM。填充过程中要特别注意 Zlimit 值的设定，它会对生成的河网密度和精确度产生十分明显的影响。

2.2.1 提取水流方向

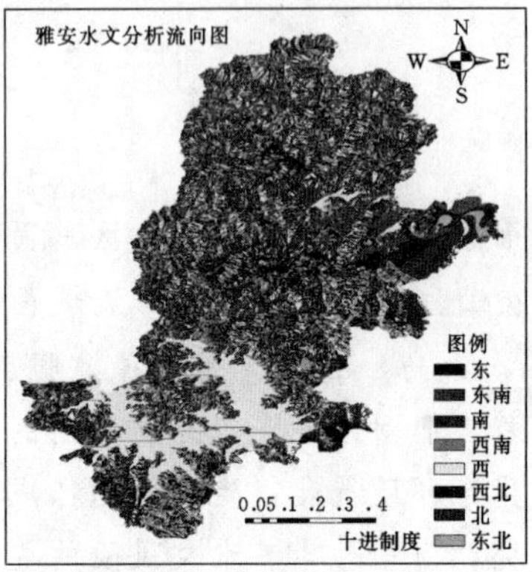

图 10-19 水流流向图

水流方向（Flow direction）是指水流离开格网时的指向。水流方向的确定是利用 DEM 进行水文分析的基础。ArcGIS 9.0 水文分析工具箱 Hydrology 采用的水流方向算法（D8 法）认为：单个格网中的水流只有 8 种可能的流向，分别定义为东北、东，东南、南、西南、西、西北和北，并用 128、2、4、8、16、32 和 64 这 8 个有效特征码表示。每个栅格单元水流的流向为其邻近 8 个栅格单元中距离权落差最大的那个单元，距离权落差通过中心网格与邻域网格的高程差值除以两格网间的距离决定。其算法为：$S=AZ/D$，AZ 为两个格网单元之间的高程差，D 为两个格网单元中心之间的距离。ArcGIS 9.0 中水流方向提取步骤：一是利用 Flow Direction 工具选择输入的 DEM 数据并指定输出水流方向文件名；二是输出水流方向数据提取水流方向。提取结果如图 11-19 所示。

2.2.2 洼地提取

在洼地填充前要计算洼地深度，由此来判断洼地是由数据误差造成还是地表的真实反映，从而在进行洼地填充时设置合理的阈值。其提取步骤为：一是利用 Sink 工具输出贡献区域；二是利用 Watershed 工具确定流域分水线；三是利用 Zonal Statistic 工具和 Zonal Fill 工具分别计算贡献区域最低高程和贡献区域出水口的最低高程；四是在 Spatial Analyst 工具栏利用 Raster Calculator 计算贡献区域的洼地深度。

2.2.3 洼地填充

原始的 DEM 数据中通常都有洼地（Sinks）或尖峰（Peaks）。洼地是指一个单元格的高程低于与它相邻的 8 个单元格的高程；尖峰是指一个单元格的高程高于与它相邻的 8 个单元格的高程。洼地单元格中的水流只能流入而不能流出；尖峰单元格中的水流则只能流出而不能流入。它们是 DEM 数据中的“缺陷”，会给流向和流域边界的确定造成困难。被高程较高的区域围绕的洼地的存在会阻碍自然水流朝流域出口的流动。因此，在 DEM 水系特征提取之前要先进行“填洼”预处理。利用 Hydrology 工具包中的 Fill 工具来填洼和削峰。经该工具处理后的 DEM 数据称 Depressionless DEM。Fill 的工作原理是扫描各个单元格的时候，比较该单元格与相邻的 8 个单元格的高程，如果是洼地，那么该单元格的高程值将被赋予相邻 8 个单元格中最低的那个点（即 Pourpoint），削峰的方法与其类似。

ArcGIS 9.0 中洼地填充步骤如下：一是利用 Hydrology 工具箱中的 Fill 工具选择要进行洼地填充的原始 DEM 数据；二是输入洼地填充阈值，要保证洼地深度大于阈值的地方不被填充，作为真实地形保留。经 Fill 工具处理后的 DEM 数据即为无洼地 DEM 数据。提取结果见图 10－20。

2.3　汇流累积量计算

在得到水流方向之后，利用 Flow Accumulation 工具，即可计算出汇流累积量。汇流累积量计算的基本思想是：以规则格网表示的数字地面高程模型每点处有一个单位的水量，按照水流从高处流往低处的自然规律，根据区域地形的水流方向数据计算每点处所流过的水量数值，从而得到该区域汇流累积量[11]。提取结果如图 10－21 所示（因区域较大，仅截取了局部成果图，图 10－20、图 10－21 类同）。

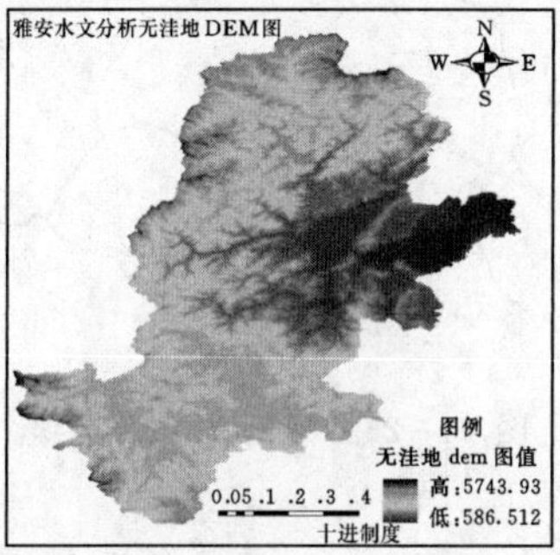

图 10－20　无洼地 DEM 生成图

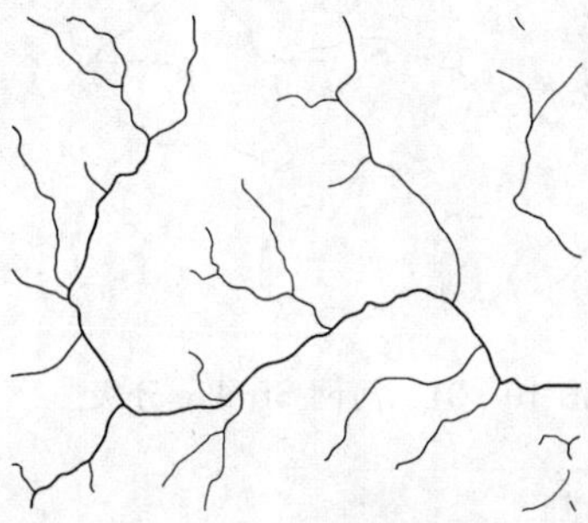

图 10－21　汇流累积量

2.4　水流长度提取

水流长度（Flow Length）是指在地面上一点沿水流方向到其流向起点（终点）间的最大地面距离在水平面上的投影长度。其水流长度数据的获取是利用 Flow Length 工具进行顺流水流长度计算（Downstream）和逆流水流长度计算（Upstream）。

2.5　河网提取

ArcGIS 9.0 使用的河网提取方法采用地表径流漫流模型计算。ArcGIS 9.0 中河网提取步骤为：①利用 Raster Calculator 进行计算；②输入汇流累积量数据并输入合理的阈值得到栅格河网；③河网到要素（Stream to Feature）栅格河网矢量化；④河网节点（Stream Link）记录河网结构信息。值得注意的是，界定阈值时，需采用试算法并结合实际情况来确定，通过实验，界定阈值为 9900。原始 DEM 图如图 10－22 所示，阈值取 9900 时提取的河网如图 10－23 所示。通过两图的比较可以看出，生成的河网与实际河网能很好地吻合。

2.6　河网分级

不同级别的河网代表的汇流累积量不同，级别越高的河网，其汇流累积量越大。本文采用 Stream Order 工具，结合水流流向数据和栅格河网数据，对河网进行 Strahler 和 Shreve 分级，输出结果如图 10－24、图 10－25 所示。

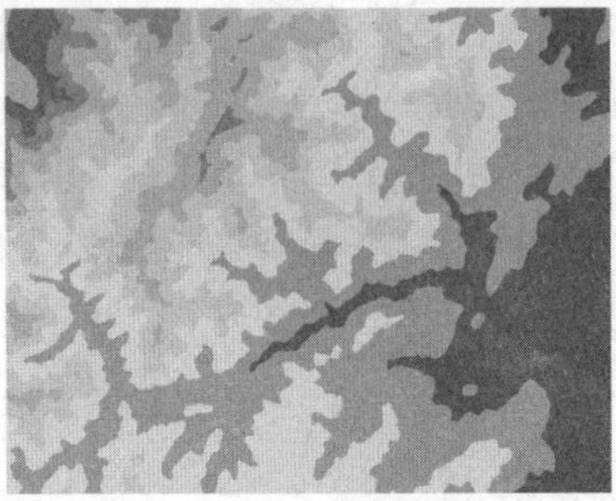

图 10-22　原始 DEM（1：25 万）

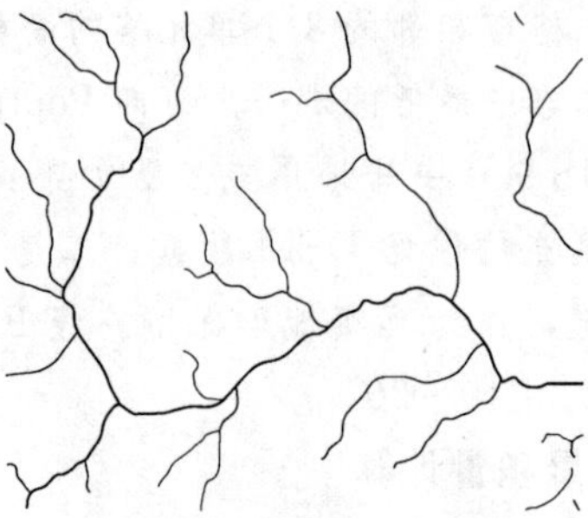

图 10-23　河网提取（阈值取 9900）

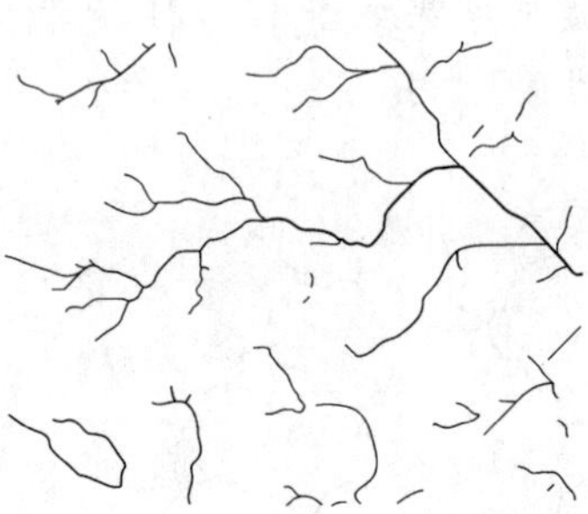

图 10-24　河网 Strahle 分级

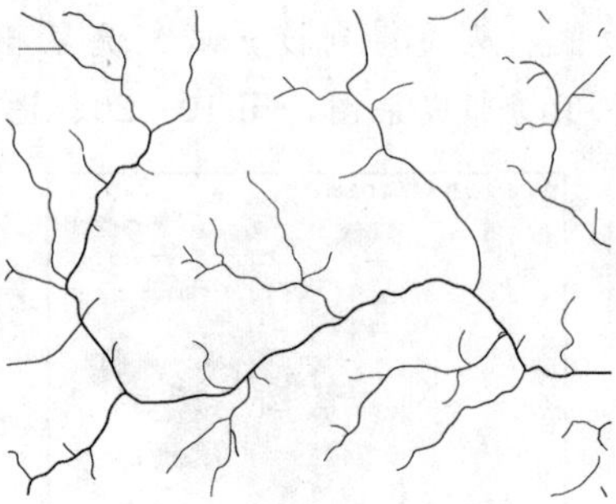

图 10-25　河网 Shreve 分级

2.7　流域分割

2.7.1　确定流域盆地

流域盆地是由分水岭分割而成的汇水区域。它通过对水流方向数据的分析确定出所有相互连接并处于同一流域盆地的栅格。利用流域盆地分析，可以从很大的一个研究区域中选择感兴趣的流域并将该流域从整个研究区域分割出来进行单独分析。本文采用 Basin 工具，结合水流方向数据计算确定流域盆地。输出结果如图 10-26 所示，其中，1 号区域属于青衣江流域，2 号区域属岷江流域，3 号区域属于大渡河流域，符合本区流域分布的实际情况。

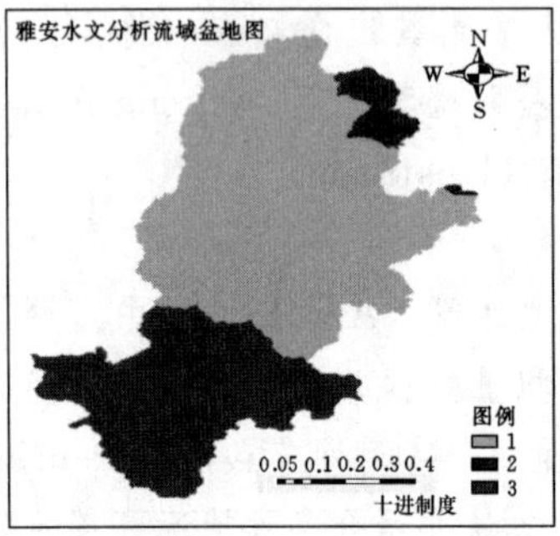

图 10-26　流域盆地图

2.7.2　汇水区出水口确定

确定汇水区出水口是进行流域分割的基础。可利用河网提取中已生成的河网节点作为汇水区的出水口数据。因为河网节点数据中隐含着河网中每一条河网弧段的联结信息，包括弧段的起点和终点等，相对而言，弧段的终点就是该汇水区域的出水口所在位置。本文采用 Snap Pourpoint 工具，结合水流流向数据和河流节点确定汇水区出水口。

3　结果分析

通过原水系网和ArcGIS 9.0提取河网的对比可以看出，取阈值为9900时提取的河网空间分布与实际的河流水系能很好地吻合。所以，基于ArcGIS 9.0从栅格DEM数据中提取河网等水文信息，不仅效率较高，而且基本的河网提取比较准确，可将这些数据应用到雅安的生态水文研究中去。

4　结论

基于DEM和ArcGIS 9.0的雅安水文特征提取结果符合雅安的实际情况，说明提取的水文特征信息比较准确。但由于1∶25万DEM本身精度有限，且选定的等高距值较大（取值为200m），对最后的计算结果有一定的影响。同时，软件计算和使用过程中算法的不完善，对最终生成河网的精度也产生十分明显的影响，特别是在汇流累积量、河网、河网分级的表达上，因线条过密过小，不能精确地将雅安的整个信息表达出来，因而也仅选用了局部的成果图。另外在选取阈值时，也值得商榷。

就总体而言，本文应用ArcGIS 9.0的水文分析工具箱Hydrology，基于1∶25万栅格DEM对雅安整个区域进行生态水文信息提取，获得了该区域的水流流向、汇流累积量、水流长度、河网、汇水区出水口等水文信息。这些理论、技术和方法的应用，为深入开展雅安生态水文的研究提供了数据支撑。如：可对雅安七县一区农村饮水水质进行致癌物及非致癌物的健康风险的单因子和组合因子的ArcGIS 9.0专题图的制作与综合评价，以为水源地的治理提供了科学依据等。

第六节　介绍信写作

1. 概念

介绍信是社会组织的人员与其他组织或个人联系工作，了解情况、洽谈业务、办理公务，参加各种社会活动使用的一种专用书信。持介绍信的人以此作为与对方单位联系工作的凭证。由于介绍信上一般还有持信人的职务、职称、政治面貌，因此介绍信还有证明身份的作用。一般都使用印刷好的介绍信，并留有存根以便于查核。

2. 形式与种类

（1）介绍信主要有普通介绍信和专用介绍信两种形式，普通介绍信一般不带存根，正中写“介绍信”，内容包括：称呼、正文、结尾、署名和门期，并注上有效日期；专用介绍信共有两联，一联是存根，另一联是介绍信的本文，两联正中有间缝，同时编有号码。

（2）种类。介绍信按形式可分为3种：①铅印成文，不留存根的印刷介绍信；②铅印成文，带存根的印刷介绍信；③用一般公文纸写的书信式介绍信。

3. 格式

结构由标题、称呼、正文、结尾、署名5部分构成。

（1）标题。用文种《介绍信》作标题。

（2）称呼。提行顶格加冒号写明对方单位名称或负责同志的称呼。

(3) 正文。另起一行，空两格写介绍信的内容，包括：持介绍信者的姓名、年龄、身份，如被介绍的不止一人，则注明人数；接洽、联系事情，希望和要求；涉及一定保密范围的事项时，须注明联系人的政治面貌、职务、级别等。

(4) 结尾。写“此致敬礼”一类敬辞。

(5) 署名。签署单位名称、日期，并盖上公章，有时还要注明有效期限。印刷好的介绍信只按要求填写即可。写介绍信要简明扼要，字迹工整清楚，不得涂改，如有涂改，必须在涂改的地方加盖公章。

4. 案例

案例一：××大学信息与工程技术学院社会实践介绍信

××大学信息与工程技术学院

介　绍　信

编　　号：

：

兹有我院专业等位同学到贵处联系、开展暑期社会实践活动，具体实践内容由同学和贵单位自行协商，请予接洽！感谢支持！

共青团××大学信息与工程技术学院总支部委员会

______年______月______日

(存根)

介　绍　信

编　　号：

：

兹有我院专业等位同学到贵处联系、参加暑期社会实践活动，请予接洽！感谢支持！

共青团××大学信息与工程技术学院总支部委员会

______年______月______日

实践地接收证明

：

我处于今年七月接待实践队等同学来本单位进行社会实践，具体时间为 7 月日到月日，并对他们相关活动给予支持协助。特此证明。

特此复函。

此致

敬礼！

(单位)

(单位公章) ______年______月______日

单位负责人：　　　　　　　　联系方式：

案例二：××大学经济学院社会实践介绍信

社会实践介绍信

________________（单位名称）：

兹介绍××大学经济学院__________系__________级本科学生__________去贵处进行社会实践，望予以支持和安排为盼。

感谢你们对我们工作的大力支持。

××大学经济学院（盖章）_____年____月____日

辅导员签字：　　　　　　　　　　　　导师签字：

课外知识

茅盾：怎样练习写作

第一不要“学舌”

这本小书的题目是《怎样练习写作》。所谓“写作”，范围应当很广，凡是叙事、抒情、议论，乃至日常应用文件，都是可以包括进去的；不过通常人们提到“写作”两字，那范围就不是这么广泛了，通常这是指文艺作品的写作。

我们当然不主张每个小朋友将来都从事于文艺工作，但是我们也觉得没有理由去禁止他们在学习写作的时候也试写些文艺性质的东西，从前有过这样的办法：读了几年书，要开始学习作文了，第一步便是“对对子”。这玩意儿，可以说是文艺性的。但学“对对子”的目的，却不是准备将来做文学家。现在这一个办法也不通行了。以前又有过另一个惯例，读书的小朋友到了能够写这么百来个字一篇的时候，先生出的作文题目便往往是《秦始皇汉武帝合论》《性善性恶论》《说忠》《说孝》《论富强张兵之道》……诸如此类的一套；这一类的大题目，放在小学生手上，居然也能用些陈腔滥调七拼八凑，完卷了事。这样的“大题目”，也许现在也不大时行了，可是，类似的情形，却还存在，不过面目不同，现在我们的小朋友也会把一些标语口号拼凑起来，应付另一些大题目，例如《祝湘西大捷》《论日寇必败》《新生活运动十周纪念感想》之类。像这样的办法不是练习写作，而是练习“学舌”，练习“拼凑文字的七巧板”，练习“套用公式和教条”。这不是教导万物之灵的人类的幼小者的方式，这是调弄鹦鹉的方式。即使教者主观上并不希望得到这样的结果，但到头来这样的结果还是无可避免，为什么呢？因为小朋友们拿到了这些大题目除了“学舌”以外，实在很少办法。

当然，每个小朋友都应该知道我们在湘西打了怎样一个胜仗，都应该知道为什么日寇必败，都应该知道新生活运动是怎么一回事；但是，应当有这些知识，是一件事，而用这些知识作为题目叫他们作文，却是又一件事，测验他们有没有这些知识，并不一定是作文范围以内的事，并不一定要用作文这一个方式，因为作文的目的是练习写作，并不是默写他所已知的知识。而要练习写作，要增进写作的技巧，则最好是让他去抒写一些以生活经验得来的东西，不是要他记写耳朵听来的话。如果作文的题目限制着他们，使得他们只能把听来的话“学舌”一番，那就失却了“练习写作”的意义了。一个天分高的小朋友拿到了《新生活运动十周纪念感想》的题目，也许会想起他的父亲或哥哥如何在参加了纪念大会以后回家来就打了一夜牌，—这是从他生活经验来的真切的感想，但是他一定不敢把这样的感想写出来，因为他觉得先生说的，报上登的，全要好看得多，冠冕得多，他如果这样写，就不合格，于是结果他只有抛弃了自身的真切的感想，而把听来的话“学舌”一番了。

在“学舌”的时候，思想不会焕发，情绪也不会热烈，甚至字句也不用自造，换言之，从头到底，只是默写，不是练习写作。然而假使先生发下来的题目不那样大，而是《我的妈妈》《我的姊姊》《我怎样过暑假》《我最喜欢的事》……那么，我们的小朋友即使想贪懒学舌也有所不能了，他得动动脑筋，从他的生活经验中选择材料，他的感情也浓郁起来了，并且也不得不用心血来选字造句了。这时候，他是真正在练习写作了。

《我的妈妈》一类的题目，可说是带点文艺性的；特别是小朋友们拿到这一类题目总把它们写成一篇文艺性的东西，这是无可奈何的，因为小朋友们的观察力分析力总比成年人薄弱，小朋友们爱写的，总不外是一些给他印象最深，激动他的情感最强，而且适合他的发展中的想象力的物事；换言之，小朋友写作的兴趣是偏在于文艺性的题材，亦即是文艺性的题材比较地更能发挥他们的写作能力，增进他们的写作技巧。

但是，文艺性的题目也未可一概而论，有一些文艺性的题目也会诱起了小朋友们“学舌”的倾向，例如《美丽的春天》或者《伟大的长江》这一类的题目，便能使得大多数的小朋友又拿出应付《论日寇必败》一类题目的方法来了。春天，当然是他们经验中的东西，长江，或许他们也有若干印象，然而春天的美丽应当从哪一些地方去写，长江的伟大又应当从哪一些地方去写，这在一般小朋友便感到困惑，难以下手了；于是方便的诀门又从此生出，他们把平时在书上看来的一些陈腔滥调，什么黄莺儿在歌唱，蝴蝶在翱翔，太阳烘暖了你的心，……诸如此类的字句，都搬过来，又玩起文字的七巧板来了。这也是一种的“学舌”，这还不能算是模仿，因为模仿虽然是照了人家的样式去做，至少你是做了。

总结起来说，练习写作的首要的原则是，不要“学舌”，要说自己的话；要从生活经验中拣取对自己印象最深，激励感情最热烈而真挚的事物，用自己认为最合适的字句表达出来。把握住了这首要的原则，然后我们可以进一步谈怎样练习的具体看法。

这一章算是这本小书的引子。这是对小朋友们说的，但同时也是对小朋友们的先生们，——特别是对于现在还有的好出“大题目”的风气，提出了我的看法。

第二“美”的几个条件

怎样才算是写得好呢？练习着写作的小朋友大都会这样发问。或者，把问题归结到文艺性作品，而提出了怎样才能使一篇东西美妙。

这样的问题，本来不是几句话可以回答得了的，但在这里，又不能不试作一简单的解答：凡是文章（不一定是文艺性的，而文艺性的也包括在内），总有内容和形式这两方面，属于思想情绪者，谓之内容；属于字句篇章的构造安排者，谓之形式。打个比方，形式好似一个人的外相，内容则好似一个人的学问和品格。一个人外貌生得漂亮而胸无点墨，俗语称之为“绣花枕头”，但即使外貌漂亮又加颇有知识，而品格卑劣，亦不为人们重视。文章也是如此，内容形式都好的才是好文章。非文艺性的文章，例如历史的、哲理的、政治的，除了内容好而外，也需要有好的形式：大历史家、大哲人和大政论家的文章都是在形式上也很完美的，这并不是他们写作的时候也曾特别注意形式的完美，而是因为他们的思想既极高超，学问又极渊博，感情又极真挚而热烈，结果他们的文字自然也就不同平凡了，只有属于应用科学的文章才不必讲究形式的美不美。

至于写作文艺性的东西，便须有意地来讲究形式上的完美了；但这不是说，有了形式上的完美便什么都好了。一个品格卑劣，未尝学问的人，即使拼命讲究外表的威仪，即使如何善于伪饰，终于不能欺骗有识者的眼睛，徒有形式的完美而内容贫乏或竟糟糕的文章，便等于是这样的人。

美也有种种不同的型：柔媚、幽雅，是美；但雄壮、豪放，也是美；匀整是美，而错综也能够是美；闲适和飘逸可以是美，但紧张热烈也可以是美；绚烂愉快和阴沉悲壮，同样能成其为美。这种种的美，都不能和思想情绪脱离关系，这样看来，内容贫乏或竟糟糕的东西，就是形式上的美也不能真正具有的，通常所谓“内容不行”，但“形式尚美”的东西，其实形式亦何尝能真美，譬如丑女子涂脂抹粉，只能欺骗近视眼，或者借灯光为掩护而已。

美既不能单从形式上求索，所以也就不能说那些字眼是美的，而另外一些字眼则不美，不能说怎样的句子的构造或篇章的布置才能够美，而别的就不成其为美。我们只能说：有几个条件是必要的，具备了这几个条件，文章就美了，否则就不美，或者不够美。

这几个条件是怎样的呢？

第一是明白通畅。把你的意思表达得清清楚楚，不折不扣，不会引起人的误解，这就是“明白”。把你的意思用浅显而平易的方式表达出来，特别是用大众所爱好、所习惯的方式表达出来，不故意卖弄才情，不弄玄虚，不搔首弄姿，这就是“通畅”。要明白，就不可以从书上去找现成的字句来配你的意思，而必须自己想出那切合你的意思的字句。要“通畅”，就不可以一味主观，坚信自己的表现方式，而应当留心观察学习大众的表现方式。

第二是感情要真挚热烈。怎样才算得是真挚热烈呢？成语有所谓“骨鲠在喉，不吐不快”，就是这句话的注脚。千万不要作干呕，干呕就等于“无病呻吟”，要不得。

第三是心地要坦白，思想要纯洁。

第四是不为写作而写作。这就是说，一不为分数，二不为出风头，三不为自己娱乐，四不为供别人消遣，五不作任何的“敲门砖”。为什么要写？因为有所思，有所感，有所见，因为我这所思、所感、所见，不仅是我个人的东西，而是和我以外的大多数人有关联的。

以上四个条件都具备了，你的文章就会叫人读了怪窠心，仿佛句句是代他说的，就能激动了读者的情绪，和你一同笑。

一同哭、一同愤怒、一同激昂，最后，跟你一同走。凡是能够激动人们的情绪到这样地步的，我们通常称之为“有力”，但“力”实在是表现在外面的现象，“力”之所从生的东西，即是“美”。“美”的感召力和激动力，是伟大到不可思议的，“美”应当这样的去解释，文章之美不美，也应当这样的去衡量。

第三材料和描写

上面两章的内容都是议论居多，为什么我们要发这些议论？这本小书不是要讲怎样“练习”写作么？要回答这疑问，我们只好再发几句议论。

首先我们不要忘记，这里所谓“写作”，是指文艺性的东西，既不是历史和政论，也不是什么学术论文，尤其不是任何应用文件，如果我们是在这里讲究如何练习作“报告”，写应酬的“八行信”，草拟什么上行下行的“公文”，或者推盘受盘的“广告”，买田置产的“契约”，那自然完全不同了，那就根本用不到一点议论，一开始我们就搬出“程式”来练习就行了。然而我们这里所讲的，是怎样练习写作文艺性的东西，因此就不能不先来一点议论（理论）。这一点议论，虽则看起来好像和实际的练习没有多大关系，可是写作时缺少了它就像行在大海里的船缺少了指南针。

不过光有指南针也不能行船，所以现在我们就要在实际练习这方面提出几点意见来。

初学者多半是性急的，他不能一口就吞下了他那学习对象的全部技巧，他希望有这么一套整整齐齐的规程让他记住了就万事大吉，对于文艺性的东西，抱着这样希望的也就很多。举个例：在怎样写什么什么的题目之下，总有不少热心而性急的人希望揭开书来就看见无数规程一条一条排在那里，像数学的公式似的，可是，文艺性的东西实在不能按照什么规程去写作，即使曾经有人给它们订下了若干规程，恐怕也不能像木匠那样按照着图样就能造出家具来，何况这样的规程实际上是不能有的。

因此，我们在这里要讲的，不是什么规程，更不是什么秘诀，只是几个步骤，几条原则。

先从原则方面来谈谈罢。

材料是写作者碰到的第一个问题。常常听得说：“还没找到材料”，或者“材料已经写完了”，这话其实只是随便说说，实际上，这不是有或没有的问题，而是“成熟”或“未成熟”的问题。写作的题材是一点一滴在平时累积起来的，并不是找一下就可以得到而且又很合适，而一个人的脑子也绝对不同于一间仓库，仓库有时会挤满，再也容纳不下方尺大小的东西，有时会搬空，若说人的脑子也会挤满也会搬空，那是不可思议的。一个人只要神经正常，他的脑子随时在接受外来的东西，就是随时在进材料，所以不是有或没有的问题，而是“成熟”或“未成熟”的问题，当你觉得还不够时，其实是未成熟罢了。那么，成熟的征候是怎样的呢？征候是文思汹涌，兴奋即于不能自持，闭目默想的刹那间全篇就寂然突现于脑海，好像已经写成而且记熟了似的。

如果你落笔时文思滞涩，觉得左不是右不是，那就是没有成熟，这时最好干脆搁笔。这一搁即使是永久告别了你这一篇未完了的东西，也不可惜，在这里，也许有人问道：既然尚未成熟，过些时等它成熟起来，行不行呢？当然行的，但是也不要误解，等候材料成熟是一个简单的时间问题。这需要更多的生活经验的积累，而且需要各方面的生活经验，不单是你那未成熟的一方面的东西。或者，又有人问道：既然未曾成熟，想来是其中缺少了什么，就按这所缺的去找去，行不行呢？我以为是不行的。千万不要误会，一篇文艺性作品的材料只是物质性的人、物（包括自然）、事。材料感到缺少了什么的时候并不是多添一二人物，多写一二自然风景，或多加些故事情节的问题。如果问题只这么一点，那是容易解决的。一篇文艺作品的材料，也还（而且主要的）包有思想问题：你对所写的材料的立场，你对于其中所有的问题的看法，你对于这些材料的了解的程度……所以，材料之成熟过程不是（比方说）物理学的而是化学的，不是单纯的量的增加，而是由量的增加达到质的变化的。

不过这一番话在小朋友看来也许太深了点，那么，请你们先记住：写作的材料是平时一点一滴累积起来的，积的时候不知不觉；如果没有积蓄，临时去找，那就不会有好的成绩。初学者又一担心的问题便是描写的方法。常常听得说：我只能直直落落叙述，却不知道如何描写，请告诉我，如何描写？曾有人投合这种要求，编出了所谓《文学描写辞典》。也居然有人希望这样的“辞典”会教给他如何描写。其实是此路不通。说老实话，描写并无方法。而且不可能有方法。所谓“描写”，用文艺的术语来说，只是一个“形象化”的问题。何谓“形象化”？浅言之，这就是作品中的人、物、事都能直接呈现于读者眼前，而不依赖着抽象的说明。《水浒》写李逵的性格和鲁智深的性格是同中有异而异中又有同，两个人都是鲁莽的，而又各有不同。从这两人的言语举止、应付问题等方面来写，结果是两个各有个性的活人呈现在我们眼前了。我们通常称这为“描写得好”，其实这是作者在形象化方面有办法。为什么他有办法？是不是因为他懂得如何如何的方法？不是的。他之所以有办法，无非因为他观察得太深刻、太周到，落笔以前他先有这么两个人物活在他心中了。如果不求自己所写的人物先活在自己心中，而痴心妄想去追求什么描写的方法，那一定是徒劳。所以千万不要担心你懂不懂描写方法，不要担心你会不会描写；应该担心的，是你心中先有了活生生的人、物、事没有？如果有了，则描写只是一个很单纯的技术问题。正像上文说过的一句话：“从人物的言语举止、应付问题等等方面来写”，再简单也没有，别无奥妙。

有两种错误的见解常常引人走入迷途。第一种是以为“描写”有赖于辞藻。以为形容词用得愈多，便是描写得愈出色，往往用了一大串的形容词，弄得累赘不堪，而这些形容词又大多是前人用滥了的东西。实际上你如果有新鲜的感觉，能道前人之所未道，一个形容词也够了。第二种错误的见解是把“描写”看成装饰，以为“故事”是一篇作品的骨架，而背景描写和人物描写则仿佛是涂饰上去的油彩。这是把“描写”和整个技巧问题分离开来了，事实上描写却是整个技巧中有机的一部分。

总结起来，简单一句话：通常被认为单纯技巧问题的描写，实在也包括在材料成熟与否的问题内；作品的材料到了成熟的境界时，描写问题是不会发生的，而成熟也者，主要又是学力修养生活经验的问题，换言之，即思想问题。

第四不怕再三修改

现在试谈写作实践时的步骤。

假如你觉得文思汹涌，下笔如有神助了，那么，我主张你就放胆一气写出来罢。此时千万不用徘徊迟疑，要相信这刹那间奔赴你笔下的字句就是最好的最妥当的。直到发泄完了为止。“推敲”二字，此时是用不到的。字句的斟酌，此时也暂且不管，想到什么，写下来再说。此时唯一目的在一口气把你脑中汹涌着的东西都移在纸上。

可是完篇以后，你就得改变你的态度。现在你要十分苛刻地来审查你自己刚才所写的东西。这时你对于自己心血的产物千万莫存丝毫姑息的意思。每段、每节、每句、每字，都不放松。毫不可惜地删掉那些不好的东西（凭你这时的判断）。不厌烦地修改了又修改。要像兑换商人辨别银币的真度一般“推敲”着每一个单字、每一个词、每一句。

在这时候，如果你发见初稿上太多要不得的段、节、句，或字，你也千万莫灰心；能从自己的初稿上找出毛病来，这就证明了你的判断力是强的是健康的。倒是找不出毛病来的时候你该反省。为什么找不出毛病呢？是不是你这篇东西已经十全十美？当然不是的，自欺自满的心理最足以阻碍进步。你之所以找不出自己的毛病，正表示了你的判断力不见得高明。你得设法增进你的判断力。

但如果找出了毛病却又无力修改，那你也没有理由灰心。写作能力不是一下就能跳进几步的。一般说来，对于初稿的修改，好比是在一件制品的粗坯上加工，线条不很正直的把它修为正直，表面的粗糙加以磨光，小小的斑疤加以刮剔而已；这时候，你不能因此认为这是你的写作能力有了进步，制粗坯的你和加工修光时的你，相差并不多。所以，当你找出了毛病而又修来修去总不惬意的时候，你一方面固然不得不自认已使尽了全力仍不过如此，另一方面也没有理由对自己失望。你不必忿忿然将原稿撕掉。你不如将原稿藏起来，抹一把额头的汗，暂时将这捞什子忘掉。你照常读书玩耍，或者，用一句通常话，照常生活。你如果有平素喜爱的名家作品，那就搬出来再温读也好。这样过了一个时期（当然也不会太久），你这才再找出那篇原稿来再试试修改；这时候，也许你能够修改得惬意些了，也许原来待修改的地方仍不得惬意的改正，可是倒又发见新的需要修改的处所了，不过无论如何，这都是你的能力增进、你的批判力增强的表征；如果依然觉得无可增减的话，那倒应该自己警惕的。

不要羡慕“文不加点”的屁话。初稿写成后如果当真觉得无可改动，那要不是他的自负自满心理在作怪，便是他的批判力和写作力都停滞在已有的阶段再没有寸进了。在初学者，练习的唯一法门是多修改，一而再，再而三，永不倦息。今天修改过了，隔几天再修改，又隔几天再作第三次的修改。修改之后去读书，研究名著，读了书欣然有心得的时候再来修改。在原稿上一次一次新发见毛病，就表示你的能力在一天一天增长，练习写作的秘诀是不怕修改。而且当然也不要害羞，不肯将自己的初稿拿给人家看。人家的批评要用很客观的态度去听取。无论说好说坏，都不轻信，都要放在自己的理智的天平上仔细衡量。都要记下来，隔一些时候再拿出来考虑。

或许有人要问道：“照这样说来，修改是无止境的了，那不是一篇东西没有完成的时候了么？”

这也不然。从一个人的写作的全程上看来，修改是无止境的，亦即是学习无止境，进步无止境；这真是所谓“死而后已”的事。但就某一篇东西而言，经过多次修改以后，总会到一个应当告结束的时期。数百万字的《战争与和平》经过多年的修改，终于也脱稿了，何况薄物小篇呢！到了应当告结束的时期，不是拿出来“问世”，便是搁在书桌抽屉角，如果两者都不取，而啃住了这一篇无止境地修改下去，那不是在跟自己开玩笑，便是神经有点毛病。

那末，到了怎样的地步才算是应当告一结束呢？一是根据你那时的健全的批判力认为相当满意，二是根据你所敬佩的师友对这东西所给的意见。

第五自由探索，向多方面探索

练习写作时又常常会碰到这样的事：一篇既成，修改又修改，总弄不好，此时人也累了，自信力也动摇了，但是过了些时，换个题目，换一种体裁，却居然写成了大别于昨日的作品。如果说这是一两天之内就大有进步，那显然是不合理的，于是就有别的解释，最通常的是：“这题目好写，那一个不好写”；最像有理然而实际并没说明什么的是：“那时你的灵感不来，这时它来了。”

我们最好不要把责任推给“灵感”，也不要把荣誉归于“灵感”，同时我们也不能首肯于题目有好写不好写的理论。“灵感”这玩意儿，太渺茫了，不可捉摸；如果真有所谓“灵感”的话，那么，按照“灵感”来时的精神状态来解释，这也不过是一定时间内注意力的非常集中与创作力的特别活跃而已。但如果你脑中本来空无所有，那么，所谓“灵感”者，也不能使你有所成就。因此，问题的关键仍在你的题材有没有成熟。当你写成一篇屡次修改而仍不惬意的时候，多半还是因为你的这个题材尚未成熟，而你对于此篇的体裁的一些技巧上的关节也还没有摸熟。

既然是这么一回事，因此写作的练习就不宜拘泥于一定范围的材料以及一定的体裁了。你应当把练习的范围扩展到最大的限度。因为材料有没有成熟的征候虽然大略如上文第三章所说，但有时也会被主观作用所左右而骗了你的，尽管拿笔时觉得文思汹涌，写出来的可以满不是这么一回事。因此你不必拘泥，练习的箭头要转向着四面八方。

但凡你的经验所有的，都是写作练习的对象。

但凡你所摸到过的体裁，也都是写作练习的对象。必先自由探索，向多方面探索，然后能得精熟一道的结果；必先自由发展，向多方面发展，然后能达到那适合于你的道路。

是故初学者应当活力充沛，眼光四射，在文艺的旷野纵横斥候。应当尝试写一切接触到的生活动态，尝试一切的文学体制。今天试写诗，明天试短篇小说、报告文学、散文，后天试剧本，都不要紧：只需写时严肃，不是开玩笑胡闹。不用怕人说你没有恒心；事实上你将来是否终身从事于文学工作此时也还未便决定呢！何况此时的习作，不恒又何妨？不要被“一鸣惊人”的观念所催眠，一开始就给自己划定了圈子，自认为终生园地，而死守在里边兜圈子，打算一下子完成了杰作。这不能算是认定方向专攻，这是作茧自缚。太早的自己指定一个方向去专攻，实际这是缢杀自我发展的代名词。

也许你是在每天写日记的？那么，你就把日记作为你的自由探索、自由发展的地盘。不要理那一套“旧记”写法的方式，什么流水账似的月、日、星期几、阴或晴、冷或热、收发了什么信、会见了什么人、做了什么事——这些都是不必要的。你还不是一个大人物，这些流水账不会被人当作史料，你犯不着空费工夫。倒不如把你觉得可记的东西用各种体式来试一试。今天你送你大哥从军去了，你在日记本上可以写一首诗。明天也许你的邻家欠了租被地主捉了去，那你不妨写篇报告文学。后天如果你的父亲和母亲为了某一件事情吵嘴了，这就给你试试写作剧本。练习写作须要多写，须要经常写，所以写日记也是一个法门；然而公式的流水账似的日记不会对你有好处，要利用写日记的精力使合于练习写作的目的，这里所举示的办法也还实际。

第六技巧不是神秘的东西

我们假定阅读这本小书的人已经有了使用文字的相当技巧。请不要见了“技巧”两字，就觉得高不可攀，十分害怕。也请不要见了“技巧”两字，就联想到一长串的形容词，一些古怪的不常见的字眼，乃至一些拗口的似白话非白话的句子。所谓“技巧”，并无神秘性。你不用害羞，说：“我哪里够得上技巧。”事实上，能够把自己的意思明白说出来，就是技巧。连自己心里的意思都说不明白的，不是也常常可以遇到的么？要是又能够把自己的意思按照自己那时的情绪说的或委婉，或坚决，或洋洋然满是乐观，或低沉而悲愤，那就是技巧的程度又进一步了。只要你不上当，不迷信写在纸上的定要是书上的字眼和句法，只要你大胆把口里怎样说的写到纸上来，那你就没有理由不相信自己也相当的把握到技巧。

一定要先排除通常的对于“技巧”的神秘的看法，然后能够来谈怎样学取技巧。

凡借文字构成的文艺作品，最基本的单位是“字”。从前人讲究作文的方法，开头便讲“炼字”。这就是：为你所要表达的意思，或所要发泄的情绪，所要告人的物与事，找到那最适当最新鲜最响亮的单字。我们现在也主张“炼字”，也主张要那样去找去。不过从前人（现在也还有人）以为应当在书本上去找，我们却主张在活人的说话中去找—至少是要把这一个办法作为主要的基本的工作。在这一点上，我不反对“摆龙门阵”。

若干单字联缀起来，成为句子；所以句子的组织方法是要研究的第二步。这也是应当在人们的谈话中去找寻而研究的。你可以准备一本杂记簿，把听到的巧妙而特别的单字或句子，都随时记录下来。不过句子的组织法也还可以从语体的文学作品中去探寻。在那里，句子的组织法是经过作者加工的，因此就比通常人们谈话时更严密，更多变化。严密而多变化，这是造句技术的要点。

到此为止，“写”和“说”是一致的，“写”的技巧也就立根在“说”的技巧。再进一步，“写”就要求它特有的技巧了，然而也并不神秘。

我们试从一个实践的例子来说明这一问题。

茶馆里有人在讲故事。讲者富有口才，所以故事很动听，你把故事记录下来了，你研究，你会觉得它的精彩地方，例如语言的生动而巧妙，有非写作所能及，然而比起一些好的写作的故事来，它的结构是松懈些，而情节的发展也平板些。这小小的研究，告诉我们一件事：茶馆里讲故事的那个人对于故事的技巧的一部分未尝有过研究，因为他不是有意要作一个说故事的人。而另外，那些作为文艺作品写出来的故事却因作者有意地讲究这方面的技巧，所以就见得优胜。结构上的技巧是必要的。所谓结构，不仅指人与事的安排配合，还须顾到全篇的节奏——这就是从故事的发展中所产生的起伏抑扬的情调。一篇作品（除了若干例外），不能一个调子从头到底；要是这样，就成为平板，就不美。因此须要有“波澜”，譬如一首曲子，拍子有快有慢的，音有高有低。一篇作品中的人、物、事，必须有现实的基础，然而到底是作者虚构的。正因为是虚构的，所以这些人、物、事的发生、发展和结局，必须一方面入情入理，有百分之百的真实性，而同时一方面又必须紧凑，各部分成为有机体，而且具有抑扬起伏的节奏，这样才可以增加它的色彩、律动和韵味，而强烈地感动了读者。

这些技巧，我们要到世界和本国的名著中去学习。这些技巧是经过了数百年乃至数千年的无数才人创造研究成功的。这些技巧，还在发展，绝对不会有止境。

然而这一类的技巧也不是只有从名著中方可找到，方能学习。我们也要从社会生活中去撷取创造新技巧的动力。社会是在变动的，新的社会生活会产生新的文艺上的技巧。这只要研究自古至今新的文艺形式之所以产生在特定的历史时期，就可以明白的。不过这一层说起来不大简单，这一本小书里是容纳不下的，我们只能在这里略提一笔，要详细研究，须得阅读专书。

以上所述，倘用一句常常听见的话来总结，就是："向生活学习。"

第七"写"了再"读"，"读"了再"写"

上文已就怎样练习写作一问题提出了若干意见，现在我们再加一补充，就是"多读"。"多写"，不怕修改，此外还须"多读"。

"读"与"写"应该并行，应该联系起来。

懂得怎样去"读"，也就会懂得怎样去"写"。

"读"的范围要广阔，要多方面。

"读"的目的，不在剽窃词句，不在模拟作风，而在学习技巧！透彻地研究了名著的写作方法，把握住这方法，使为我用：这就尽了学习的能事。

因此，"读"须有方法。摘抄佳句不是正确的方法。如果读书只为了摘抄佳句，那就不如买一本《文艺描写辞典》。专就一章一段作繁琐的研究，也不是正确的方法。这结果是见木不见林。从作文法的立场去讲什么起承开合，不是说这一"转"如何巧妙，就是说那一"伏笔"如何关系非凡，——这并不是正确的方法。这好比变戏法，尽管别人看了惊异而五体投地，你自已除了那一点"手法"其实一无所有，要是名著的作者死而后生，听了这样的说法，大概不会承认他写的时候是有这许多小巧的计较的。

当然还有不少成问题的读法，现在不暇一一举述。

这里，我们且提出一个方法来。

我们读一本名著，要提问题；我们要求这名著来回答我们的问题。而如何使名著能够回答，则全在我们读的方法对不对。我们的第一个问题是：作者写这部书的目的何在？他希望读者弄明白的，是什么？第二个问题是：作者用什么方法完成池的任务？全部完成了呢，还是不全？第三个问题是：作者所用的方法有什么特点：是不是这是唯一好的方法(在这里，我们要和其他的名著比较一番)？第四个问题是：书中的主要人物是怎样创造成功的？第五个问题是：作者有没有创造出新的风格？

这五个问题的答案可繁可简。每一个问题的答案可以长到写成一本小册子，乃至一本书，也可以短到几十百来字。但不论长短，总之是非把全书读过几遍，完全消化了以后则是无从置答的。

善于读书和不善于读书，大有分别。不善于读书者，只在书本子外边绕圈子，结果是浮光掠影，仅得皮色。或者是一头钻进了书里，而不能出来。他迷失在字里行间，就像迷途在森林中一样。他对于一枝一叶也许辨析得细入微芒，然而他甚至连整株的树也没看清，更不必说整个的林了。善于读书者却是先钻进书里然后又出来高高地站在书之上，俯瞰着。但是为了学习写作方法而读名著，则先钻进去而后又出来站在书之上，固然是必要的，可也还觉不足。我们又须能够把它拆开然后又装配起来，像技工们拆散了机器又装配好一样。能拆又能装，然后对于机器的微妙曲折之处算是摸熟了，我们读名著也必如此，然后真能从它学到了什么值得学的东西。

最后，我们再总结一句：练习写作，并没有什么秘奥法门，只在多写多读，不怕修改，写了以后去读，读了以后再写。

思考题

1. 社会实践登记表设计封面包括哪些内容？
2. 社会实践报告的涵义是什么？怎样分类？
3. 撰写社会实践论文的主要步骤有哪些？

第十一章　领　队　艺　术

优秀的领队能够帮助整个团队走向成功，而缺乏领队艺术的队长往往让整个团队丧失战斗力和自信心。那么一个卓越的领队究竟需要哪些艺术呢？

第一节　明确领队的工作

当领队是一种能力，更是一种责任。作为领队，一方面自己态度要积极主动，做事要果断冷静；另一方面要统筹规划，合理分工，让整支团队团结协作，出色地完成各项任务。

1. 前期准备

首先要做好详细的计划。包括日程、活动的安排，每个人负责的事项，准备的物品，以及和实践接收地的沟通和交流。领队考虑问题应该详尽全面，注意细节，力求把前期准备做到最充分。一个团队里有很多人，领队一个人负责所有的事情是不现实的，这时明确每个人的责任很重要。比如要有人负责与当地的联系，有人负责财务，有人负责调查并主笔调查报告等。在超过十个人的团队里最好安排一两个副领队协助工作，如果副领队比较得力，领队就可以轻松许多。在分组活动或某些特殊情况领队不在时可以由副领队暂时负责，避免群龙无首出现混乱。比如某个或某几个队员因为某些原因要离开大部队行动，这时领队要和大部队一起，就可以托付副领队照看这几个队员。通过一些活动增进队员之间的协作能力和队伍的凝聚力。此外，领队有责任帮助队员解决各种实际困难，处处为队员着想，时刻关心队员的身体和心理状态。当然凡事不能走极端，毕竟我们是去锻炼的，所以不是什么都要管，有些事情应该队员自己去完成的还是应鼓励他们自己去完成。

2. 领队艺术

由于活动时间通常来说都安排为一周左右，实践活动就会相对密集，时间比较紧。到了实践地，要根据对队员性格、能力、兴趣等的了解，进行合理分工，尽快投入到工作状态。善于授权，分工协作能够有效提高效率；事事躬亲不仅为领队带来巨大的工作压力，而且导致团队成员成就感和责任感的丧失，进而导致团队凝聚力下降，效率降低。

做领队是需要一些艺术的，要能树立自己的权威而又不能被队员们所孤立。重要的是记住哪些事情是需要的坚持的，哪些事情是不用太计较的。比如实践纪律等事项就要严格要求，该严肃时要严肃，而不用严肃时要保持对每个人微笑，这点很重要。因为你是领队，大家都在看着你，那么你的心情就会影响到大家的心情，平时多注意调节大家的情绪，才能让大家更开心的完成任务。领队还要时时刻刻看好你的每一个队员，一个也不能少。

作为一个领队，责任心非常重要，要在物质上和生活上都照顾好队员，要事无巨细。

比如说要留意天气，提醒大家加减衣物；给实践团同学准备必备的药品，如去支教的话，讲课很辛苦，就要为大家准备润喉片之类的药品保护嗓子。做领队是非常辛苦的，每天早上要争取第一个起来，按时叫大家起床；晚上还要检查门窗火烛确认安全了以后最后一个睡下。此外还要敢于承担责任，任何队员犯错，领队都难辞其咎的，遇到这样的事情首先要想的是怎样补救，而不是责备队员。处理事情的时候也要公平稳重，对事不对人。而安排任务的时候也要注意发挥每个人的能力，考虑每个人的情况灵活处理。比如要照顾有伤病的队员，要把比较重要的事情交给更值得信赖的队员。遇到突发情况时要保持镇定，特别是大家都慌乱的时候领队不能慌，要稳定大家的情绪并一起找出应对的办法。更麻烦的事情是有时候需要处理队员之间的纠纷。大家天天在一起难免磕磕碰碰闹点小别扭，但不要因此影响了情绪耽误了事情。这时领队就要及时发觉并妥善处理使之言归于好。

去实践免不了要和当地政府、教育局等机构打交道，这时要做到不卑不亢。我们许多方面需要他们的支持和帮助，要注意保持良好的关系，活动前先与他们沟通，明白我们需要注意的地方；另外有时我们也可能被其要求做一些我们不太愿意做的事情，这就要靠领队来拿捏分寸，有些事情就可以勉为其难的做，有些就要坚决推辞。尊重当地风俗和民族习惯，入乡随俗，保持和当地人的良好关系有利于实践活动的开展。

出门在外，安全始终是最重要的。①卫生安全食宿卫生、队医的设立、药品采购；②人身安全：尽量集体行动；③财产安全：财务、出纳的设立，贵重物品负责到人，相关的管理规定；④交通安全：选择合适的交通工具和司机。总之，凡事谨慎，多留个心眼。

最后，领队要注意提醒大家在活动过程中材料的收集整理，要有相应的分段总结和小组讨论。在带好一支团队，保证实践顺利进行的同时，领队也要带领大家做出一份满意的实践成果。还有至关重要的一点，那就是领队们一定要保重自己的身体。尽管前面说了许多领队要做的事，但领队也不是铁人，做完以后能休息的时候一定要好好休息，尽管这可能意味着领队要牺牲一些玩的时间。因为领队要做那么多事情，一旦自己身体垮了，就什么都做不了了，非常耽误事。所以，为了自己，也为了团队，一定要照顾好自己。

第二节 如何处理队内外关系

大学生社会实践团队的领队就好比一名中层干部，承上启下，起着二传手的作用。一个好的二传手，死球可以变成活球；二传手不到位，好球可能变成臭球。可见，当好一名领队，对于搞好一个实践团队的工作是至关重要的。要当好领队，应处理好以下几方面关系。

1. 责任与权力的关系

担任领队，无疑是一种荣誉，也有一定的权力，但首先是一种责任。当好领队，要有一种强烈的责任心，对所担任的工作要主动负责、敢于负责和善于负责，即所谓在其位谋其政。只想要荣誉要权力，不想负责任或者是怕负责任，那是不行的。当前，在一些社会团队队长中不想负责任或者是怕负责任的现象是较为普遍的。一是遇到矛盾绕着走，不敢触及矛盾，缺乏解决具体矛盾的勇气和能力；二是把矛盾上交，不想也不敢处理棘手问题；三是能落好的事自己办，得罪人的事推给别人去办；四是工作没有长远打算，心中无数，当一天和尚撞一天钟，有的甚至只当和尚不撞钟。所以能否正确行使权力，有没有责任心，责任心强不强，是能不能当好领队的前提和思想基础。

2. 与学校、学院领导及老师的关系

领队与学校、学院领导及老师之间是战友关系——这里特指社会实践前中后各阶段的协同关系，也是工作关系。处理好与领导、老师的战友关系与工作关系，是当好领队的基本素质要求。工作关系是指领队与学校、学院领导及老师在工作过程中的关系，属于上下级的领导关系。在工作过程中，领导、指导老师是一级组织的代表，对领导、老师的尊重和支持，反映了下属的组织观念。实践证明，当好一名领队，必须牢固地树立起下级服从上级的服从意识，是绝对当不好领队的。如我们平时经常听到的一种不正确的说法："我不侍候你！""我才不听他的呢！"看似有点"骨气"，其实是缺乏起码的组织观念。战友关系是指地位平等、目标一致，在思想、工作上相互帮助、相互促进的关系。在实现共同理想的过程中，只有分工的不同，没有高低贵贱的区别。领队在工作上坚持下级服从上级的组织原则的同时，保持自己独立的人格与尊严，与学校领导、老师以战友相处，取长补短、相互促进，既可以获得学校领导的尊重，促进上下级关系，又有益于树立良好的作风，促进社会实践工作健康发展。

3. 接受指导老师的工作部署与同指导老师研究工作的关系

接受指导老师工作部署与同指导老师一道研究工作是不同的，应该加以区分。接受指导老师部署的工作任务时，指导老师让你咋办你就应该咋办，错了，上级负责；作为下级，只能服从，不能说我不办，或者说我不能办，如果这样做，就是违反组织原则，这种人就不适合做领队。研究工作，是同指导老师一起商量问题，或者指导老师虽然有了一个基本想法，但是还没有最后拿定主意，还想听听学生的意见，特别是不同的意见。这时候，有什么想法都可以提，反对的意见也可以提。讨论定下来之后，有不同意见可以保留，但在行动上必须服从。定下来的事，不服从，另搞一套，就是违背组织原则。

4. 原原本本地贯彻学校精神与创造性工作的关系

作为领导，不认真贯彻学校的决定是不对的，原原本本地贯彻学校决定是应该的，但不是最好的，最好的应该是创造性的工作，开创工作的新局面。创造性地工作，需要形成创造的思维方式和敢闯、敢试、敢为天下先的精神。要形成创造性的思维方式，必须掌握马克思主义的基本理论，要学会运用马克思主义的立场、观点与方法分析问题和解决问题，确立和坚持解放思想、实事求是的思想路线。

5. 工作与学习的关系

当好领队，既要努力工作，又要善于学习。要善于向实践学习，向队友学习，向书本学习。向实践学习，就是要善于总结实践经验，不但要总结成功的经验，还要注意总结失败的教训。向队友学习，就是要尊重队友的意见，尊重队友的首创精神，坚持"从群众中来，到群众中去"的工作路线。向书本学习，就是要养成良好的读书习惯，结合工作实际，需要什么学什么，不断提高马克思主义基本理论水平和文化知识水平。只有善于学习的人，才能善于工作；不会学习，也就不会工作；一个人怎样学习，也就怎样工作。

第三节　领队应具备的心理素质

众所周知，内因是决定事物前进方向的主要动力，而当好一名领队的内因则是个人的心理素质，我们只有具备相应的心理素质，才能有成功达到自己目标的可能。那么，这些心理素质具体包括哪些方面呢？

(1) 作为一名领队，必须要有甘当配角的心态。副职在团队里主要是协助正职做好各项工作。这就要求在工作中要保持谦虚谨慎的态度，在尊重、理解并服从正职的同时，充分发挥好承上启下的作用，积极利用自身的主观能动性，在认真做好本职工作的前提下，努力配合正职协调好部门的每项工作。

(2) 作为一名领队，要具备开拓创新的意识。大胆尝试，以超前的眼光看问题，要敢于和兄弟院校的同行比干劲、赛成绩，而不是像一只井底之蛙，以一成不变的方式，局限于做好本部门内的工作。

(3) 在日常工作中，领队要有真抓实干的精神。作为团队的领导，应该既是指挥员又是战斗员，作为指挥员就应该体现自己的能力和水平，越是面对棘手难缠的问题，越要沉着冷静，迎着困难上。

(4) 领队要有吃苦耐劳的精神。这是每位领导干部必须谨遵的原则。要做人民的公仆，做到不畏艰难困苦，扎扎实实地开展工作，勤勤恳恳地做好事情。

此外，作为一名领队还必须有包容的心态。要心胸宽广、胸怀博大，做到小事讲公德、大事讲原则。无论做什么事情，都要尽量抛开个人因素，不能只考虑自身的好处，无视集体和他人的利益，必要时还应牺牲小我，成全大我。“为官先为人”“做事先做人”，如果连人都做不好，领导别人更是无从谈起，此所谓“正人先正己”。那么，具备了良好的心理素质是不是就能胜任领导职位了呢？显然这是远远不够的。要做好一名领队，还必须具备以下几个条件。

(1) 要有良好的思想政治素质和理论水平。

(2) 要有较显著的工作业绩。作为领队，在工作中就应该比队员做得更出色，只有拿出令人信服的业绩，队友才会心服口服。

(3) 要有较强的组织协调能力。实践团队是一个整体，如果一个领队没有较强的组织协调能力，那么这个整体就会变成一盘散沙，队内成员之间也就缺乏默契的配合，从而导致工作无法正常开展。因此，学会怎样充分调动各自的长处，达到相互支持、取长补短的效果，也是领队必须具备的条件之一。

(4) 要努力开展批评与自我批评。每个人都会有自己的优点和不足。只有认清了自身的缺点，才能想办法弥补它，达到扬长避短的目的。在做自我批评的同时，也要对他人身上存在的问题提出批评。批评别人不是为了取笑别人，而是为了帮助其改正错误，从而不断提高自身的整体素质。

(5) 要具备与社会调研相关的知识。作为一名领队，要在团队里开展具体工作，如果对本团队的各项情况一无所知，指挥别人也是空谈，要想发挥好领导作用，就必须熟知相关知识，所谓知己知彼，方能百战百胜。

（6）要善于团结同学，特别是有错误的同学和反对过自己的同学。我们常说，对任何犯了错误的同学，只要他能改正，还是个好同学。而对于反对过自己的队友，要搞清楚为什么人家会反对你？人与人之间有矛盾是正常的，一旦出现了矛盾，我们应该正视它，而不是回避，更不是激化，只有这样才能根本上解决。

（7）要有较强的文字总结能力。领队在做好具体工作的同时，还必须经常对各方面工作做出宏观的总结归纳，得出相关的经验教训，以报告的形式体现出来，为以后的工作提供借鉴。

第四节　团队管理艺术

一个优秀的团队靠的是全体队员中一股强大的凝聚力和亲和力以及一个有序的管理方略，那么这股凝聚力及管理方略来在哪里?

管理者包括6大意识：诚信、风险、领导、市场、团队和全球意识。这里主要强调的是风险意识。在暑期社会实践中，领队应该有风险意识和市场意识，对实践的不安全可能性进行预测，对交通、经费管理、住宿等有清晰的认识。这里的市场意识是指在实践项目的申报、运作中通过市场机制进行调控实践行为，通过市场获取实践经费和宣传渠道等。管理者包括8种能力：战略管理能力、经营决策能力、创新能力、市场开拓能力、协调能力、危机处理能力、沟通能力、资源整合能力。管理者要求具有以下素质："将者，智、信、仁、勇、严也"，知识、经验、能力，事业心，责任心，服务的热情，合作的意识。领队在社会实践中还须扮演好以下几种角色：①决策制定方面，扮演好决策主导角色、排除干扰角色、资源分配角色、谈判人角色；②信息传递方面，扮演好追踪信息角色即信息监听者、传播信息角色即传播者、发言人角色；③人际关系方面，扮演好挂名首脑角色、领导者角色、联络人角色。挂名首脑角色是一种最基本又最简单的角色，承担这种角色，领队要在所有的礼仪事务方面代表其组织；作为联络者，领队要同其他团队队员、学院领导、指导老师、实践部干事相互交往；作为领导者，领队要处理好队内关系，对成员做好激励和调配工作。管理者的基本技能包括以下几个方面：

（1）技术技能：指能够运用特定的程序、方法、技巧处理和解决实际问题的能力，也就是说，对某一特殊活动——特别是包含方法、过程、程序或技术的技能——的理解和熟练程度。技术技能包括：掌握专业技术、掌握工作程序和方法、熟悉工作制度和政策。

（2）人事技能：与其他人能够一起有效开展工作的能力。也可以说是一个人能够以小组成员的身份有效地工作，并能够在他领导的小组中建立起合作的能力。人际关系技能包括处理人际关系技能（包括沟通、交流等技能）、识人用人技能、评价激励技能、协作技能、合作技能等，也包括团队精神和团队工作方式。

（3）观念技能，即概念性技能：包含着一系列的能力，包括能够提出新的想法和新的思想的能力，能够进行抽象思维的能力，能够把一个组织看成是一个整体的能力，以及能够识别在某一个领域的决策对其他领域将产生何种影响的能力。概念性技能主要表现为创新与变革能力、系统分析和解决问题的能力、预测技能、判定技能、概括技能、驾驭全局的能力。

课外知识

团队管理与沟通技巧

在非洲的草原上如果见到羚羊在奔跑，那一定是狮子来了；如果见到狮子在躲避，那就是象群发怒了；如果见到成百上千的狮子和大象集体逃命的壮观景象，那是什么来了——蚂蚁军团。从这则古老的寓言中人们得到4点启示：

(1) 蚂蚁是何等的渺小微弱，任何人都可以随意处置它，但它的团队，就连兽中之王，也要退避三舍。

(2) 个体弱小，没有关系，与伙伴精诚协作，就能变成巨人。

(3) 蚂蚁的精神值得我们永远铭记学习。蚂蚁是最勤劳、最勇敢、最无私、最有团队精神的动物。势如卷席，勇不可当，团结奋进，无坚不摧——这就是一个弱小生命构成的团队力量！

(4) 蚂蚁只是小小的低级动物，其团队尚且如此威猛无敌，作为万物之灵的人呢？这正是团队的价值意义所在！

团队的定义是由互补技能、愿意为了共同的目的、业绩目标和方法而相互承担责任的人们组成从群体，应具有3个基本要素：技能、信任和责任感。团队管理的核心在于不要违背规律；确保团队的平衡；相互制约，用其所长；管理好核心员工和切勿越级。要打造高绩效的团队，需要有明确的团队目标；做到经验和知识的共享；合适的人做合适的事；具有良好的沟通、共同的价值观和团队规范；有归属感及有效授权。

团队间的良好沟通是成为高绩效团队的必要条件，在沟通中需做到互动性、媒介性、期待性和目的性。在团队中让别人接受你的秘诀有：①尽量去了解别人、理解别人（不要去否定别人，掌握一个原则：不批评、不指责、不抱怨）；②给予他人真诚的赞美（尽量去发现别人的优点）；③真诚地关系他人，你才能广受欢迎；④经常微笑，才能给他人留下好的第一印象（行动比语言更具有说服力）；⑤学会聆听和谈论别人感兴趣的话题（聆听是表示关怀的行为，是一种无私的举动）；

对上沟通技巧：①除非上司想听，否则不要讲；②若是意见相同，要热烈反应；③意见略有差异，要先表赞同；④持有相反意见，勿当场顶撞；⑤想要有些补充，要用引申式；⑥如有他人在场，宜仔细顾虑；⑦心中存有上司，比较好沟通。

对下沟通技巧：①多说小话，少说大话；②不着急说，先听听看；③不说长话，免伤和气；④广开言路，接纳意见；⑤部署有错，私下规劝；⑥态度和蔼，语气亲切。

工作协调的要领：①用建言代替直言；②提问题代替批评；③让对方说出期望；④诉求共同的利益；⑤顾及别人的自尊。

思　考　题

1. 要成为一名出色的领队需具备什么品质？
2. 一个优秀的领队在团队中起到什么重要作用？

参 考 文 献

[1] 张永利，于海印．对新时期大学生社会实践活动的思考 [J]. 河北科技师范学院学报（社会科学版），2006，5（3）：27-29.
[2] 王帅．教育研究中“知识”的泛化及其危害 [J]. 上海教育科研，2007（2）：6-7.
[3] 方静雨．大学生社会实践存在的问题、成因及其对策 [J]. 江西教育科研，2007（9）：77-78.
[4] 刘成友．大学生社会实践缺什么？[N]. 人民日报，2006-09-8（5）.
[5] 邬志辉．论教育实践的品质 [J]. 高等教育研究，2007（6）：15-22.
[6] 黄平．探讨大学生社会实践评价体系的构建 [J]. 教育与职业，2008（6）：117-119.

附录 1

《关于改革创新高校共青团工作切实增强思想政治引领实效的若干措施》

（2022 年 7 月 5 日）发布

高校共青团工作是高校党的建设和思想政治工作的重要组成部分，事关落实教育立德树人根本任务，事关共青团履行为党育人政治职责。

为深入贯彻落实习近平总书记关于青年工作的重要思想和关于教育的重要论述，落实习近平总书记在庆祝中国共产主义青年团成立 100 周年大会上的重要讲话精神和《中共中央国务院关于新时代加强和改进思想政治工作的意见》，抓好后继有人这个根本大计，充分发挥共青团在高校学生思想政治工作中的主力军作用，现就改革创新高校共青团工作、切实增强思想政治引领实效提出如下措施。

一、健全完善高校党建带团建具体机制。

高校党委应当拿出极大精力抓共青团工作，着力强化政治领导、思想领导、组织领导。高校共青团工作纳入学校党的建设和思想政治工作总体格局，一体研究部署落实，团的工作和建设在学校党建工作考核中占比不低于 10%。高校党委应当明确团组织在学校思想政治工作中的具体职责，支持团组织深度融入“大思政”工作体系，在“三全育人”工作格局中充分发挥作用。校、院系两级党委每学期至少召开 1 次党委（常委）会议专题研究团的工作和建设、听取 1 次共青团开展学生思想政治工作汇报。党建带团建情况纳入高校党委对院系党组织的巡察监督范畴，对发现的共青团工作中的问题，上级团组织应当指导帮助做好整改。指导建立高校共青团思想政治工作评价指标体系，强化督导考核，对落实意识形态工作责任制、防范化解风险或其他重大工作不力，造成严重不良影响的团组织和团干部，高校党委应对其严肃问责。建立学生党员在基层一线为党做青年工作、发挥模范带头作用的机制，有学生党员的学生团支部原则上由学生党员担任团支部书记。

二、构建党委领导下团组织主导的高校团学组织体系。

坚持党的全面领导，压实校、院系团组织对学生会、学生社团指导管理的工作责任，从工作职能协同、组织体系设置、骨干力量配备等机制上强化团组织思想政治引领，指导学生会重点做好服务同学需求，促进学生社团更好培养同学兴趣特长，强化校、院系、班级团组织联动，强化团组织、学生会、学生社团工作联动，努力形成育人合力。创新团的组织体系，激发班级团支部活力，探索依托书院、学生社区、项目团队、见习实习基地、网上青年社群等设置贴近学生的功能型团组织，普遍建立学生会、学生社团团（总）支部。依规依程序优先推荐班级和学生社团团（总）支部委员担任学生代表大会代表，学生会骨干人选、学生社团负责人必须经团组织前置把关、报相应党组织批准。

三、建立高校团组织书记履职目标和评价办法。

坚持党管干部原则，落实团的双重领导制度，上级团组织按照干部管理权限协助高校、院系党组织加强对团干部的教育管理。围绕“三力一度两保障”工作格局，区分本科高校、高职高专等不同学校类型，区分专科、本科、研究生等不同教育层次，明确校、院系、班级团组织书记在学生思想政治引领、服务大局服务青年、基层组织建设以及深化团学改革、全面从严治团等重点工作中的具体目标。坚持以学生为中心设计工作内容和形式，切实增强同学的参与感、获得感。抓实基层团组织书记述职评议考核制度在高校的落实。每年开展高校团委书记满意度评价，主要由院系、班级等基层团组织书记和团员青年代表参加，结果向高校党委反馈、作为干部考核使用的重要参考。连续两年评价结果较差的，上级团组织应建议高校党委予以调整。

四、推进团支部政治理论学习规范化。

把用习近平新时代中国特色社会主义思想武装学生头脑作为首要政治任务，严格落实“三会两制一课”基本制度，着力增强团支部政治教育功能，推动理论学习常态化。团中央、省级团委每学期发布学习指引、加强内容供给，高校团委每学期制定学习计划，对政治理论学习的重点内容予以明确，每个团支部每学年至少组织化开展6次集中理论学习。学习内容应涵盖党的历史、基本理论、形势政策、时事热点、青年话题、成长发展等方面，针对学生在理想和现实、主义和问题、利己和利他、小我和大我、民族和世界等方面的思想困惑，以时事辨析、研讨碰撞、分享交流为主要学习形式，尊重学生特点、照顾普遍多数，发挥同伴教育功能，增强组织生活的时代性、针对性、青年味。创新开展团校团课教育，强化网络思政阵地、产品、队伍建设，推进“青年大学习”宣讲交流进校园和网上主题团课。

五、开展经常性、有组织的社会实践。

统筹校内校外共青团组织资源，加强校地共建、区域联建，推出更具实践特色、社会广度的项目，以团支部为基本单元，有计划、大批量、小规模、经常性地组织青年学生开展社会观察和实践，帮助他们了解国情、见识社会，接触各行各业生活百态，培养家国情怀，增长社会化能力，每个团支部每学期至少开展1次校外考察实践、职业体验、劳动教育、志愿服务等活动。实施大学生社区实践计划，采取支部结对、团员报到、骨干兼职、志愿服务等方式，每年常态化组织不少于25%的团支部开展团员青年向城乡社区和青年之家报到。开展高校青年志愿者提升计划，推动高校青年志愿者协会建设全覆盖和能力建设，实施青年志愿者社区行动。广泛开展模拟政协提案征集活动，积极组织中外大学生联合开展社会实践活动。将参与社会实践活动情况纳入学生综合素质评价体系，稳步扩大“第二课堂成绩单”参与面，着力在价值应用上推动校内校外、团内团外相衔接。

六、持续提升共青团员的精神素养和斗争本领。

扎实提升西部计划、研究生支教团、希望工程、挑战杯、创青春、振兴杯、志交会等品牌项目的育人内涵，持续深化青年志愿者行动、促进大学生就业行动、争做中国青年好网民行动，教育引导共青团员落实“五个模范、五个带头”的重要要求，投身乡村振兴、基层治理、环境保护、公共卫生、应急处突等工作，自觉把个人理想融入国家和民族的事业中，到祖国最需要的地方和基层一线建功立业，在社会生活中彰显奋斗精神、体现团员先进性。学生党员、团员和“青马工程”学员要发挥示范作用，带动青年学生坚决捍卫中国共产党领导，坚决捍卫中国特色社会主义制度，当战士不当“绅士”，勇于在生活中和网络上同一切分裂、颠覆、渗透、破坏活动作斗争，旗帜鲜明地反对和抵制拜金主义、享乐主义、极端个人主义、历史虚无主义等错误思潮和思想观念，更加坚定地跟党投身具有许多新的历史特点的伟大斗争。

七、加强团支部组织机制建设。

牢固树立工作到支部、到团员的鲜明导向，强化团支部作为共青团工作基本单元的功能，做到团员主要的学习实践活动由支部组织、政治骨干由支部推荐、团内荣誉由支部评议、帮扶对象由支部推选。落实班团一体化改革，有条件的团支部书记应兼任班长。加强团支部委员会建设，普遍设置纪律委员，可以结合实际设置社会实践委员、志愿服务委员、心理健康委员。建立团支部书记报告重要事项制度，团支部书记对于同学中涉及政治安全、意识形态、心理健康、宗教活动等影响大学生成长和校园安全稳定的重要信息应及时发现和报告。各级团组织应加强向团支部输送工作资源，支持团支部积极帮助同学解决在学业进步、就业发展、家庭困难、心理健康、社会融入等方面的急难愁盼问题。

八、加强团学骨干政治举荐和能力建设。

提升青年马克思主义者培养工程建设质量，突出政治标准和理想信念教育，突出实践特点和基层导向，高校青马工程学员中基层团支部书记、委员占比不低于60％，学员要普遍向城乡社区报到、开展志愿服务。提升高校团组织为党输送政治骨干的工作质量，要特别注重从优秀共青团员中培养和发展党员，引导共青团员认真接受政治训练、加强政治锻造、追求政治进步，积极向党组织靠拢，以成长为一名合格的共产党员为目标、为光荣。落实“两个一般、两个主要”要求，把推优入党作为高校团组织履行政治功能的重要检验标准，作为团支部的基本政治职责，建立从高中到大学、从本科到研究生阶段接续培养机制，形成畅通有序、前后衔接的培养链条。优先推荐团支部书记、委员成为入党积极分子和发展对象。分层分类开展团学骨干教育培训，每年做到“三个全覆盖”，省级团委对高校团委书记、学生会秘书长、校级学生会主席团成员、学生社团管理部门负责人培训全覆盖；高校团委对院系团委书记、新任班级团支部书记、校级学生会工作人员、学生社团团支部书记培训全覆盖；院系团组织对班级团支部委员、院系学生会工作人员培训全覆盖。

九、优化高校共青团工作支持保障机制。

高校校级团委应当单独设置，不得随意撤销、降格、减员、合并或归属于其他工作部门，发生此类情况的须予以纠正。按规定配置校、院系团组织教职工团干部职数，配齐配强团干部特别是团组织书记，出现空缺一般应当在3个月内配齐，常态在岗率不低于85％。建立健全党员、团员青年教师和思政课教师等担任校级或院系挂职、兼职团干部的机制，结合实际给予合理激励。高校应当在活动场所、设施设备、工作经费、工作时间等方面对团的工作予以保障。专职团干部津贴补贴、工作量核算、职级职称晋升、教育培训等应当不低于专职辅导员待遇。教师参与共青团主导的教育活动、创新创业、社会实践、社团活动、竞赛展演等计入工作量。

附录2

共青团中央 全国学联《关于增强新时代大学生社会实践活动实效深化共青团实践育人工作的意见》

（2023年3月1日发布）

实践育人作为落实立德树人根本任务的关键环节，是高校思想政治工作体系的有机组成，是培养担当民族复兴大任时代新人的有效途径。为深入学习宣传贯彻党的二十大精神，贯彻落实习近平新时代中国特色社会主义思想，切实发挥共青团作为广大青年在实践中学习中国特色社会主义和共产主义的学校作用，现就增强新时代大学生社会实践活动实效、深化共青团实践育人工作提出如下意见。

一、总体要求

1. 指导思想。以习近平新时代中国特色社会主义思想为指导，深入学习贯彻习近平总书记关于青年工作的重要思想，立足共青团“三力一度两保障”工作格局，进一步落实全团抓思想引领、全团抓基层、全团抓学校要求，以大中专学生社会实践知行计划为统揽，深化为党育人的政治功能，发挥共青团实践育人在高校“大思政”工作体系和“三全育人”工作格局中的重要作用，聚焦主责主业、坚持守正创新，开展经常性、有组织的社会实践，推动社会实践活动内涵化、规范化、常态化、长效化发展，引领大学生立志做有理想、敢担当、能吃苦、肯奋斗的新时代好青年，让青春在全面建设社会主义现代化国家的火热实践中绽放绚丽之花。

2. 基本原则

——坚持为党育人。落实立德树人根本任务，帮助学生提高社会化能力，引领广大学生用脚步丈量祖国大地，用眼睛发现中国精神，用耳朵倾听人民呼声，用内心感应时代脉搏，厚植学生对祖国血浓于水、与人民同呼吸共命运的情感，坚定不移听党话、跟党走。

——坚持守正创新。落实共青团深化改革要求，强化组织动员、社会动员，立足工作实际、突出就近就便、遵循教育规律、创新方式方法，项目化、扁平化推动工作，促进实践育人工作紧跟时代前进、青年发展、实践创新的步伐。

——坚持精准施策。以学生为中心，将统一要求和分类实施相结合，注重区分不同地域、院校、项目及工作环节的差异，分层分类实施集中与分散、长时与短时、团队与个人相结合的社会实践活动，破解实践育人中不平衡不充分问题。

——坚持协同联动。加强系统谋划，坚持同高等教育改革有机衔接、一体推进，完善条块结合、上下协同、左右联动的工作机制。加强校地联动、项目联动、品牌联动，整合资源、共建共享，形成实践育人合力。

3. 目标任务。每名大学生在校期间至少参加1次“三下乡”或“返家乡”社会实践活动，每个团支部每学期至少开展1次校外社会实践活动，全团每年组织不少于25%的高校团支部、20万名大学生就近就便参与社区实践，大学生社会实践活动的参与面、覆盖面、受众面不断提高，大学生在社会实践中长知识、增才干、作贡献的获得感不断提高。用三至五年时间，实现大学生社会实践活动的内涵更深、机制更优、体系更全、保障更强、成效更实，更好服务大局、服务青年，推动共青团实践育人工作高质量发展。

二、丰富实践内涵

1. 聚焦红色基因传承。组织大学生深入学习宣传贯彻党的二十大精神，用党的科学理论武装青年，用党的初心使命感召青年。把庆祝建党百年激发的爱党爱国爱社会主义热情传递下去，组织大学生学习宣传党的百年奋斗重大成就和历史经验，依托各地红色资源，开展重走红色足迹、追溯红色记忆、访谈红色人物、挖掘红色故事、体悟红色文化等多种形式的活动，以重要时间节点为契机深化仪式教育，持之以恒推进党史学习教育常态化长效化，引导大学生弘扬伟大建党精神，让红色基因、革命薪火代代传承。

2. 聚焦理论普及宣讲。组织大学生走进基层、边远地区、社区、农村、军营等，面向最广大的普通基层人民群众和青少年群体等，深入开展学习宣传贯彻党的二十大精神和习近平新时代中国特色社会主义思想活动，以习近平总书记对青年学生寄语、给青年学生回信、《论党的青年工作》、《习近平与大学生朋友们》等为主要内容，精心设计开展有内涵、接地气、聚人气的宣传教育活动，将理论学习与社会实践相贯通，将深刻性与生动性相统一，开展键对键、面对面、小范围、互动式宣讲，讲透创新理论、讲好发展成就、讲清形势任务、讲明发展前景。

3. 聚焦发展成就观察。聚焦党的十八大以来党和国家事业取得的历史性成就、发生的历史性变革，以中国大地为课堂，以脱贫攻坚重大历史性成就、全面建成小康社会决定性成就等为现实教材，组织大学生在国情考察、社会观察、调查研究、学习体验中了解国情社情民情，感受全过程人民民主生动实践，引导大学生深刻领悟党的领导、领袖领航、制度优势、人民力量的关键作用，深刻领悟“两个确立”的决定性意义，增强“四个意识”、坚定“四个自信”、做到“两个维护”，永远跟党走、奋进新征程。

4. 聚焦服务党政大局。组织动员大学生为全面建成社会主义现代化强国、实现第二个百年奋斗目标，以中国式现代化全面推进中华民族伟大复兴建功立业。深入贯彻落实习近平总书记关于“三农”工作的重要论述，引导大学生助力巩固拓展脱贫攻坚成果同乡村振兴有效衔接，聚焦重点领域和关键环节，投身乡村振兴。贯彻落实中央西藏工作座谈会、中央新疆工作座谈会和中央民族工作会议精神，引导大学生争当民族团结进步的宣传者、示范者和践行者，不断铸牢中华民族共同体意识。围绕深入实施科教兴国战略、人才强国战略、创新驱动发展战略，组织大学生参加“挑战杯”竞赛等科技创新活动，立足社会需求开展科普宣讲、科研攻关和创新成果转化，投身科技自立自强。

5. 聚焦就业创业实践。组织动员大学生进政府、进社区、进园区、进企业，参加政务实践、企业实习、兼职锻炼、职业体验、创业锤炼等实践活动，弘扬劳动精神、奋斗精神、奉献精神、创造精神、勤俭节约精神。围绕实施就业优先战略，依托“三下乡”、“返家乡”和“扬帆计划”等项目，组织大学生深入地方党政机关、事业单位一线岗位承担具体工作，参加与专业方向匹配的企业实习工作，担任乡镇团委及村、社区等基层团组织的兼职干部，到科技部门、科研机构、高新企业进行就业见习、实习实践等，引导学生树立正确择业观、就业观，提高社会化能力和就业能力。

6. 聚焦基层志愿服务。引领大学生广泛践行社会主义核心价值观。组织动员大学生投身“美丽中国·青春行动”，积极参与“保护母亲河”行动、“三减一节”、垃圾分类、绿色低碳等活动，深入开展节约粮食主题宣讲和社会实践。推进青年志愿者服务社区行动，开展高校志愿服务提升计划，组织动员大学生在助老助残、关爱青少年、基层社会治理等领域实施“小而美”的常态化志愿服务项目。弘扬志愿服务精神，积极组织带领大学生在疫情防控、大型赛会等志愿服务中贡献青春力量。

三、强化工作举措

1. 加大资源投入。积极争取党政支持，协调企事业单位和社会团体等加强对大学生社会实践的支持，统筹团内外资源，加大政策、资金、场地和工作力量等的投入。高校按照在校学生每年每生不低于15元标准设立专项经费，为大学生社会实践活动提供有力条件保障。

2. 突出规范组织。坚持“突出主题、确保安全、就近就便、务求实效”原则，规范宣传动员、立项报备、培训辅导、总结评价等重点工作。合理确定学生实践规模，实践团队师生比原则上不低于1∶15、实践时长原则上不低于7天，学生实践做到有方案、有日志、有报告、有心得、有评价。

3. 加强专业指导。选派党政干部、共青团干部、思想政治理论课和哲学社会科学课教师、辅导员和班主任等担任指导教师，鼓励专业教师担任指导教师，随队指导学生实践。组织指导教师专项培训，把干部、教师指导学生社会实践情况作为业绩评价、职务晋升、职称评聘等方面的重要依据。

4. 夯实基地建设。坚持“类型多样、联合共建、常态运行、动态管理、注重实效、协同育人”原则，依托高新技术开发区、大学科技园、城市社区、农村乡镇、工矿企业、爱国主义教育场所、全国青少年教育基地等，建立社会实践、创业就业、红色教育、劳动教育基地，构建全国、省级、校级社会实践基地体系。

5. 增强技术支撑。利用先进网络技术让社会实践工作活起来，用好“三下乡”、“返家乡”信息系统等提高工作精细化水平，采用大数据和人工智能等技术对实践过程进行客观记录和科学评价，使用多媒体技术搭建“云调研”、“云课堂”、“云展厅”等项目开展、成果展示、学习交流的平台。

6. 完善考评激励。将社会实践纳入共青团“第二课堂成绩单”制度，认定学生实践学分。坚持结果和过程统一、定性和定量结合、高校和地方协同、自评和他评互补，突出对学生思想变化、实际表现、成长收获的考评，将结果作为学生综合素质测评、团员评议、推优入党、求职就业等重要参考。

7. 强化安全保障。坚持安全第一，派出和接收单位要为实践师生购买意外保险，加强安全教育管理，做好安全应急预案。实践师生要增强安全意识，自觉遵纪守法，充分研判天气变化和自然地质条件等，安全有序地开展社会实践活动。坚决防范化解意识形态风险。

四、加强组织实施

1. 加强组织领导。在党委领导下建立健全组织领导机制和责任落实机制，形成各方积极支持和参与大学生社会实践的工作格局。各级团组织领导机构要将大学生社会实践工作纳入重要议事日程，加强组织领导和工作指导，推动大学生社会实践工作落实落细。

2. 明确各级职责。省级团组织要加强统筹协调，认真做好政策传导、调研指导、评价督导。市级、县级团组织要精心开发匹配实践岗位，对学生加强跟踪教育和服务，提供公共交通和用餐等补贴。高校团组织要抓好关键环节，大力组织师生开展高质量的社会实践活动。

3. 广泛宣传动员。坚持线上线下相结合，注重运用网络多媒体对实践过程和成果进行宣传展示，提升实践活动社会影响力。强化校、院系、班级团组织联动，突出团支部引领主导作用，以团支部为基本单元，有计划、大批量、小规模、经常性地组织大学生开展社会实践活动。

4. 深化总结交流。做好活动总结、选树宣传典型、研讨交流等工作，及时将好的经验做法固化为工作路径。引导广大师生将社会观察、调查研究和感悟思考等成果转化为建设性意见和举措，切实提升大局贡献度。加强对共青团实践育人理论与规律的研究。